한 권으로 끝내는

스페인어 능력시험 대비

DELE

기초부터 실전까지
영역별 맞춤 전략!

A2

S 시원스쿨닷컴

¡Hola!
시원스쿨 스페인어 강사 BONA입니다.

국내에서 스페인어를 공부하는 많은 사람들을 만나 이야기를 나누어 보면 학습 목적이나 학습법이 각기 다양합니다. 스페인어 문법에 관심이 많은 사람, 회화 위주로 공부하는 사람, 스페인어권 국가에 가고 싶어 하는 사람, 스페인어권 국가에서 여행이나 체류를 해 본 사람 등, 확실히 스페인어는 영어와 같이 필요에 의해 억지로 공부하기보다는 자발적인 관심과 흥미로 시작하는 사람들이 많다는 것을 느꼈습니다.

하지만 스페인어 능력을 평가하는 DELE 시험의 경우는 다릅니다. 이 시험의 원리와 득점의 기술은 여러분 모두에게 같은 방식으로 적용됩니다. 따라서 스페인뿐만 아니라 남미에서 사용되는 스페인어에 대한 지식과 문화에 대해 알고 있어야 합니다. 또한 DELE 시험은 다른 언어 시험에 비해 시험 문제가 문법 공식에 기반을 둔 문제가 아니라는 것이 큰 특징입니다. 다시 말해, DELE는 단순 암기법으로는 공부할 수 없으며 각 영역별로 다양한 문제를 풀어 보고 문제를 해석함과 동시에 출제 의도를 정확히 파악해야 하는 시험입니다.

자, 그렇다면 해석을 잘 하기 위해서 우리에게 가장 중요한 것은 무엇일까요? 바로 ***Vocabulario***, *어휘*입니다.

그런데 DELE 시험을 준비하는 학생들과 함께 하며 알게 된 사실이 하나 있습니다. 어휘는 '인쇄된 활자를 보고 의미를 아는 어휘', '귀로 들었을 때 의미가 들리는 어휘', '직접 글로 쓸 수 있는 어휘' 그리고 '직접 소리 내어 말할 수 있는 어휘'로 구분된다는 것입니다.

DELE 시험은 독해, 듣기, 작문, 회화 각 영역에서 모두 합격선 이상의 점수를 받아야만 '합격(APTO)'을 받을 수 있는 시험입니다. 앞서 언급한 것처럼, 여기에서 가장 중요한 것은 어휘임을 우리는 이미 알고 있습니다. 단어를 읽고 해석할 수 있어야 할 뿐만 아니라 귀로 듣고 이해할 수 있어야 하며, 글에 직접 쓰고 직접 말할 수 있어야 합니다. 사용할 수 없는 단어는 죽은 단어와 마찬가지입니다. DELE 시험의 독해, 듣기, 작문, 회화 영역의 점수 비율이 모두 같음이 의미하는 바는 확실합니다. **시험을 위한, 독해 능력에 치우친 언어 능력이 아닌, 실제로 구사할 수 있는 언어, 듣고 이해하며 말로 할 수 있는 스페인어 능력을 요구하는 것입니다.** <한 권으로 끝내는 DELE A2>를 통해 DELE A2를 준비하는 모든 학생들이 실용적이며 살아 있는, 자신 있게 구사할 수 있는 스페인어 학습을 목표로 갖길 바랍니다.

여러분들의 스페인어 공부를 응원합니다!

¡Ánimo!

목차

CHAPTER 1. **DELE A2** 영역별 문제 공략

PRUEBA 1. 독해 Comprensión de lectura

PRUEBA 2. 듣기 Comprensión auditiva

PRUEBA 3. 작문 Expresión e interacción escritas

PRUEBA 4. 회화 Expresión e interacción orales

CHAPTER 2. DELE A2 모의 테스트

PART 1. 모의 테스트 1

PART 2. 모의 테스트 2

<부록> DELE A2 단어장(핸드북)

🔍 DELE에 대해 알아보자

DELE
자격증 소개

Diplomas de Español como Lengua Extranjera(이하 DELE)는 전 세계에서 시행되고 있는 스페인어 자격증 시험으로, 스페인어를 모국어로 사용하지 않는 사람들의 스페인어 실력을 공식적으로 평가하기 위한 시험입니다. 즉, DELE는 전 세계적으로 통용되는 공신력 높은 자격증입니다.

DELE
시험 시행 기관

DELE 시험은 스페인 교육부 주관으로 스페인의 살라망카 대학교(Universidad de Salamanca)에서 시험 문제를 출제 및 평가, 채점하고 세르반테스 문화원(Instituto Cervantes)이 수여 및 관리하고 있습니다.

DELE
자격증 유효 기간

현재 스페인을 포함한 전 세계 73개국에서 DELE 시험이 시행되고 있으며, 자격증 유효 기간이 없기 때문에 시험 합격 후 갱신할 필요가 없습니다.

DELE
자격증 활용

DELE 시험 증명서는 국내외 대학교 및 대학원 진학 시에 스페인어 실력을 증명할 수 있는 공식 증명서로 사용할 수 있을 뿐만 아니라, 스페인 및 중남미 관련 정부 기관, 공공 기관, 대기업 입사, 승진 및 해외 파견 시 필요합니다. 또한 스페인어권 국가 대부분의 대학교 및 대학원 진학에 필수적인 자격증으로, DELE의 중요성은 해마다 높아지고 있습니다.

DELE
레벨

DELE는 유럽어 공통 평가 기준 MCER(Marco común europeo de referencia para las lenguas)에 따라 레벨이 6단계인 A1, A2, B1, B2, C1, C2로 분류되어 독해, 듣기, 작문, 회화 영역을 평가합니다. DELE ESCOLAR는 12세에서 17세의 학생들을 대상으로 하는 시험으로 응시 레벨은 A1과 A2/B1입니다.

DELE Nivel A1 **(Acceso)**	유럽어 공통 평가 기준에 따라 분류된 6단계 중 가장 초급인 1단계에 해당한다. 스페인어권 국가에서 자주 쓰이는 일상적인 표현을 이해하고 활용하는 능력을 평가한다.
DELE Nivel A2 **(Plataforma)**	유럽어 공통 평가 기준에 의해 분류된 6단계 중 2단계에 해당한다. 자신과 관련 있는 특정 경험(자기 자신 및 가족, 쇼핑, 관심 분야, 직업 등)에 관해 자주 쓰이는 일상적인 구문과 표현을 이해하는 능력을 평가한다.
DELE Nivel B1 **(Umbral)**	유럽어 공통 평가 기준에 의해 분류된 6단계 중 3단계에 해당한다. 일상의 상황에서 올바르게 이해하고 응답할 수 있고, 바라는 것이나 필요한 것에 대하여 기본적인 대화를 할 수 있는 능력을 평가한다. 일부 대학의 스페인어학과는 이 등급을 최소 요건으로 하고 있다.
DELE Nivel B2 **(Avanzado)**	유럽어 공통 평가 기준에 따라 분류된 6단계 중 4단계에 해당한다. 일상생활에서 벌어질 일과 전문적인 언어 능력을 요구하지 않는 일반적인 의사소통 상황에서 대응할 수 있는 능력을 평가한다. 대학에서 스페인어를 전공하는 학생들이 B1과 더불어 이 레벨을 가장 많이 본다.
DELE Nivel C1 **(Dominio Operativo** **Eficaz)**	유럽어 공통 평가 기준에 따라 분류된 6단계 중 5단계에 해당한다. 대화 주제에 특별한 제한을 두지 않고 명료하게 표현할 수 있는 능력을 평가한다. 응시자는 관용 표현 및 구어체 표현을 포함한 폭넓은 어휘 레퍼토리를 이용한 언어 능력을 필요로 한다.
DELE Nivel C2 **(Maestría)**	유럽어 공통 평가 기준에 따라 분류된 6단계 중 6단계에 해당한다. C2를 통과하면 '마스터 과정(C2)'에 해당하는 언어학적 능력을 인정받게 된다. 여기에서는 대화 주제에 특별한 제한을 두지 않고 명료하게 표현할 수 있는 능력을 평가한다. 응시자는 관용 표현 및 구어체 표현을 포함한 폭넓은 어휘 레퍼토리를 이용한 언어 능력을 필요로 한다. 모든 주제와 상황에서 언어학적으로 효과적으로 적절하게 대처할 수 있는 능력과 어떤 상황에서도 유창하고 자연스럽게 언어를 구사할 수 있는 능력이 있음을 인정한다.

✍ DELE A2에 대해 알아보자

점수 기준

DELE A2 시험은 총 4개의 평가가 2그룹으로 나뉘어 진행됩니다.

> - **1그룹(읽기, 쓰기 능력 평가):** 독해(60분)와 작문(45분)
> - **2그룹(듣기, 말하기 능력 평가):** 듣기(40분)와 회화(12분, 준비 시간 12분)

합격하기 위해서는 각 그룹별로 최소 30점씩을 받아야 합니다. 시험 최고 점수는 100점이며(각 그룹당 50점), 최종 성적은 합격(APTO)과 불합격(NO APTO)으로 표기됩니다.

시험 구성

시험 종류 및 시간	시험 구조	최대 점수
Prueba 1: Comprensión de lectura (영역 1: 독해)		
60분 과제 **4개** **(25문항)**	과제 ①(5 문항) / 과제 ②(8 문항) / 과제 ③(6 문항) / 과제 ④(6 문항)	25점
Prueba 2: Comprensión auditiva (영역 2: 듣기)		
40분 과제 **4개** **(25문항)**	과제 ①(6 문항) / 과제 ②(6 문항) / 과제 ③(6 문항) / 과제 ④(7 문항)	25점
Prueba 3: Expresión e interacción escritas (영역 3: 작문)		
45분 과제 **2개**	· 과제 ① 편지 작성 · 과제 ② 간단한 글 작성	25점
Prueba 4: Expresión e interacción orales (영역 4: 회화)		
12분 **(준비 시간 12분)** 과제 **3개**	· 과제 ① 한 주제에 대해 발표하기 · 과제 ② 사진 보고 묘사하기 · 과제 ③ 감독관과 상황극	25점

시험 일정

정확한 날짜는 2024년 1월 이후 https://seul.cervantes.es/ko에서 확인하시기를 권장합니다.

2024년 DELE 시험 일정

2024년 한국 DELE		시험 날짜	접수 기간
인천	A1, A2, B1, B2, C1	04/13(토)~04/14(일)	~2월 21일
서울	A1, A2, B1, B2, C1, C2 *A1 ESCOLAR, A2/B1 ESCOLAR	05/18(토)~05/19(일) 혹은 그 다음주 주말 05/17(금)	~4월 3일
대구	A1, A2, B1, B2	05/18(토)~05/19(일) 혹은 그 다음주 주말	
서울	A2, B1, B2, C1	07/13(토)~07/14(일)	~5월 15일
대구	A2, B1, B2	07/13(토)~07/14(일)	
인천	A2, B1, B2	10/19(토)~10/20(일)	~9월 4일
서울	A1, A2, B1, B2, C1, C2 *A2/B1 ESCOLAR	11/23(토)~11/24(일) 혹은 그 다음 주말 11/22(금)	~10월 9일
대구	A1, A2, B1, B2	11/23(토)~11/24(일) 혹은 그 다음 주말	

시험 접수

DELE 시험은 각 회차의 접수 기간 안에 시험 기관을 통해 접수해야 합니다. 서울은 한국 외국어대학교 홈페이지(dele.hufs.ac.kr)에서, 인천은 대교 인천 델레 센터(https://vanvo.co.kr)에서, 대구는 대구 가톨릭 대학교(daegudele.cu.ac.kr)에서 접수해야 합니다. 접수처별로 접수 방법이 조금씩 상이하므로, 접수처 홈페이지에서 해당 내용을 확인하시는 것이 좋습니다.

🖱️ 접수부터 성적 확인까지

시험 진행

레벨	독해	듣기	휴식	쓰기	회화
A2/B1	09:00~09:50	09:55~10:30	10:30~10:50	10:55~11:45	13:15~15:54
A1	09:00~09:45	09:50~10:15	-	10:20~10:45	13:00~16:40
A2	09:00~10:00	10:05~10:45	10:45~11:10	11:15~12:00	13:30~17:42
B1	09:00~10:10	10:15~10:55	10:55~11:20	11:25~12:25	14:00~18:30 (11/19) 09:00~17:30 (11/20)
B2	14:00~15:10	15:15~15:55	15:55~16:20	16:25~17:45	08:40~12:20 (11/19) 08:40~18:40 (11/20)
C1	14:00~15:30	15:35~16:25	16:25~16:50	16:55~18:15	08:40~12:40
C2	14:00~15:45		15:45~16:10	16:15~18:45	09:00~11:50

• 위 시간표는 2022년 11월에 한국외국어대학교에서 실시된 DELE를 기준으로 작성하였습니다. 접수처별로 시험 시간이 상이할 수 있으니, 접수처 홈페이지에서 해당 내용을 확인하시기 바랍니다.

응시료

2024년 기준 응시료는 다음과 같습니다.

레벨	응시료
A1	166,000 ₩
A2	215,600 ₩
B1	254,000 ₩
B2	282,000 ₩
C1	309,500 ₩
C2	331,500 ₩
A1 Escolar	166,000 ₩
A2/B1 Escolar	254,000 ₩

시험 결과 공지

세르반테스 문화원은 시험일로부터 약 2~3개월 후 이메일 및 홈페이지(examenes. cervantes.es)를 통해 시험 결과를 발표합니다. 합격(APTO)한 응시자들은 스페인 교육부의 이름으로 세르반테스 문화원이 수여하는 자격증을 받게 되며, 자격증은 시험 기관이 우편으로 발송합니다. 공식 시험 결과 발표 이전에는 개인적으로 결과를 알 수 없습니다. 응시자는 DELE 시험과 관련된 서류 일체를 받기 전에 우편 주소와 연락처가 바뀔 경우 반드시 해당 시험 기관에 그 사실을 알려야 합니다.

📣 필기 시험 당일 주의 사항

☑ 신분증을 꼭 챙겨야 합니다. 신분증이 없으면 시험을 볼 수 없습니다. 수험표도 반드시 인쇄해 가야 합니다.

☑ 시험 당일 고사장 인근 교통 상황이 좋지 않을 수 있으니 최소 30분의 여유 시간을 두고 출발하길 바랍니다. 미리 도착해 마음의 준비를 하고 입실하는 것이 좋습니다.

☑ 독해 시험은 경우에 따라 늦어도 입실시켜 주기도 하지만, 듣기 시험 중에는 절대로 입실할 수 없습니다.

☑ 시험 주관사에서 필기도구(연필, 볼펜, 지우개, 연필깎이)를 제공하며 개인 소지품(필통, 휴대폰, 음료 등)은 일절 반입할 수 없습니다. 가방이나 겉옷 역시 고사장의 한 구석에 따로 보관하라고 안내하는 편입니다.

☑ 필기시험은 모두 원어민(스페인 또는 중남미 국적)이 담당하여 진행하므로 시험 안내는 한국어로 설명을 듣지 못합니다.

☑ 고사장 내 칠판에는 시험 시간, 쉬는 시간 등의 공지가 쓰여 있습니다. 시계도 앞에 놓여 있으니 남은 시간을 확인할 수 있습니다.

☑ 시험지와 답안지 중에서 답안지에는 이미 응시자 이름이 인쇄되어 있습니다.

☑ 답안지에는 자필 서명을 해야 합니다.

☑ 시험지 및 답안지는 일절 반출 불가합니다.

☑ 답안지의 모든 OMR 마킹은 연필로 해야 합니다.

☑ 작문 영역의 답안지는 볼펜으로만 작성해야 합니다. 글을 수정해야 할 경우, 수정액이나 수정 테이프를 사용할 수는 있지만 작문 영역 답안지는 스페인으로 보내져 채점되므로, 이 과정에서 수정한 부분의 잉크나 테이프가 떨어질 수 있습니다. 따라서 검정색 볼펜으로 위에 덧칠해서 수정할 것을 권합니다.

☑ 본인의 시험이 끝나도 각자 퇴실할 수 없으므로, 자리에서 조용히 감독관의 시험 종료 안내를 기다립니다.

책의 구성 및 특징

책의 구성

STEP 1. 출제 가이드

각 영역의 출제 가이드를 제공합니다. 최신 출제 경향을 파악하고 과제별 유형을 익힌 다음 완전 분석을 통해 해당 영역을 이해하고 스스로 전략을 짜서 문제를 풀 수 있게 합니다.

STEP 2. 완전 공략 및 실전 연습 문제

저자가 수년간 분석한 데이터를 토대로 과제별 핵심 정리와 노하우를 제공합니다. 또한 과제별 문제 해결 전략 및 주의 사항까지 제시합니다. 공략법을 익힌 후에는 과제당 2개의 연습 문제를 풀어 봅니다. 이때 해석뿐만 아니라 상세하면서도 명쾌한 해설, 스크립트(듣기), 필수 어휘 및 필수 표현 그리고 모범 답안(작문 및 회화)까지 제공합니다.

STEP 3. 종합 연습 문제

모든 과제별 실전 연습 문제를 학습했다면 이제는 한 영역 전체를 풀어 보며 실력을 중간 점검합니다. 실제 시험 시간에 맞춰 한 영역 전체를 풀면서 실전 감각을 키워 봅시다.

STEP 4. 모의 테스트

CHAPTER 2 모의 테스트에서는 DELE A2 전체 시험을 2세트 제공합니다. CHAPTER 1에서 쌓았던 실력을 마음껏 발휘해 봅시다! 본책의 문제들은 최신 경향을 반영하였으며 해석 및 해설, 스크립트, 어휘 그리고 모범 답안까지 모두 제공합니다.

책의 특징

핵심 정리

문항 수, 문제 유형, 빈출 주제, 평가 포인트 등을 통해 과제별로 어떤 문제가 출제되는지 상세히 안내합니다.

문제 해결 전략

과제별로 문제 해결 전략을 제시합니다. 무작정 문제를 푸는 것이 아니라, 문제에 따른 풀이 방법을 적용할 수 있도록 합니다.

해설

핵심을 짚어 주는 명쾌한 해설을 제공합니다. 정답이 되는 이유와 오답이 되는 이유뿐만 아니라, 함정에 빠지지 않는 방법을 제시합니다.

필수 어휘 및 필수 표현

DELE 시험의 관건은 바로 어휘! 문제 및 스크립트 속 필수 어휘와 필수 표현을 제공합니다.

모범 답안

작문과 회화 영역의 모범 답안을 제시하여 답변 구성 시 참고할 수 있도록 했습니다.

실제 시험 훈련

회화 영역의 경우 실제 시험처럼 시뮬레이션 할 수 있도록 훈련용 스크립트를 제공합니다. 응시자와 감독관의 대화를 직접 써 보고 답안을 보면서 연습할 수 있습니다.

부록 – A2 필수 어휘 핸드북

본 책에 나온 필수 단어를 찾아보기 쉽게 알파벳 순으로 정리했습니다. 핸드북 사이즈로 언제 어디서든 편하게 들고 다니면서 암기할 수 있습니다.

FAQ: 회화 시험

Q 배정된 회화 시험날에 중요한 일이 있는데 바꿀 순 없나요?

A 원칙적으로 회화 시험 일정은 바꿀 수 없습니다. 하지만 아주 부득이한 경우라면 시험을 접수한 해당 기관에 문의해 보는 것이 좋습니다.

Q 원어민 감독관에게는 Tú로 말해야 하나요, Usted으로 말해야 하나요?

A 사실 이 부분에 대해서 정해진 것은 없습니다. 감독관 역시 각자의 방식으로 응시자를 대할 수 있습니다. 감독관이 tú를 사용하고 있는지 usted을 사용하고 있는지 먼저 들어 보는 것도 방법입니다. 또는 직접 물어보는 것도 좋습니다. ¿Puedo tutearte? ¿Le puedo hablar de tú? ¿Le puedo hablar de tú o de usted? 등의 질문을 할 수 있습니다. 그래도 마음이 놓이지 않는다면 감독관이 나에게 tú를 사용하여 대화하더라도 자신은 usted으로 말하는 방법이 있겠죠. 응시자가 감독관의 눈치를 지나치게 볼 필요는 없습니다. 오히려 너무 위축된 말투나 자세는 자제하는 것이 좋습니다.

Q 감독관의 질문이 이해되지 않으면 어떻게 해야 하나요?

A 감독관의 질문을 못 들어 놓친 경우라면 ¿Me podría repetir la pregunta, por favor?라고 물을 수 있습니다. 질문을 반복해서 들었음에도 불구하고 이해가 가지 않는다면, 최대한 질문 내용을 유추해 봅니다. 대화의 흐름이 깨지지 않는 선에서 최대한 자연스러운 내용으로 대화를 이끌어 보면 어떨까요? 묻고 답하는 회화 시험이니만큼 나름의 금기어도 있습니다. 바로 No lo sé(모르겠습니다), No entiendo(이해가 안 갑니다)입니다. 기억해 두세요.

Q 발표하는데 감독관이 아무 말도 하지 않으면 어떻게 해야 하나요?

A 회화 시험 중 응시자가 독백 형식으로 발표하는 시간에는 감독관이 따로 지시하기 전까지 계속해서 발표를 이어가는 것이 좋습니다. 이때 감독관은 응시자의 말을 들으며 표정이나 제스처로 반응할 수 있습니다.

 Q 감독관의 표정이 어둡고 분위기가 좋지 않을 때는 어떻게 하면 좋을까요?

A 회화 시험은 대면하여 대화를 나누는 시험이므로 상대방 즉, 감독관의 분위기나 말투, 표정 등에 영향을 받을 수밖에 없습니다. 감독관이 아주 친절한 태도라면 더할 나위 없이 좋겠지만 감독관이 형식적인 태도나 차가운 반응을 보이더라도 신경쓰지 말아야 합니다. 감독관의 눈치를 살피거나 자신의 인상을 좋게 보이게 하기 위해 제스처를 과하게 사용하는 것은 오히려 부자연스러워 보입니다. 위축되지 않고 덤덤하게, 자신의 발표를 무사히 마치겠다는 생각으로 마인드컨트롤을 해야 합니다.

 Q 회화 시험에서 가장 중요한 것은 무엇일까요?

A 발표 내용이 좋아야 하고 문법적 오류가 적어야 합니다. 하지만 발표 내용이 좋아도 목소리가 너무 작거나 자신감 없는 태도로 발표하면 효과가 반감됩니다. 앞서 말했듯, 감독관도 사람이기 때문에 응시자의 태도에 영향을 받을 것입니다. 다음 사항을 기억하시기 바랍니다.

① **큰 목소리!** 바른 자세로 앉아 허리와 어깨를 펴고 고개를 들면, 시험을 보는 여러분 또한 자신감이 생길 것입니다. 당당해져야 합니다. 평소 목소리보다 조금 더 높은 톤으로, 조금 더 크게 말해 보세요. 대화에 활기가 생기며 분위기가 고조됩니다.

② **스마일** 환하게 웃어 보세요. 일부러 웃으려고 노력해 보세요. 사실, 시험을 보면서 웃기가 쉽지는 않지만 웃어야 긴장도 풀리고, 감독관에게 좋은 인상을 줄 수 있습니다.

③ **적극성** 감독관의 질문에 마지 못해 답변을 하는 듯한 태도는 좋지 않습니다. 시험을 떠나서 실제로 사람과 대화하고 있다는 것을 잊지 마세요! 감독관 앞에 착석하면서 웃는 얼굴로, 큰 목소리로 인사를 먼저 건네세요! ¡Hola! ¿Qué tal?

Q 턱걸이라도 합격 점수를 받을 수 있는 전략이 있을까요?

A DELE A2에 합격하기 위해서는 독해와 작문의 합산 점수, 그리고 듣기와 회화의 합산 점수 두 가지가 합격선을 넘어야 합니다. 즉, 결과적으로는 4개의 영역별 점수가 아닌, 2개 영역의 합산 점수가 중요한 것이죠. 그 때문에 독해와 듣기 영역이 객관식 문항으로 되어 있어도, '합격선을 넘길' 최소한의 정답 개수를 계산할 수 없습니다. 한 가지 분명한 것은 독해/작문, 듣기/회화의 경우, 총 합산 점수가 30점(합격점)이면 된다는 것입니다. 합산되는 영역 중 한 영역의 점수가 매우 높고 다른 영역은 매우 낮아도 괜찮습니다.

Q 독해와 듣기에서는 총 몇 문제를 맞혀야 합격선인가요?

A 앞서 언급했듯이 작문과 회화 점수를 알 수 없기 때문에 독해와 듣기 영역의 최소 정답 수를 계산할 수 없습니다. 다만 작문(만점 25점)과 회화(만점 25점)에서 70%에 해당하는 17. 5점을 각각 획득한다고 가정하면 독해와 듣기에서 필요한 최소 점수는 각각 12.5점이 됩니다. 이 점수에 해당하는 정답 개수는 영역당 13개입니다. 따라서 독해와 듣기 각 25문항 중 절반만 맞혔다 해도 작문과 회화에서 70% 이상의 점수를 얻는다면 합격할 수 있습니다.

Q 작문과 회화 점수는 어떻게 올릴 수 있나요?

A 작문과 회화 두 영역 모두 서술형 시험이라고 할 수 있습니다. 응시자의 생각과 의견이 반영되는 만큼, 자신의 생각을 최대한 간결하고 이해하기 쉽도록 표현해야 합니다. 자신이 '쓰고 싶거나 말하고 싶은 내용'보다는 '읽는 사람이나 듣는 사람이 이해하기 좋은 내용'이 되어야 합니다. 문제에서 요구하는 바에 따라 쉽고 간결히 표현하세요. 인상 깊고 놀랄 만한 내용을 주제로 삼지 않는 것도 필요합니다. 작문과 회화 시험은 자칫 잘못하면 응시자 스스로가 내용을 어렵게 만들 수 있다는 것을 잊지 마세요.

Q 합격 증빙을 해야 하는데 아직 성적표가 나오지 않았어요.

A 세르반테스 문화원의 홈페이지를 통해 합격 여부를 확인했다면, 이후 자격증을 받기까지는 실제로 꽤 오랜 시간이 걸립니다. 혹시 합격 증빙을 해야 하는 경우라면 시험을 접수한 기관에 문의해서 증빙용 서류를 요청하면 됩니다.

Q 생각했던 것과 다르게 점수가 너무 낮게 나온 것 같아요.

A 시험 결과 발표 후, 점수를 재확인하고 싶은 경우라면 세르반테스 문화원 홈페이지(examenes.cervantes.es/es/dele/calificaciones)에서 Revisión de calificaciones를 요청할 수 있습니다. 홈페이지에서는 재확인 요청 후 최장 3개월 이내에 결과를 받을 수 있다고 안내하고 있습니다.

新유형 개정 가이드

알림	2020년부터 DELE 시험이 개정됩니다. 다음은 어떤 부분에 변화가 생기는지에 대한 안내입니다.

독해

- Tarea 5개 → **4개**(30문제 → 25문제), 시험 시간은 **60분** 동일

	개정 전	개정 후
Tarea 1	10개의 광고 형태 글 읽고 연관되는 문장 고르기 `삭제되는 유형`	1개의 편지 읽고 삼지선다 객관식 문제 풀기
Tarea 2	1개의 편지 읽고 삼지선다 객관식 문제 풀기	8개의 안내문, 광고 읽고 삼지선다 객관식 문제 풀기
Tarea 3	6개의 안내문, 광고 읽고 삼지선다 객관식 문제 풀기	3개의 글 읽고 6개의 연결 문장 중 고르기 `새로운 유형`
Tarea 4	공통된 주제의 글 10개 읽고 6개의 연결 문장 중 고르기	1개의 긴 글 읽고 6개의 삼지선다 객관식 문제 풀기
Tarea 5	1개의 긴 글 읽고 6개의 삼지선다 객관식 문제 풀기	

듣기

- Tarea 5개 → **4개**(30문제 → 25문제), 시험 시간은 **40분** 동일

	개정 전	개정 후
Tarea 1	7개의 라디오 공지 듣고 삼지선다 객관식 문제 풀기	짧은 대화 듣고 삼지선다 객관식 문제 풀기 `새로운 유형`
Tarea 2	라디오 뉴스 듣고 6개의 삼지선다 객관식 문제 풀기 `동일한 유형`	라디오 광고 듣고 삼지선다 객관식 문제 풀기
Tarea 3	안내 방송, 전화 등 듣고 주어진 문장과 연결시키기	두 사람의 대화 듣고 해당 인물 연결하기 `새로운 유형`
Tarea 4	두 사람의 통화 내용 듣고 삼지선다 객관식 문제 풀기	짧은 음성 메시지 듣고 주어진 문장과 연결하기
Tarea 5	두 사람의 대화 내용 듣고 5개의 정답 이미지 고르기 `삭제되는 유형`	

작문

•Tarea 3개 → **2개**, 시험 시간은 50분 → **45분**

	개정 전		개정 후
Tarea 1	설문지, 사이트 글, 이메일, 기록 카드 작성하기 `삭제되는 유형`		편지 읽고 답장 쓰기
Tarea 2	엽서, 편지, 메모, 이메일 등 쓰기	`동일한 유형`	개인의 일상생활에 관련된 주제에 대해 글 쓰기(옵션1) / 사진이나 보조 자료를 보고 전기문 쓰기(옵션2) `새로운 유형`
Tarea 3	주어진 이미지 또는 간단한 기록 바탕으로 묘사하기		

회화

•Tarea 4개 → **3개**, 준비 시간 15분, 시험 시간 15분 → **준비 시간 12분, 시험 시간 12분**

	개정 전		개정 후
Tarea 1	미리 선택한 테마에 대해 독백으로 발표하기	`동일한 유형`	1개의 주제에 대한 설명 및 경험, 의견 발표
Tarea 2	미리 선택한 사진에 대해 설명하기	`동일한 유형`	1장의 사진 보고 묘사하기
Tarea 3	사진 속 상황에 대해 감독관과 역할극 하기	`동일한 유형`	가상 상황으로 감독관과 대화 나누기
Tarea 4	각자 다른 의견에 대해 대화 나누기 `삭제되는 유형`		

CHAPTER 1
DELE A2

영역별 문제 공략

DELE A2 영역별 문제 공략에서는 DELE A2 문제를 영역/과제로 분류하여 각 과제별 공략법을 다룹니다. 영역별로 제시된 출제 경향과 유형 파악 및 분석을 비롯해 체계적인 풀이법까지 학습한다면 난이도가 높은 문제라도 어렵지 않게 풀 수 있도록 하였습니다.

PRUEBA 1. COMPRENSIÓN DE LECTURA

Esta prueba tiene **cuatro tareas**.
Usted debe responder a 25 preguntas.
La duración es de 60 minutos.
Marque las opciones elegidas en la **Hoja de respuestas**.

평가 **1.** 독해

이 평가는 **4개의 과제**로 구성됩니다.

당신은 25개의 문제에 답해야 합니다.

시간은 60분입니다.

선택한 보기를 **답안지**에 표기하세요.

COMPRENSIÓN DE LECTURA 독해

출제 가이드

1 출제 경향

DELE A2 독해 시험은 다양한 방법으로 독해 능력을 평가합니다. 그러므로 어떤 유형의 글이 출제되더라도 내용을 정확히 파악할 수 있어야 합니다. 주로 일상에서 접할 수 있는 글이나 특정 분야의 정보를 설명하는 글이 제시됩니다. 일상 관련 글(안내문, 공지, 알림, 광고 등)의 특징뿐만 아니라 스페인어권의 문화, 상식에 대해 어느 정도 알고 있어야 문제를 정확하게 이해할 수 있습니다.

2 유형 파악

문항 수	25문항		
시험 시간	60분		
Tarea	**유형**	**단어 수**	**문항 수**
1	1개의 편지글을 읽고 삼지선다 객관식 문제 풀기	250~300 단어	5
2	8개의 안내문, 광고 등의 글을 읽고 삼지선다 객관식 문제 풀기	텍스트당 50~80 단어	8
3	3개의 텍스트를 읽고 6개의 문장 연결시키기	텍스트당 100~120 단어	6
4	1개의 긴 글을 읽고 6개의 삼지선다 객관식 문제 풀기	375~425 단어	6

3 독해 완전 분석

DELE A2 독해 영역은 4개의 과제, 총 25문항으로 구성되어 있으며 주어진 시간은 60분입니다. 과제별로 풀이 순서가 정해져 있지 않으므로 **자신 있는 과제부터 푸는 것도 가능**합니다.

DELE 시험에서는 독해 영역이 가장 먼저 제시되기 때문에 심리적으로도 중요한 영역입니다. 텍스트에서 전달하고자 하는 메시지를 최대한 파악하고 문제를 푸는 것이 좋지만, 시험에 나온 어휘를 100% 이해하지 못해도 문제를 풀 수 있다는 것을 반드시 기억하세요! **모르는 어휘가 있더라도 개의치 말고 전체적인 맥락을 파악하는 데 집중**하세요.

Tarea 1 · 1개의 편지글 읽고 삼지선다 문제 풀기

Tarea 1 핵심 정리

문항	5개
단어 수	250~300
문제 유형	1개의 편지글을 읽고 삼지선다 객관식 문제 풀기
글의 유형	개인 간 편지, 이메일
빈출 주제	· 일상적인 내용 · 안부, 소식, 근황 전하기 · 개인 간 약속 정하기 · 특정 이벤트에 초대, 축하 등
평가 포인트	· 편지나 이메일의 전체 내용을 이해할 수 있는가 · 발신인과 수신인 각자의 상황을 구분하여 이해할 수 있는가 · 발신인이 글을 쓴 동기나 핵심 메시지를 파악할 수 있는가

BONA 쌤의 노하우

Tarea 1에서는 지인에게 보내는 이메일, 편지 등을 읽게 됩니다. ¡Hola! ¿Qué tal?과 같은 인사말을 비롯해 일상적인 대화체로 제시되는데 글쓴이의 심경, 분위기, 뉘앙스 등을 파악하며 읽어야 합니다. 안부만 묻는 데 그치는 것이 아니라 **편지를 통해 꼭 전달하고자 하는 핵심 내용 또는 수신자에게 하는 문의, 질문 등**이 숨겨져 있을 수 있습니다. 따라서 보내는 사람과 받는 사람의 이름을 잘 확인하고, **질문에서의 주어**를 정확히 파악해 **누구에게 해당하는 질문**인지 헷갈리지 않아야 합니다.

만일 스페인어로 쓰인 편지나 이메일 형태의 글을 접할 기회가 별로 없다면 'carta informal ejemplo', 'carta personal ejemplo' 등을 인터넷으로 검색하여 참고할 수 있습니다.

Tarea 1 완전 공략

1 문제 해결 전략

INSTRUCCIONES 확인	• 발신자와 수신자에 대한 정보가 있는지 확인합니다.
	• 글의 유형 또는 목적이 제시되었는지 확인합니다.
1차 독해	• 글의 전체적인 내용을 파악하며 읽습니다.
	• 발신자와 수신자 각각의 상황을 나누어 이해합니다.
	• 글의 목적을 파악하며 읽습니다.
1차 문제 풀기	• 질문과 보기의 핵심 내용을 해석해 정답을 1차 선택합니다.
최종 선택	• 텍스트 내 해당 부분으로 돌아가 2차 독해를 하며 정답을 최종 선택합니다.

2 이것만은 꼭!

• 문제에는 함정이 숨겨져 있기도 하므로 질문이나 보기를 먼저 읽으면 내용을 왜곡할 수 있습니다. 그러므로 우선 TEXTO 독해를 집중해서 합니다.

• 편지의 발신자와 수신자의 위치나 상황 등의 정보가 모두 제시될 수 있으므로 각각 구분해 이해하도록 합니다.

• 발신자와 수신자가 아닌 다른 인물에 대한 내용이 나올 수 있으므로 질문과 보기에서 이를 구분해야 합니다.

• 각 문제의 주어를 정확히 파악해, 발신자에 관한 질문인지 수신자에 관한 질문인지를 알아야 합니다.

문제 1

INSTRUCCIONES

Usted va a leer la carta que Susana y José han escrito a su amigo Roberto. A continuación, conteste a las preguntas (de la 1 a la 5). Seleccione la opción correcta (A, B, o C).

Marque las opciones elegidas en la **Hoja de respuestas**.

Querido Roberto:

¿Qué pasó hace diez años? ¿Te acuerdas? ¡Sí! !Nuestra boda! Parece mentira, pero el sábado que viene va a hacer diez años que nos casamos y queremos celebrar una fiesta aún mejor que la de la boda. Te cuento lo que hemos pensado hacer.

Primero, decoraremos el jardín de nuestra casa para hacer la celebración porque, según las noticias, el sábado hará muy buen tiempo y queremos hacer una linda fiesta en el jardín. Pondremos flores, velas, globos...
Intentaremos hacer una fiesta muy similar a la fiesta de boda que hicimos hace diez años. También habrá música, comida y bebida. Cenaremos y bailaremos toda la noche.

Segundo, colocaremos muchas fotos de nuestra boda de hace diez años. Podrás ver fotos antiguas de nuestra boda y también fotos de nuestros invitados. ¡Es una excelente idea para revivir nuestra boda! ¿Verdad?

Por último, habrá muchísimas comidas y tapas. ¡Por supuesto que también habrá muy buenos vinos! Probaremos los platos del chef más famoso de la ciudad y un vecino francés va a traer algunos vinos muy buenos.

Han sido maravillosos los diez años que hemos pasado juntos, así que queremos hacer una bonita fiesta con nuestros familiares y amigos.
¡Vendrán también muchos amigos de la universidad! Gerardo está de vacaciones, pero me ha confirmado su asistencia. Estamos seguros de que todos nosotros estaremos muy contentos por volver a vernos después de tantos años.

Ya sabes que nos encantaría compartir contigo esta alegría.
Esperamos verte el sábado.

Un abrazo,
Susana y José

PREGUNTAS

1. Susana y José van a...

    A) casarse.

    B) celebrar el décimo aniversario de boda.

    C) divorciarse.

2. Susana y José escriben a Roberto para...

    A) pedirle ayuda.

    B) contarle lo que hicieron hace diez años.

    C) invitarlo a su fiesta.

3. La fiesta será...

    A) el mes que viene.

    B) el sábado que viene.

    C) el año que viene.

4. El que va a llevar vinos a la fiesta es...

    A) alguien que vive cerca de la casa de Susana y José.

    B) José.

    C) Roberto.

5. Según la carta, Gerardo...

    A) es un amigo común.

    B) no conoce a Roberto.

    C) no vendrá a la fiesta.

Step **2** 연습 문제의 내용을 해석해 보세요.

지시 사항

당신은 수사나와 호세가 그들의 친구인 로베르토에게 쓴 편지를 읽을 것입니다. 이어서 1번부터 5번까지의 질문에 답하세요. (A, B 혹은 C) 정답을 선택하세요.

선택한 보기를 **답안지**에 표기하세요.

친애하는 로베르토

10년 전에 무슨 일이 있었지? 기억하니? 맞아! 우리의 결혼식이 있었어! 마치 거짓말 같지만 돌아오는 토요일은 우리가 결혼한 지 10년이 되는 날이야. 그래서 우리는 그날 결혼식보다 더 훌륭한 파티를 열고 싶어. 우리가 뭘 할지 생각한 것들을 네게 이야기할게.

우선, 기념 파티를 하기 위해서 우리 집 정원을 꾸밀 거야. 왜냐하면 뉴스에 따르면 토요일에 날씨가 매우 좋을 거라고 했거든. 그래서 정원에서 아주 예쁜 파티를 하고 싶어. 우리는 꽃과 초, 풍선을 정원에 놓을 거야.
우리는 10년 전에 했던 결혼식과 아주 흡사한 파티를 할 거야. 음악과 음식, 음료도 있을 거야. 우리 모두 저녁 식사를 하고 밤새 춤을 출 거란다.

두 번째로 우리는 10년 전 우리의 결혼식 사진들을 놓을 거야. 넌 우리들의 오래된 결혼식 사진과 함께 마찬가지로 그때의 초대 손님들의 사진들 또한 볼 수 있을 거야. 이것은 우리의 결혼식을 다시 회상하는 아주 탁월한 생각이야, 그렇지?

마지막으로, 아주 많은 음식들과 타파스가 있을 거야. 당연히 아주 맛 좋은 와인도 있고! 우리는 시에서 가장 유명한 요리사의 요리들을 맛볼 거고, 프랑스 출신의 이웃 한 명이 아주 좋은 와인을 가져올 거야.

우리가 함께한 10년은 매우 훌륭한 시간이었단다. 그래서 우리는 가족, 친구들과 함께 아주 예쁜 파티를 하고 싶어. 우리 대학 친구들도 많이 올 거야! 헤라르도는 지금 휴가 중이지만 그날 꼭 참석한다고 했어. 오랜만에 우리 모두가 다시 만나면 정말 기쁠 거라고 확신해.

이 기쁨을 너와 함께하는 걸 우리는 간절히 바라고 너도 그걸 알 거야.
토요일에 너를 보길 바란다.

포옹을 전하며,
수사나와 호세

문제

1. 수사나와 호세는 …할 것이다.

   A) 결혼

   B) 열 번째 결혼기념일을 기념

   C) 이혼

2. 수사나와 호세는 … 위하여 로베르토에게 편지를 쓴다.

   A) 도움을 요청하기

   B) 10년 전에 그들이 한 일을 이야기하기

   C) 그들의 파티에 그를 초대하기

3. 파티는 … 열릴 것이다.

   A) 돌아오는 달에

   B) 돌아오는 토요일에

   C) 돌아오는 해에

4. 파티에 와인을 가져갈 사람은 …이다.

   A) 수사나와 호세의 집에 가까이 사는 누군가

   B) 호세

   C) 로베르토

5. 편지에 따르면, 헤라르도는 …

   A) 함께 아는 친구이다.

   B) 로베르토를 알지 못한다.

   C) 파티에 오지 않을 것이다.

Step 3 필수 어휘를 익혀 보세요.

acordarse	기억하다	revivir	회상하다, 소생하다
boda	ⓕ 결혼식	tapa	ⓕ 뚜껑, 술안주
mentira	ⓕ 거짓말	vecino	ⓜ 이웃 / 이웃의
aún	아직, 더욱더, 한층	maravilloso	경이적인, 훌륭한
contar	이야기하다, 계산하다	familiar	ⓜ 친척 / 가족의
decorar	장식하다	confirmar	확인하다, 확고히 하다
jardín	ⓜ 정원	asistencia	ⓕ 참석, 도움, 원조
celebración	ⓕ 기념 행사	compartir	공유하다, 나누다
noticia	ⓕ 뉴스, 소식	alegría	ⓕ 즐거움(= ⓕ felicidad)
lindo	귀여운, 사랑스러운	décimo	열 번째의
vela	ⓕ 초, 철야	pedir	요구하다, 부탁하다, 주문하다
globo	ⓜ 구, 구체, 풍선	divorciarse	이혼하다
intentar	의도하다, 시도하다	llevar	가지고 가다, 몸에 걸치고 있다, (일시를) 보내다
similar	유사한, 비슷한	común	공통의, 보통의
colocar	두다, 놓다, 배치하다		

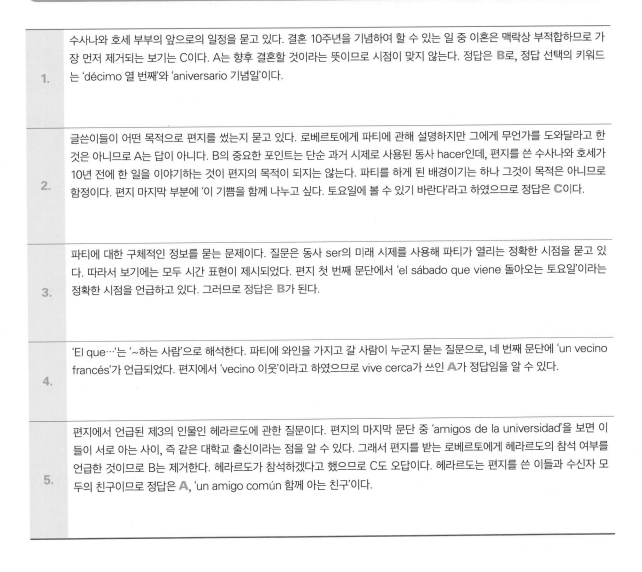

Step 4 연습 문제의 해설을 확인해 보세요.

1. 수사나와 호세 부부의 앞으로의 일정을 묻고 있다. 결혼 10주년을 기념하여 할 수 있는 일 중 이혼은 맥락상 부적합하므로 가장 먼저 제거되는 보기는 C이다. A는 향후 결혼할 것이라는 뜻이므로 시점이 맞지 않는다. 정답은 **B**로, 정답 선택의 키워드는 'décimo 열 번째'와 'aniversario 기념일'이다.

2. 글쓴이들이 어떤 목적으로 편지를 썼는지 묻고 있다. 로베르토에게 파티에 관해 설명하지만 그에게 무언가를 도와달라고 한 것은 아니므로 A는 답이 아니다. B의 중요한 포인트는 단순 과거 시제로 사용된 동사 hacer인데, 편지를 쓴 수사나와 호세가 10년 전에 한 일을 이야기하는 것이 편지의 목적이 되지는 않는다. 파티를 하게 된 배경이기는 하나 그것이 목적은 아니므로 함정이다. 편지 마지막 부분에 '이 기쁨을 함께 나누고 싶다. 토요일에 볼 수 있기 바란다'라고 하였으므로 정답은 **C**이다.

3. 파티에 대한 구체적인 정보를 묻는 문제이다. 질문은 동사 ser의 미래 시제를 사용해 파티가 열리는 정확한 시점을 묻고 있다. 따라서 보기에는 모두 시간 표현이 제시되었다. 편지 첫 번째 문단에서 'el sábado que viene 돌아오는 토요일'이라는 정확한 시점을 언급하고 있다. 그러므로 정답은 **B**가 된다.

4. 'El que…'는 '~하는 사람'으로 해석한다. 파티에 와인을 가지고 갈 사람이 누군지 묻는 질문으로, 네 번째 문단에 'un vecino francés'가 언급되었다. 편지에서 'vecino 이웃'이라고 하였으므로 vive cerca가 쓰인 **A**가 정답임을 알 수 있다.

5. 편지에서 언급된 제3의 인물인 헤라르도에 관한 질문이다. 편지의 마지막 문단 중 'amigos de la universidad'을 보면 이들이 서로 아는 사이, 즉 같은 대학교 출신이라는 점을 알 수 있다. 그래서 편지를 받는 로베르토에게 헤라르도의 참석 여부를 언급한 것이므로 B는 제거한다. 헤라르도가 참석하겠다고 했으므로 C도 오답이다. 헤라르도는 편지를 쓴 이들과 수신자 모두의 친구이므로 정답은 **A**, 'un amigo común 함께 아는 친구'이다.

Tarea 1 **Ejercicios** 실전 연습 ②

문제 2

INSTRUCCIONES

Usted va a leer la postal que Manuel ha escrito a Antonio. A continuación, conteste a las preguntas (de la 1 a la 5). Seleccione la opción correcta (A, B, o C).

Marque las opciones elegidas en la **Hoja de respuestas**.

Antonio:

¡Hola!

¿Cómo estás? Ya estoy en Barcelona después de haber recorrido tantas ciudades de España. Es magnífico porque hace muy buen tiempo y ¡por fin hay playa! En la ciudad anterior, Bilbao, había mucho bosque y me encantó eso, pero tenía ya ganas de relajarme en la playa.

Aquí estoy muy a gusto. Es una ciudad muy tranquila, bonita y, al mismo tiempo, muy alegre. Hay muchísimos turistas extranjeros como yo. La gente se asombra de los lugares históricos, de su famosa arquitectura y también del fútbol. ¡Sí! Ya conozco el Camp Nou del FC. Barcelona, que era el motivo principal para visitar esta ciudad. ¡Me emocioné tanto!

Después, tengo planeado ir a Valencia, donde también hay buenas playas y dicen que la paella es riquísima. Me alojaré en la casa de un amigo que conocí en Francia, antes de venir a España. Me ofreció quedarme en su casa unos días porque en Francia él tuvo un pequeño problema para entrar en un museo y yo lo ayudé con lo poco del francés que hablo. Es que los franceses no hablan nada de inglés.

De todos modos, calculo que en unos quince días ya estaré de vuelta en casa porque mi jefe dice que ya necesita empezar el nuevo proyecto. Desgraciadamente, no tendré tiempo suficiente para deshacer mis maletas, porque al día siguiente ya estaré en la oficina.

La verdad es que quiero seguir viajando más. ¡Son las primeras vacaciones que tengo después de haber empezado a trabajar! ¡Oye! ¿Y en la casa todo bien? No se te ha olvidado regar las plantas y darles de comer a los gatos, ¿verdad?

Nos vemos pronto,
Manuel

PREGUNTAS

1. En la ciudad de Bilbao no hay...

   A) mucha gente.

   B) bosque.

   C) playa.

2. Manuel fue a Barcelona por un especial interés por...

   A) los lugares históricos.

   B) la arquitectura.

   C) el fútbol.

3. En Francia, Manuel...

   A) tuvo un problema.

   B) se hizo amigo de un joven valenciano.

   C) aprendió francés.

4. Nada más volver a casa, Manuel va a...

   A) trabajar.

   B) descansar.

   C) viajar más.

5. Manuel tiene en su casa...

   A) peces.

   B) mascotas.

   C) niños.

지시 사항

당신은 마누엘이 안토니오에게 쓴 엽서를 읽을 것입니다. 이어서 1번부터 5번까지의 질문에 답하세요. (A, B 혹은 C) 정답을 선택하세요.

선택한 보기를 **답안지**에 표기하세요.

안토니오

안녕?

어떻게 지내고 있니? 나는 스페인의 수많은 도시들을 거친 후에 이제 바르셀로나로 왔단다. 여기는 아주 훌륭해. 왜냐하면 날씨가 너무 좋고 드디어 바다도 있거든! 이전 도시였던 빌바오에서는 숲이 아주 많았었고 그 점이 마음에 들었지만 나는 이미 좀 바닷가에서 휴식을 취하고 싶은 마음이 간절했었어.

난 이곳에서 아주 기분 좋게 지내고 있어. 이 도시는 매우 평온하고, 예쁘고 또 동시에 굉장히 활기차단다. 나처럼 많은 외국인 관광객들이 있어. 사람들은 이곳의 역사적인 장소나, 매우 유명한 건축 그리고 축구 때문에 아주 열광하지. 맞아! 나는 드디어 FC 바르셀로나의 축구장 캄프 누에 가 봤어! 그것이 바로 이 도시를 방문하는 주된 목적이었지. 나는 정말 신났었어!

다음으로는 발렌시아로 갈 계획이야. 그곳에도 마찬가지로 좋은 바닷가가 있고, 사람들 말로는 파에야 요리가 아주 맛있다고 해. 스페인에 오기 전 프랑스에서 알게 된 한 친구의 집에서 머무를 거야. 자신의 집에서 며칠 머무를 것을 제안했는데, 왜냐하면 프랑스에서 한 박물관에 들어갈 때 그 친구에게 작은 문제가 생겼고, 내가 조금 할 수 있는 불어로 그를 도와주었거든. 그게 말이지, 프랑스인들은 정말 영어를 전혀 할 줄 몰라.

아무튼, 15일 정도 안으로 집에 다시 돌아가 있을 것 같아. 왜냐하면 나의 상사가 이제는 새로운 프로젝트를 시작할 필요가 있다고 하기 때문이야. 안타깝게도 나는 짐을 풀 시간조차 충분히 갖지 못하고 도착한 다음날 곧바로 사무실에 있게 될 것 같아.

난 사실 여행을 계속 더 하고 싶어. 내가 일을 시작한 이후로 처음으로 갖는 휴가이지 않겠니! 참, 그리고 집은 괜찮아? 화분에 물을 주고 고양이들에게 먹이 주는 것을 잊지는 않았겠지?

조만간 보자.
마누엘

문제

1. 빌바오에는 …이(가) 없다.

    A) 많은 사람

    B) 숲

    C) 바닷가

2. 마누엘은 …에 대한 특별한 관심 때문에 바르셀로나에 갔다.

    A) 역사적인 장소들

    B) 건축

    C) 축구

3. 프랑스에서 마누엘은 …

    A) 문제가 있었다.

    B) 발렌시아 출신의 친구를 사귀었다.

    C) 불어를 배웠다.

4. 집에 돌아오자마자 마누엘은 …을 할 것이다.

    A) 일

    B) 휴식

    C) 더 많은 여행

5. 마누엘은 본인의 집에 …을 가지고 있다.

    A) 물고기들

    B) 반려동물들

    C) 아이들

Step 3 필수 어휘를 익혀 보세요.

postal	ⓕ 우편엽서	emocionarse	감동하다, 감격하다
recorrer	돌아다니다	tener planeado	~할 계획이 있다
tanto	그렇게 많은	paella	ⓕ 파에야, 찐 밥
magnífico	훌륭한, 근사한	alojarse	묵다, 숙박하다
playa	ⓕ 바닷가, 해안	ofrecer	주다, 제공하다
anterior	앞의, 이전의	calcular	계산하다
bosque	ⓜ 숲, 삼림	jefe	ⓜ 상사, 보스
tener ganas de	바라다(= desear, querer)	proyecto	ⓜ 계획, 프로젝트
relajarse	긴장이 풀리다	desgraciadamente	유감스럽게도
a gusto	마음 편하게, 기쁘게	deshacer	해체하다, 분해하다
tranquilo	조용한, 고요한, 편안한	regar	물을 뿌리다
al mismo tiempo	동시에	planta	ⓕ 식물, 풀
alegre	기쁜, 쾌활한, 명랑한	dar de comer	먹이를 주다
extranjero	ⓜ 외국, ⓜⓕ 외국인 / 외국의	valenciano	ⓜⓕ 발렌시아(Valencia) 사람 / 발렌시아의
asombrarse	놀라다, 감탄하다	pez	ⓜ 물고기
arquitectura	ⓕ 건축, 건축술, 건축 양식	mascota	ⓕ 반려동물, 마스코트
principal	제일 중요한, 주된		

Step 4 연습 문제의 해설을 확인해 보세요.

1. 빌바오에 없는 것을 묻고 있다. 두 번째 문단의 En la ciudad anterior, Bilbao, había mucho bosque y me encantó eso, pero tenía ya ganas de relajarme en la playa를 보면, 빌바오에 있는 것은 'bosque 숲'이지만 바닷가에서 휴식을 취하고 싶은 마음이 간절했었다고 했으므로 그곳에 없는 것은 playa, 즉 **C**가 정답이 된다. A의 '많은 사람'에 대해서는 언급하지 않았으므로 정답이 될 수 없다.

2. 마누엘이 바르셀로나로 간 이유가 무엇인지 묻고 있다. 세 번째 문단의 Ya conozco el Camp Nou del FC. Barcelona, que era el motivo principal para visitar esta ciudad에 주목하자. 마누엘이 축구를 좋아한다고 직접 언급하지는 않았지만, FC. Barcelona의 경기장인 Camp Nou를 처음으로 가 보았고 그것이 바로 바르셀로나를 방문한 주된 목적이었다고 했으므로 정답은 **C**이다. A와 B의 내용이 세 번째 문단에서 언급되고 있으나 그것은 바르셀로나를 방문하는 사람들의 관심사라고 했으므로 오답이다.

3. 프랑스에서 마누엘이 어떤 일을 했는지 묻고 있다. 넷째 문단에서 마누엘은 'tengo planeado ir a Valencia 발렌시아로 갈 계획이야'라고 말하며 'Me alojaré en la casa de un amigo que conocí en Francia 프랑스에서 알게 된 한 친구의 집에서 머무를 거야'라고 했다. 그러므로 마누엘은 프랑스에서 발렌시아 출신의 새 친구를 사귀게 되었다는 내용의 **B**가 정답이다. 이때 B에는 conocer a alguien과 동일한 표현인 hacerse amigos가 쓰였다. 주의해야 할 보기는 A와 C이다. A의 경우 문제가 있었던 사람은 마누엘이 아닌, 그곳에서 처음 알게 된 발렌시아 출신의 친구였으며, C의 경우 마누엘은 이미 불어를 조금 할 줄 안다고 나와 있기 때문에 오답이다.

4. 마누엘이 집에 돌아오자마자 무엇을 할지를 묻는 질문이다. 질문에서 사용된 Nada más volver를 '돌아오자마자'라고 정확히 해석해야 한다. 다섯 번째 문단을 보면 마누엘이 여행을 끝내고 돌아와야 하는 이유는 상사가 새로운 프로젝트를 위해 일터로 복귀할 것을 원했기 때문이라고 언급하며 'Desgraciadamente, no tendré tiempo suficiente para deshacer mis maletas porque al día siguiente ya estaré en la oficina 안타깝게도 나는 짐을 풀 시간조차 충분히 갖지 못하고 도착한 다음날 곧바로 사무실에 있게 될 것 같아'라고 했다. 그러므로 정답은 **A**이다.

5. 마누엘이 자신의 집에 가지고 있는 것을 묻는 질문이다. 여섯 번째 문단에서 마누엘은 안토니오에게 'No se te ha olvidado regar las plantas y darles de comer a los gatos, ¿verdad? 화분에 물을 주고 고양이들에게 먹이 주는 것을 잊지는 않았겠지?'라고 묻고 있으므로 **B**의 '반려동물들'이 정답이다. A의 '물고기들'이나 C의 '아이들'은 텍스트에 등장하지 않으므로 오답이다.

Tarea 2 8개의 안내문, 광고 등을 읽고 삼지선다 문제 풀기

문항	8개
단어 수	텍스트당 50~80
문제 유형	안내문, 광고 등을 읽고 삼지선다 객관식 문제 풀기
글의 유형	짧은 안내문, 광고 등
빈출 주제	· 신문 또는 잡지의 짧은 광고, 안내문, 설명 · 특정 장소의 규칙, 안내, 알림 · 모집 공고
평가 포인트	· 짧은 메시지의 공지나 목적을 파악할 수 있는가 · 불특정 대상에 대한 공지 성격의 글을 이해할 수 있는가 · 공지하는 내용 중 특정한 조건, 제한, 기한, 대상 등에 관한 정보를 구분해 이해할 수 있는가

BONA 쌤의 노하우

Tarea 2에서는 특정한 메시지를 담고 있는 짧은 안내 또는 광고를 읽게 됩니다. 예를 들어, '아파트를 함께 사용할 사람을 구합니다. 여자만 가능하고 집은 어디에 위치하며...'와 같은 안내문은 자주 볼 수 있는 글 중 하나입니다. 중요한 것은 '안내문'의 문제는 다른 글과는 다르게 매우 **함축적**이며 **불특정 대상에게 표현하는 무인칭 표현을 많이 사용**한다는 것입니다. Yo alquilo una habitación y busco a alguien... 이 아닌 Se necesita compañero de piso.와 같은 차이점입니다.

Tarea 2에는 매우 다양한 내용의 글이 등장하기 때문에 주제별로 많은 글을 읽고, 글에 자주 쓰이는 어휘나 표현을 숙지하는 것이 좋습니다. 예를 들어, 임대, 가격, 날짜, 자격 조건 등에 해당하는 표현들(키워드)은 꼭 알아 두어야 합니다. 본문에 등장하는 이런 표현들을 주의 깊게 살펴보고 반드시 외워 두세요.

Tarea 2 완전 공략

1 문제 해결 전략

TÍTULO 확인	• 각 텍스트 상단에 글의 제목에 해당하는 내용이 있는지 확인합니다. • 공지하는 내용 또는 연관되는 장소 등이 무엇인지 확인합니다.
1차 독해	• 전체적인 내용과 대상을 파악하며 읽습니다. • 공지의 세부적인 사항을 파악하며 읽습니다.
1차 문제 풀기	• 질문과 보기의 핵심 내용을 해석해 정답을 1차 선택합니다.
최종 선택	• 텍스트 내 해당 부분으로 돌아가 2차 독해를 하며 정답을 최종 선택합니다.

2 이것만은 꼭!

- INSTRUCCIONES에는 '8개의 텍스트를 읽고 6번부터 13번까지의 문제에 답하라'라는 지시만 있을 뿐, 실제 풀어야 할 문제와 관련된 정보는 없습니다. 따라서 해당 부분은 읽지 않고 넘어가도 괜찮습니다.

- EJEMPLO는 Tarea 2 글의 유형을 파악할 수 있도록 하나의 예시 지문과 문제 그리고 정답까지 모두 보여 줍니다. 이것은 예시 글일 뿐이므로 읽지 않고 넘어가도 됩니다.

- 각 텍스트 상단에 제목이나 한 문장 또는 구절이 있는지 확인하고 그것을 통해 뉴스, 안내, 알림, 주의 사항, 상업적 광고 등 글의 유형과 관련된 정보를 파악해야 합니다.

- 불특정 대상에게 쓰인 공지의 특성상 무인칭 표현(se necesita compañero de piso, se dan clases de lengua, se busca personal 등)이 여러 번 등장할 수 있습니다.

- 공지의 세부적 내용과 특히 '~까지 유효한 할인 가격, 몇 명 이상일 때 ~한 예약 조건, ~한 상품의 구매 시 경품을 제공함' 등과 같은 세부적인 조건을 파악해야 합니다. 글의 유형에 따라 자주 사용되는 패턴을 익히도록 합니다.

- 8개의 TEXTOS는 서로 연관되지 않습니다.

문제 1

INSTRUCCIONES

Usted va a leer ocho anuncios. A continuación, responda a las preguntas (de la 6 a la 13). Seleccione la opción correcta (A, B o C).

Marque las opciones elegidas en la **Hoja de respuestas**.

Ejemplo:

TEXTO 0

HOTEL ISLA MARGARITA

LISTA DE PRECIOS

TEMPORADA ALTA : Del 15 de septiembre al 30 de marzo.

: 70 pesos colombianos.

TEMPORADA BAJA : Resto de fechas.

: 50 pesos colombianos.

- Los precios se entienden en régimen de media pensión y habitación con aire acondicionado, televisión y teléfono.
- Suplemento por aparcamiento: 6 pesos por día.

0. Los precios de todas las temporadas incluyen...

A) las tres comidas del día.

B) aire acondicionado.

C) plaza de garaje.

La opción correcta es la letra B.

0. A☐ B■ C☐

TEXTO 1

CENTRO MÉDICO VILLA GESELL

INFORMACIÓN GENERAL PARA LOS PACIENTES

Se comunica que las consultas del doctor Martínez
se han trasladado a la quinta planta,
primera puerta a la izquierda.

6. El anuncio es para...

A) los doctores.

B) vender algo.

C) avisar sobre un cambio.

TEXTO 2

OFERTA ESPECIAL: "EGIPTO, TIERRA DE FARAONES"

¡El país de los faraones te espera con sus tesoros!

Por solo 200 € al mes en 10 meses.

Servicios incluidos:

Traslados en destino.

Visados.

Visitas y excursiones con guías (español e inglés).

Hotel en El Cairo Categoría especial.

Si lo desea, puede contratar con nosotros un

seguro de viaje.

7. La oferta incluye...

A) guía durante las excursiones.

B) hotel y comida.

C) seguro de viaje.

TEXTO 3

III CERTAMEN NACIONAL DE PINTURA

Tijuana, México.

Fecha de inicio: 5 de mayo de 2019.

Se convoca uno de los premios más importantes en el campo de la pintura. Podrán participar artistas mexicanos o extranjeros residentes en México desde hace cinco años. El ganador recibirá 400.000 pesos. El jurado está compuesto por figuras de gran fama internacional. El artista deberá enviar una única obra, firmada y con su domicilio escrito en la parte posterior de la misma.

8. Para concursar debes...

A) enviar la obra antes del 5 de mayo.

B) ser mexicano o haber residido en México más de 5 años.

C) enviar varias obras.

TEXTO 4

PANDA PARK

Organización de cumpleaños

Incluye
- Tarjeta de invitación.
- Horas en nuestras instalaciones.
- Monitora desde el principio hasta el final de la fiesta.
- Merienda: mini-bocadillos, zumos, batidos, agua, patatas fritas, postres y tarta de cumpleaños.

Precios
- Menos de 12 niños, a 10 euros por niño.
- Más de 12 niños, a 8 euros por niño.

Os esperamos en Avda. Los Pinos, 14 Tel. 654 79 83 12

9. En las fiestas de cumpleaños del Panda Park hay...

A) un oso.

B) una persona para cuidar a los niños.

C) una piscina para niños.

TEXTO 5

A QUIEN INTERESE

El día 10 de junio por la noche encontré una mochila negra abandonada en el laboratorio de Química. Si es suya la mochila puede pasar a recogerla cualquier día laborable desde las 13 h. hasta las 18 h.

Si es que nadie se interesa por ella en el plazo de una semana, la depositaré en la oficina de Objetos Perdidos. Para más información preguntar por el profesor Gómez, edificio B, 4° derecha. Muchas gracias.

10. La persona que escribió este anuncio...

A) ha encontrado un cuaderno.

B) esperará una semana.

C) ha llevado la mochila a Objetos Perdidos.

TEXTO 6

BANDA MUSICAL "LOS GIGANTES"

¿Te gusta la música y sabes tocar algún instrumento musical?
¿Te gusta cantar y componer canciones? ¡Únete a nuestra banda musical!

Somos una banda formada por universitarios de la ciudad, aficionados a la música. Con tantos años de experiencia, ya hemos ganado en numerosos concursos musicales nacionales e internacionales.
Para este año tenemos planeado participar en el "CONCURSO JUVENIL DE MÚSICA Y BAILE" en Madrid.
¡Ponte en contacto con nosotros ahora mismo para cualquier información!
Teléfono 946 23 51.

11. Te interesa este anuncio si...

A) ya perteneces a una banda musical.

B) te gusta bailar.

C) quieres participar en un concurso de música.

TEXTO 7

TACOS LA PLAYA

Delicioso restaurante mexicano con especialidad en tacos de pescado, burritos de carne asada, pollo con guacamole, frijoles, ensaladas frescas y nuestros inigualables postres.

En TACOS LA PLAYA el cliente no solo disfruta de un ambiente familiar y la tranquilidad que proporciona la costa, sino también de la libertad que le proporciona el autoservicio que ofrecemos o la excepcional atención al cliente que le brindan nuestros profesionales camareros en el servicio de mesas. Hacemos descuentos especiales para estudiantes universitarios.

12. Este restaurante...

A) está en una playa.

B) no tiene camareros.

C) es exclusivamente para estudiantes.

TEXTO 8

POLIDEPORTIVO "SQUASH"

Si te gusta el fútbol o cualquier deporte de equipo, apúntate ya al polideportivo "Squash". Además de rellenar el formulario, debes traer dos fotografías. Los horarios están agrupados por edades:

- 18:00 h a 19:00 h. De 20 a 30 años.
- 19:00 h a 20:00 h. De 30 a 50 años.
- 20:00 h a 21:00 h. Mayores de 50 años.

13. Para apuntarte al polideportivo "Squash" es necesario:

A) tener más de 20 años.

B) jugar solo al fútbol.

C) apuntarse en el horario de mañana.

Step 2 연습 문제의 내용을 해석해 보세요.

지시 사항

당신은 8개의 안내문을 읽게 될 것입니다. 이어서 6번부터 13번까지의 질문에 답하세요. (A, B 혹은 C) 정답을 선택하세요.

선택한 보기를 **답안지**에 표기하세요.

예:

텍스트 0

마르가리타 섬 호텔

가격표

성수기: 9월 15일부터 3월 30일까지

: 70 콜롬비아 페소

비수기: 나머지 모든 날짜

: 50 콜롬비아 페소

- 위 금액은 1박 2식 제도 및 에어컨과 텔레비전, 전화를 포함한 방에 해당하는 금액입니다.
- 주차장 이용에 따른 추가 비용: 1일 6페소

---

0. 비수기와 성수기 모두의 날짜의 금액은 …을 포함한다.

   A) 1일 3식

   B) 에어컨

   C) 주차장

정답은 B입니다.

0. A☐ B■ C☐

텍스트 1

비야 헤셀 의료 센터

환자들을 위한 전체 공지

마르티네스 선생님의 진료실이
5층 좌측 첫 번째 문으로 이전됐음을 알립니다.

6. 이 안내문은 …을(를) 위한 것이다.

A) 의사들

B) 무언가의 판매

C) 변경에 대한 알림

텍스트 2

특별 할인: '이집트, 파라오의 땅'

파라오의 나라가 보물과 함께 당신을 기다립니다!

10개월 할부, 월 단돈 200유로.
포함되는 서비스
- 목적지 내 이동 수단
- 비자
- 스페인어와 영어가 가능한 가이드 동행 관광과 투어
- 카이로 특급 호텔 숙박
- 원하시는 경우, 여행자 보험을 들어 드립니다.

7. 이 상품은 …을(를) 포함하고 있다.

A) 투어 내 가이드

B) 호텔 숙박과 식사

C) 여행자 보험

텍스트 3

제3회 국내 미술 대회

티후아나, 멕시코.
시작일: 2019년 5월 5일.

미술 영역에서 가장 중요한 대회 중 하나가 개최된다. 멕시코 출신의 예술인들 및 멕시코에서 5년 전부터 살아 온 외국인 예술인들이 참가 가능하다. 우승자는 400,000페소를 받을 것이다. 심사 위원단은 국제적 명성을 가진 유명 인사들로 구성된다. 참가하는 예술인은 단 하나의 작품에 서명하고 뒷면에 주소를 적어 보내야 한다.

8. 대회에 참가하기 위하여 …

A) 5월 5일 전에 작품을 보내야 한다.

B) 멕시코인이거나 멕시코에 5년 이상 거주해 왔어야 한다.

C) 여러 작품을 보내야 한다.

Tarea 2 · Ejercicios

텍스트 4

'판다 파크'

생일 파티 단체
포함됨:
- 초대장
- 시설 내 이용 시간
- 파티의 시작부터 끝까지 함께 하는 지도 요원
- 간식: 미니 샌드위치, 주스, 셰이크 음료, 물, 감자튀김, 후식 및 생일 케이크

금액:
- 12명 미만 아이들, 아이당 10유로
- 12명 이상의 아이들, 아이당 8유로

우리는 로스 피노스길 14번지에서 당신들을 기다립니다!
전화번호 654 79 83 12

9. '판다 파크'의 생일 파티에는 …이 있다.
A) 한 마리의 곰
B) 아이들을 돌보는 사람
C) 아이들을 위한 수영장

텍스트 5

관련되는 분께

저는 6월 10일 밤에 화학 실험실에서 버려진 검정 책가방을 발견했습니다. 이 가방이 당신의 것이라면 평일 오후 1시부터 6시까지 가방을 가지러 와도 좋습니다.
만일 일주일 안으로 아무도 그 가방을 찾으러 오지 않는다면, 그것을 분실물 보관소에 맡기도록 하겠습니다. 그 외 문의는 건물 B, 4층 오른쪽 문 사무실에서 고메스 교수를 찾으세요. 감사합니다.

10. 이 알림을 쓴 사람은 …
A) 공책 한 권을 발견했다.
B) 일주일을 기다릴 것이다.
C) 분실물 보관소에 가방을 가져다 놓았다.

텍스트 6

'로스 히간테스' 음악 밴드

당신은 음악을 좋아하고 악기를 연주할 수 있습니까? 노래하고 작곡하는 것을 좋아하나요? 우리의 음악 밴드에 들어오세요!

저희는 이 도시의 음악을 즐기는 대학생들로 구성된 밴드입니다. 다년간의 경험 덕분에 국내 및 국외 수많은 음악 경연 대회에서 입상했습니다.
올해 저희는 마드리드에서 열리는 '젊은이들의 음악과 춤 경연 대회'에 참가할 예정입니다.
기타 문의 사항이 있다면 지금 바로 저희에게 연락 주세요!
전화번호 946 23 51

11. 만일 당신이 …, 이 광고에 관심이 갈 것이다.
A) 이미 음악 밴드에 소속되어 있다면
B) 춤추는 것을 좋아한다면
C) 음악 경연 대회에 참가하길 희망한다면

텍스트 7

라 플라야 타코 식당

생선 타코, 스테이크 부리토, 과카몰레를 곁들인 닭고기, 콩, 신선한 샐러드 그리고 우리만의 탁월한 디저트를 전문으로 하는 아주 맛 좋은 멕시코 음식 전문 식당.

라 플라야 타코에서 고객님은 가족적인 분위기와 해변이 주는 평온함을 즐기는 것은 물론, 셀프서비스로 느낄 수 있는 자유로움과, 혹은 우리의 전문적인 웨이터가 제공하는 특별한 서비스를 누릴 수 있습니다. 대학생들을 위한 특별 할인을 해 드립니다.

12. 이 식당은 …

- **A)** 해변에 있다.
- **B)** 웨이터가 없다.
- **C)** 학생들만을 위한 식당이다.

텍스트 8

'스쿼시' 스포츠 센터

당신이 축구 또는 팀으로 하는 운동을 좋아한다면, '스쿼시' 스포츠 센터에 등록하세요. 신청서를 작성하고 2장의 사진을 가져와야 합니다. 시간대는 연령별로 나뉩니다.

- 오후 6시부터 7시. 20세부터 30세까지.
- 오후 7시부터 8시. 30세부터 50세까지.
- 오후 8시부터 9시. 50세 이상.

13. '스쿼시' 스포츠 센터에 등록하기 위해서는 …

- **A)** 20세 이상의 연령이어야 한다.
- **B)** 오로지 축구만 해야 한다.
- **C)** 오전 시간에 등록해야 한다.

Step 3 필수 어휘를 익혀 보세요.

temporada	ⓕ 시즌, 철	convocar	소집하다, 공고하다
resto	ⓜ 나머지, 잔액, 잔여	campo	ⓜ 시골, 경기장, 분야
régimen	ⓜ 체제, 방법, 규칙	residente	ⓜⓕ 거주자 / 거주하는
media pensión	1박 2식 숙박제	ganador	ⓜⓕ 승자, 당첨자
suplemento	ⓜ 추가 요금, 보충	jurado	ⓜ 배심원단, 심사원
aparcamiento	ⓜ 주차장(= ⓜ estacionamiento, ⓕ plaza de garaje)	componer	구성하다, 창작하다
incluir	포함하다, 함유하다	figura	ⓕ 모습, 인물, 저명 인사
paciente	ⓜⓕ 환자 / 끈기 있는	fama	ⓕ 명성
consulta	ⓕ 진찰소, 상담, 참고	firmar	서명하다
trasladar	옮기다, 이전하다	domicilio	ⓜ 자택, 거주지
planta	ⓕ 층(= ⓜ piso), 식물, 공장	posterior	뒤의, 후의
anuncio	ⓜ 알림, 통지, 광고	concursar	응모하다
avisar	알리다, 통보하다	residir	거주하다, 설치되어 있다
cambio	ⓜ 변화, 교환, 거스름돈, 잔돈, 환전	varios	몇몇의, 각양 각색의
tierra	ⓕ 땅, 지구(T–)	panda	ⓜ 판다
faraón	ⓜ 파라오	organización	ⓕ 단체, 협회, 조직, 구성, 기관
tesoro	ⓜ 보물	merienda	ⓕ 간식, 점심 도시락
traslado	ⓜ 이동, 이전	bocadillo	ⓜ 샌드위치
destino	ⓜ 목적지, 운명	zumo	ⓜ 주스, 과일즙
visado	ⓜ 비자, 사증(= ⓕ visa)	batido	ⓜ 셰이크 음료
excursión	ⓕ 여행, 투어	patata	ⓕ 감자
guía	ⓕ 안내 / ⓜⓕ 안내인	frito	기름에 튀긴
contratar	계약하다	postre	ⓜ 후식, 디저트
seguro	ⓜ 보험, 안전 / 안전한, 확실한	oso	ⓜ 곰
oferta	ⓕ 제안, 특매품, 공급	cuidar	보살피다, 신경을 쓰다
certamen	ⓜ 콩쿠르, 대회	mochila	ⓕ 배낭, 책가방, 백팩
inicio	ⓜ 시작, 개시	abandonado	버려진, 부주의한

laboratorio	ⓜ 실험실, 연구소	carne	ⓕ 고기
química	ⓕ 화학	asado	ⓜ 바비큐 / 구운
laborable	일할 수 있는	guacamole	ⓜ 과카몰레(양파, 토마토, 아보카도 등을 빻아 만든 소스)
plazo	ⓜ 기간, 기한	frijol	ⓜ 강낭콩
depositar	맡기다, 위임하다, 두다, 넣다	inigualable	비교될 수 없는, 탁월한
objeto	ⓜ 사물, 목적	tranquilidad	ⓕ 평온, 안정, 안심
perdido	분실된	proporcionar	균형을 잡히게 하다, 제공하다
derecho	ⓜ 법률, 권리 / 올바른, 직선의, 우측의	costa	ⓕ 해안, 연안
cuaderno	ⓜ 공책, 수첩, 장부	sino también	~뿐만 아니라 ~도
banda musical	ⓕ 음악 밴드	libertad	ⓕ 자유, 여가
gigante	ⓜ 거인 / 거대한	autoservicio	ⓜ 셀프서비스
unirse	서로 결합하다, 단결하다, 가입하다	excepcional	예외적인, 유별난, 뛰어난
formado	구성된, 형성된	brindar	건배하다, 축배를 들다, 제공하다
aficionado	ⓜⓕ 애호가, 팬, 아마추어 / ~을 좋아하는, 아마추어의	camarero	ⓜⓕ 종업원, 웨이터(= ⓜⓕ mesero, ⓜⓕ mozo)
tanto	그렇게 많은	exclusivamente	배제하고, 오로지, 한결같이
numeroso	다수의, 수많은	polideportivo	ⓜ 종합 운동장, 스포츠 센터
concurso	ⓜ 콩쿠르, 경연	equipo	ⓜ 팀, 단체, 장비, 도구
juvenil	청춘의, 젊은	apuntarse	등록되다, 회원이 되다
ahora mismo	지금 당장, 지금 바로	además de	~ 이외에
pertenecer	소유이다, 소속이다, 관계가 있다	rellenar	다시 채우다, 기입하다
delicioso	맛있는(= rico, sabroso)	formulario	ⓜ 용지, 신청서 / 형식적인
especialidad	ⓕ 특기, 전공, 전문	agrupado	집결된
pescado	ⓜ 생선		

Tarea 2 · **Ejercicios**

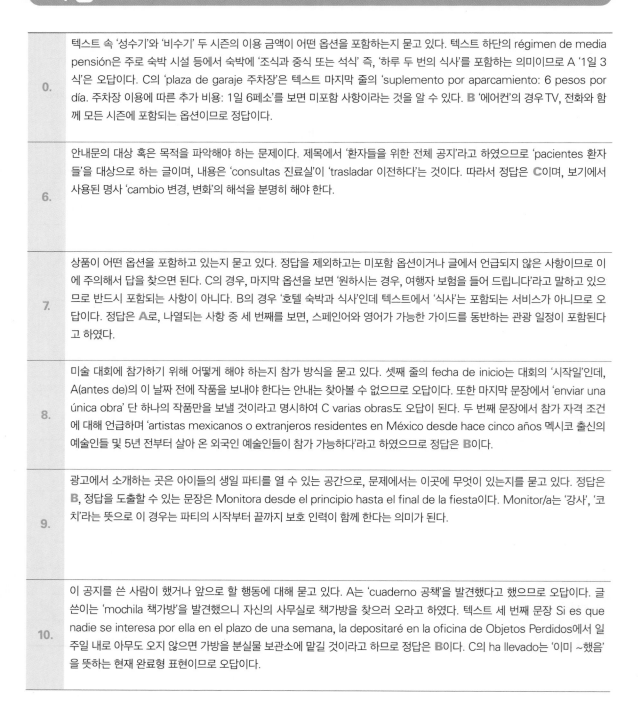

Step 4 연습 문제의 해설을 확인해 보세요.

0. 텍스트 속 '성수기'와 '비수기' 두 시즌의 이용 금액이 어떤 옵션을 포함하는지 묻고 있다. 텍스트 하단의 régimen de media pensión은 주로 숙박 시설 등에서 숙박에 '조식과 중식 또는 석식' 즉, '하루 두 번의 식사'를 포함하는 의미이므로 A '1일 3식'은 오답이다. C의 'plaza de garaje 주차장'은 텍스트 마지막 줄의 'suplemento por aparcamiento: 6 pesos por día. 주차장 이용에 따른 추가 비용: 1일 6페소'를 보면 미포함 사항이라는 것을 알 수 있다. **B** '에어컨'의 경우 TV, 전화와 함께 모든 시즌에 포함되는 옵션이므로 정답이다.

6. 안내문의 대상 혹은 목적을 파악해야 하는 문제이다. 제목에서 '환자들을 위한 전체 공지'라고 하였으므로 'pacientes 환자들'을 대상으로 하는 글이며, 내용은 'consultas 진료실'이 'trasladar 이전하다'는 것이다. 따라서 정답은 **C**이며, 보기에서 사용된 명사 'cambio 변경, 변화'의 해석을 분명히 해야 한다.

7. 상품이 어떤 옵션을 포함하고 있는지 묻고 있다. 정답을 제외하고는 미포함 옵션이거나 글에서 언급되지 않은 사항이므로 이에 주의해서 답을 찾으면 된다. C의 경우, 마지막 옵션을 보면 '원하시는 경우, 여행자 보험을 들어 드립니다'라고 말하고 있으므로 반드시 포함되는 사항이 아니다. B의 경우 '호텔 숙박과 식사'인데 텍스트에서 '식사'는 포함되는 서비스가 아니므로 오답이다. 정답은 **A**로, 나열되는 사항 중 세 번째를 보면, 스페인어와 영어가 가능한 가이드를 동반하는 관광 일정이 포함된다고 하였다.

8. 미술 대회에 참가하기 위해 어떻게 해야 하는지 참가 방식을 묻고 있다. 셋째 줄의 fecha de inicio는 대회의 '시작일'인데, A(antes de)의 이 날짜 전에 작품을 보내야 한다는 안내는 찾아볼 수 없으므로 오답이다. 또한 마지막 문장에서 'enviar una única obra' 단 하나의 작품만을 보낼 것이라고 명시하여 C varias obras도 오답이 된다. 두 번째 문장에서 참가 자격 조건에 대해 언급하며 'artistas mexicanos o extranjeros residentes en México desde hace cinco años 멕시코 출신의 예술인들 및 5년 전부터 살아 온 외국인 예술인들이 참가 가능하다'라고 하였으므로 정답은 **B**이다.

9. 광고에서 소개하는 곳은 아이들의 생일 파티를 열 수 있는 공간으로, 문제에서는 이곳에 무엇이 있는지를 묻고 있다. 정답은 **B**, 정답을 도출할 수 있는 문장은 Monitora desde el principio hasta el final de la fiesta이다. Monitor/a는 '강사', '코치'라는 뜻으로 이 경우는 파티의 시작부터 끝까지 보호 인력이 함께 한다는 의미가 된다.

10. 이 공지를 쓴 사람이 했거나 앞으로 할 행동에 대해 묻고 있다. A는 'cuaderno 공책'을 발견했다고 했으므로 오답이다. 글쓴이는 'mochila 책가방'을 발견했으니 자신의 사무실로 책가방을 찾으러 오라고 하였다. 텍스트 세 번째 문장 Si es que nadie se interesa por ella en el plazo de una semana, la depositaré en la oficina de Objetos Perdidos에서 일주일 내로 아무도 오지 않으면 가방을 분실물 보관소에 맡길 것이라고 하므로 정답은 **B**이다. C의 ha llevado는 '이미 ~했음'을 뜻하는 현재 완료형 표현이므로 오답이다.

50 DELE A2

11.	광고의 타깃을 파악해야 하는 문제이다. 세 번째 문단의 Para este año tenemos planeado participar en el "CONCURSO JUVENIL DE MÚSICA Y BAILE" en Madrid에서 정답을 도출할 수 있다. 올해 경연 대회에 참가할 예정이라고 하였으므로 정답은 **C**. A의 이미 소속된 밴드가 있는 사람은 해당 사항이 없다. B는 춤을 좋아하는 사람인데 텍스트에서 등장하는 밴드는 음악 밴드이므로 오답이다.
12.	식당에 대한 설명으로 알맞은 것을 찾는 문제이다. 광고의 첫 번째 문장에서 이 식당의 전문 요리에 대해 나열하고 있다. 두 번째 문장에서 주의해야 한다. '~할 뿐 아니라 ~하다'라는 의미인 'No solo A sino también B' 구조를 사용하고 있으므로, 이 문장에 나열되는 모든 요소를 'disfrutar 즐기다'는 것을 할 수 있다는 뜻이 된다. 텍스트에서 'la costa 해변'이 주는 분위기를 즐길 수 있다고 했으므로 정답은 **A**가 된다. 'autoservicio 셀프서비스'뿐 아니라 'profesionales camareros 전문적인 웨이터'도 있다고 말하므로 B는 오답이다. 마지막 문장에서는 대학생들에게 할인을 해 준다고 하므로 C의 'exclusivamente para 오직 ~만을 위한'의 표현은 오답이다.
13.	스포츠 센터에 등록하기 위한 조건을 묻고 있다. 문제와 텍스트에서 모두 등장하는 'apuntarse 등록하다'의 뜻을 알아야 한다. 첫 번째 문장에서 '축구 또는 팀으로 하는 운동을 좋아한다면' 등록하라고 했으므로 B는 오답이다. 텍스트 마지막에 열거되는 시간대를 보면, 오후 6시부터 9시까지의 저녁 수업이므로 C 역시 오답이다. 정답은 **A**로 스포츠 센터에 등록할 수 있는 연령은 20세부터 50세까지이다.

문제 2

INSTRUCCIONES

Usted va a leer ocho anuncios. A continuación, responda a las preguntas (de la 6 a la 13). Seleccione la opción correcta (A, B o C).

Marque las opciones elegidas en la **Hoja de respuestas**.

Ejemplo:

TEXTO 0

ACOGEDORA Y BUENÍSIMA HABITACIÓN EN BCN

Tenemos una cómoda y agradable habitación para persona que trabaje y que sea responsable. La habitación está equipada para entrar a vivir inmediatamente; cama doble con ropa de cama, armario, escritorio, mesita de noche, etc. La finca está bien conectada con el metro L1 y L5, ferrocarriles y buses tanto de día como de noche. Todo a pasos de la finca; supermercados, centros comerciales, restaurantes, etc.

Solo llamar interesados. 634169093 Cecilia

0. Si alguien alquila esta habitación...

A) tiene que esperar un tiempo.

B) necesita comprar muebles.

C) podrá ir andando a un supermercado.

La opción correcta es la letra C.

0. A☐ B☐ C■

TEXTO 1

ALQUILER DE AUTOS CON MÁS VENTAJAS

Tenemos la mejor opción, RESERVE EL SUYO AHORA.

Rente, ahorre y disfrute de verdad...

- Sin comisiones por pago con tarjeta.
- Sin cargos por modificar su reserva.
- Atención al cliente las 24 horas.
- Descuento de 10 € si usted devuelve el coche en la misma oficina.
- Solo para conductores de entre 30 y 65 años.

6. Según el anuncio, para alquilar un coche no se permite...
   A) pagar con tarjeta de crédito.
   B) cambiar la reserva.
   C) un conductor menor de 30 años.

TEXTO 2

Porque viajar no tiene edad...

Solo para viajeros mayores de 55 años

Costa Dorada - 8 días / 7 noches desde 360 €

- Vuelo línea regular.
- Hotel y traslados incluidos.
- Seguro.
- Solo si lo compra del 22 al 31 de julio.

Consulte condiciones de la promoción.

7. Para hacer este viaje...
   A) debe ser menor de edad.
   B) debe tener más de 55 años.
   C) debe tener un seguro de viaje.

TEXTO 3

IMPORTANTE EDITORIAL DE BARCELONA NECESITA VENDEDORES

SE PIDE:
- Entre 25 y 30 años.
- Experiencia en ventas.
- Conocimiento de, al menos, dos idiomas (además del español).

8. Se busca a alguien...
   A) para editar libros.
   B) que tenga más de 30.
   C) que hable español.

Tarea 2 · Ejercicios

TEXTO 4

¡VEN A UN PARQUE DE DIVERSIÓN!

Celebra tu cumpleaños, un aniversario o cualquier otra ocasión especial en nuestros parques Divertido y por primera vez recibe una entrada gratuita a uno de los parques temáticos.

Ponte en contacto con nosotros en www.parquedivertido.com y atenderemos a todos los detalles para hacer de tu celebración un día inolvidable. Nos encargamos de prepararte un estupendo banquete, acompañado de música, baile, desfiles de nuestros personajes y experiencias mágicas en nuestras magníficas instalaciones.

9. Por primera vez los parques Divertido...

A) regalan entradas.

B) celebran cumpleaños.

C) organizan desfiles.

TEXTO 5

**CINES LUMIÈRE
RESCATE ARRIESGADO**

No tendrás ni un minuto de descanso. Un ex policía debe salvar de las manos de los terroristas a todos los invitados a una fiesta en el piso más alto de un edificio en Pekín.

Para los amantes de la acción. Premio de Fotografía en el Festival de Niza.

- Duración: 140 minutos.
- Horario: 18:00 h / 21:00 h / 1:00 h
- Mayores de 18 años.

10. Esta película...

A) es de terror.

B) dura una hora.

C) ha sido premiada.

TEXTO 6

Viaje a Menorca, Islas Baleares

Duración: del 15 al 23 de marzo.

Precio: 410 €, con vuelo desde Madrid. Consultar precios desde otras ciudades.

Organiza: Viajes el Águila.

Perfecto para familias que quieren unas vacaciones de sol y playa. Transporte, alojamiento en régimen de media pensión (desayuno, comida o cena) y seguro incluido.

11. Si viajas a Menorca...

A) sales de Madrid sin excepción.

B) vas a la playa.

C) pagas el desayuno.

TEXTO 7

"Restaurantes con encanto en Barcelona"

LA BELLA

En la mesa: Cocina francesa muy cuidada.
Imprescindible probar los deliciosos postres.

En la sala: Decoración inspirada en el diseño francés de los años 60. Las mesas están muy separadas, el ambiente es muy tranquilo y por la noche tiene un aire muy romántico.

Hay que reservar mesa con tiempo, siempre está lleno, especialmente para las comidas y para las cenas los fines de semana.

12. En el restaurante La Bella, los fines de semana...

A) no tienen postres.

B) el ambiente es tranquilo.

C) hay más gente.

TEXTO 8

REVISTA EL NUEVO MUNDO
Conecta con los jóvenes a partir de los 10 años.

Noticias sobre deporte, música e informática. Actividades para poner en práctica experimentos y conocer el porqué de las cosas. Entrevistas, debates y sugerencias. Pasajes de novelas y obras teatrales con una aproximación a la vida y obra de su autor. ¡Suscríbete este mes y te regalamos un juego de mesa!

13. Si quieres conseguir la revista que se anuncia, debes...

A) tener más de diez años de edad.

B) hacer una revista.

C) entrar en Internet.

Step **2** 연습 문제의 내용을 해석해 보세요.

지시 사항

당신은 8개의 안내문을 읽게 될 것입니다. 이어서 6번부터 13번까지의 질문에 답하세요. (A, B 혹은 C) 정답을 선택하세요.

선택한 보기를 **답안지**에 표기하세요.

예:

텍스트 0

바르셀로나의 편하고 좋은 방

직업이 있고 책임감 있는 사람을 위한 편하고 쾌적한 방 있습니다. 침구가 갖춰진 더블 침대, 옷장, 책상,
침실용 탁자 등이 방에 있으므로 바로 입주할 수 있습니다. 집은 전철 1호선과 5호선, 기차, 버스를 낮과 밤에
이용할 수 있는 좋은 위치에 있습니다. 슈퍼마켓, 쇼핑 센터, 식당 등 모두 걸어서 이용 가능합니다.

관심 있는 분들만 전화 주세요. 634169093 세실리아

0. 누군가 이 방을 임대한다면 …

A) 어느 정도 시간을 기다려야 한다.

B) 가구를 사야 한다.

C) 슈퍼마켓에 걸어서 갈 수 있다.

정답은 C입니다.

0. A☐ B☐ C■

텍스트 1

최다 장점의 자동차 렌트 서비스

저희는 최고의 옵션을 보유하고 있습니다,

지금 바로 당신의 차를 예약하세요.

차를 대여하세요. 돈을 절약하세요. 진정으로 즐기세요.

- 카드 결제로 인한 수수료 없음.
- 예약 변경에 따른 비용 없음.
- 24시간 고객 서비스.
- 동일한 사무실에서 차 반납 시 10유로 할인.
- 30세에서 65세 연령의 운전자에게만 대여 가능.

6. 이 광고에 따르면, 차 대여를 위해
   …은(는) 허용되지 않는다.

   A) 신용카드 지불

   B) 예약 변경

   C) 30세 미만의 운전자

텍스트 2

왜냐하면 여행을 하는 데에 정해진 나이는 없으니까요…

55세 이상 연령의 여행객만을 위하여

코스타 도라다 - 7박 8일 360유로부터

- 정기 항공로.
- 호텔 및 이동 포함.
- 보험.
- 7월 22일부터 31일까지 구매 시.

행사의 더 많은 조건을 문의하세요.

7. 이 여행을 하기 위해서는 …

   A) 미성년자여야 한다.

   B) 55세 이상의 연령이어야 한다.

   C) 여행자 보험을 가지고 있어야
      한다.

텍스트 3

바르셀로나의 한 굴지의 출판사에서 판매원을 필요로 합니다

요구됨:

- 25세에서 30세 사이의 연령.
- 판매직에서의 경험.
- 최소 두 개 언어에 대한 지식(스페인어 외).

8. … 사람을 찾는다.

   A) 책을 편집하기 위한

   B) 30세 이상 나이의

   C) 스페인어를 구사하는

텍스트 4

놀이공원으로 오세요!

당신의 생일, 기념일 혹은 어떤 다른 특별한 때라도 우리의 놀이공원 디베르티도에서 축하하고, 처음으로 시행하는 행사인 테마마크 중 한 곳의 무료 입장권을 받으세요.

www.parquedivertido.com에서 우리에게 연락을 취하면 당신의 잊을 수 없는 기념 행사를 위한 세부 사항에 대해 우리가 정성껏 답변을 남겨드릴 것입니다. 우리가 당신에게 음악, 춤, 우리 배역진들의 행진, 마법 같은 경험을 동반한 환상적인 연회를 우리의 훌륭한 시설에서 책임지고 준비할 것입니다.

9. 디베르티도 공원은 처음으로 …

A) 입장권을 무료로 증정한다.

B) 생일 기념 축하를 한다.

C) 퍼레이드를 편성한다.

텍스트 5

**뤼미에르 극장
위험한 구출**

단 일 분의 휴식 시간도 없을 것이다. 전직 경찰 한 명이 베이징에 있는 한 건물의 가장 고층에서 열리는 파티의 참석자들을 테러리스트들의 손으로부터 구출해야 한다.

액션 영화를 사랑하는 사람들을 위한 영화. 니스 영화 페스티벌에서 '촬영상' 수상.

- 상영 시간: 140분
- 상영 시간: 오후 6시, 오후 9시, 오전 1시
- 18세 이상 관람가.

10. 이 영화는 …

A) 공포 영화이다.

B) 한 시간 동안 상영한다.

C) 상을 받았다.

텍스트 6

발레아레스 섬, 메노르카로의 여행

- 여행 기간: 3월 15일부터 23일까지.
- 금액: 410유로, 마드리드에서 출발하는 비행편. 다른 도시에서 출발하는 경우 금액 문의하기.
- 주최: 엘 아길라 여행사.

태양과 바닷가의 휴가를 원하는 가족들을 위해 완벽한 여행 상품.
이동 수단, 1일 2식 숙박(조식, 중식 혹은 석식), 여행자 보험 포함.

11. 당신이 메노르카로 여행한다면 …

A) 예외 없이 마드리드에서 출발한다.

B) 바닷가에 간다.

C) 조식비를 지불한다.

텍스트 7

"바르셀로나의 매력적인 식당들"
라 베야

테이블에는: 매우 정성 들여 만들어진 프랑스 요리.
이곳의 맛 좋은 후식을 먹어 보는 것은 필수이다.
홀에서는: 60년대의 프랑스 디자인에 영감을 받은 인테리어.
테이블들은 아주 분리되어 떨어져 있고 분위기는 매우 평온하며
밤에는 아주 로맨틱한 기류가 흐른다.

시간을 두고 미리 예약해야 한다. 그 식당은 늘 사람으로 가득 차
있으며 특히 주말의 점심과 저녁 시간이 그렇다.

12. 라 베야 식당은 주말에 …

A) 후식이 없다.

B) 분위기가 차분하다.

C) 사람이 더 많다.

텍스트 8

엘 누에보 문도 잡지
10살 이상의 젊은이들과 소통합니다.

스포츠, 음악, 컴퓨터에 대한 뉴스거리들. 실험을 실행에 옮기고 세상 만물의
이유를 알기 위한 활동들. 인터뷰, 토론, 조언 등. 작가의 삶과 작품에 대한
접근을 통해 이해하는 소설의 구절들과 연극들. 이번 달에 구독을 신청하세
요! 그러면 우리가 당신에게 보드게임을 선물합니다!

13. 광고하고 있는 잡지를 얻고 싶다면…

A) 10살 이상의 연령이어야 한다.

B) 잡지를 만들어야 한다.

C) 인터넷 사이트에 들어가야 한다.

Tarea 2 · Ejercicios

Step 3 필수 어휘를 익혀 보세요.

acogedor	감싸는, 우호적인, 아늑한	atención	ⓕ 주의, 예의, 접대
agradable	즐거운, 기분 좋은, 다정한	devolver	돌려주다, 반환하다
equipado	설비된, 장착된, 완비한	tarjeta	ⓕ 카드, 명함
finca	ⓕ 농장, 땅, 부동산, 집, 건물	reserva	ⓕ 예약
conectado	연결된, 접속된, 이어지는	mayor	ⓜ 어른, 연로한 사람 / 연상의, 더 많은
tanto A como B	A뿐만 아니라 B 또한	vuelo	ⓜ 비행, (비행기의) 편
a pasos	아주 가까이, 걸어서	línea	ⓕ 선, 열
centro comercial	ⓜ 상점가, 쇼핑 센터	consultar	상담하다, 진찰을 받다
alquilar	빌리다, 임차하다, 임대하다	promoción	ⓕ 판매 촉진, 프로모션
mueble	ⓜ 가구, 세간	editorial	ⓕ 출판사 / 출판업의
andar	걷다, 거닐다, 쏘다니다	vendedor	ⓜ 판매원, 점원
alquiler	ⓜ 임대(= ⓕ renta), 임대료	pedir	요구하다, 부탁하다, 주문하다
auto	ⓜ 자동차(= ⓜ automóvil, ⓜ coche)	venta	ⓕ 판매
ventaja	ⓕ 유리한 점, 장점	conocimiento	ⓜ 지식
reservar	예약하다	al menos	적어도(= a lo menos, por lo menos)
rentar	임대하다(= alquilar)	editar	출판하다, 발매하다, 편집하다
ahorrar	절약하다, 저축하다	diversión	ⓕ 오락, 레크리에이션
de verdad	진정으로, 정말로	ocasión	ⓕ 기회, 적당한 때, 어느 때
comisión	ⓕ 수수료, 위원회	temático	주제의, 테마의
cargo	ⓜ 직책, 책임, 하중	atender	대접하다, 돌보다
modificar	바꾸다, 변경하다(= cambiar)	inolvidable	잊을 수 없는, 기억에 남을

encargarse de	~에 대해 전담하다, 떠맡다	media pensión	1박 2식 숙박제
estupendo	훌륭한, 멋진	excepción	ⓕ 예외, 제외
banquete	ⓜ 연회, 축하연	encanto	ⓜ 매력, 환희
acompañado de	~을 함께 곁들여, ~와 함께	cuidado	ⓜ 배려, 주의, 보살펴 줌
desfile	ⓜ 행진, 퍼레이드	imprescindible	묵과할 수 없는, 필수적인
personaje	ⓜ 인물, 배역	probar	시험하다, 증명하다, 먹어 보다, 입어 보다
mágico	마법의, 마술의	postre	ⓜ 후식, 디저트
instalación	ⓕ 정착, 설치 ⓕ pl. 시설	sala	ⓕ 거실, 홀, 회장
organizar	조직하다, 편성하다, 준비하다	decoración	ⓕ 장식, 꾸밈
rescate	ⓜ 구출, 되찾음	inspirar	흡입하다, 영감을 주다
arriesgar	위험을 무릅쓰다, 과감히 ~을 하다	ambiente	ⓜ 공기, 대기, 환경, 자연 환경, 분위기
ex	전, 구, 전직	aire	ⓜ 공기, 대기
salvar	구하다, 돕다	conectar	묶어 놓다, 접속시키다
terrorista	ⓜⓕ 테러리스트 / 테러 행위를 하는	informática	ⓕ 컴퓨터 과학, 정보 과학
Pekín	ⓜ 베이징, 북경(= Pequín)	poner en práctica	실행하다, 응용하다
amante	ⓜⓕ 애인 / 사랑하는, ~을 좋아하는	experimento	ⓜ 실험, 시험
terror	ⓜ 공포, 두려움	porqué	ⓜ 이유, 원인
premiar	상을 주다, 수여하다	debate	ⓜ 토론, 의론
duración	ⓕ 계속, 지속, 기간	pasaje	ⓜ 통행, 통행료, 표, 승차권, 글의 한 구절
águila	ⓕ 독수리	aproximación	ⓕ 접근, 근사치
alojamiento	ⓜ 숙박, 숙소	suscribirse	신청하다, 응모하다, 구독하다
régimen	ⓜ 체제, 방법, 규칙	juego de mesa	ⓜ 보드게임

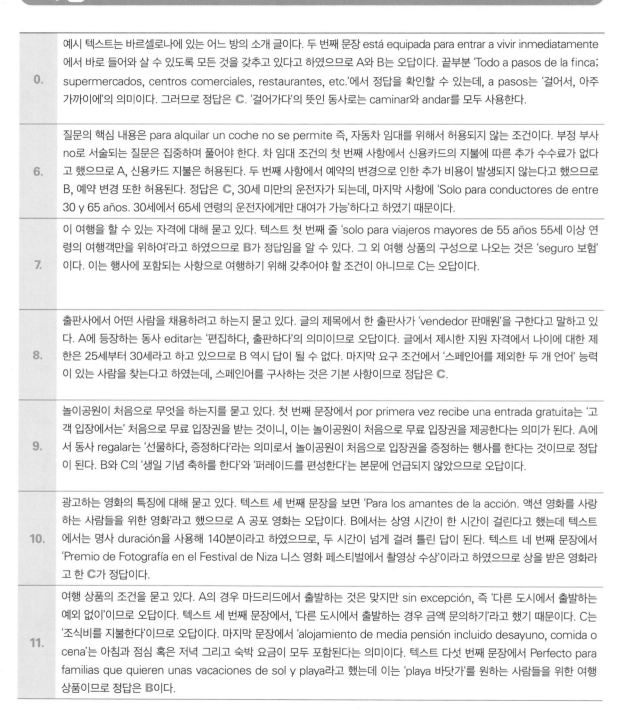

0.	예시 텍스트는 바르셀로나에 있는 어느 방의 소개 글이다. 두 번째 문장 está equipada para entrar a vivir inmediatamente 에서 바로 들어와 살 수 있도록 모든 것을 갖추고 있다고 하였으므로 A와 B는 오답이다. 끝부분 'Todo a pasos de la finca; supermercados, centros comerciales, restaurantes, etc.'에서 정답을 확인할 수 있는데, a pasos는 '걸어서, 아주 가까이에'의 의미이다. 그러므로 정답은 **C**. '걸어가다'의 뜻인 동사로는 caminar와 andar를 모두 사용한다.
6.	질문의 핵심 내용은 para alquilar un coche no se permite 즉, 자동차 임대를 위해서 허용되지 않는 조건이다. 부정 부사 no로 서술되는 질문은 집중하며 풀어야 한다. 차 임대 조건의 첫 번째 사항에서 신용카드의 지불에 따른 추가 수수료가 없다고 했으므로 A, 신용카드 지불은 허용된다. 두 번째 사항에서 예약의 변경으로 인한 추가 비용이 발생되지 않는다고 했으므로 B, 예약 변경 또한 허용된다. 정답은 **C**, 30세 미만의 운전자가 되는데, 마지막 사항에 'Solo para conductores de entre 30 y 65 años. 30세에서 65세 연령의 운전자에게만 대여가 가능'하다고 하였기 때문이다.
7.	이 여행을 할 수 있는 자격에 대해 묻고 있다. 텍스트 첫 번째 줄 'solo para viajeros mayores de 55 años 55세 이상 연령의 여행객만을 위하여'라고 하였으므로 **B**가 정답임을 알 수 있다. 그 외 여행 상품의 구성으로 나오는 것은 'seguro 보험' 이다. 이는 행사에 포함되는 사항으로 여행하기 위해 갖추어야 할 조건이 아니므로 C는 오답이다.
8.	출판사에서 어떤 사람을 채용하려고 하는지 묻고 있다. 글의 제목에서 한 출판사가 'vendedor 판매원'을 구한다고 말하고 있다. A에 등장하는 동사 editar는 '편집하다, 출판하다'의 의미이므로 오답이다. 글에서 제시한 지원 자격에서 나이에 대한 제한은 25세부터 30세라고 하고 있으므로 B 역시 답이 될 수 없다. 마지막 요구 조건에서 '스페인어를 제외한 두 개 언어' 능력이 있는 사람을 찾는다고 하였는데, 스페인어를 구사하는 것은 기본 사항이므로 정답은 **C**.
9.	놀이공원이 처음으로 무엇을 하는지를 묻고 있다. 첫 번째 문장에서 por primera vez recibe una entrada gratuita는 '고객 입장에서는' 처음으로 무료 입장권을 받는 것이니, 이는 놀이공원이 처음으로 무료 입장권을 제공한다는 의미가 된다. **A**에서 동사 regalar는 '선물하다, 증정하다'라는 의미로서 놀이공원이 처음으로 입장권을 증정하는 행사를 한다는 것이므로 정답이 된다. B와 C의 '생일 기념 축하를 한다'와 '퍼레이드를 편성한다'는 본문에 언급되지 않았으므로 오답이다.
10.	광고하는 영화의 특징에 대해 묻고 있다. 텍스트 세 번째 문장을 보면 'Para los amantes de la acción. 액션 영화를 사랑하는 사람들을 위한 영화'라고 했으므로 A 공포 영화는 오답이다. B에서는 상영 시간이 한 시간이 걸린다고 했는데 텍스트에서는 명사 duración을 사용해 140분이라고 하였으므로, 두 시간이 넘게 걸려 틀린 답이 된다. 텍스트 네 번째 문장에서 'Premio de Fotografía en el Festival de Niza 니스 영화 페스티벌에서 촬영상 수상'이라고 하였으므로 상을 받은 영화라고 한 **C**가 정답이다.
11.	여행 상품의 조건을 묻고 있다. A의 경우 마드리드에서 출발하는 것은 맞지만 sin excepción, 즉 '다른 도시에서 출발하는 예외 없이'이므로 오답이다. 텍스트 세 번째 문장에서, '다른 도시에서 출발하는 경우 금액 문의하기'라고 했기 때문이다. C는 '조식비를 지불한다'이므로 오답이다. 마지막 문장에서 'alojamiento de media pensión incluido desayuno, comida o cena'는 아침과 점심 혹은 저녁 그리고 숙박 요금이 모두 포함된다는 의미이다. 텍스트 다섯 번째 문장에서 Perfecto para familias que quieren unas vacaciones de sol y playa라고 했는데 이는 'playa 바닷가'를 원하는 사람들을 위한 여행 상품이므로 정답은 **B**이다.

12.	해당 식당은 주말에 어떠한지 묻고 있다. 이런 식으로 질문에서 한 가지 조건을 구체적으로 제시한 경우에는 바로 텍스트에서 fines de semana가 등장하는 문장을 찾으면 된다. 이 문제에서는 마지막 문장에서 fines de semana를 확인할 수 있다. 주말 점심과 저녁 식사 시간이 항상 더 붐비기 때문에 미리 예약해야 한다고 했으므로 정답은 **C**이다.
13.	이 잡지를 구독하기 위해서 어떻게 해야 하는지 묻고 있다. 'Conecta con los jóvenes a partir de los 10 años 10살 이상의 젊은이들과 소통합니다'라고 하였으므로 정답은 **A**이다. A partir de와 mayor de는 '~ 이상'이라고 해석해야 한다. 텍스트에 'entrevistas 인터뷰, 면접'이 나오지만 이것은 잡지에 실리는 내용 중 하나이지 잡지 구독을 위해 해야 할 일이 아니므로 아니므로 B는 오답이다. C의 '인터넷 사이트에 들어가야 한다'는 텍스트에서 언급되지 않은 내용이다.

Tarea 3 3개의 텍스트와 6개의 문장 연결시키기

Tarea 3 핵심 정리

문항	6개
단어 수	텍스트당 100~120
문제 유형	3개의 텍스트를 읽고 6개의 문장 연결시키기
글의 유형	짧은 서술형 텍스트
빈출 주제	· 잡지 또는 신문의 짧은 설명문, 기사, 블로그 · 프로그램 소개, 요리법, 구인 · 특정 인물에 대한 글
평가 포인트	· 동일한 주제에 대해 말하는 다른 내용의 글을 정확히 이해할 수 있는가 · 비슷한 내용의 글을 읽으면서 각 텍스트의 세부 내용을 구별할 수 있는가 · 질문에서 요구하는 조건을 정확하게 이해하고, 그에 맞는 텍스트를 연결할 수 있는가

BONA 쌤의 노하우

Tarea 3에서는 서로 연관된 3개의 텍스트를 읽을 것입니다. 예를 들어, 해외에서 일해 본 세 명의 사람들이 각자 자신의 해외 근무 경험에 대해 말하는 경우입니다. '해외 근무 경험'이라는 공통 분모를 갖는 세 사람의 텍스트를 읽으며, **각 텍스트의 서로 다른 내용**에 대한 질문을 파악하여 해당하는 인물과 연결시키는 문제입니다. 세 개의 텍스트는 비슷한 내용으로, **반복적으로 사용되는 어휘** 등에 함정이 있을 수 있습니다. 이러한 함정을 피해서 텍스트별로 다른 점이 무엇인지 정확하게 찾아낼 수 있도록 훈련해야 합니다. 잊지 마세요! 정답과 연관된 인물은 단 한 명입니다! 질문에 등장하는 어휘나 표현을 그대로 사용하고 있다 하더라도 정답이 아닐 수 있으므로 주의가 필요합니다. 한편 3개의 텍스트가 동일한 주제를 다루기 때문에 다양한 동의어 또는 비슷한 의미를 가진 숙어들을 함께 학습하면 질문의 핵심 키워드를 쉽게 파악할 수 있을 것입니다. **한 문제를 풀 때 텍스트 3개를 모두 읽어야 문제 해결이 가능한 경우도 있으므로** 시간이 많이 소요될 수 있습니다. 따라서 반복적인 훈련이 필요합니다.

Tarea 3 완전 공략

1 문제 해결 전략

INSTRUCCIONES **확인**	• 해당하는 세 명의 인물에 관한 정보가 있는지 확인합니다. • 글의 유형 또는 말하는 내용이 표기되었지 확인합니다.
1차 독해	• 세 개 텍스트의 전체적인 내용을 이해하며 모두 읽습니다. • 세 개 텍스트의 공통점과 차이점이 무엇인지 파악하며 읽습니다.
1차 문제 풀기	• 각 문항의 핵심 키워드를 확인하고 요약하며 1차 선택을 합니다. • 하나의 문항에 다수의 텍스트가 연결될 것으로 보이면 우선 시험지에 모두 표시해 둡니다.
최종 선택	• 텍스트 내 해당 부분으로 돌아가 2차 독해를 하며 정답을 최종 선택합니다.

2 이것만은 꼭!

• 3개의 텍스트가 어떻게 다른지 파악해야 정답을 찾을 수 있으므로 텍스트를 미리 읽어 보는 것이 좋습니다.

• INSTRUCCIONES에서는 글의 유형, 주제, 말하는 사람의 직업이나 공통되는 상황 등에 대한 정보가 있을 수 있으므로 반드시 확인해야 합니다.

• 각 텍스트의 서로 다른 부분에 특별히 주의하여 읽어야 합니다.

• 질문은 모두 의문문으로, 세 명의 사람에 대한 문제라면 ¿Quién...? ¿A quién...? ¿De quién...?과 같은 형식입니다. '의문문의 주어, 목적어 등'이 정답 텍스트의 화자가 되므로 문제의 핵심 키워드를 정확히 파악하여 정답 텍스트를 연결해야 합니다.

• 한 문장에 두 개 이상의 텍스트가 연결되는 것처럼 보이면 1차 풀기에서 시험지에 보기를 모두 표시한 후, 2차 독해를 하며 하나만 선택하세요.

• 질문에 등장한 어휘를 동일하게 사용한 텍스트가 무조건 정답은 아닙니다. 오히려 함정일 수 있으니 주의하세요.

문제 1

INSTRUCCIONES

Usted va a leer tres textos de tres extranjeros que hablan de su experiencia de estudiar en España.
Relacione las preguntas (de la 14 a la 19) con los textos (A, B o C).

Marque las opciones elegidas en la **Hoja de respuestas**.

PREGUNTAS

		A. ALICIA	B. EVA	C. SILVIA
14.	¿Quién no sabía que seguiría en España hasta ahora?			
15.	¿Quién no quería pedir préstamos?			
16.	¿Quién sentía miedo?			
17.	¿Quién ha tenido problemas?			
18.	¿Quién tenía calificaciones muy altas?			
19.	¿Quién tiene el plan de vivir en Asia?			

TEXTOS

A. ALICIA

Cuando me mudé a Barcelona en el año 2015 para estudiar un máster en la Universidad Autónoma de Barcelona, no tenía idea de que me quedaría por acá tantos años. Mi idea era terminar el máster y volver a mi país, Perú. Pero una cosa llevó a la otra, y aquí estoy. Seguí con un doctorado, conseguí trabajo y así han pasado casi cuatro años. Aún recuerdo el día del viaje a España. Tuve una mezcla de sentimientos: la emoción y la expectativa por tener nuevas experiencias, la gente que conocería, etc. Y también ese pequeño temor de que estaría sola, no conocería a nadie, ni nada. Me fui adaptando poco a poco y acostumbrándome a mi nueva vida. Hice amigos en el máster y fuera de él. Viví experiencias que me ayudaron a madurar y crecer no solo profesionalmente, sino también como persona.

B. EVA

Decidir estudiar en España, para mí, fue una de las mejores decisiones que tomé. Extraño mi país y mi familia, pero todo lo que he vivido y he aprendido sola estando aquí, no tiene precio. He estado en las situaciones más absurdas y conflictivas, pero yo no quiero quejarme. Salir de la zona de confort, muchas veces es difícil. No se puede decir que todo es de color rosa estando en el extranjero. Siempre hay momentos buenos, también los hay malos, y todo esto me deja lecciones y me enseña a creer en mí y darme cuenta de que todo es posible. Ahora estoy pronta a mudarme a Pekín para continuar mi doctorado, así que nuevas experiencias y aventuras vendrán.

C. SILVIA

Yo apuntaba más a conseguir una beca porque no contaba con el dinero para hacer una maestría en una universidad de primera categoría y tampoco quería endeudarme. Siempre tuve buenas notas, tenía buen nivel de inglés y algo de experiencia laboral interesante. Así que pensé que podría ser capaz de lograrlo. Estuve investigando y me di cuenta de que en España muchas entidades o bancos ofrecen becas para extranjeros. Después de postular tres años a la beca para un máster de Gestión de Empresas, al final logré conseguirla. Fue mucha competencia, de verdad, pero el esfuerzo y la perseverancia valieron la pena.

Step **2** 연습 문제의 내용을 해석해 보세요.

지시 사항

당신은 스페인에서 공부한 경험에 대해 말하는 세 명의 외국인에 대한 세 개의 텍스트를 읽을 것입니다. (14번부터 19번까지의) 문제를 텍스트 (A, B, C)와 연결하세요.

선택한 보기를 **답안지**에 표기하세요.

문제

		A. 알리시아	B. 에바	C. 실비아
14.	현재까지 스페인에 있을 것을 예상하지 못했던 사람은 누구인가?			
15.	대출을 신청하는 것을 원하지 않았던 사람은 누구인가?			
16.	두려움을 느꼈던 사람은 누구인가?			
17.	문제를 겪은 적이 있는 사람은 누구인가?			
18.	높은 성적을 받았던 사람은 누구인가?			
19.	아시아에 살 계획이 있는 사람은 누구인가?			

텍스트

A. 알리시아

바르셀로나 자치 대학교에서 석사를 공부하기 위해 2015년 바르셀로나로 이사했을 때에는 이렇게나 오래 이곳에 머물게 될 것이라는 것을 생각지도 못했다. 나의 생각은 석사를 끝내면 나의 나라 페루로 돌아가는 것이었다. 하지만 예상치 못한 일들의 연속으로 나는 지금 이곳에 있다. 박사 과정을 이어 공부했고 일자리도 구했는데 이렇게 하다 보니 거의 4년이 흘렀다. 지금도 여전히 스페인으로 온 날이 기억난다. 그때 나는 복합적인 감정을 느꼈는데 새로운 경험, 앞으로 알게 될 사람 등에 대한 감격과 기대가 있었다. 그리고 나 혼자 있게 될 것이라든지 아무도, 그 무엇도 모를 것에 대한 작은 두려움도 있었다. 나는 점차 적응해 갔고, 나의 새로운 삶에 습관을 들여갔다. 석사 공부를 하며 친구들을 만들었고 그 밖의 친구들도 만들었다. 나의 일에 관련된 것뿐 아니라 사람으로서 또한 더 숙련되고 성장하는 데 도움이 된 경험들을 겪었다.

B. 에바

스페인에서 공부하기로 결정한 일은 내가 한 최고의 결정 중 하나였다. 나의 나라와 가족이 그립지만 내가 이곳에 혼자 살며 겪고 배운 모든 것은 값을 매길 수 없다. 정말 말도 안 되는 상황이나 갈등의 상황도 겪었지만 불평을 하고 싶지는 않다. 적응된 장소를 탈피하는 것은 많은 경우에는 어려운 일이다. 외국에서 지내면서 모든 것이 아름답다고 말할 수도 없는 것이다. 늘 좋은 상황도 있지만 나쁜 상황도 있는 법이며 이런 모든 것은 내게 교훈을 남기고 나 스스로를 신뢰하며 모든 일이 가능하다는 것을 깨우치게 한다. 현재는 박사 학위를 하기 위해 베이징으로 가기 직전인데 그곳에서는 또 새로운 경험과 모험이 다가올 것이다.

C. 실비아

나는 일류 대학에서 석사 과정을 공부할 돈이 없었지만 그렇다고 빚을 지는 것 또한 싫었기 때문에 장학금을 받는 것을 지향했었다. 나는 항상 성적이 좋았고 영어 실력이 좋았으며 흥미로운 근무 경력도 어느 정도 있었다. 그렇기에 나는 장학금 받는 데에 성공할 수 있을 것이라 생각했다. 조사를 해 본 바 스페인에서는 많은 기관들 및 은행에서 외국인을 위한 장학금을 준다는 사실을 알게 되었다. 경영학 석사 과정을 위한 장학금 신청을 3년간 한 끝에 결국 나는 장학금을 받을 수 있었다. 그것은 아주 어려운 경쟁이었으나 그 노력과 끈기는 값진 일이었다.

Tarea 3 · Ejercicios

Step 3 필수 어휘를 익혀 보세요.

extranjero	ⓜ 외국, ⓜⓕ 외국인 / 외국의	quejarse	이의를 제기하다, 한탄하다, 불평하다
préstamo	ⓜ 대여, 대출, 대부, 대여금	confort	ⓜ 쾌적한 설비, 편함을 느끼는 장소
miedo	ⓜ 공포, 무서움	lección	ⓕ 독서, 교습, 수업, 교훈
calificación	ⓕ 평가, 성적, 등급	estar pronto a	즉각, 곧 ~할 것이다
mudarse	이사하다, 이전하다	Pekín	ⓜ 베이징, 북경
máster	ⓜ 석사(= ⓕ maestría)	apuntar	조준하다, 지적하다, 가리키다, 적다, 바라다, 희구하다
no tener idea	완전히 모르다	beca	ⓕ 장학금
doctorado	ⓜ 박사 학위	contar con	~을 갖다
aún	아직, 좀더	endeudarse	빚을 지다, 은혜를 입다
mezcla	ⓕ 혼합, 혼합물	nota	ⓕ 기록, 메모, 성적
sentimiento	ⓜ 감정, 정서, 유감	laboral	노동의, 직업의
temor	ⓜ 겁, 무서움, 공포, 두려움	ser capaz de	~을 할 수 있다
adaptarse	~에 적응하다, 순응하다	investigar	조사하다, 수사하다, 연구하다
acostumbrarse	~에 길들다, 버릇되다	entidad	ⓕ 기관, 단체, 가치, 중요성
fuera de	제외하고, (무엇) 이외에는	postular	요구하다, 지원하다
madurar	익히다, 성숙하게 하다	gestión	ⓕ 수락, 처리, 관리, 경영
crecer	성장하다, 발육하다	lograr	달성하다, 성취하다
no solo A sino también B	A뿐만 아니라 B 역시도	esfuerzo	ⓜ 노력, 수고
extrañar	이상하게 보이다, 그리워하다	perseverancia	ⓕ 인내, 인내력, 근성
absurdo	비이성적인, 말 같잖은, 어이없는, 터무니없는	valer la pena	~할 가치가 있다, ~할 보람이 있다(= merecer la pena)
conflictivo	분쟁을 일으키는, 분쟁 중인		

Step 4 연습 문제의 해설을 확인해 보세요.

14.	현재까지 스페인에 있을 것을 예상하지 못한 사람을 묻는 문제이다. 질문의 'no saber que 모르다'에 주목하자. 스페인으로 왔고 얼마 후에 다시 본국으로 돌아가려던 계획이었으나 어찌하다 보니 지금껏 이곳 스페인에서 살고 있다고 말하는 **A** 알리시아가 정답이다. 'no tenía idea de que me quedaría por acá tantos años'에서 정답을 확인할 수 있으며, no tener idea 역시 '알지 못하다'의 의미이다.
15.	대출을 신청하고 싶지 않았던 사람을 찾아야 하는데 이때 명사 'préstamo 대출'의 뜻을 반드시 알아야 한다. 세 사람 중 돈에 관련된 언급을 하는 사람은 **C** 실비아가 유일하다. 실비아는 '… tampoco quería endeudarme'라고 했다. 동사 endeudarse는 '빚을 지다'의 뜻으로 실비아는 빚을 지지 않고 장학금을 받아 공부할 수 있었다고 했다.
16.	'sentir miedo 두려움을 느끼다'라고 말한 사람을 찾아야 한다. 정답은 **A**. 페루 출신인 알리시아는 처음 스페인에 온 날을 회상하며 그 당시 어떤 감정을 느꼈는지 묘사한다. 알리시아의 말 중 'Y también ese pequeño temor de que estaría sola, no conocería a nadie, ni nada.'에서 단서를 찾을 수 있다. 명사 'temor 공포, 무서움'은 miedo의 동의어이다. 알리시아는 스페인에 온 날 앞으로에 대한 기대와 두려움도 느꼈다고 한다.
17.	'problema 문제'를 겪은 적이 있는 사람을 찾아야 한다. 정답은 **B** 에바이다. 주의해야 할 것은 문제에 등장한 tener problemas가 텍스트에 동일하게 사용되지 않았다는 것이다. 'He estado en las situaciones más absurdas y conflictivas…'에서 정답을 추론할 수 있는데, 형용사 'absurdo 터무니없는'도 중요하지만 'conflictivo 분쟁의'의 의미를 정확히 알면 쉽게 풀 수 있는 문제이다.
18.	높은 성적을 받았던 사람을 찾는 문제이다. 'calificaciones altas'는 '높은 성적, 학점'을 뜻한다. 점수에 대해 언급한 사람은 **C** 실비아이다. 실비아는 'Siempre tuve buenas notas…'라고 하였다. 명사 nota는 '메모, 필기'의 뜻 외에도 '성적, 점수'를 의미한다.
19.	6문제 중 유일하게 미래에 대해 묻는 질문으로, 여기에서는 아시아에서 살 계획에 대해 언급하는 사람을 찾아야 한다. 정답은 **B** 에바. 에바는 마지막에 Ahora estoy pronta a mudarme a Pekín…이라고 하였다. estar pronto a는 '…을 하기 직전이다'라는 의미이다. 또한 중요 포인트는 Pekín이 중국 베이징을 지칭하는 명사라는 것이다. 스페인어 지역명을 숙지하도록 하자.

문제 2

INSTRUCCIONES

Usted va a leer tres textos de tres personas que hablan de su experiencia de perder peso.

Relacione las preguntas (de la 14 a la 19) con los textos (A, B o C).

Marque las opciones elegidas en la **Hoja de respuestas**.

PREGUNTAS

		A. CARLOS	B. JESÚS	C. LAURA
14.	¿Quién subió de peso por el efecto de los medicamentos?			
15.	¿Quién sigue cuidando mucho la alimentación?			
16.	¿Quién no entrenaba solo?			
17.	¿Quién se siente muy apoyado y comprendido?			
18.	¿Quién planea correr un maratón?			
19.	¿Quién se esfuerza por no caer en el mismo error?			

TEXTOS

A. CARLOS

Hace tres años una infección viral me obligó a tomar esteroides debido al dolor y el hinchazón que tenía en las articulaciones. Gané quince kilos en tan solo unos meses durante mi tercer año de facultad. Me llevó seis meses vencer a los virus, pero dejé los esteroides y comencé a trabajar en mi peso de nuevo. La mayor revelación que tuve fue que el cardio no era lo mío. Un día, un amigo me introdujo en el boxeo y me enamoré completamente de él. Era adecuado para perder peso, y me di cuenta de que yo era fuerte. Boxeo tres días a la semana y el cardio es mucho más fácil ahora que peso setenta y tres kilos. Espero poder hacer mi primera carrera de cinco kilómetros este verano.

B. JESÚS

Tuve la suerte de tener a mi lado a mi novia en aquel entonces – ahora mi esposa –, apoyándome durante todo el camino. Ella ha estado corriendo a mi lado durante toda nuestra relación, y siempre me ha animado mientras corría. Mis padres también estaban allí en cada paso del camino, registraron mi progreso y me animaron cuando terminé mi primer maratón. Mis mejores amigos me apoyaron durante toda la experiencia. El apoyo de la comunidad de corredores ofrece un gran ambiente, ya que no tienes que ser un corredor de maratón para correr a su lado. Ellos aceptan a entusiastas de todos los niveles. He hecho una gran amistad con todos ellos.

C. LAURA

Me llevó un año y medio perder los 20 kilos, pero el viaje continúa hasta hoy. Empecé a educarme en la nutrición: primero, contando calorías; después, a un nivel general cuando comencé realmente a desarrollar musculatura. La tentación de la comida, especialmente el azúcar, siempre ha sido la parte más difícil de mi viaje. Pude superarla al no tenerlo en casa y al no salir mucho a comer fuera. Preparo todas mis comidas antes de tiempo y solamente compro comida nutritiva. Ha habido muchos momentos en los que me gustaría poder volver atrás y sentarme en mi sofá como cuando comía una pizza entera, pero no lo hago porque sé la razón por la que estoy trabajando, y no quiero volver a ser de nuevo la persona que era.

Tarea 3 · Ejercicios

Step 2 연습 문제의 내용을 해석해 보세요.

지시 사항

당신은 체중 감량의 경험에 대해 말하는 세 사람에 대한 세 개의 텍스트를 읽을 것입니다. (14번부터 19번까지의) 문제를 텍스트 (A, B, C)와 연결하세요

선택한 보기를 **답안지**에 표기하세요.

문제

		A. 카를로스	B. 헤수스	C. 라우라
14.	약의 영향으로 체중이 증가한 사람은 누구인가?			
15.	지금도 계속해서 먹는 것을 조심하는 사람은 누구인가?			
16.	혼자 운동하지 않았던 사람은 누구인가?			
17.	지원받고 이해받고 있다고 느끼는 사람은 누구인가?			
18.	마라톤을 할 계획을 하는 사람은 누구인가?			
19.	같은 실수를 하지 않으려 노력하는 사람은 누구인가?			

텍스트

A. 카를로스

3년 전 나는 바이러스성 염증으로 인한 통증과 관절이 붓는 증상 때문에 스테로이드를 복용해야만 했다. 학부 3학년 재학 동안 몇 개월 만에 15킬로그램이나 체중이 늘었다. 바이러스를 극복하는 데에는 6개월이 걸렸고 스테로이드 복용을 중단하고 나는 다시 체중을 줄이는 데 전념했다. 가장 크게 깨달은 바는 나는 유산소 운동을 잘하지 못한다는 것이었다. 그러던 어느 날 한 친구가 나에게 복싱을 소개해 주었고 나는 복싱을 완전히 사랑하게 되었다. 체중을 감량하기에 적합했고 내가 매우 힘이 세다는 것을 알게 해 주었다. 일주일에 세 번 복싱을 하는데 몸무게가 73킬로그램인 지금은 유산소 운동이 훨씬 더 수월하다. 이번 여름에는 처음으로 5킬로미터 경주를 할 수 있기를 바란다.

B. 헤수스

지금은 나의 부인이자 그때 당시 나의 연인이 체중 감량의 모든 길목에서 나를 도와주며 내 옆에 함께 있었다는 것은 내게는 큰 행운이었다. 우리가 교제할 당시 그녀는 항상 내 옆에서 함께 달려 주었고 내가 달리는 동안 나를 응원해 주었다. 나의 부모님 또한 체중 감량의 매 순간마다 나와 함께해 주셨는데 그분들은 나의 발전을 기록하셨고 내 첫 번째 마라톤을 끝냈을 때 나에게 기운을 북돋아 주셨다. 나의 친한 친구들 역시 이 모든 과정에서 나를 지지해 주었다. 달리기 선수들 단체의 지지는 매우 좋은 분위기를 조성한다. 마라톤 선수만이 그들과 함께 뛸 수 있는 것은 아니기 때문이다. 그들은 모든 레벨의 달리기 애호가들을 받아 준다. 나는 그들과 매우 깊은 우정을 맺게 되었다.

C. 라우라

나는 20킬로그램을 감량하는 데 1년 반이 걸렸다. 하지만 그 여정은 오늘까지 이어지고 있다. 나는 영양 섭취에 대해 공부하기 시작했다. 처음에는 칼로리를 계산했고 그다음으로 내가 실제로 근육을 키워 나가면서는 전체적으로 주의했다. 음식에 대한 유혹은 내 체중 감량 기간 중 항상 가장 어려운 부분이었다. 특히나 설탕 같은 것은 더욱 그랬다. 집에 설탕 같은 것을 아예 두지 않고 외식을 많이 하지 않는 방식을 통해 유혹을 극복할 수 있었다. 나는 내 모든 음식을 미리 만들고 반드시 영양가 있는 음식으로만 산다. 예전으로 돌아가 내 소파에 앉아 피자 1판을 다 먹어 치웠으면 좋겠다는 순간들도 있었다. 하지만 그렇게 하지 않는 것은 내가 이러한 노력을 하는 이유를 알고 있기 때문이며 다시 예전의 내가 되고 싶지 않기 때문이다.

Step ③ 필수 어휘를 익혀 보세요.

perder peso	체중을 줄이다, 살이 빠지다	boxeo	ⓜ 복싱
efecto	ⓜ 효과, 효능, 결과, 사실	carrera	ⓕ 경주, 달리기, 경력
alimentación	ⓕ 영양 섭취, 식사, 음식	lado	ⓜ 옆, 측면, 옆구리, 장소
entrenar	훈련하다, 양성하다, 단련하다	entonces	그렇다면 / 그 당시, 그때
apoyar	기대다, 세우다, 의지하다, 지지하다	camino	ⓜ 길, 일정, 여행
planear	계획하다	animar	생기를 불어넣다, 응원하다
esforzarse	힘쓰다, 애쓰다, 노력하다	paso	ⓜ 지나가기, 통과, 걸음
caer en	~에 빠지다	registrar	등록하다, 기록하다
infección	ⓕ 감염, 전염	progreso	ⓜ 진보, 향상, 진전, 발전
viral	바이러스의	corredor	ⓜⓕ 주자, 달리는 사람
obligar	강요하다, 강제하다	entusiasta	ⓜⓕ 열광자, 팬
esteroide	ⓜ 스테로이드	amistad	ⓕ 우정, 우애
hinchazón	ⓜ 부품, 부기	nutrición	ⓕ 영양, 영양 섭취
articulación	ⓕ 연결, 마디, 관절	desarrollar	발달시키다, 전개하다
facultad	ⓕ 능력, 재능, 학부	musculatura	ⓕ 근육, 근육질
vencer	이기다, 타파하다, 극복하다	tentación	ⓕ 유혹, 욕망
llevar	가지고 가다, 몸에 걸치고 있다, (일시를) 보내다	superar	능가하다, 극복하다, 초과하다
trabajar en	노력하다, 하게 하다	nutritivo	영양의, 영양이 되는
relevación	ⓕ 두드러짐, 해제, 면제	entero	완전한, 온전한, 전부의, 전체의
cardio	ⓜ 유산소 운동	de nuevo	또, 한 번 더
introducir	넣다, 삽입하다, 도입하다		

Step 4 연습 문제의 해설을 확인해 보세요.

14.	약의 영향으로 체중이 증가한 사람을 묻고 있다. 세 개의 텍스트에서 모두 'subir de peso 체중이 증가하다'를 경험한 이야기를 하지만 이 문제에서는 세부적인 내용을 확인해야 한다. El efecto de los medicamentos 즉, 약의 영향으로 인해 체중이 증가한 인물은 **A** 카를로스이다. 첫 번째 문장 'Hace tres años una infección viral me obligó a tomar esteroides debido al dolor y el hinchazón que tenía en las articulaciones.'에서 그는 바이러스성 염증으로 스테로이드를 복용했다고 한다. 명사 'esteroide 스테로이드'를 알아야 풀 수 있는 문제이다.
15.	지금까지 먹을 것을 조심하는 사람을 묻고 있다. 문제에 'cuidar la alimentación 먹는 것을 신경 쓰다'는 표현이 있는데, 'seguir' 동사와 함께 쓰여 '지금도 신경 쓰고 있다'라고 해석해야 한다. 정답은 **C** 라우라. 라우라는 첫 번째 문장에서 'Empecé a educarme en la nutrición: primero, contando calorías; después, a un nivel general cuando comencé realmente a desarrollar musculatura.'라고 했는데, 지금도 이어지고 있는 그녀만의 체중 감량의 방식이 'nutrición 영양 섭취'라는 것을 알 수 있다.
16.	혼자 운동하지 않았던 사람을 묻고 있다. 문제에서 동사 entrenar는 '훈련하다, 트레이닝하다'의 의미이며, 이 질문에서는 '혼자 운동하지 않았다'로 해석해야 한다. 정답은 **B** 헤수스. 헤수스는 텍스트의 시작부터 마지막까지 체중 감량 시 함께 한 주변인들에 대한 언급을 하고 있다. 특히 텍스트 두 번째 문장에서 당시 연인이었던 지금의 부인에 대해 'Ella ha estado corriendo a mi lado durante toda nuestra relación...'라고 하였다. 이 문장을 통해 혼자 달리지 않고 그녀와 함께 달렸다는 사실을 알 수 있다. a su lado는 '누군가의 옆에서'라고 해석하면 된다.
17.	지원받고 이해받고 있다고 느끼는 사람을 묻고 있다. 문제에서 apoyado와 comprendido를 해석하기 위해서는 동사 'apoyar 돕다, 기대다, 지원하다, 지지하다'와 'comprender 이해하다, 알아주다'를 정확히 알아야 한다. 많은 도움을 받고 이해받고 있다고 느끼는 사람은 바로 **B** 헤수스. 헤수스의 체중 감량의 과정에서는 연인, 부모님, 친구들, 달리기 단체 선수들 등의 주위 사람들이 그를 지지하고 응원하고 받아 주었다고 했다.
18.	마라톤을 할 계획이 있는 사람이 누구인지 파악해야 한다. 정답은 **A** 카를로스. 카를로스는 복싱을 하여 체중을 감량한 경험에 대해 말하고 있지만 그 덕분에 유산소 운동에 더 자신감이 생겼다고 했다. 마지막 문장 'Espero poder hacer mi primera carrera de cinco kilómetros este verano'에서 명사 carrera를 놓쳐서는 안 되는데 이는 '경주, 달리기'를 뜻한다. 함정은 텍스트 B인데, 헤수스는 앞으로 마라톤을 할 계획이 아니라 이미 마라톤에 참가했었던 것이므로 답이 될 수 없다.
19.	같은 실수를 하지 않으려고 노력하는 사람이 누구인지 묻고 있다. 동사 'esforzarse 노력하다'와 'caer en ...에 빠지다'의 표현에 주의해야 한다. 정답은 **C**. 라우라는 마지막 문장 'Ha habido muchos momentos en los que me gustaría poder volver atrás y sentarme en mi sofá como cuando comía una pizza entera, pero no lo hago porque sé la razón por la que estoy trabajando, y no quiero volver a ser de nuevo la persona que era.'을 통해 여전히 음식의 유혹을 느낀다고 고백한다. 하지만 예전의 자신으로 돌아 가고 싶지 않기 때문에 노력하고 있다고 글을 마무리하고 있다.

Tarea 4 1개의 긴 글 읽고 6개의 삼지선다 문제 풀기

Tarea 4 핵심 정리

문항	6 개
단어 수	375~425
문제 유형	1개의 긴 글 읽고 6개의 삼지선다 객관식 문제 풀기
글의 유형	긴 서술형 텍스트
빈출 주제	· 신문 및 잡지 기사 · 전기문, 일기, 블로그 · 옛 이야기, 단편 소설 등 문학 작품
평가 포인트	· 긴 텍스트의 전체적 흐름과 내용을 이해하는가 · 각 문단별 주요 요점과 화제의 전환을 식별할 수 있는가 · 글의 과거, 현재, 미래의 사건에 대해 이해할 수 있는가

BONA 쌤의 노하우

Tarea 4는 독해 영역의 가장 전형적인 문제로 긴 글을 읽고 푸는 문제입니다. 글의 난이도는 주제가 어떤 것인지에 따라 다르게 느껴질 수 있기 때문에 **평소에 다양한 주제의 글을 읽는 것이 필요**합니다. 인터넷에서 평소 관심 있는 주제나 분야에 대해 검색하며 다양한 블로그 또는 관련 자료들을 찾아보는 것도 좋습니다. 신문기사나 뉴스를 찾아보기가 쉽지 않다면 스페인어 문법서 또는 스페인어 시험 대비서에서 **비슷한 단어 수의 지문을 찾아 분석해 보는 것**도 좋습니다. 긴 글은 모든 어휘를 다 해석하려고 하는 것보다 전체적인 맥락을 빠르게 분석하고, 문단별 중요 키워드에 체크를 하는 것이 좋습니다. 맥락을 빠르게 분석하되, **시간의 흐름에 따른 상황의 변화, 글쓴이의 상황 또는 심경의 변화** 등 글의 전체적인 흐름을 파악해야 합니다.

Tarea 4 완전 공략

1 문제 해결 전략

INSTRUCCIONES 확인	• 글의 유형 또는 말하는 내용이 표기되었는지 확인합니다.
	• 주제 또는 관련 인물에 대한 정보가 있는지 확인합니다.
1차 독해	• 텍스트의 전체적인 내용을 이해하며 읽습니다.
	• 문단별 내용과 흐름에 주의해 독해합니다.
1차 문제 풀기	• 질문과 보기의 핵심 내용을 해석해 정답을 1차 선택합니다.
최종 선택	• 텍스트 내 해당 부분으로 돌아가 2차 독해를 하며 정답을 최종 선택합니다.

2 이것만은 꼭!

- INSTRUCCIONES를 보며 글의 유형이나 주제 등에 관한 정보가 있는지 확인합니다.

- 글의 서두에 TÍTULO가 있는지 확인하되, 만일 TÍTULO를 정확히 모르더라도 글의 내용을 이해하고 있으면 문제가 되지 않으므로 지나치게 고심하지 않도록 합니다.

- 문제와 보기는 단어 수가 많기 때문에 먼저 읽을 필요는 없습니다. TEXTO 독해를 먼저 합니다.

- 전반적인 내용과 관련된 문제의 경우에는 글 전체를 끝까지 읽고 정답을 선택하는 것이 좋으며, 세부 내용에 관한 문제는 해당 내용의 핵심 어휘를 찾은 뒤 그 어휘가 포함된 부분으로 돌아가 관련된 내용을 철저하게 파악하고 문제를 풀도록 합니다.

- 텍스트 순서와 문제 순서가 동일한 경우가 많지만, 다를 수도 있기 때문에 문단별 내용을 잘 기억해 두어야 합니다. 따라서 문단 옆 빈 공간에 간략히 메모를 해 두면 좋습니다. 또한 핵심 내용에 표시를 하며 글을 읽는 습관을 들이는 것이 좋습니다.

문제 1

INSTRUCCIONES

Usted va a leer un texto sobre la cultura de festejar la quinceañera. A continuación, conteste a las preguntas (de la 20 a la 25). Seleccione la opción correcta (A, B o C).

Marque las opciones elegidas en la **Hoja de respuestas**.

LA QUINCEAÑERA EN LATINOAMÉRICA

Crecer en una familia con raíces latinas es automáticamente pensar en la idea de celebrar una quinceañera. Aunque celebrada en distintos países de Latinoamérica con sus propios detalles de peculiaridad, aún se conserva el mismo valor e importancia.

En la tradición mexicana, si la familia es católica, la festividad empieza desde temprano. Después del maquillaje y peinado a la quinceañera, sigue la ceremonia religiosa. Otras tradiciones populares mexicanas de una quinceañera son la última muñeca, el cambio de la zapatilla, el vals y el brindis.

Aunque se conserva el mismo valor y significado, en los países como Ecuador, Colombia o Venezuela, se añaden diferentes detalles. En Ecuador, el vestido de la quinceañera suele ser color rosa por lo que se la conoce como "fiesta rosada". En Colombia y Venezuela se inicia la celebración con la llegada de los invitados a la espera de la quinceañera, la cual entra con su corte.

Tanto en Cuba como en la República Dominicana, la fiesta de XV años es mucho más modesta que de costumbre, dependiendo de las posibilidades de cada familia. Una tradición muy importante está en su corte de honor, que se compone de 15 parejas, incluyendo a la quinceañera, la cual es la más grande en número en América Latina.

En el Perú, tienen la peculiaridad de ser acompañada por un solo chambelán, pero a la medianoche la sorpresa es mucho mejor. Doce cadetes hacen el tradicional cruce de espadas formando un arco por donde pasará la quinceañera. Antes del día del cumpleaños, en Argentina y Uruguay se acostumbra a pintar en la vereda de la casa de la quinceañera un mensaje de felicitaciones. Mientras que en Paraguay, el banquete se da entre el vals y las tradicionales coreografías. También algo que se destaca es la vestimenta. En Argentina, los invitados no van vestidos de traje a la fiesta de Quinceaños, es más informal como un cumpleaños común.

PREGUNTAS

20. Según el texto, la tradición de la Quinceañera en Latinoamérica...

   A) es natural su celebración.

   B) se celebra de manera similar.

   C) está perdiendo su importancia.

21. En su festividad, los mexicanos católicos siempre incluyen...

   A) una misa.

   B) la última muñeca.

   C) el cambio de zapatilla.

22. En Ecuador, se conoce como "Fiesta rosada" por...

   A) el color de la ropa de la quinceañera.

   B) la flor que lleva la quinceañera.

   C) el color del pastel para la fiesta.

23. La tradición de la corte más numerosa existe en...

   A) Venezuela.

   B) República Dominicana.

   C) Perú.

24. En Uruguay, una forma de festejar la quinceañera es...

   A) pintar la casa.

   B) escribir mensajes en el suelo.

   C) presentar algunas coreografías.

25. Para festejar la Quinceañera en Argentina...

   A) no invitan a nadie.

   B) la gente lleva ropa normal.

   C) hacen algo muy diferente a otros cumpleaños.

지시 사항

당신은 열다섯 번째 생일 기념식 문화에 대한 하나의 글을 읽게 될 것입니다. 이어서 20번부터 25번까지의 질문에 답하세요. (A, B 혹은 C) 정답을 선택하세요.

선택한 보기를 **답안지**에 표기하세요.

라틴 아메리카에서의 열다섯 살 생일 기념식

라틴 아메리카 혈통의 가족에서 자란다는 것은 자동적으로 열다섯 살 생일 기념식을 생각하는 것이다. 이 기념식은 라틴 아메리카의 다양한 나라들에서 특색 있는 본연의 디테일을 가지고 거행되지만, 여전히 동일한 가치와 중요도를 유지하고 있다.

멕시코 전통에서는 가족이 천주교라면 그 의식은 일찍부터 시작된다. 열다섯 번째 생일을 맞이한 여자아이의 화장과 머리 단장 후에는 종교 의식이 이어진다. 멕시코에서 열다섯 생일의 다른 보편적인 전통으로는 마지막 인형, 신발 갈아 신기, 왈츠 춤 그리고 축배가 있다.

비록 동일한 가치와 의미를 유지하지만, 에콰도르, 콜롬비아 혹은 베네수엘라와 같은 국가들에서는 다른 세부 사항들이 추가된다. 에콰도르에서는, 열다섯 번째 생일을 맞는 주인공 여자아이의 드레스가 분홍색인 경우가 많아서, 그 때문에 파티 자체가 '분홍빛 파티'라고 알려져 있다. 콜롬비아와 베네수엘라에서는 초대 손님들이 주인공 여자아이를 기다리는 것으로 의식이 시작되며, 이때 주인공 여자아이는 그녀의 호위대와 함께 들어온다.

쿠바와 도미니카 공화국에서는, 열다섯 번째 생일은 각 가족의 여건에 따라 보통의 파티에 비해 훨씬 더 검소한 파티가 된다. 매우 중요한 의미를 갖는 전통은 명예의 호위대인데, 주인공 여자아이를 포함해 15쌍으로 구성되며, 이 숫자는 라틴 아메리카에서 가장 많은 수이다.

페루에서는 생일자가 단 한 명의 파트너와 동행하는 특징이 있지만, 자정이 되면 더 놀랄 만한 것이 있다. 12명의 사관생도가 검을 교차시켜 생일 주인공이 지나갈 아치 형태를 만들어 낸다. 생일이 되기 전, 아르헨티나와 우루과이에서는 생일 주인공 여자아이의 집으로 가는 길에 축하 메시지를 적어 칠하는 것이 관습이다. 반면, 파라과이에서는 축하연에서 왈츠 춤과 전통 안무를 선보인다. 또한 매우 부각되는 것이 바로 의복이다. 아르헨티나에서는 초대 손님들은 열다섯 살 생일 파티에 양복을 갖춰 입고 가지 않는데, 다른 일반적인 생일만큼이나 소탈한 파티이기 때문이다.

문제

20. 텍스트에 따르면, 라틴 아메리카에서의 열다섯 번째 생일 전통은 …

A) 그것을 기념하는 것이 자연스러운 것이다.

B) 비슷한 방식으로 기념된다.

C) 그 중요도를 잃어 가고 있다.

21. 천주교 신자인 멕시코 사람들은 늘 그들의 의식에서 …을(를) 포함시킨다.

A) 미사

B) 마지막 인형

C) 신발 갈아 신기

22. 에콰도르에서는 … 때문에 '분홍빛 파티'라고 알려진다.

A) 생일 주인공의 옷 색깔

B) 생일 주인공이 지니는 꽃

C) 파티에 사용되는 케이크의 색

23. 가장 많은 수의 호위대의 전통은 …에서 나타난다.

A) 베네수엘라

B) 도미니카 공화국

C) 페루

24. 우루과이에서 열다섯 번째 생일을 축하하는 하나의 형태는 …이다.

A) 집 칠하기

B) 바닥에 메시지 쓰기

C) 안무 선보이기

25. 아르헨티나에서는 열다섯 번째 생일을 축하하기 위해 …

A) 아무도 초대하지 않는다.

B) 사람들은 평상복을 입는다.

C) 다른 생일과는 매우 다른 무언가를 한다.

Step 3 필수 어휘를 익혀 보세요.

quinceañera	ⓕ 열다섯 살 생일 ⓜⓕ 열다섯 살 생일자	depender de	무엇에 좌우되다
raíz	ⓕ 뿌리, 부동산, 선조	honor	ⓜ 명예, 의례
propio	고유의, 자기 자신의	pareja	ⓕ 한 쌍, 커플
detalle	ⓜ 세부, 상세	chambelán	ⓜ 시종, 파트너
peculiaridad	ⓕ 특색, 특징, 특수성	medianoche	ⓕ 자정, 심야
conservar	보존하다, 보관하다	cadete	ⓜ 귀족, 사관생도
valor	ⓜ 가치, 가격	cruce	ⓜ 횡단, 교차
tradición	ⓕ 전통, 관습	espada	ⓕ 검, 칼
católico	ⓜⓕ 천주교인 / 천주교의	arco	ⓜ 아치, 활
festividad	ⓕ 축하 행사, 의식	acostumbrar	길들이다, 습관이 되다
maquillaje	ⓜ 화장, 메이크업	vereda	ⓕ 좁은 길, 소로
peinado	ⓜ 머리 단장	banquete	ⓜ 연회, 축하연
muñeca	ⓕ 손목, 여자 인형	coreografía	ⓕ 안무, 무용
vals	ⓜ 왈츠(춤, 곡)	destacar	강조하다, 빼어나다
brindis	ⓜ 축배, 헌사	vestimenta	ⓕ 의복, 의류
significado	ⓜ 의미, 뜻, 중요성	traje	ⓜ 양복, 의복
añadir	첨가하다, 보태다	informal	형식을 따지지 않는, 약식의
soler + INF	자주 ~하다	natural	자연의, 당연한, 본능적인
rosado	장밋빛의, 분홍색의	similar	유사한, 비슷한
espera	ⓕ 기다림, 대기	pastel	ⓜ 케이크
corte	ⓜ 절단, 머리 모양 ⓕ 법정, 에스코트, 호위대	presentar	소개하다, 제시하다, 발표하다, 표현하다
modesto	겸손한, 검소한, 허술한	suelo	ⓜ 땅바닥, 지면
de costumbre	보통의, 언제나의		

Step 4 연습 문제의 해설을 확인해 보세요.

20.	라틴 아메리카의 열다섯 번째 생일 전통에 대해 묻고 있다. 텍스트 첫 문장 'automáticamente pensar en la idea de celebrar una quinceañera'를 보면 **A** '그것을 기념하는 것이 자연스러운 것이다'가 정답임을 알 수 있다. B는 similar 때문에 오답이다. 텍스트 첫 문단 두 번째 문장을 보면 생일 기념식이 라틴 아메리카의 다양한 나라에서 저마다의 특징을 가지고 시행된다고 하기 때문이다. C의 그 중요도를 잃어 가고 있다는 것도 텍스트에서는 'se conserva el mismo valor e importancia'라고 하여 기념식이 여전히 동일한 가치와 중요도를 유지하고 있다고 하였으므로 오답이다.
21.	멕시코 천주교 신자들이 축하 의식에 세 개의 보기 중 어떤 것을 반드시 포함시키는지를 묻고 있다. 텍스트 두 번째 문단에서 주인공의 단장 뒤에 이어지는 것이 바로 'ceremonia religiosa'이다. 따라서 정답은 **A**라는 것을 알 수 있으며, 이어지는 문장에서 B나 C의 내용을 확인할 수 있지만 이는 'otras tradiciones populares 다른 보편적인 전통'이므로 천주교와 관련된 것은 아니다.
22.	에콰도르의 기념식을 '분홍빛 파티'라고 하는 이유를 묻고 있다. 텍스트 셋째 문단 두 번째 문장 'el vestido de la quinceañera suele ser color rosa'에서 vestido는 '원피스, 드레스, 의복'이므로 정답은 **A**이다. B와 C의 flor와 pastel은 텍스트에 언급된 적이 없다.
23.	여러 국가에서 의식의 한 부분이 되는 '호위대 corte'에 대한 질문이다. 보기의 세 국가에 대한 설명을 잘 읽고 가장 많은 수의 인원으로 구성되는 호위대를 찾아야 한다. 정답은 **B**. 이는 텍스트의 네 번째 문단 두 번째 문장에서 찾아볼 수 있다. 해당 문장에는 쿠바와 도미니카 공화국의 경우가 소개되며, su corte de honor … es la más grande en número en América Latina에서 호위대의 숫자는 라틴 아메리카에서 가장 많은 수라고 하였다.
24.	우루과이에서의 열다섯 번째 생일 축하 형태에 대해 묻고 있다. C의 '안무 선보이기'는 텍스트 마지막 문단에서 소개되는 파라과이의 방식이다. 역시 같은 문단에서 아르헨티나와 우루과이 양국의 공통점이 나오는데 'pintar en la vereda de la casa de la quinceañera un mensaje de felicitaciones' 문장을 눈여겨보자. A처럼 '집 칠하기'라고 해석할 수 있지만 정확하게는 'pintar un mensaje en la vereda' 구조의 문장이다. 명사 'vereda 집으로 가는 길'의 의미를 놓쳐서는 안 된다. '길에 메시지를 칠한다'를 의역하면 '바닥에 메시지를 쓴다'라는 뜻이 되므로 **B**가 정답이다.
25.	아르헨티나에서 열다섯 번째 생일을 어떻게 기념하는지 묻고 있다. 텍스트 마지막 문단의 마지막 문장 'En Argentina, los invitados no van vestidos de traje 아르헨티나에서는 초대 손님은 양복을 갖춰 입고 가지 않는다'를 보면 아르헨티나에서 초대된 손님은 평상시에 입는 옷을 입고 참석하는 것을 알 수 있다. 따라서 **B**가 정답이 된다. 같은 문장의 'es más informal como un cumpleaños común 다른 일반적인 생일만큼이나 소탈한 파티이다'를 보면 C는 반대로 말하고 있음을 알 수 있다.

Tarea 4 Ejercicios 실전 연습 ②

문제 2

INSTRUCCIONES

Usted va a leer un texto sobre una pintora mexicana. A continuación, conteste a las preguntas (de la 20 a la 25). Seleccione la opción correcta (A, B o C).

Marque las opciones elegidas en la **Hoja de respuestas**.

FRIDA KAHLO, FAMOSA ARTISTA MEXICANA

Frida Kahlo es una pintora mexicana que realizó principalmente autorretratos, en los que utilizaba una fantasía y un estilo inspirados en el arte popular de su país y en la vida de ella misma. Durante su vida ella pintó 151 pinturas, 55 de las cuales son autorretratos. Cuando le preguntaban por qué pintaba tantos autorretratos, Frida contestaba: "Porque estoy sola tan a menudo, porque soy la persona que conozco mejor".

El 6 de julio de 1907 nació en Coyoacán, en el sur de la Ciudad de México. Era una de las cuatro hijas de un padre judío-húngaro y una madre de ascendencia indígena-mexicana. A los dieciséis años resultó gravemente herida en un accidente de tráfico y por ese motivo comenzó a pintar durante su recuperación. Primero fue realista, le gustaba pintar retratos de amigos, familiares, etc. Pero poco a poco, a causa de la gran intensidad de sus sentimientos, se fue dirigiendo hacia líneas más surrealistas.

Tras años más tarde, le llevó al muralista Diego Rivera algunos cuadros para pedirle consejos y este la animó a continuar pintando. En 1929, cuando tenía 22 años, se casó con él, 20 años mayor que ella.

Durante un tiempo vivió en Nueva York, donde montó su primera exposición individual y empezó a tener prestigio como pintora. Sin embargo, no tardó en volver a México y, a partir de ese momento, muchos de sus trabajos fueron incluidos en famosas exposiciones, y además, fue maestra de pintura en la Escuela de Artes Plásticas.

Murió en 1954 y hoy en día su casa de Coyoacán es un museo que lleva su nombre y en él se guardan sus cenizas. Su marido, Diego Rivera, murió tres años después y, aunque dejó por escrito que quería ser enterrado al lado de su mujer, su voluntad no se cumplió y hoy sus restos se encuentran en la Rotonda de los Hombres Ilustres, en la Ciudad de México.

PREGUNTAS

20. Algo que ha influido en sus obras es...

A) el arte popular de España.

B) el arte popular de toda Latinoamérica.

C) su propia vida.

21. Frida Kahlo...

A) nació en Hungría.

B) tenía muchas hermanas.

C) perdió a sus padres en un accidente.

22. Un motivo fuerte para el comienzo de su carrera como pintora fue...

A) el tiempo de recuperación de un accidente.

B) el amor hacia sus amigos y familiares.

C) la gran intensidad de sus sentimientos.

23. Diego Rivera...

A) se dedicaba a la pintura también.

B) obligó a dejar de pintar a Frida.

C) era muy joven cuando se casó con Frida.

24. Frida Kahlo, en Nueva York...

A) vivió muchos años.

B) hizo su primera exposición.

C) fue maestra de pintura.

25. Diego Rivera, el marido de Frida...

A) murió antes que Frida.

B) no fue enterrado al lado de Frida.

C) quería ser enterrado en la Rotonda de los Hombres Ilustres.

Tarea 4 · **Ejercicios**

Step **2** 연습 문제의 내용을 해석해 보세요.

지시 사항

당신은 멕시코 출신의 한 화가에 대한 하나의 글을 읽게 될 것입니다. 이어서 20번부터 25번까지의 질문에 답하세요. (A, B 혹은 C) 정답을 선택하세요.

선택한 보기를 **답안지**에 표기하세요.

저명한 멕시코 화가 프리다 칼로

프리다 칼로는 주로 자화상을 그렸던 유명한 멕시코 화가이다. 그 자화상에서는 그녀 국가의 대중 예술과 그녀 자신의 삶에서 영감을 받은 판타지와 스타일을 사용했었다. 그녀는 평생 동안 151점의 작품을 그렸는데, 그중 55개가 자화상이었다. 사람들이 그녀에게 왜 그렇게나 많은 자화상을 그렸는지 물어보면 프리다는 대답했었다: "왜냐하면 나는 너무나 자주 혼자 있으니까요, 나를 가장 잘 아는 사람은 나예요."

그녀는 1907년 7월 6일, 멕시코시티의 남쪽에 위치한 코요아칸에서 태어났다. 헝가리 태생 유대인 아버지와 멕시코 토착민 혈통의 어머니 사이에서 태어난 네 명의 딸 중 한 명이었다. 16세 나이에 교통사고를 당해 매우 심각한 부상을 입었으며 그것을 발단으로 회복 기간 동안 그림을 그리기 시작했다. 처음에는 그녀의 친구들 및 가족들의 초상화 그리는 것을 좋아했던 사실주의 화가였다. 하지만 차츰 그녀의 감정의 강렬함으로 인해 초현실주의적 성향으로 향하게 되었다.

몇 해가 지난 후 그녀는 벽화가 디에고 리베라에게 조언을 구하기 위해 몇몇 작품을 가져갔고, 그는 그녀에게 계속해서 그림을 그리도록 격려했다. 1929년, 그녀의 나이 22살에 20살 연상이었던 그와 결혼했다.

그녀는 얼마간 뉴욕에서 살았다. 그곳에서는 그녀의 첫 개인전을 열었고 화가로서 명성을 얻기 시작했다. 하지만 그녀는 얼마 있지 않아 멕시코로 돌아왔고 그때부터 그녀의 많은 작업들은 매우 유명한 전시회에 포함되었다. 또한 조형예술학교에서 미술 선생님으로 활동했다.

그녀는 1954년에 세상을 떠났다. 그녀가 살던 코요아칸 자택은 현재 그녀의 이름을 딴 박물관이 되었고, 그곳에 그녀의 재가 보관되어 있다. 그녀의 남편인 디에고 리베라는 3년 후 사망했는데 그는 본인의 부인 옆에 묻히길 희망한다는 유서를 남겼지만 그의 뜻은 지켜지지 않았다. 현재는 멕시코시티의 저명 인사들의 원형 사원에 그의 유골이 있다.

문제

20. 그녀의 작품들에 영향을 준 것은 …이다.

A) 스페인의 대중 예술

B) 라틴 아메리카 전체의 대중 예술

C) 그녀 본인의 삶

21. 프리다 칼로는 …

A) 헝가리에서 태어났다.

B) 많은 자매가 있었다.

C) 사고로 부모님을 잃었다.

22. 화가로서 그녀의 이력을 시작하는 데 있어 강력한 동기는 …이었다.

A) 사고 회복의 시간

B) 그녀의 친구 및 가족을 향한 사랑

C) 그녀의 강렬한 감정

23. 디에고 리베라는 …

A) 마찬가지로 미술에 종사했다.

B) 프리다가 그림 그리는 것을 그만두도록 강요했다.

C) 프리다와 결혼했을 때, 매우 젊었다.

24. 프리다 칼로는 뉴욕에서 …

A) 여러 해를 살았다.

B) 그녀의 첫 번째 전시회를 열었다.

C) 미술 선생님으로 일했다.

25. 프리다의 남편, 디에고 리베라는 …

A) 프리다보다 먼저 죽었다.

B) 프리다의 옆에 묻히지 않았다.

C) 저명 인사들의 원형 사원에 묻히길 원했었다.

Tarea 4 · Ejercicios

Step 3 필수 어휘를 익혀 보세요.

pintor	⒨ⓕ 화가	cuadro	⒨ 그림, 정사각형
principalmente	우선, 주로, 대개	animar	생기를 불어넣다, 응원하다
autorretrato	⒨ 자화상	continuar	계속하다, 계속되다
fantasía	ⓕ 공상, 환상, 상상력	individual	⒨ 단식 경기 / 개인의, 단독의, 1인용의
estilo	⒨ 방식, 스타일	prestigio	⒨ 명성, 권위, 위신
inspirado	영감을 받은, 독창성이 있는	maestro	⒨ⓕ 선생, 대가, 달인
arte popular	⒨ 대중 예술, 팝 아트	artes plásticas	ⓕ pl. 조형 예술
contestar	답하다, 회답하다	morir	죽다, 사망하다
tan	그렇게, 이렇게	museo	⒨ 박물관, 기념관
a menudo	자주	nombre	⒨ 이름, 상호
judío	⒨ⓕ 유대인 / 히브리의	guardar	지키다, 보호하다, 보관하다
húngaro	⒨ⓕ 헝가리 사람 / 헝가리의	ceniza	ⓕ 재, 유골
ascendencia	ⓕ 선조, 혈통	marido	⒨ 남편
indígena	⒨ⓕ 원주민, 인디오 / 토착의, 선주민의	escrito	⒨ 문서, 쓴 것 / 쓰인, 서면화된
resultar	결과가 되다	enterrado	매장된, 묻힌
gravemente	심각하게, 중대하게	voluntad	ⓕ 의지, 바람, 의사, 노력
herido	⒨ⓕ 부상자 / 다친, 부상당한	cumplir	완수하다, 실행하다, 지키다, 만 ~ 살이다
accidente de tráfico	⒨ 교통사고	rotonda	ⓕ 원형 사원, 로터리(교차로)
recuperación	ⓕ 회복, 재이용	ilustre	저명한, 유명한
realista	⒨ⓕ 현실주의자 / 현실주의의, 사실적인	Latinoamérica	ⓕ 라틴 아메리카(= ⓕ América del Sur)
retrato	⒨ 초상화, 초상 사진, 묘사	Hungría	ⓕ 헝가리
poco a poco	천천히, 조금씩	comienzo	⒨ 시작, 개시
intensidad	ⓕ 세기, 강도, 강렬	carrera	ⓕ 경주, 달리기, 경력
sentimiento	⒨ 감정, 정서, 유감	amor	⒨ 사랑, 애정
hacia	~ 쪽으로, ~ 경에	dedicarse a	종사하다
surrealista	⒨ⓕ 초현실주의자 / 초현실주의의	obligar	강요하다, 강제하다, 의무를 지게 하다
muralista	⒨ⓕ 벽화가		

20.	프리다 칼로의 작품에 영향을 준 요소가 어떤 것이었는지 묻고 있다. 첫 문단에서 'utilizaba una fantasía y un estilo inspirados en el arte popular de su país y en la vida de ella misma 그녀 국가의 대중 예술과 그녀 자신의 삶에서 영감을 받은 판타지와 스타일을 사용했었다'고 설명한다. A는 '그녀의 나라'가 스페인이 아닌, 멕시코이므로 오답이고 B 역시 '라틴 아메리카 전체'라는 표현 때문에 오답이 된다. 정답은 **C**로 su propia을 '그녀 본인의'라고 해석해야 한다.
21.	프리다 칼로의 태생 및 출신 그리고 그녀가 겪은 사고를 파악해야 한다. 텍스트 두 번째 문단 'Era una de las cuatro hijas'에서 남자 형제 없이 자매만 세 명이 있다는 것을 알 수 있으므로 정답은 **B**이다. 그녀의 아버지는 'judío-húngaro 헝가리 태생 유대인'이지만 그녀가 헝가리에서 태어난 게 아니므로 A는 오답이다. 한편 프리다 칼로가 교통사고를 당해 심각한 부상을 입는 내용이 나오지만 부모님을 잃었다는 내용은 없으므로 C 역시 오답이다.
22.	프리다 칼로가 화가가 되는데 'motivo fuerte 강력한 동기'가 된 것을 찾아야 한다. 정답은 'A los dieciséis años resultó gravemente herida en un accidente de tráfico y por ese motivo comenzó a pintar durante su recuperación.'에서 찾을 수 있는데 사고를 당하고 부상을 회복하는 과정에서 그림을 그리기 시작했다고 했으므로 정답은 **A**가 된다. B는 프리다 칼로 작품 세계의 '사실주의', C는 '초현실주의'에 대한 내용이므로 오답이다.
23.	디에고 리베라에 대한 질문이다. 정답이 되는 핵심 단어는 명사 'muralista 벽화가'이다. 정답은 **A**이며 '~에 종사하다, 전념하다'라는 의미인 동사 표현 dedicarse a를 기억해 두자. B에서는 'obligar a INF ~하는 것을 강요하다'와 'dejar de INF ~하는 것을 그만두다'를 제대로 해석해야 한다. 텍스트에서 디에고 리베라는 프리다 칼로에게 계속해서 그림 그릴 것을 'animar 용기를 주다, 격려하다'라고 했으므로 B는 오답이 된다. C는 'muy joven 매우 젊은'이라는 부분 때문에 오답이다. 텍스트에서 그녀와 결혼했을 당시 그의 나이는 그녀보다 20살 많은 42살이었음을 확인할 수 있기 때문이다.
24.	뉴욕에서의 프리다 칼로의 활동에 대한 질문이다. 혼동할 만한 함정은 A이다. 넷째 문단에서 'un tiempo 얼마간' 뉴욕에서 살았다고 하며 이어지는 문장에서 'no tardó en volver a México 얼마 있지 않아 멕시코로 돌아왔고'라고 하여, 그리 오래 거주하지는 않았다는 사실을 알 수 있다. 멕시코로 돌아온 후에 'maestra 선생님'을 했다고 나와 있으므로 C 역시 오답이 된다. 정답은 **B**로 'Durante un tiempo vivió en Nueva York, donde montó su primera exposición individual'에서 단서를 찾을 수 있다. 동사 montar는 '타다, 오르다'뿐 아니라 '조립하다, 설치하다, 설립하다'라는 의미도 갖고 있으니 주의하자.
25.	디에고 리베라에 대한 질문이다. 마지막 문단의 두 번째 문장 'Su marido, Diego Rivera, murió tres años después y, aunque dejó por escrito que quería ser enterrado al lado de su mujer, su voluntad no se cumplió y hoy sus restos se encuentran en la Rotonda de los Hombres Ilustres, en la Ciudad de México'를 보면 프리다 칼로가 먼저 사망하고 3년 후 디에고 리베라가 죽었다고 하였으므로 A는 오답이 된다. 그는 'al lado de su mujer 본인의 부인 옆에' 'ser enterrado 묻히기'를 원했으나 그 'voluntad 뜻'이 이루어지지 않았고 저명 인사들의 원형 사원에 그의 'restos 유골'이 있다고 말한다. 따라서 정답은 **B**로 no를 포함한 부정문에 주의해야 한다.

INSTRUCCIONES

Usted va a leer la carta que José ha escrito a su abuela. A continuación, conteste a las preguntas (de la 1 a la 5). Seleccione la opción correcta (A, B, o C).

Marque las opciones elegidas en la **Hoja de respuestas**.

Querida abuela:

¡Abuela! ¿Cómo estás?

Yo estoy muy bien. ¡Por fin estoy de vacaciones! Estoy haciendo muchos planes para estas vacaciones. Son dos meses y voy a aprovechar estos dos meses para hacer los viajes que siempre he querido hacer. ¡Y claro! Te voy a ir a visitar, también.

Abuela, muchas gracias por el ordenador que me has regalado. Eres muy simpática y generosa, de verdad.

No sabes lo contento que estoy porque la verdad es que lo necesitaba desde hacía mucho tiempo. Cada vez los profesores del colegio dejan más tareas para hacerlas con ordenador. Y para hacer mis tareas, siempre tenía que esperar muchas horas porque, ya sabes, mi hermana Inés siempre está navegando por Internet y haciendo compras.

Gracias a ti, ahora puedo hacer mis tareas sin tener que esperar. Te lo agradezco muchísimo abuela.

Como te decía, tengo dos meses de vacaciones y, de momento, voy a hacer un pequeño viaje al norte de España con mis amigos. Tengo un amigo que se llama Manu, que es de Bilbao. Nos quedaremos unos días en Bilbao y, después, iremos a Valencia a pasar unos días en la playa. Así que podré ir a Sevilla a visitarte a partir del día 20 de este mes. ¿Qué te parece?

Puedo ir yo solo o si quieres voy con Inés. Y si esa fecha no te va bien, dímelo y quedamos para después. Abuela, tengo ya muchas ganas de ir a verte y también de contarte todo lo que me ha pasado durante este semestre.

Dime cuándo puedo visitarte.

Espero verte pronto y darte un abrazo muy fuerte.
José

PREGUNTAS

1. La abuela de José...

   A) está de vacaciones.

   B) le va a regalar un ordenador a José.

   C) es muy amable.

2. José es...

   A) oficinista.

   B) estudiante.

   C) informático.

3. A la hermana de José le gusta...

   A) nadar.

   B) comprar cosas por Internet.

   C) hablar por teléfono con sus amigas.

4. La abuela de José vive en...

   A) Bilbao.

   B) Valencia.

   C) Sevilla.

5. José quiere ir a visitar a su abuela...

   A) antes del día 20.

   B) con su hermana Inés.

   C) para contarle sobre su vida escolar.

INSTRUCCIONES

Usted va a leer ocho anuncios. A continuación, responda a las preguntas (de la 6 a la 13). Seleccione la opción correcta (A, B o C).

Marque las opciones elegidas en la **Hoja de respuestas**.

Ejemplo:

TEXTO 0

COCHES COMUNICANTES

Los vehículos del futuro estarán interconectados a una red inalámbrica y serán capaces de intercambiar información, entre sí y con el entorno, gracias a Internet y a la red móvil diseñada por unos investigadores de la Universidad Nacional Autónoma de México.

El mecanismo diseñado alcanza una cobertura de 500 metros, lo que ayudará a evitar accidentes y atascos de tráfico. Estos vehículos están a la venta desde el año 2015.

0. La noticia dice que los coches del futuro...

A) intercambiarán información.

B) se utilizarán antes del año 2015.

C) serán más rápidos.

La opción correcta es la letra A.

0. A ■ B ☐ C ☐

TEXTO 1

Concierto de <LA REUNIÓN>

Viernes 30 de mayo. 22:00 h.
Pabellón Multiusos
Precio 50 y 90 €
Organiza "Banco del Ebro"
Entradas a la venta a partir del jueves 22 de mayo en nuestras oficinas.
Si es usted cliente de nuestro banco, llame al 932 84 32 44 y le reservaremos las entradas durante un máximo de tres días.

6. Se puede comprar las entradas para el concierto...
   A) después del 22 de mayo.
   B) sólo si es cliente del banco del Ebro.
   C) por teléfono.

TEXTO 2

FARMACIAS

De 9,45 de la mañana a 10 de la noche
- María Isabel Asenso García - Valles Mineros, 50
- Blanca Burgos Baro - Camino de las Aguas, 8

De 10 de la noche a 9,45 de la mañana
- Blanca Burgos Baro - Camino de las Aguas, 8
- Basilisa Fernández Pérez - Avda. Portugal, 30
- Juan Santos Cruz - Paseo de la Estación, 66

7. Según este anuncio, usted puede encontrar alguna farmacia...
   A) abierta sólo por la mañana.
   B) abierta sólo por la tarde.
   C) abierta las 24 horas.

TEXTO 3

POR SOLO 3 CÉNTIMOS DE EURO EL MINUTO HABLA CON QUIEN TÚ QUIERAS PARA TODA LA VIDA.

Si perteneces a nuestra compañía, solicita ahora nuestro nuevo servicio.
Elige un número al que podrás llamar a todas horas, todos los días, por sólo 3 céntimos, sin coste mensual. ¡No pierdas ni un minuto! ¡Llámanos ya!

8. Este anuncio ofrece un servicio...
   A) a nuevos clientes.
   B) más económico.
   C) totalmente gratuito.

TEXTO 4

CIBERCAFÉ CONEXIÓN

¡Si quieres estar en contacto con todos tus familiares y amigos, ven a nuestro cibercafé!

TE OFRECEMOS:
- Primera hora de conexión gratuita.
- Tarifa regular: 5 €/h.
- Bonos semanales por 60 € sin límite de horas.
- Carné anual de socio/a con tarifas reducidas.

9. Si usted paga 60 euros en este cibercafé, podrá usar los ordenadores...

A) durante una semana.

B) durante un mes.

C) durante un año.

TEXTO 5

AUTOESCUELA LARA

- Abierta todo el verano.
- Facilidades de pago.
- Preparación para transportistas y mercancías peligrosas.

Sorteo de un coche entre los alumnos matriculados en el último año.
Por cada cinco prácticas, te regalamos una.
¡El más alto índice de aprobados!

10. Según este anuncio, la autoescuela LARA...

A) regala las cinco primeras prácticas.

B) prepara para transportar distintas mercancías.

C) sortea un coche entre los alumnos aprobados.

TEXTO 6

¡VEN A DISFRUTAR DE NUESTRO MENÚ MEXICANO!

Encontrarás una gran variedad de ANTOJITOS MEXICANOS.
TACOS / QUESADILLAS / ENCHILADAS / POZOLE / Y MUCHAS COSAS MÁS...

Precio Menú: 20 euros
Plaza Norte, 15, Salamanca. Tfno: 923 614358.
Abierto todos los días, excepto lunes. De 11 am a 11 pm

11. Según este anuncio, este restaurante...

A) está abierto todos los días.

B) sólo ofrece comida mexicana.

C) tiene un menú especial para los mexicanos.

TEXTO 7

Aviso para los estudiantes de la Universidad de Alcalá de Henares

- Tienen a su disposición 5 comedores universitarios en la ciudad.
- Los comedores del Colegio de Oviedo y del Colegio Cervantes están abiertos tanto los días de diario como los fines de semana y festivos.
- Los Peñueles, Bellas Artes y León Felipe solo abren de lunes a viernes.

12. Los estudiantes de esta universidad, los fines de semana y festivos comen en...

A) dos lugares.

B) tres lugares.

C) cinco lugares.

TEXTO 8

HORARIO BIBLIOTECA UNIVERSITARIA

- Informamos a los usuarios de la biblioteca de que, a causa de los exámenes, esta biblioteca ampliará su horario.
- A partir del próximo mes, desde el 15 de mayo hasta el 15 de julio.

Abierta las 24 horas.

13. Según el anuncio, esta biblioteca...

A) va a cerrar.

B) normalmente está abierta todo el día.

C) cambia su horario temporalmente.

INSTRUCCIONES

Usted va a leer tres anuncios de oferta de trabajo. Relacione las preguntas (de la 14 a la 19) con los textos (A, B o C).

Marque las opciones elegidas en la **Hoja de respuestas**.

PREGUNTAS

		A. DEPENDIENTA	B. TRADUCTOR/A	C. GERENTE GENERAL
14.	¿En qué anuncio dice que debe tener recomendaciones?			
15.	¿En qué trabajo no se requiere tener experiencia?			
16.	¿Qué trabajo es para hacerlo en casa?			
17.	¿Para qué trabajo piden tener coche?			
18.	¿En qué trabajo deciden la contratación después de un tiempo?			
19.	¿Para qué trabajo se requiere no tardar en responder?			

TEXTOS

A. DEPENDIENTA

Buscamos dependienta de ropa juvenil y señora para que nos pueda cubrir en días que la precisemos, como puentes, festivos, algún fin de semana, incluso algún mes entero. La oferta sería de dos meses de prueba y tendrá que asistir de lunes a sábado de 10:00 a 14:00 y de 17:00 a 20:30. Después de los dos meses de prueba, si ambas partes estamos conformes y logra alcanzar el nivel de ventas esperado formará parte de la plantilla. Se le pagaría por día trabajado, cada vez que la llamemos para que venga a nuestra tienda. Preferiblemente chicas españolas. Gracias.

B. TRADUCTOR/A

¿Te interesaría tener ingresos extra de vez en cuando? Buscamos traductores para traducir textos. Traducciones en: inglés, francés, alemán, euskera, italiano, portugués, ruso o chino. Servicios ocasionales y por horas, totalmente compatibles con otras actividades laborales. Organiza tus horarios y negocia los presupuestos. ¡Trabaja de lo que te gusta y consigue un dinero extra de vez en cuando! Se requiere experiencia en tareas similares y rápida respuesta a los clientes vía web o app móvil. ¡Date de alta en nuestra plataforma y verifica los datos del perfil para conseguir la confianza de los clientes!

C. GERENTE GENERAL

En Oeste S.A., estamos en busca de personal que cuente con las capacidades acordes al cargo. Debe contar con al menos cinco años de experiencia, poseer un currículum bastante sostenible y estudiado y contar con al menos dos referencias de trabajos anteriormente realizados en esta área.
La selección será realizada por los ejecutivos de la empresa y la empresa se reserva el derecho de elegir al que considere con mayores y mejores capacidades. Los beneficios y salarios son bien remunerados, con aumentos progresivos de acuerdo a la situación de la empresa, aparte de contar con los beneficios de ley. Imprescindible carné de conducir y vehículo propio.

INSTRUCCIONES

Usted va a leer un texto sobre el origen del logotipo de un caramelo. A continuación, conteste a las preguntas (de la 20 a la 25). Seleccione la opción correcta (A, B o C).

Marque las opciones elegidas en la **Hoja de respuestas**.

DALÍ Y CHUPA CHUPS

El Chupa Chups es uno de los caramelos más famosos del mundo y su emblemático logotipo forma hoy parte de la historia gráfica del siglo XX. La historia de este caramelo empezó en el año 1959, cuando el catalán Enric Bernat, fundador de la empresa confitera Productos Bernat, observó cómo los niños acostumbraban a sacarse los caramelos de la boca con la mano y tuvo la brillante idea de ponerle un palito a un caramelo y comercializarlo. Por primera vez, se vendía un caramelo que podías comer sin mancharte y que podías llevarte a la boca sin necesidad de tragarlo. En un principio sólo se llamaban Chups, pero un anuncio en la radio promocionaba el caramelo con una canción que decía: "Chupa un caramelo, chupa, chupa,... chupa Chups". Fue entonces cuando la gente comenzó a denominarlo Chupa Chups.

Pero uno de los datos más curiosos de esta historia, y que muchos desconocen, es que el principal rediseño del logotipo de Chupa Chups fue llevado a cabo por Salvador Dalí.

Fue en el año de 1969 que la empresa de Bernat, en un intento de expandir la marca al mercado internacional, buscó la ayuda del artista catalán. Por una tarifa millonaria, le pidieron hacer un buen logotipo para así alcanzar sus objetivos comerciales.

Según cuentan en la propia página web de Chupa Chups, Dalí sólo tardó una hora en realizar este diseño. Aunque puede parecer que el aporte de Dalí fue mínimo, en realidad fue bastante sustancial. La primera novedad que introdujo fue el uso de un solo color rojo sobre fondo amarillo, un movimiento bastante inteligente. En segundo lugar, introdujo uno de los elementos más fuertes de la identidad de Chupa Chups: la forma de flor que envuelve al logotipo. El último aporte, y quizás el más importante, fue colocar el logotipo en la parte superior del envoltorio, favoreciendo su visibilidad y dotando al producto de una personalidad propia. La primera publicidad que incluía el logo de Dalí venía acompañada del eslogan ≪Es redondo y dura mucho, Chupa Chups≫.

Hoy en día este caramelo se vende en los cinco continentes, en 108 países y se fabrica en España, Francia, Reino Unido, Alemania, Rusia y China.

PREGUNTAS

20. Según el texto, Enric Bernat...

   A) hizo el logotipo de Chupa Chups.

   B) comía muchos chocolates.

   C) fundó una empresa de caramelos.

21. Este caramelo, originalmente...

   A) solo era para niños.

   B) llevaba un palito.

   C) no se llamaba Chupa Chups.

22. Salvador Dalí...

   A) trabajaba en la empresa de Bernat.

   B) era un artista desconocido.

   C) diseñó el logotipo de Chupa Chups de ahora.

23. El trabajo de diseñar el logotipo fue...

   A) caro.

   B) inútil.

   C) largo.

24. El logotipo de Chupa Chups de Dalí...

   A) tiene muchos colores mezclados.

   B) tiene forma de un caramelo.

   C) queda en la parte de arriba del envoltorio.

25. Este caramelo, hoy en día...

   A) se vende en todo el mundo.

   B) se fabrica en todo el mundo.

   C) ha perdido su fama.

Tarea 1 Ejercicios 독해 종합 연습 문제 **정답 및 해설**

 해석

지시 사항

당신은 호세가 자신의 할머니에게 쓴 편지를 읽을 것입니다. 이어서 1번부터 5번까지의 질문에 답하세요. (A, B 혹은 C) 정답을 선택하세요.

선택한 보기를 **답안지**에 표기하세요.

사랑하는 할머니:

할머니! 안녕하세요?
저는 아주 잘 지내요. 드디어 방학했어요! 저는 이번 방학에 할 많은 계획들을 세우고 있어요. 방학은 두 달인데, 저는 그 두 달을 늘 하고 싶었던 여행을 하는 데 쓸 거예요. 당연히 할머니도 방문할 거고요!
할머니, 제게 선물해 주신 컴퓨터 정말 감사합니다. 할머니는 너무나 친절하시고 너그러우신 분이에요.

제가 얼마나 기쁜지 정말 모르실 거예요. 왜냐하면 사실 오래 전부터 컴퓨터가 필요했거든요. 학교 선생님들께서는 가면 갈수록 컴퓨터로 해야 하는 과제를 더 내 주세요. 그런데 숙제를 하기 위해서는 항상 오랜 시간을 기다려야 했어요. 할머니께서도 아시죠, 나의 누이 이네스는 늘 웹 서핑을 하고 있거나 온라인 구매를 하기 때문이죠.
할머니 덕분에 지금은 기다릴 필요 없이 숙제를 할 수 있어요. 정말 감사드립니다 할머니.

말씀드렸던 것처럼, 방학이 두 달이 있고요, 지금 현재는 일단 친구들과 함께 스페인 북쪽으로 짧은 여행을 할 거예요. 마누라는 친구가 있는데, 그는 빌바오 출신이에요. 우리들은 빌바오에 며칠 있을 거고 그 후에는 바닷가에서 며칠 보내기 위해 발렌시아로 갈 거예요. 그렇기 때문에 이달 20일 이후에 할머니를 방문하러 세비야에 갈 수 있을 것 같아요. 어떠세요?
제가 혼자 가거나 아니면 할머니께서 원하시면 이네스와 함께 갈 수 있어요. 그리고 혹시 그 날짜에 할머니께서 안 되면 제게 말씀하세요. 다음에 정하도록 해요. 할머니, 할머니를 뵙고 싶은 마음이 간절해요. 그리고 이번 학기에 있었던 모든 일을 할머니께 이야기해 드리고 싶어요.
언제 할머니를 방문해도 좋을지 말씀해 주세요.

조만간 뵙고 아주 진한 포옹을 해 드리고 싶습니다.
호세

문제

1. 호세의 할머니는 …

   A) 휴가 중이시다.

   B) 호세에게 컴퓨터를 한 대 선물해 주실 것이다.

   C) 매우 친절하시다.

2. 호세는 …이다.

   A) 사무직원

   B) 학생

   C) 컴퓨터 전문가

3. 호세의 누이는 …를 좋아한다.

   A) 수영하기

   B) 인터넷으로 무언가 구입하기

   C) 친구들과 전화로 대화하기

4. 호세의 할머니는 …에 살고 계시다.

   A) 빌바오

   B) 발렌시아

   C) 세비야

5. 호세는 할머니를 … 방문하길 원한다.

   A) 20일 전에

   B) 그의 누이 이네스와 함께

   C) 학교 생활에 대해 할머니께 이야기하기 위해서

Tarea 1 · Ejercicios

2 어휘

por fin	마침내, 드디어	así que	그래서
aprovechar	유익하게 사용하다	a partir de	이후
ordenador	ⓜ 컴퓨터(= ⓕ computadora)	fecha	ⓕ 날짜
regalar	선물하다	ir bien	적당하다, 어울리다
generoso	너그러운, 관용의	quedar	약속을 정하다, 남다
contento	기쁜, 즐거운	contar	이야기하다, 계산하다
cada vez	매번, 점점	semestre	ⓜ 학기, 반년
navegar	항해하다, 웹 서핑하다	oficinista	ⓜⓕ 사무직원
gracias a	~의 덕택으로	informático	ⓜⓕ 컴퓨터 과학자
agradecer	감사를 느끼다	escolar	ⓜⓕ 학생 / 학교의, 학생의
de momento	현재로는, 지금으로서는		

3 해설

1. 편지의 수신자에 대한 문제이다. 휴가 중인 사람은 할머니가 아니라 편지를 보낸 호세이므로 A는 오답이다. B의 경우, 정답으로 혼동할 수 있지만 'va a regalar 선물해 주실 것이다'라고 미래 시제가 사용되었으므로 오답이다. 편지에서 호세는 할머니께서 컴퓨터를 선물해 주신 것에 대해 감사 인사를 전하며, simpática, generosa 등의 형용사를 사용하여 할머니께서는 '친절하시다, 너그러우시다'라고 표현하므로 정답은 'amable 친절한'이라고 한 **C**가 된다.

2. 호세의 직업을 묻고 있다. 편지에서 호세는 방학 중이며 두 번째 문단에서 'los profesores del colegio 학교 선생님들'이 내주는 숙제에 대해 언급했다. 마지막 부분에서 이번 학기에서의 일을 할머니께 이야기하고 싶다고 했으므로 호세는 학생이라는 것을 알 수 있다. 그러므로 정답은 **B**가 된다. A는 'oficinista 사무직원', C는 'informático 컴퓨터 전문가'이므로 모두 오답이다.

3. 두 번째 문단에서 호세의 누이 이네스에 대해, 그녀가 주로 어떤 일을 하는 것을 좋아하는지 언급하고 있다. 'navegar por Internet 웹 서핑을 하다'와 'hacer compras 물건을 구매하다'가 언급되므로 정답은 **B** '인터넷으로 무언가 구입하기'가 된다. A '수영하기'와 C '친구들과 전화로 대화하기'는 편지에 언급되지 않았다.

4. 호세의 할머니께서 어디에 사시는지 묻고 있다. 이와 같은 문제에서는 여러 도시명이 나오기 때문에 정답을 헷갈릴 수 있다. 하지만 'de momento 일단, después 그 후에는, a partir de 이후에'처럼 순서를 나타내는 표현에 주의하면 비교적 쉽게 정답을 찾을 수 있다. 빌바오에 먼저 가고, 발렌시아에 들른 후 할머니를 방문하기 위해 세비야로 간다고 했으므로 정답은 **C**가 된다.

5. 호세가 할머니를 방문하는 것과 관련된 문제이다. 질문에서 정확히 확인해야 할 표현은 José quiere이다. '그는 원한다'라고 말하기 때문에 그의 의지가 분명히 표현된 보기를 찾아야 한다. A의 경우 20일 '전에' 할머니께 가기를 원한다고 했지만 편지에서는 'a partir del día 20 20일 이후에' 갈 수 있다고 하므로 오답이다. 셋째 문단의 'si quieres voy con Inés 할머니께서 원하시면 이네스와 함께 갈 수 있어요'를 보면 그가 이네스와 같이 가길 원한다고 말하는 B는 오답이 된다. 셋째 문단의 'tengo ya muchas ganas de ir a verte y también de contarte todo lo que me ha pasado durante este semestre'은, 'tengo ganas de ir y también (tengo ganas) de contarte'의 구조로 파악해야 한다. 나는 어서 할머니를 방문해서 이번 학기에 있었던 일을 이야기하고 싶다는 의미이다. 이는 'vida escolar 학교 생활'에 대해 할머니께 말하고 싶다는 내용이므로 정답은 **C**이다.

Tarea 2 Ejercicios 독해 종합 연습 문제 정답 및 해설

1 해석

지시 사항

당신은 8개의 안내문을 읽게 될 것입니다. 이어서 6번부터 13번까지의 질문에 답하세요. (A, B 혹은 C) 정답을 선택하세요.

선택한 보기를 **답안지**에 표기하세요.

예:

텍스트 0

서로 통하는 자동차들

멕시코 국립 자치 대학의 연구진이 디자인한 이동성 연결망과 인터넷 덕분에 미래의 자동차들은 무선 인터넷에 연결되어 있을 것이며 서로 간의 그리고 주변 환경과의 정보 교환이 가능할 것입니다. 디자인된 장치는 500m의 전파 범위에 이르는데, 이것이 바로 사고와 교통 체증을 예방하는 데 도움을 주게 될 것입니다. 이 자동차들은 2015년부터 출시됩니다.

0. 이 소식은 미래의 차들이 …이라고 말한다.

A) 정보를 교환할 것

B) 2015년 전에 사용될 것

C) 더 빠를 것

정답은 A입니다.

0. A ■ B ☐ C ☐

텍스트 1

콘서트 <라 레우니온>

5월 30일 금요일. 오후 10시.
종합 회관
금액 50유로, 90유로
'에브로' 은행 주최
저희 영업점에서 5월 22일 목요일부터 입장권을 발매합니다.
당신이 저희 은행의 고객이라면 932 84 32 44로 전화 주세요.
최대 삼 일간 입장권을 예약해 드립니다.

6. … 콘서트의 입장권 구매가 가능하다.

A) 5월 22일 이후에

B) 에브로 은행의 고객인 경우에만

C) 전화로

텍스트 2

약국

오전 9시 45분부터 밤 10시까지
- 마리아 이사벨 아센소 가르시아 - 바예스 미네로스길 50번지
- 블랑카 부르고스 바로 - 카미노 데 라스 아구아스길 8번지

밤 10시부터 오전 9시 45분까지
- 블랑카 부르고스 바로 - 카미노 데 라스 아구아스길 8번지
- 바실리사 페르난데스 페레스 - 포르투갈 대로 30번지
- 후안 산토스 크루스 - 파세오 델 라 에스타시온길 66번지

7. 이 광고에 따르면, 당신은 … 약국을 찾아볼 수 있다.

A) 오전에만 여는

B) 오후에만 여는

C) 24시간 여는

텍스트 3

1분에 단 3센티모만 내고 당신이 원하는 사람과 평생 통화하세요.

저희 회사의 고객이라면 지금 바로 저희의 새로운 서비스를 신청하세요.
번호를 하나 선택해 월별 금액 없이 단 3센티모만 내시면 시간 상관없이, 매일 통화할 수 있습니다.
단 일 분도 놓치지 마세요! 지금 바로 전화 주세요!

8. 이 광고는 … 서비스를 제공한다.

A) 신규 고객에게

B) 더 경제적인

C) 완전히 무료인

텍스트 4

코넥시온 인터넷 카페

당신의 모든 친척들과 친구들과 연락을 취하고 싶다면
우리의 인터넷 카페로 오세요!

제공해 드립니다:

- 첫 접속 시간 무료
- 정기 요금: 시간당 5유로
- 일주일 사용권: 시간 무제한 60유로
- 연간 회원증은 더 저렴한 요금

9. 당신이 이 인터넷 카페에서 60유로를
내면, 컴퓨터를 … 사용할 수 있을 것이
이다.

A) 일주일 동안

B) 한 달 동안

C) 일 년 동안

텍스트 5

운전 학원 라라

- 여름 내내 운영합니다.
- 할부
- 화물 수송 및 위험한 화물 운송을 위한 준비 과정

마지막 학년에 등록한 학생들 가운데 추첨을 통해 자동차 증정.
다섯 번의 연습마다 한 번을 더 무료로 하실 수 있습니다.
가장 높은 합격률!

10. 이 광고에 따르면, 라라 운전 학원은 …

A) 처음 다섯 번의 연습을 무료로
제공한다.

B) 다양한 종류의 화물 운송을 위
해 준비시켜 준다.

C) 합격생들 가운데 자동차 한 대
를 추첨해 준다.

텍스트 6

우리의 멕시코 음식을 즐기러 오세요!

정말 다양한 멕시코식 간식거리를 찾으실 수 있을 겁니다.
타코 / 케사디야 / 엔칠라다 / 포솔레 / 외 아주 많은 요리들 …

메뉴 가격: 20유로

플라사 노르테, 15번지 살라망카. 전화번호: 923 614358

월요일을 제외한 나머지 모든 요일 운영.

오전 11시부터 밤 11시까지.

11. 이 광고에 따르면, 이 식당은 …

A) 매일 열려 있다.

B) 멕시코 요리만을 제공한다.

C) 멕시코인들을 위한 특별 메뉴를
가지고 있다.

텍스트 7

알칼라 데 에나레스 대학의 학생들에게 알림

- 여러분은 이 도시에서 다섯 군데의 학교 식당을 이용할 수 있습니다.
- 오비에도 학교와 세르반테스 학교의 식당은 평일뿐 아니라 주말 및 공휴일에도 운영합니다.
- 로스 페뉴엘레스, 베야스 아르테스 그리고 레온 펠리페는 월요일부터 금요일까지만 운영합니다.

12. 이 대학의 학생들은 주말과 공휴일에는 …에서 식사를 한다.

A) 두 군데의 장소

B) 세 군데의 장소

C) 다섯 군데의 장소

텍스트 8

대학 도서관 운영 시간

- 도서관 이용자들에게 알립니다. 시험으로 인하여 이 도서관은 이용 시간을 연장할 것입니다.

- 다음 달부터(5월 15일부터 7월 15일까지) 시행됩니다.

24시간 운영

13. 알림에 따르면, 이 도서관은 …

A) 폐관할 것이다.

B) 보통은 온종일 열려 있다.

C) 이용 시간을 임시로 변경한다.

2 어휘

comunicante	서로 통하는	farmacia	ⓕ 약국, 약학
vehículo	ⓜ 차량, 탈것	Avda.	avenida (ⓕ 도로, 대로)의
interconectar	서로 간에 연결시키다	céntimo	ⓜ 센티모 / 100분의 1의
red	ⓕ 그물, 망, 인터넷	pertenecer	소유이다, 소속이다, 관계가 있다
inalámbrico	무선의	compañía	ⓕ 회사, 동반, 동반자
ser capaz de	~을 할 수 있다	solicitar	신청하다, 지원하다
intercambiar	교환하다	a todas horas	언제나(= cada hora)
sí	예(대답) / 그것 자체, 자신	coste	ⓜ 비용, 원가
entorno	ⓜ 환경, 주위의 상황	mensual	매월의, 1개월의
investigador	ⓜⓕ 연구자 / 조사하는, 연구의	económico	경제의, 절약이 되는, 싼
mecanismo	ⓜ 장치, 구조	gratuito	무료의, 무상의
alcanzar	닿다, 도달하다, 이르다	conexión	ⓕ 연결, 관계, 접속, 환승
cobertura	ⓕ 덮개, 커버, 전파가 퍼지는 범위	estar en contacto	접촉하고 있다, 연락이 있다
evitar	회피하다, 막다	tarifa	ⓕ 가격, 요금, 가격표
atasco	ⓜ 방해물, 교통 체증	regular	규칙적인, 일정한, 정기의, 보통의
estar a la venta	발매되다	bono	ⓜ 회수권, 티켓
pabellón	ⓜ 천막, 텐트, 별동, 전시관, 정자	carné	ⓜ 증명서, 회원증
multiuso	다목적의, 다용도의	anual	매년의, 한 해의
organizar	조직하다, 편성하다, 준비하다	reducido	좁은, 작은, 제한된

autoescuela	ⓕ 자동차 교습소, 운전 학원	antojito	ⓜ 간단한 요기 음식(= ⓜ aperitivo, ⓕ tapa)
facilidad	ⓕ 손쉬움, 용이함, 능력, 편의	quesadilla	ⓕ 케사디야(치즈와 옥수수 전병으로 구운 요리)
pago	ⓜ 지불, 보상	enchilada	ⓕ 엔칠라다(옥수수 전병에 고기 등의 재료를 넣어 소스에 익힌 멕시코 요리)
transportista	ⓜⓕ 운송업자, 트럭 운전수 / 운송 하는	pozole	ⓜ 포솔레(고기와 옥수수, 채소 등을 넣 어 끓인 수프의 일종)
mercancía	ⓕ 상품, 물건	disposición	ⓕ 배치, 의향, 재량, 대비
peligroso	위험한	comedor	ⓜ 식사 공간, 식당
sorteo	ⓜ 추첨, 제비뽑기	universitario	ⓜⓕ 대학생 / 대학의
matriculado	ⓜⓕ 등록자 / 등록된	de diario	일상의(= a diario)
práctica	ⓕ 실행, 연습	festivo	휴일의, 축제의
índice	ⓜ 색인, 표시, 율	informar	알리다, 보고하다
aprobado	ⓜ 합격, ⓜⓕ 합격자 / 합격된, 승인 받은	usuario	ⓜⓕ 사용자, 이용자
transportar	옮기다, 운반하다, 운송하다	a causa de	~의 이유로, ~으로 인해서
disfrutar	즐기다, 향수하다, 가지다	ampliar	넓히다, 확장하다, 확대하다, 늘리다
variedad	ⓕ 다양성, 종류	temporalmente	일시적으로, 임시로

3 해설

0.	텍스트의 '미래의 자동차들'은 어떤 특성을 갖는지 묻고 있다. 첫 번째 문장에서 'serán capaces de intercambiar información'라고 하였으므로 정답은 **A**가 된다. 마지막 문장에 2015년이라는 말이 나오지만 이때 자동차가 출시된다는 의미이므로 B는 오답이다. 미래의 자동차들이 현재의 자동차보다 더 빠를 것이라는 내용은 언급하지 않았으므로 C 또한 오답이다.
6.	콘서트 입장권 구매에 관련된 정보를 묻고 있다. 정답을 도출할 수 있는 문장은 'Entradas a la venta a partir del jueves 22 de mayo en nuestras oficinas'인데, a partir de는 '~ 이후부터'라는 뜻이다. 따라서 정답은 **A**이다. 마지막 문장 'Si es usted cliente de nuestro banco, llame al 932 84 32 44 y le reservaremos las entradas durante un máximo de tres días.'에서 은행의 고객인 경우에는 전화를 통해 입장권 예약이 가능함을 알 수 있다. B는 'sólo si ~인 경우에만'을 사용하여 은행의 고객인 경우에만 입장권을 구매할 수 있다고 하였으므로 답이 될 수 없다. 전화로 입장권 구매가 아니라 예약이 가능한 것이므로 C는 답이 될 수 없다.
7.	약국들의 영업 시간에 대해 묻고 있다. 오전 9시 45분부터 밤 10시까지 영업하는 약국과 밤 10시부터 오전 9시 45분까지 영업하는 약국이 있는데 이 중 'Blanca Burgos Baro' 약국은 두 리스트에 동시에 포함되어 있다. 그러므로 Blanca Burgos Baro 약국은 **C**에서 말하는 24시간 영업하는 약국이다. 보기에서는 '오전에만' 또는 '오후에만' 영업한다고 했지만 실제로 리스트에 적힌 시간대는 오전과 오후를 모두 포함하는 시간이라 답이 될 수 없다.
8.	통신 회사의 전화 서비스에 대한 광고이다. 해당 통신 회사의 기존 고객에 한정되는 서비스로 A는 오답이다. 월별 요금은 없지만 무료 서비스는 아니므로 C 역시 오답이다. 1분에 3센티모를 지불하되 시간과 요일에 상관없이 이용 가능하므로 경제적이다. 정답인 **B**의 형용사 económico는 '경제적인, 절약되는'이라는 뜻이다.
9.	인터넷 카페에 대한 문제이다. 스페인어권에서는 시간당 요금을 내고 컴퓨터와 인터넷을 사용하는 곳이 있는데 이를 cibercafé라고 한다. 'Bonos semanales por 60 € sin límite de horas'에서 정답을 추론할 수 있는데 이는 60유로를 지불하면 시간 제한 없이 bono semanal을 준다는 의미이다. bono란 '증서, 회수권'으로 여기에서는 일종의 이용권이나 쿠폰을 의미한다. 형용사 semanal이 사용되었으므로 '일주일' 단위의 **A**가 정답이다.
10.	운전 학원에 관해 묻고 있다. 'Preparación para transportistas y mercancías peligrosas'가 정답의 단서로 여기에서는 운송업을 위한 준비 과정을 언급하며, 일반 화물 외에도 '위험한 화물'의 운송에 대해 이야기하고 있다. 이것을 B에서는 'distintas mercancías 다양한 종류의 화물 운송'이라고 하였으므로 **B**가 정답이다.

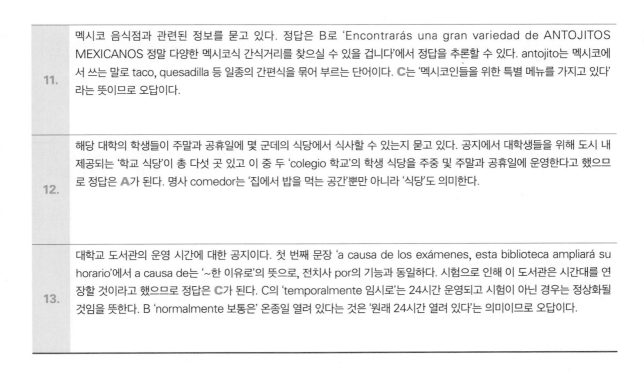

11.	멕시코 음식점과 관련된 정보를 묻고 있다. 정답은 B로 'Encontrarás una gran variedad de ANTOJITOS MEXICANOS 정말 다양한 멕시코식 간식거리를 찾으실 수 있을 겁니다'에서 정답을 추론할 수 있다. antojito는 멕시코에서 쓰는 말로 taco, quesadilla 등 일종의 간편식을 묶어 부르는 단어이다. **C**는 '멕시코인들을 위한 특별 메뉴를 가지고 있다'라는 뜻이므로 오답이다.
12.	해당 대학의 학생들이 주말과 공휴일에 몇 군데의 식당에서 식사할 수 있는지 묻고 있다. 공지에서 대학생들을 위해 도시 내 제공되는 '학교 식당'이 총 다섯 곳 있고 이 중 두 'colegio 학교'의 학생 식당을 주중 및 주말과 공휴일에 운영한다고 했으므로 정답은 **A**가 된다. 명사 comedor는 '집에서 밥을 먹는 공간'뿐만 아니라 '식당'도 의미한다.
13.	대학교 도서관의 운영 시간에 대한 공지이다. 첫 번째 문장 'a causa de los exámenes, esta biblioteca ampliará su horario'에서 a causa de는 '~한 이유로'의 뜻으로, 전치사 por의 기능과 동일하다. 시험으로 인해 이 도서관은 시간대를 연장할 것이라고 했으므로 정답은 **C**가 된다. C의 'temporalmente 임시로'는 24시간 운영되고 시험이 아닌 경우는 정상화될 것임을 뜻한다. B 'normalmente 보통은' 온종일 열려 있다는 것은 '원래 24시간 열려 있다'는 의미이므로 오답이다.

Tarea 3 Ejercicios 독해 종합 연습 문제 정답 및 해설

1 해석

지시 사항

당신은 세 개의 구인 광고를 읽을 것입니다. (14번부터 19번까지의) 문제를 텍스트 (A, B, C)와 연결하세요. 선택한 보기를 **답안지**에 표기하세요.

문제

		A. 여자 점원	B. 번역가	C. 총괄 매니저
14.	추천서가 있어야만 한다고 말하는 광고는 어떤 것인가?			
15.	경력을 요구하지 않는 일은 어떤 것인가?			
16.	집에서 할 수 있는 일은 어떤 것인가?			
17.	자동차를 필요로 하는 일은 어떤 것인가?			
18.	일정 기간 후에 채용을 결정하는 일은 어떤 것인가?			
19.	답변의 지체를 해서는 안 되는 일은 어떤 것인가?			

텍스트

A. 여자 점원

젊은층 및 여성들을 위한 옷을 판매할 여자 점원을 찾습니다. 징검다리 휴일, 공휴일, 몇몇 주말 및 한 달 내내까지 저희가 필요로 하는 날 근무할 수 있는 분이어야 합니다. 두 달간의 테스트 기간이 있으며 월요일부터 토요일 오전 10시부터 오후 2시, 오후 5시부터 오후 8시 30분까지입니다. 두 달의 테스트 기간이 끝난 후 만일 서로가 만족스럽고 판매의 예상 목표를 달성한 경우라면 직원으로 채용이 될 것입니다. 매장에서 근무하도록 전화 연락을 할 때마다 근무한 당일에 대한 지불이 이루어질 것입니다. 가급적 스페인 국적의 여성 분을 찾습니다. 감사합니다.

B. 번역가

이따금 추가 수입을 벌고 싶습니까? 우리는 문서 번역을 할 번역가를 찾고 있습니다. 영어, 불어, 독어, 바스크어, 이태리어, 포르투갈어, 러시아어, 중국어 번역입니다. 한시적인 업무이며 시간당으로 계산되는 일로서, 다른 일과 병행하기에 완벽합니다. 당신의 업무 시간을 조정하고 견적을 흥정하세요. 당신이 좋아하는 일을 하며 가끔씩 부수입을 얻어 보세요! 유사한 업무에서의 경험이 있어야 하며 웹 사이트 혹은 모바일 어플리케이션을 통해 고객들에게 빠른 답변을 주셔야 합니다. 우리의 웹 사이트에 등록하시고 고객의 신뢰를 얻을 수 있도록 프로필 정보를 입증해 주세요!

C. 총괄 매니저

주식회사 오에스테에서는 위 직책에 적합한 능력을 갖춘 인재를 찾고 있습니다. 최소 5년의 경력을 갖고 있어야 하며 지속적인 학업을 증명하는 이력서를 보유하고, 관련 분야에서 근무한 내용에 대한 추천서 최소 2부를 갖춘 분이어야 합니다. 심사는 회사의 임원진을 통해 실행되며 회사는 가장 다수의 그리고 최고의 능력을 갖추었다고 여겨지는 지원자를 채택할 권리를 갖습니다. 복지 수준과 급여가 높으며 법이 정한 복지 조건 외에도 회사의 상황에 맞춰 향상될 것입니다. 운전 면허증 및 자가용 필수.

Tarea 3 · Ejercicios

2 어휘

oferta de trabajo	ⓕ 노동 공급, 구인 광고	de vez en cuando	가끔, 때때로, 종종
recomendación	ⓕ 추천, 의뢰, 권고	similar	유사한, 비슷한
requerir	필요하다, 알리다	respuesta	ⓕ 대답, 답장, 반응
experiencia	ⓕ 경험	vía	ⓕ 길, 도로, 노선, 수단, 관
decidir	결정하다, 정하다	darse de alta	가입하다, 등록하다
contratación	ⓕ 도급 계약, 상거래	plataforma	ⓕ 대, 단, 높은 곳, 승강장, 발판
tardar	지체하다, 늦어지다, 시간이 걸리다	verificar	확인하다, 검사하다, 입증하다
responder	답하다, 대답하다, 응하다, 반응하다	perfil	ⓜ 옆얼굴, 측면도, 프로필
dependiente	ⓜⓕ 점원 / 의존하는	confianza	ⓕ 신뢰, 신임, 자신, 확신
juvenil	청춘의, 젊은	gerente	ⓜⓕ 지배인, 경영자, 지점장
cubrir	덮다, 씌우다, 메우다, (필요를) 채우다	personal	ⓜ 직원 / 개인의
precisar	명확히 하다, 필요로 하다	contar con	~을 갖다
puente	ⓜ 다리, 교량, 징검다리 연휴	acorde a	~에 따르면, ~에 의해
incluso	게다가, 까지도, 조차	cargo	ⓜ 직책, 책임, 부담, 하중
entero	완전한, 온전한, 전부의, 전체의	poseer	소유하다
prueba	ⓕ 시험, 증거, 증명	currículum	ⓜ 이력, 이력서
ambos	양쪽의, 쌍방의 / 양쪽, 양자	sostenible	지속 가능한, 지속되는
parte	ⓕ 부분, 장소, 한쪽, 측	referencia	ⓕ 언급, 보고, 보고서, 참고 문헌
conforme	ⓜ 승인 / 만족한, 찬성의, 적합한	selección	ⓕ 선택, 수집
alcanzar	닿다, 도달하다, 이르다	ejecutivo	ⓜ 집행자, 간부 / 집행하는
formar parte de	~의 일부를 이루다	reservar	예약하다
plantilla	ⓕ 깔창, 종업원, 정사원	derecho	ⓜ 법률, 권리 / 올바른, 직선의, 우측의
preferiblemente	우선적으로	elegir	고르다, 선택하다
traductor	ⓜⓕ 번역가, 통역가	beneficio	ⓜ 이익, 선행, 효용
traducir	번역하다, 통역하다	remunerar	보수를 주다, 표창하다, 보답하다
traducción	ⓕ 번역, 통역, 해석	aumento	ⓜ 증대, 증가, 인상, 개선
ingreso	ⓜ 입회, 입학, 수입, 소득, 입금	progresivo	진보하는, 향상하는, 점진적인
euskera	ⓜ 바스크어	de acuerdo a	~에 따라
compatible	양립할 수 있는, 호환성이 있는	aparte de	~과는 별도로
laboral	노동의, 직업의	ley	ⓕ 법, 법률, 규칙
organizar	조직하다, 편성하다, 준비하다	imprescindible	꼭 필요한, 필요 불가결한
negociar	장사를 하다, 거래하다, 교섭하다	carné de conducir	ⓜ 운전 면허증
presupuesto	ⓜ 예산, 견적	propio	고유의, 자기 자신의

3 해설

14.	'recomendación 추천'이 필수 조건인 구인 광고를 찾는 문제이므로 먼저 텍스트에서 추천과 관련된 단어나 표현이 없는지 훑어봐야 한다. C에 'referencia de trabajo 추천서'라는 말이 있으므로, 해당 단어가 들어간 문장을 살펴보면 다음과 같다. 'Debe contar con al menos cinco años de experiencia, poseer un currículum bastante sostenible y estudiado y contar con al menos dos referencias de trabajos anteriormente realizados en esta área.' 최소 5년의 경력을 갖고 있어야 하며 지속적인 학업을 증명하는 이력서를 보유하고, 관련 분야에서 근무한 내용에 대한 추천서 최소 2부를 갖춘 분이어야 한다고 말하고 있다. 따라서 정답은 **C**이다.
15.	경력을 요구하지 않는 광고를 묻는 문제이다. B의 Traductor의 경우는 'Se requiere experiencia en tareas similares...', C Gerente의 경우 역시 'Debe contar con al menos cinco años de experiencia...'라고 하여 두 텍스트에서 모두 경력을 요구하고 있음을 알 수 있다. **A** Dependienta는 경력에 대한 언급이 없으므로 정답이다.
16.	집에서 할 수 있는 일은 어떤 것인지 묻는 질문이다. 정답은 **B**. 'Servicios ocasionales y por horas, totalmente compatibles con otras actividades laborales.'에서 정답을 추론할 수 있는데, ocasional은 '임시적인, 한시적인'을 의미한다. 따라서 번역 일은 다른 일과 병행할 수 있는 것으로, 일정 장소에 출근해서 하는 업무가 아니며 본인이 시간이 될 때 하는 재택근무의 형태라는 것을 알 수 있다.
17.	자동차를 필요로 하는 일이 어느 것인지 확인해야 한다. 텍스트 A와 B의 경우는 자동차에 대해 언급하지 않고 있다. 그러므로 정답은 **C**. 글의 마지막 문장 'Imprescindible carné de conducir y vehículo propio.'의 imprescindible는 '필수 불가결한' 즉, 필수 자격 조건임을 뜻한다. 즉, 운전 면허증과 더불어 개인 자가용을 소유한 경우에만 가능하다는 것이다.
18.	일정 시간이 지난 후 채용을 결정하는 직무는 어떤 것인지 묻고 있다. 주어가 불특정 다수인 경우, 동사는 3인칭 복수형으로 변형해야 한다. 해당 질문에서도 불특정 다수가 주어이므로 동사 decidir를 3인칭 복수형으로 변형한 것이며, '그들은, 일자리를 제공하는 측에서는 결정한다'로 해석해야 한다. 정답은 **A** Dependienta이다. 'Después de los dos meses de prueba, si ambas partes estamos conformes y logra alcanzar el nivel de ventas esperado formará parte de la plantilla. 두 달의 테스트 기간이 끝난 후 만일 서로가 만족스럽고 판매의 예상 목표를 달성한 경우라면 직원으로 채용이 될 것입니다'라고 말하고 있다. 명사 'prueba 시험, 테스트'와 'formar parte de la plantilla 직원으로 뽑히다'의 해석을 정확히 해야 한다.
19.	답변을 지체해서는 안 되는 일을 묻는 질문이다. Tardar en은 '~을 하는 데에 늦다'는 뜻이며, 동사 responder는 '답하다, 응답하다, 대답하다'의 뜻이다. 답을 하는 것에 있어서 늦어서는 안 된다고 한 텍스트를 찾아야 한다. 정답은 **B**. 번역 업무는 작업 시간, 금액 등에 있어서 유동적인 조건을 내걸고 있지만 'Se requiere experiencia en tareas similares y rápida respuesta a los clientes vía web o app móvil.'에서는 두 가지의 요구 사항(유사한 업무 경험과 고객에게 빠른 답변을 줄 것)이 있다. vía는 '길, 대로'의 의미로 많이 쓰이지만 이러한 구조에서는 '수단'을 뜻한다.

Tarea 4 Ejercicios 독해 종합 연습 문제 정답 및 해설

 해석

지시 사항

당신은 한 사탕 로고의 기원에 대한 하나의 글을 읽게 될 것입니다. 이어서 20번부터 25번까지의 질문에 답하세요. (A, B 혹은 C) 정답을 선택하세요.

선택한 보기를 **답안지**에 표기하세요.

달리와 추파춥스

추파춥스는 세상에서 가장 유명한 사탕 중에 하나이며, 그것의 상징적인 로고는 오늘날 20세기의 그래픽 역사의 일부를 이루고 있다. 이 사탕의 역사는 1959년에 과자 회사인 베르낫 식품의 창시자, 카탈루냐 출신의 엔리크 베르낫이 아이들이 입안의 사탕을 손으로 꺼내는 습관이 있는 것을 보고 사탕에 작은 막대를 달고 그것을 상품화시키는 기발한 아이디어를 냈을 때 시작되었다. 손을 더럽히지 않으면서 사탕을 먹고, 삼킬 필요 없이 입으로 가져갈 수 있는 사탕이 처음으로 판매된 것이다. 처음에는 '춥스'라는 이름으로만 불렸는데, 라디오의 어느 광고에서 '사탕을 빨아 먹으세요, 빨아요, 빨아요 … 춥스를 빨아요'라는 노래와 함께 그 사탕을 홍보했었다. 사람들이 그것을 추파춥스라고 이름 붙이기 시작한 것은 바로 그때였다.

그런데 이 이야기의 가장 흥미로우면서 많은 사람들이 알지 못하는 정보는 바로 추파춥스 로고의 기본적인 재디자인은 바로 살바도르 달리로 인해 실행되었다는 것이다.

1969년에 베르낫의 회사는 국제 시장으로 브랜드 확장을 하려는 시도에 있어서 바로 그 카탈루냐 출신 예술인의 도움을 찾았다. 매우 비싼 가격을 대가로, 그들의 상업적 목적에 도달하기 위한 좋은 로고를 만들어 줄 것을 그에게 요청했다.

추파춥스 웹 사이트에서 말하는 바에 따르면, 달리는 이 디자인을 만드는 데 단 한 시간이 걸렸다고 한다. 비록 달리의 기여는 매우 적은 것처럼 보일 수 있지만, 실제로는 굉장히 중요했다. 그가 도입한 첫 번째 변화는 노란색 바탕에 빨간색 한 가지만을 사용한 것이며, 이는 아주 현명한 변화였다. 두 번째는, 추파춥스 정체성의 가장 강렬한 요소 중 하나인, 로고를 감싸는 꽃의 형태였다. 마지막이며 어쩌면 가장 중요한 공헌으로는 로고를 포장지의 위쪽에 배치한 것인데, 이것은 그 로고의 가시성을 좋게 하며 상품에 특유의 개성을 부여해 준 것이다. 달리의 로고가 포함된 첫 번째 광고는 '동그랗고 오래 갑니다. 추파춥스'라는 슬로건과 함께 제작되었다.

오늘날 이 사탕은 오대륙의 108개 국가에서 판매되며, 스페인, 프랑스, 영국, 독일, 러시아 및 중국에서 제조된다.

문제

20. 텍스트에 따르면, 엔리크 베르낫은 …

    A) 추파춥스의 로고를 만들었다.

    B) 초콜릿을 많이 먹었었다.

    C) 사탕 회사를 설립했다.

21. 원래 이 사탕은 …

    A) 아이들만을 위한 것이었다.

    B) 작은 막대가 있었다.

    C) 추파춥스라고 불리지 않았었다.

22. 살바도르 달리는 …

    A) 베르낫의 회사에서 일했었다.

    B) 무명 예술인이었다.

    C) 지금의 추파춥스 로고를 디자인했다.

23. 로고를 디자인하는 것은 … 작업이었다.

    A) 비싼

    B) 쓸모없는

    C) 긴

24. 달리의 추파춥스 로고는 …

    A) 많은 색깔들이 섞여 있다.

    B) 사탕 모양이다.

    C) 포장지의 윗부분에 있다.

25. 이 사탕은 오늘날에는 …

    A) 전 세계에서 팔린다.

    B) 전 세계에서 만든다.

    C) 그 명성을 잃었다.

Tarea 4 · Ejercicios

어휘

origen	ⓜ 기원, 원인	realizar	실현하다, 실행하다
logotipo	ⓜ 로고, 상징, 마크	aporte	ⓜ 기여, 공헌(= ⓕ aportación)
caramelo	ⓜ 캔디, 캐러멜	mínimo	ⓜ 최소, 최저 / 최소의, 미세한
emblemático	대표적인, 상징적인	sustancial	실질적인, 본질적인, 중요한
formar parte de	~의 일부를 이루다	novedad	ⓕ 새로움, 변화, 최근 사건, 신작, 신간
gráfico	ⓜ 그래프, 도표 / 그래프의, 생생한	introducir	끼워 넣다, 삽입하다, 안내하다
siglo	ⓜ 세기, 100년, 시기	elemento	ⓜ 요소, 성분, 원소
catalán	ⓜ 카탈루냐 사람 / 카탈루냐 태생의	fuerte	강한, 힘이 센
fundador	ⓜ 창시자, 설립자 / 창립의, 창설의	identidad	ⓕ 동일함, 정체, 신원
confitero	ⓜⓕ 과자 제조자 / 과자 제조업의	forma	ⓕ 모양, 외형, 양식, 방법
observar	관찰하다, 지켜보다, 눈치채다	envolver	싸다, 포장하다, 둘러싸다
acostumbrar	길들이다, 버릇이 들게 하다	colocar	두다, 놓다, 배치하다
sacar	꺼내다, 빼다, 추출하다	superior	위의, 상부의, 상질의
brillante	빛나는, 번쩍이는, 훌륭한	envoltorio	ⓜ 포장, 포장지
palito	ⓜ palo(막대기)에 축소사를 붙인 형태	favorecer	호의를 베풀다, 유리하다
comercializar	상업화하다, 상품화하다	visibilidad	ⓕ 눈에 보임, 시야, 가시성
manchar	얼룩을 묻히다, 더럽히다	dotar de	주다, 부여하다, 비치하다
tragar	삼키다, 급히 먹다	personalidad	ⓕ 인격, 개성, 명사
en un principio	당초에	publicidad	ⓕ 광고, 선전, 공개
promocionar	촉진하다, 승진시키다	acompañado de	동반한, 곁들여진
chupar	빨다, 핥다	eslogan	ⓜ 표어, 슬로건
denominar	이름을 지어 붙이다, 명명하다	redondo	ⓜ 둥그런 것 / 둥근, 원형의, 완전한
curioso	호기심이 강한	durar	지속하다, 계속하다, 시간이 걸리다
desconocer	모르다, 알려지지 않다	continente	ⓜ 대륙 / 억제하는, 금욕적인
rediseño	ⓜ 재디자인	fabricar	제조하다, 만들어 내다
llevar a cabo	실행하다, 수행하다	Reino Unido	ⓜ 영국(= ⓕ Inglaterra)
intento	ⓜ 시도, 기도	Alemania	ⓕ 독일
expandir	넓히다, 펼치다, 퍼뜨리다	fundar	창설하다, 설립하다
marca	ⓕ 상표, 기호, 마크	originalmente	원래, 처음에는, 독창적으로
mercado	ⓜ 시장, 장	ahora	지금, 현재, 지금은
millonario	ⓜⓕ 백만장자 / 백만장자의, 매우 부유한	inútil	무익한, 쓸모없는
objetivo	ⓜ 목적, 목표 / 목적의, 객관적인, 공평한	mezclado	혼합된, 교차된
comercial	ⓜ 상점 / 상업의, 무역의	perder	분실하다, 놓치다, 패하다, 지다
tardar	지체하다, 늦어지다, 시간이 걸리다	fama	ⓕ 명성, 소문

3 해설

20.	엔리크 베르낫에 대해 묻고 있다. 정답은 **C**로 첫 번째 문단 'Enric Bernat, fundador de la empresa confitera Productos Bernat'에서 확인할 수 있다. 그가 직접 로고를 만든 것이 아니고 그가 직접 사탕을 먹는 것은 언급되지 않았기 때문에 A와 B는 오답이다.
21.	추파춥스에 대한 설명으로 적절한 것을 묻고 있다. 현재와는 다른 예전의 상황을 묘사한 부분에 집중해야 한다. 문제의 originalmente를 정확히 해석해야 정답을 찾을 수 있다. 첫 번째 문단 마지막 문장 'En un principio solo se llamaban Chups… la gente comenzó a denominarlo Chupa Chups'를 보면 정답은 **C**가 된다. 두 번째 문장 'La historia de este caramelo empezó en el año 1959, cuando el catalán Enric Bernat, fundador de la empresa confitera Productos Bernat, observó cómo los niños acostumbraban a sacarse los caramelos de la boca con la mano y tuvo la brillante idea de ponerle un palito a un caramelo y comercializarlo.'에서 아이들이 입안의 사탕을 손으로 꺼내곤 했다는 사실이 묘사되지만 추파춥스가 아이들만을 위한 사탕이라는 언급은 없으므로 A는 오답이다. 또한 그는 사탕에 '작은 막대'를 붙일 생각을 했다고 했으므로 원래 사탕에는 막대가 없었음을 알 수 있다. 따라서 B 역시 답이 될 수 없다.
22.	달리에 관련된 정보를 묻고 있다. 이러한 문제를 풀 때에는 텍스트 내용에서만 답을 찾아야 한다. 정답은 **C**로 두 번째 문단 중 'el principal rediseño del logotipo de Chupa Chups fue llevado a cabo por Salvador Dalí'에서 정답을 추론할 수 있다. Llevar a cabo는 '무언가를 실행하다'라는 뜻으로 '로고는 달리에 의해 만들어졌다'라고 해석해야 한다. 달리가 잘 알려지지 않은 사람이 아니라 'Pero uno de los datos más curiosos de esta historia, y que muchos desconocen'에서 알 수 있듯, 많은 사람들이 달리를 모르는 것이 아니라 달리가 로고를 만든 사실을 모른다고 했으므로 B는 오답이 된다. 본문에서 달리를 직접 묘사한 구절은 'artista catalán'으로, 그를 카탈란 예술가라고만 묘사하고 있다.
23.	로고를 디자인하는 작업의 특성을 묻고 있다. 정답은 **A**로 'Por una tarifa millonaria, le pidieron hacer un buen logotipo'에서 단서를 찾을 수 있다. 명사 tarifa가 '가격'이라는 뜻임을 알아야 하며, C는 '긴' 작업이었다고 해석되지만 텍스트에서는 'Dalí solo tardó una hora en realizar este diseño'라고 하였으므로 주의해야 한다.
24.	달리가 만든 로고의 특성에 관한 질문으로, 네 번째 문단에서 답을 찾을 수 있다. 'colocar el logotipo en la parte superior del envoltorio'에서 형용사 superior는 '위의, 상부의'라는 뜻으로 parte de arriba와 같은 의미이다. 따라서 정답은 **C**이다. B는 로고가 한 개의 사탕 형태를 띤다고 하여 오답이다. 텍스트에서는 'la forma de flor 꽃의 형태'를 띠고 있다고 하였다.
25.	사탕이 현재 어디에서 만들어지고 팔리는지, 여전히 유명한지 묻고 있다. 정답은 **A**로 마지막 문단의 'Hoy en día este caramelo se vende en los cinco continentes, en 108 países y se fabrica en España, Francia, Reino Unido, Alemania, Rusia y China'에 단서가 있다. 사탕이 전 세계적으로 판매되지만 만들어지는 곳은 6개 국가이니 B는 함정이다. 텍스트 전반에서 알 수 있듯 이 사탕은 여전히 유명하기 때문에 C도 오답으로 간주해야 한다.

PRUEBA 2. COMPRENSIÓN AUDITIVA

Esta prueba contiene **cuatro tareas.**
Usted debe responder a 25 preguntas.
La duración es de 40 minutos.
Marque las opciones elegidas en la **Hoja de respuestas**.

평가 **2.** 듣기

이 평가는 **4개의 과제**로 구성됩니다.

당신은 25개의 문제에 답해야 합니다.

시간은 40분입니다.

선택한 보기를 **답안지**에 표시하세요.

COMPRENSIÓN AUDITIVA 듣기

출제 가이드

1 출제 경향

듣기 영역에서는 일상에서 들을 수 있는 라디오 광고, 뉴스, 두 사람의 대화 및 음성 메시지 등을 듣고 문제를 풉니다. 듣기 지문은 주로 상업 광고, 대중에게 알리는 메시지 또는 개인적인 약속 등을 그 내용으로 합니다. 스페인어 사용 국가들이 다양한 만큼, 듣기 영역에서 출제되는 지문에는 각 지역별 억양이나 발음 또는 어휘가 다양하게 제시될 수 있습니다.

2 유형 파악

문항 수	25문항		
시험 시간	40분		
Tarea	**유형**	**단어 수**	**문항 수**
1	짧은 대화 듣고 객관식 삼지선다 이미지 고르기	텍스트당 50~80 단어	6
2	라디오 광고를 듣고 삼지선다 객관식 문제 풀기	텍스트당 40~60 단어	6
3	두 사람의 대화를 듣고 해당 인물 연결하기	225~275 단어	6
4	짧은 음성 메시지를 듣고 주어진 문장과 연결하기	텍스트당 30~50 단어	7

3 듣기 완전 분석

듣기 영역은 독해와 달리 듣기 음원이 재생되는 순서대로 문제를 풀어야 합니다. 모든 음원은 두 번 연속 재생되므로 **첫 재생에서는 1차 선택, 두 번째 재생에서는 최종 선택**을 해야 합니다. 또한 DELE A2 듣기 영역에서는 **EJEMPLO(예시)**를 우선 들려줍니다. 각 과제의 문제 유형을 알고 있다면 이 시간을 활용하여 미리 문제를 읽어 보는 것이 좋습니다.

DELE 듣기 영역에서는 **여러 스페인어권 국가에서 쓰이는 각기 다른 억양과 어휘**가 모두 출제되기 때문에 다양한 버전의 스페인어를 듣고 연습하는 것이 필수적입니다. 또한, 자연스러운 빠르기의 음원을 들려주기 때문에 실제 시험에서는 메모하는 것이 어려울 수 있습니다. 따라서 본 교재를 통해 이러한 훈련을 충분히 해야 합니다. 듣기 영역에 자신이 없다면 처음에는 스크립트의 내용을 암기하여 반복적으로 낭독하는 훈련을 하는 것이 좋습니다.

PRUEBA 02 — Tarea 1 짧은 대화 듣고 삼지선다 이미지 고르기

Tarea 1 핵심 정리

문항	6개
단어 수	텍스트당 50~80
문제 유형	짧은 대화 듣고 객관식 삼지선다 이미지 고르기
글의 유형	두 사람이 나누는 일상 대화
빈출 주제	· 일상적인 내용 · 취미, 여가 활동, 관심사 · 물건의 구입, 서비스, 식당, 정거장, 공항 이용 등
평가 포인트	· 짧은 대화를 들으며 질문과 관련된 정보를 듣고 이해할 수 있는가 · 대화에 등장하는 어휘를 듣고 보기의 이미지와 연관시켜 파악할 수 있는가 · 두 화자의 각자 다른 상황을 구분하여 이해할 수 있는가

BONA 쌤의 노하우

Tarea 1는 두 사람 사이의 짧은 대화를 듣고 푸는 문제로, 캐주얼한 주제나 분위기의 대화이므로 비교적 쉬운 편입니다. 다만 **문제는 시험지에 표기되어 있지만 보기는 이미지로 제시**되므로, 보기로 제시된 3가지 이미지를 정확하게 파악하는 것이 중요합니다. 대화를 듣기 전에 문제를 먼저 읽고, 각 보기 이미지가 대화에서 **어떤 어휘로 표현될지 유추하여 시험지에 미리 적어 두는 것이 좋습니다.** 또한 '두 사람의 대화 듣기' 유형에서는 남녀 화자가 대화를 하는 경우가 많기 때문에 질문을 미리 읽을 때 '남자에 관한 질문인지, 여자에 관한 질문인지'를 체크해 둘 필요가 있습니다. 이때 두 화자의 대화 비중이 비슷하므로 두 사람의 말을 모두 집중해서 들어야 합니다. 마지막으로 이미지에 해당하는 어휘가 대화에 모두 등장할 수도 있기 때문에, 끝까지 잘 듣고 누구에게 해당하는 질문인지 정확하게 파악해야 합니다.

Tarea 1 완전 공략

1 문제 해결 전략

문제와 보기 이미지 파악	• INSTRUCCIONES와 EJEMPLO를 건너뛰고 곧바로 문제와 보기 이미지를 살펴봅니다. • 각 이미지에 해당하는 어휘를 시험지에 적습니다.
1차 듣기	• NARRADOR가 말하는 "Va a escuchar..." 의 문장을 듣고 화자 및 주제를 찾습니다. • 대화를 주의 깊게 들으며 1차 선택을 시험지에 표기합니다.
2차 듣기	• 대화를 주의 깊게 듣고 정답을 최종 선택합니다.
답안지 마킹 및 다음 과제 파악	• 과제가 모두 끝난 후 답안지에 마킹을 하고, 시간이 남으면 다음 과제로 넘어갑니다.

2 이것만은 꼭!

• Tarea 1의 시작 전 DELE A2 듣기 시험 전체를 소개하고 주의 사항에 대해 말합니다. 이어서 Tarea 1의 INSTRUCCIONES와 EJEMPLO를 들려주는데, Tarea 1의 문제 유형을 알고 있다면 주의를 기울이지 않아도 됩니다.

• 'Conversación uno'가 들리기 전까지는 1번부터 6번까지의 문제와 보기 이미지 파악에 집중합니다. 대화를 듣기 전 미리 문제를 파악해 두는 것이 좋습니다.

• 보기 이미지를 스페인어로 미리 메모해 두는 것이 좋습니다.

• 'Conversación uno'를 말한 후 성우가 읽어 주는 "Va a escuchar..."의 문장에서 화자들에 대한 정보 또는 주제를 파악할 수 있습니다. 만일 문장을 놓치거나 이해가 되지 않는 내용이 있다 해도 당황하지 말고 대화에 집중합니다.

• 1차 듣기가 끝나면 5초 후 2차 듣기를 하게 되며, 2차 듣기가 끝나고 3초 후 성우가 문제를 한 번 읽어 줍니다. 그러나 시험지에 문제가 표기되어 있으므로 굳이 다시 들을 필요는 없습니다.

• 성우가 문제를 읽은 후 10초의 시간이 있습니다. 최종 선택을 하고 남는 시간에는 다음 문제로 넘어가세요.

• 마지막 Conversación 6까지 모두 들은 후 "Complete ahora la hoja de respuestas."(답안지에 표기하세요.)라는 문장이 들리면 다음 과제가 시작되기 전까지 30초 정도의 시간이 있습니다. 이때에는 반드시 답안지에 마킹을 하도록 합니다.

Step **1** 완전 공략을 참고하여 **Tarea 1** 연습 문제를 풀어 보세요.

문제 1   🎧 Track 1-1

INSTRUCCIONES

Usted va a escuchar seis conversaciones. Escuchará cada conversación dos veces. Después, tiene que contestar a las preguntas (de la 1 a la 6). Seleccione la opción correcta (A, B o C).

Marque las opciones elegidas en la **Hoja de respuestas**.

A continuación va a oír un ejemplo:

0. ¿Dónde pasaron las vacaciones el hombre y su familia?

            A   B   C

La opción correcta es la C.

0.   A ☐   B ☐   C ■

CONVERSACIÓN UNO

1. ¿Qué no incluye el precio de la habitación?

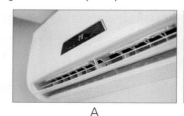  

            A   B   C

CONVERSACIÓN DOS

2. ¿Qué transporte han elegido para irse de vacaciones?

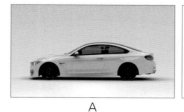  

            A   B   C

CONVERSACIÓN TRES

3. ¿Qué fruta no puede comprar Javier en esta época del año?

A

B

C

CONVERSACIÓN CUATRO

4. ¿Qué le van a regalar a su madre?

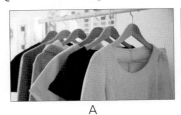
A

B

C

CONVERSACIÓN CINCO

5. ¿Qué músico le gustó menos?

A

B

C

CONVERSACIÓN SEIS

6. ¿Qué tiene que limpiar todavía el chico?

A

B

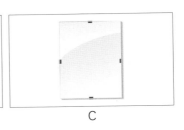
C

TRANSCRIPCIÓN

CONVERSACIÓN 0		
	NARRADOR	Va a escuchar una conversación entre dos amigos hablando sobre sus vacaciones.
	HOMBRE	¿Qué tal tus vacaciones?
	MUJER	Han sido estupendas. ¿Y tú? ¿Qué tal las tuyas, en la playa?
	HOMBRE	Al final, no fuimos porque no encontramos alojamiento y, como a mi madre no le gusta la playa, pasamos todas las vacaciones en la montaña.
	MUJER	¿Y tu padre? ¿Prefería la playa o la montaña?
	HOMBRE	Pues, él dijo que le apetecía más quedarse en la ciudad.
	NARRADOR	Conteste a la pregunta: ¿Dónde pasaron las vacaciones el hombre y su familia?
		La opción correcta es la letra C.
		Ahora va a escuchar las seis conversaciones.

CONVERSACIÓN 1		
	NARRADOR	Va a escuchar a un hombre que habla con la recepcionista de un hotel.
	HOMBRE	¡Hola! Me gustaría reservar una habitación individual. ¿Qué servicios incluye?
	MUJER	Tiene televisor y aire acondicionado en la habitación. Nuestro hotel dispone de dos piscinas, una sauna y un gimnasio. El precio por noche es de cuarenta euros. El desayuno y la cena están incluidos en el precio. Nuestro restaurante está abierto hasta las diez de la noche.
	HOMBRE	¿Hay nevera?
	MUJER	Para la nevera tiene que pagar tres euros al día.
	HOMBRE	Muy bien. ¿Podría ver el cuarto?
	5초	
	반복 재생	
	3초	
	NARRADOR	Conteste a la pregunta número uno: ¿Qué no incluye el precio de la habitación?
	10초	

CONVERSACIÓN 2		
	NARRADOR	Va a escuchar una conversación entre dos amigos.
	MUJER	¿Ya te han cambiado las ruedas del coche?
	HOMBRE	Sí, pero ahora los del taller han visto que pierde aceite.
	MUJER	Así no podremos ir a Málaga en coche. ¿En qué iremos?
	HOMBRE	Aunque me gusta viajar más en tren, se tarda demasiado tiempo. Así que te propongo ir en avión porque es lo más rápido.
	MUJER	¡Vale! Así aprovechamos más estos días de vacaciones de Navidad.
	5초	
	반복 재생	
	3초	
	NARRADOR	Conteste a la pregunta número dos: ¿Qué transporte han elegido para irse de vacaciones?
	10초	

CONVERSACIÓN 3		
	NARRADOR	Va a escuchar una conversación entre María y Javier.
	MUJER	Javier, ¿a dónde vas?
	HOMBRE	Vengo del mercado. ¡Estoy cansadísimo de tanto caminar!
	MUJER	Pero, no te traes nada. ¿No encontraste lo que buscabas?
	HOMBRE	Pues, no. María, ¿dónde puedo comprar una sandía en esta época del año?

	MUJER	En ningún sitio, Javier. Ahora es temporada sólo de uvas y naranjas.
	5초	
	반복 재생	
	3초	
	NARRADOR	Conteste a la pregunta número tres: ¿Qué fruta no puede comprar Javier en esta época del año?
	10초	

CONVERSACIÓN 4	NARRADOR	Va a escuchar una conversación sobre un regalo de cumpleaños.
	MUJER	No se te ha olvidado que el sábado es el cumpleaños de mi mamá, ¿verdad?
	HOMBRE	¡Claro que no! ¿Qué le podemos regalar esta vez?
	MUJER	Nada de ropa, que se la va a regalar papá. Yo creo que le gustará un anillo porque de flores ya está cansada.
	HOMBRE	De acuerdo. Pues, vamos mañana a ver si encontramos uno.
	5초	
	반복 재생	
	3초	
	NARRADOR	Conteste a la pregunta número cuatro: ¿Qué le van a regalar a su madre?
	10초	

CONVERSACIÓN 5	NARRADOR	Va a escuchar una conversación sobre un concierto.
	MUJER	¿Qué hiciste ayer? Te llamé pero no me contestaste.
	HOMBRE	Perdón, estaba en un concierto y tenía el móvil en silencio.
	MUJER	Y ¿qué tal el concierto?
	HOMBRE	Estuvo genial. El trompetista y el pianista lo hicieron muy bien, lo único que a veces el violinista estaba un poco distraído.
	5초	
	반복 재생	
	3초	
	NARRADOR	Conteste a la pregunta número cinco: ¿Qué músico le gustó menos?
	10초	

CONVERSACIÓN 6	NARRADOR	Va a escuchar una conversación entre una madre y su hijo.
	MUJER	¡Hijo! Te dije que no saldrías a ningún lado si no terminabas lo que tenías que hacer, ¿eh?
	HOMBRE	Ya mamá. Estoy ya arreglando mi armario.
	MUJER	¿Has terminado de limpiar el cuarto de baño?
	HOMBRE	El lavabo y el espejo ya están. Sólo me falta la bañera.
	MUJER	¡Pues, ve a por ello!
	5초	
	반복 재생	
	3초	
	NARRADOR	Conteste a la pregunta número seis: ¿Qué tiene que limpiar todavía el chico?
	10초	

Complete ahora la Hoja de respuestas.

30초

Step **2** 연습 문제를 해석해 보세요.

지시 사항

당신은 6개의 대화를 들을 것입니다. 각 대화는 두 번 듣게 됩니다. 이어서, 1번부터 6번까지의 질문에 답해야 합니다. (A, B 혹은 C) 정답을 선택하세요.

선택한 보기를 **답안지**에 표기하세요.

이어서 하나의 예시를 듣게 될 것입니다.

0. 남자와 그의 가족은 어디에서 휴가를 보냈는가?

A

B

C

정답은 C입니다.

0. A ☐ B ☐ C ■

대화 1

1. 방의 요금에 포함되지 않는 것은 무엇인가?

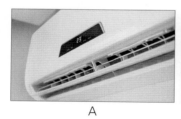
A

B

C

대화 2

2. 그들은 휴가를 떠나기 위해 어떤 교통수단을 선택했는가?

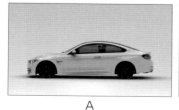
A

B

C

대화 3

3. 이 시기에 하비에르는 어떤 과일을 살 수 없는가?

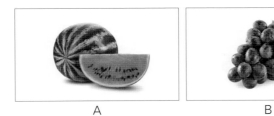

A   B   C

대화 4

4. 그들은 어머니에게 무엇을 선물할 것인가?

A   B   C

대화 5

5. 어떤 연주가가 가장 마음에 안 들었는가?

A   B   C

대화 6

6. 남자가 아직 청소해야 할 곳은 어디인가?

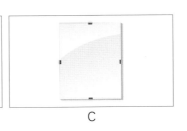

A   B   C

Tarea 1 · Ejercicios

스크립트 해석

대화 0	내레이터	당신은 휴가에 대해 이야기하는 두 친구의 대화를 들을 것입니다.
	남자	휴가 어땠어?
	여자	너무나 훌륭했어. 너는? 바다에서 보낸 휴가 어땠니?
	남자	결국 우리는 바다로 가지 못 했어. 숙소를 찾지 못 했거든. 그리고 어머니는 해변을 좋아하지 않으셔서 우리는 휴가를 산에서 보냈어.
	여자	너희 아버지는? 해변과 산 중에 어느 곳을 더 원하셨어?
	남자	음... 그는 도시에 있고 싶다고 하셨어.
	내레이터	질문에 답하세요. 남자와 그의 가족은 어디에서 휴가를 보냈는가?
		정답은 C입니다.
		이제 당신은 6개의 대화를 듣게 될 것입니다.
대화 1	내레이터	당신은 호텔의 프런트 직원과 한 남자의 대화를 들을 것입니다.
	남자	안녕하세요! 1인용 방을 예약하고 싶습니다. 어떤 서비스가 포함되나요?
	여자	방에는 TV와 에어컨이 있습니다. 저희 호텔은 두 개의 수영장과 사우나 그리고 체육관이 있습니다. 1박 요금은 40유로입니다. 요금에는 조식과 석식이 포함됩니다. 저희 레스토랑은 밤 10시까지 운영합니다.
	남자	냉장고가 있습니까?
	여자	냉장고 사용을 하기 위해서는 하루에 3유로를 지불해야 합니다.
	남자	좋습니다. 방을 볼 수 있을까요?
	5초	
	반복 재생	
	3초	
	내레이터	1번 질문에 답하세요. 방의 요금에 포함되지 않는 것은 무엇인가?
	10초	
대화 2	내레이터	당신은 두 친구 사이의 대화를 들을 것입니다.
	여자	자동차 타이어 교환 받았니?
	남자	응. 그런데 이번에는 정비소에서 보기에 기름이 샌다고 하더라고.
	여자	그렇게는 말라가까지 차로 갈 수 없잖아. 우리 무얼 타고 갈 수 있을까?
	남자	나는 기차로 이동하는 것을 더 좋아하지만 시간이 너무 많이 걸려. 그래서 비행기로 가는 걸 제안해. 가장 빠르니까.
	여자	좋아! 그렇게 하면 우리는 크리스마스 휴가를 더 잘 활용할 수 있을 거야.
	5초	
	반복 재생	
	3초	
	내레이터	2번 질문에 답하세요. 그들은 휴가를 떠나기 위해 어떤 교통수단을 선택했는가?
	10초	
대화 3	내레이터	당신은 마리아와 하비에르 사이의 대화를 들을 것입니다.
	여자	하비에르, 어디 가?
	남자	나는 시장에서 오는 길이야. 너무 많이 걸어서 정말 피곤해!
	여자	그런데 빈손이네. 찾던 걸 발견하지 못 한 거니?
	남자	그래. 마리아야, 이 시기에는 어디에서 수박을 살 수 있을까?

	여자	살 수 있는 곳은 없어, 하비에르. 지금은 포도와 오렌지만을 살 수 있는 시즌이야.
	5초	
	반복 재생	
	3초	
	내레이터	3번 질문에 답하세요. 이 시기에 하비에르는 어떤 과일을 살 수 없는가?
	10초	
대화 4	내레이터	당신은 한 생일 선물에 관한 대화를 들을 것입니다.
	여자	토요일이 어머니 생신인 거 잊지 않았겠지?
	남자	물론 잊지 않았지! 이번에는 무엇을 사 드리면 좋을까?
	여자	옷은 안 돼. 아빠가 사 주실 거야. 내 생각에는 반지가 좋을 것 같아. 이제는 꽃도 지겨워하시거든.
		알겠어. 그럼 내일 살 게 있는지 보러 가자.
	남자	
	5초	
	반복 재생	
	3초	
	내레이터	4번 질문에 답하세요. 그들은 어머니에게 무엇을 선물할 것인가?
	10초	
대화 5	내레이터	당신은 한 연주회에 대한 대화를 들을 것입니다.
	여자	어제 뭐 했어? 전화했었는데 받지 않더라.
	남자	미안해. 연주회에 있었거든. 그래서 휴대폰이 무음으로 되어 있었어.
	여자	연주회는 어땠니?
	남자	훌륭했어. 트럼펫 연주가와 피아노 연주가는 정말 훌륭하게 연주했어. 다만 바이올린 연주가는
		때때로 조금 산만했어.
	5초	
	반복 재생	
	3초	
	내레이터	5번 질문에 답하세요. 어떤 연주가가 가장 마음에 안 들었는가?
	10초	
대화 6	내레이터	당신은 한 어머니와 그의 아들의 대화를 들을 것입니다.
	여자	아들아! 네가 해야 할 일을 끝내지 않으면 아무 데도 못 나갈 것이라고 말했어. 잊지 않았겠지?
	남자	이미 알고 있어요 엄마. 지금 저는 옷장 정리를 하고 있어요.
	여자	화장실 청소는 끝났니?
	남자	세면대와 거울은 끝났어요. 이제 욕조만 남았어요.
	여자	그렇다면 얼른 서두르거라!
	5초	
	반복 재생	
	3초	
	내레이터	6번 질문에 답하세요. 남자가 아직 청소해야 할 곳은 어디인가?
	10초	

답안지를 작성하세요.

30초

Step 3 필수 어휘를 익혀 보세요.

pasar	옮기다, 건너다, 지내다	tardar	지체하다, 늦어지다, 시간이 걸리다
incluir	포함하다, 함유하다	proponer	제안하다, 추천하다, 제기하다
precio	ⓜ 값, 가격, 비용, 요금	aprovechar	유익하게 사용하다
elegir	고르다, 선택하다	mercado	ⓜ 시장, 장
época	ⓕ 시기, 계절	sandía	ⓕ 수박
regalar	선물하다	sitio	ⓜ 장소, 지역, 곳
músico	ⓜⓕ 음악가, 악사, 연주가	temporada	ⓕ 시즌, 철
estupendo	훌륭한, 멋진	anillo	ⓜ 반지, 고리
al final	결국에는	contestar	답하다, 회답하다
alojamiento	ⓜ 숙박, 숙소	en silencio	조용히, 무언중, 무음으로
preferir	~을 더 좋아하다	trompetista	ⓜⓕ 트럼펫 연주가
apetecer	내키다, 탐나게 하다	pianista	ⓜⓕ 피아노 연주가
quedarse	머물다, 잔류하다, 계속하다	violinista	ⓜⓕ 바이올린 연주가
recepcionista	ⓜⓕ 접수처 직원, 프런트 직원	distraído	즐거운, 재미있는, 건성의, 방심한, 주의가 산만한
reservar	예약하다	lado	ⓜ 옆, 측면, 옆구리, 장소
individual	ⓜ 단식 경기 / 개인의, 1인용의	arreglar	정리하다, 정돈하다, 수리하다
disponer de	소유하다, 자유롭게 사용하다	armario	ⓜ 옷장, 책장
nevera	ⓕ 냉장고(= ⓜ refrigerador, ⓜ frigorífico)	lavabo	ⓜ 세면대
rueda	ⓕ 바퀴, 원	espejo	ⓜ 거울, 반영
taller	ⓜ 제작소, 공방, 수리 공장, 실습	bañera	ⓕ 욕조
perder	분실하다, 놓치다, 패하다, 지다	¡Ve a por ello!	어서 착수하라!
aceite	ⓜ 기름, 석유		

0.	대화를 듣고 남자가 가족과 어디에서 휴가를 보냈는지 파악해야 한다. 'Al final, no fuimos porque no encontramos alojamiento y, como a mi madre no le gusta la playa, pasamos todas las vacaciones en la montaña. 결국 우리는 바다로 가지 못 했어. 숙소를 찾지 못 했거든. 그리고 어머니는 해변을 좋아하지 않으셔서 우리는 휴가를 산에서 보냈어.'를 통해 결국 'montaña 산'에서 휴가를 보냈음을 알 수 있다. 따라서 정답은 **C**이다.
1.	방의 요금에 포함되지 않는 것을 묻는 문제이다. 질문의 'el precio de la habitación 방의 요금, incluir 포함하다' 내레이터의 말 'recepcionista de un hotel 호텔의 프런트 직원'이라는 단어를 통해 호텔 직원과의 대화임을 알 수 있다. A와 B에 해당하는 aire acondicionado와 piscina의 경우 추가 지불을 할 필요가 없지만, 정답인 **C** nevera에 대해서 직원은 'Para la nevera tiene que pagar tres euros al día 냉장고 사용을 하기 위해서는 하루에 3유로를 지불해야 합니다.'라고 안내하고 있다.
2.	남자와 여자가 휴가를 떠나기 위해 어떤 교통수단을 선택했는지 묻고 있다. 여자는 'Así no podremos ir a Málaga en coche. ¿En qué iremos? 그렇게는 말라가까지 차로 갈 수 없잖아. 우리 무얼 타고 갈 수 있을까?'라고 남자에게 묻고, 이에 남자는 'Aunque me gusta viajar más en tren, se tarda demasiado tiempo. Así que te propongo ir en avión porque es lo más rápido 나는 기차로 이동하는 것을 더 좋아하지만 시간이 너무 많이 걸려. 그래서 비행기로 가는 걸 제안해. 가장 빠르니까.'라고 대답했다. 이에 여자가 동의하고 있으므로 정답은 **C**이다.
3.	하비에르가 지금 살 수 없는 과일을 묻는 문제이다. 하비에르는 마리아에게 '¿Dónde puedo comprar una sandía en esta época del año? 이 시기에는 어디에서 수박을 살 수 있을까?'라고 묻는다. 이에 마리아는 'En ningún sitio, Javier. Ahora es temporada sólo de uvas y naranjas 살 수 있는 곳은 없어, 하비에르. 지금은 포도와 오렌지만을 살 수 있는 시즌이야.'라고 답한다. 'en ningún sitio 그 어느 곳에서도 ~할 수 없는'이라는 표현을 통해 위 문장은 '포도와 오렌지밖에 살 수 없는 시기'임을 알 수 있다. 그러므로 정답은 **A**. 명사 temporada와 época는 '시기, 시즌, 철' 등의 뜻을 지닌 동의어이다.
4.	남매가 어머니에게 어떤 선물을 줄 것인지 파악해야 한다. 여자는 'Nada de ropa, que se la va a regalar papá. Yo creo que le gustará un anillo porque de flores ya está cansada 옷은 안 돼. 아빠가 사 주실 거야. 내 생각에는 반지가 좋을 것 같아. 이제는 꽃도 지겨워하시거든.'이라고 했으므로 A는 답이 될 수 없다. de flores ya está cansada는 어순이 바뀐 문장이다. 원래의 어순이 Mi madre ya está cansada de flores임을 알아야 한다. 꽃은 지겨워하신다고 했으므로 정답은 **B**이다.
5.	가장 마음에 안 든 연주가를 묻고 있다. 질문에서 'músico 음악가, 연주가'와 'menos 더 적게, 덜'을 파악해야 한다. 또한 보기에 등장하는 스페인어 표현이 무엇인지를 미리 떠올려 보아야 한다. 남자는 'trompetista 트럼펫 연주가'와 'pianista 피아노 연주가'는 muy bien이라고 했지만 'violinista 바이올린 연주가'에 대해서는 'estaba un poco distraído 조금 산만했어'라고 했다. 해당 표현을 모른다고 해도 앞선 두 연주가에 대한 muy bien이라는 평과 C의 평이 다르다는 사실만으로도 **C**가 정답임을 유추할 수 있다.
6.	아직도 청소가 필요한 곳을 파악해야 한다. 엄마의 'Has terminado de limpiar el cuarto de baño? 화장실 청소는 끝났니?'라는 질문에 아들은 'El lavabo y el espejo ya están. Sólo me falta la bañera 세면대와 거울은 끝났어요. 이제 욕조만 남았어요.'라고 답한다. ya está는 '이제 끝났다, 다 되었다'를 뜻하며, 동사 faltar는 '모자라다, 부족하다, 빠지다'라는 의미이므로 마지막에 등장하는 bañera는 '아직 청소하기 전'이라는 내용이 된다. 그러므로 정답은 **A**. 화장실과 관련된 세 가지 어휘 lavabo, espejo, bañera를 반드시 암기하도록 하자.

Tarea 1 **Ejercicios** 실전 연습 ②

Step 1 완전 공략을 참고하여 **Tarea 1** 연습 문제를 풀어 보세요.

문제 2   🎧 Track 1-2

INSTRUCCIONES

Usted va a escuchar seis conversaciones. Escuchará cada conversación dos veces. Después, tiene que contestar a las preguntas (de la 1 a la 6). Seleccione la opción correcta (A, B o C).

Marque las opciones elegidas en la **Hoja de respuestas**.

A continuación va a oír un ejemplo:

0. ¿Qué le duele al hombre?

A   B   C

La opción correcta es la C.

0. A ☐ B ☐ C ■

CONVERSACIÓN UNO

1. ¿Qué aprenderá la mujer el próximo año?

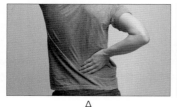      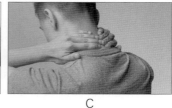

A   B   C

CONVERSACIÓN DOS

2. ¿Qué lugar está más lejos?

A   B   C

CONVERSACIÓN TRES

3. ¿Qué transporte ha utilizado el hombre para ir a la ciudad?

A

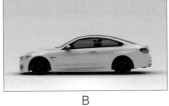
B

C

CONVERSACIÓN CUATRO

4. ¿Qué actividad realizarán juntos estas personas?

A

B

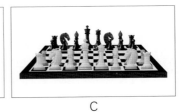
C

CONVERSACIÓN CINCO

5. ¿Qué traerá el camarero?

A

B

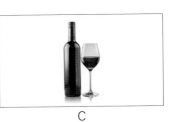
C

CONVERSACIÓN SEIS

6. ¿Qué ingrediente le faltaba al chico para hacer una tortilla?

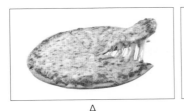
A

B

C

Tarea 1 · **Ejercicios**

TRANSCRIPCIÓN

CONVERSACIÓN 0	NARRADOR	Va a escuchar a un hombre que habla con su médica.
	MUJER	Señor Martínez, ¿le sigue doliendo la espalda?
	HOMBRE	No. Esta vez vengo por un dolor tremendo de cuello.
	MUJER	Pienso que el problema es el mismo. Usted trabaja demasiadas horas en el ordenador.
	HOMBRE	Es que tengo mucho trabajo pendiente. Como usted sabe, me había lastimado el brazo derecho y no podía hacer nada.
	MUJER	Lo primero es la salud. Por favor, no lo olvide.
	NARRADOR	Conteste a la pregunta: ¿Qué le duele al hombre?
		La opción correcta es la letra C.
		Ahora va a escuchar las seis conversaciones.
CONVERSACIÓN 1	NARRADOR	Va a escuchar una conversación entre dos amigos.
	MUJER	¡Oye, Álex! Me he enterado de que este año vas a hacer natación en una piscina nueva que hay en tu barrio.
	HOMBRE	Sí, Ana. Es preciosa y muy grande. ¿Por qué no te animas y vienes conmigo?
	MUJER	Me encantaría ir, pero este año tengo clases de inglés hasta las ocho de la tarde. No puedo. Lo que de verdad me gustaría es aprender a bailar flamenco.
	HOMBRE	No sabía que te gustaba bailar.
	MUJER	Me habría gustado intentarlo este año, aunque lo voy a dejar para el año que viene porque este año tengo mucho que estudiar.
	HOMBRE 5초 반복 재생 3초	No te preocupes. Nunca es tarde para empezar.
	NARRADOR 10초	Conteste a la pregunta número uno: ¿Qué aprenderá la mujer el próximo año?
CONVERSACIÓN 2	NARRADOR	Va a escuchar a un hombre y a una mujer.
	MUJER	¡Perdone! ¿Podría ayudarme? Es que no sé muy bien cómo funcionan los autobuses.
	HOMBRE	¿A dónde quiere ir?
	MUJER	Al Museo del Prado.
	HOMBRE	Para ir allí no necesita coger ningún medio de transporte. Simplemente, coja la segunda calle a la izquierda y ya podrá verlo.
	MUJER	Una cosa más. ¿La estación de tren está cerca de aquí?
	HOMBRE 5초 반복 재생 3초	Bueno, a una media hora a pie.
	NARRADOR 10초	Conteste a la pregunta número dos: ¿Qué lugar está más lejos?

CONVERSACIÓN 3	NARRADOR	Va a escuchar a un hombre que habla con una mujer de la oficina de turismo.
	MUJER	Mire, para conocer la ciudad lea este folleto. Tiene los monumentos más importantes y dónde están en el plano. O también puede visitar los alrededores.
	HOMBRE	¿Qué se puede ver en los alrededores?
	MUJER	Pues mire, a veinticinco kilómetros está el castillo de...
	HOMBRE	Pero no tengo coche. ¿Se puede ir en autobús?
	MUJER	¡Ah! No tiene coche.
	HOMBRE	No, no. He venido en tren.
	MUJER	Pues, en ese caso, lo mejor es una excursión organizada. Hay una de dos días que visita bastantes sitios.
	5초 반복 재생 3초	
	NARRADOR	Conteste a la pregunta número tres: ¿Qué transporte ha utilizado el hombre para ir a la ciudad?
	10초	

CONVERSACIÓN 4	NARRADOR	Va a escuchar una conversación entre dos amigos.
	HOMBRE	¡Hola, Carmen! Mira, me he apuntado a un curso de cocina y me han dicho que puedo llevar a un acompañante para que me ayude a preparar los platos. ¿Quieres venir?
	MUJER	¡Genial! Pero, oye, ¿cuándo es? Ya sabes que los fines de semana tengo clase de yoga.
	HOMBRE	Pues, tendríamos que asistir los martes y los jueves por la tarde. ¿Te viene bien?
	MUJER	En principio, no habría ningún problema. Los jueves iba a un curso de ajedrez, pero ya ha terminado. Además, con las ganas que tengo de verte cocinar, voy seguro.
	5초 반복 재생 3초	
	NARRADOR	Conteste a la pregunta número cuatro: ¿Qué actividad realizarán juntos estas personas?
	10초	

Tarea 1 · Ejercicios

CONVERSACIÓN 5	NARRADOR	Va a escuchar a una mujer que habla con un camarero.
	HOMBRE	¿Qué va a tomar?
	MUJER	¿Qué me recomienda?
	HOMBRE	Le recomiendo sopa de pescado y chuleta de ternera.
	MUJER	Bueno, no me gusta la sopa de pescado. ¿Tiene paella?
	HOMBRE	No, lo siento, paella no hay.
	MUJER	Entonces, chuleta de ternera.
	HOMBRE	Muy bien. ¿Y para beber?
	MUJER	Vino tinto.
	5초	
	반복 재생	
	3초	
	NARRADOR	Conteste a la pregunta número cinco: ¿Qué traerá el camarero?
	10초	
CONVERSACIÓN 6	NARRADOR	Va a escuchar una conversación entre dos amigos.
	MUJER	¿Qué hiciste ayer? ¿Pediste una pizza de queso, como pensabas?
	HOMBRE	Pues, no. Al llegar a casa, me llamó Lucía que venía a comer. Pensamos hacer una tortilla, pero no tenía más que algunas patatas y un huevo.
	MUJER	Para hacer una tortilla se necesitan, por lo menos, tres.
	HOMBRE	Por esa misma razón tuvimos que salir a comer a un bar del barrio.
	5초	
	반복 재생	
	3초	
	NARRADOR	Conteste a la pregunta número seis: ¿Qué ingrediente le faltaba al chico para hacer una tortilla?
	10초	

Complete ahora la Hoja de respuestas.

30초

Step **2** 연습 문제를 해석해 보세요.

지시 사항

당신은 6개의 대화를 들을 것입니다. 각 대화는 두 번 듣게 됩니다. 이어서, 1번부터 6번까지의 질문에 답해야 합니다. (A, B 혹은 C) 정답을 선택하세요.

선택한 보기를 **답안지**에 표기하세요.

이어서 하나의 예시를 듣게 될 것입니다.

0. 남자가 아픈 곳은 어디인가?

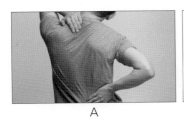　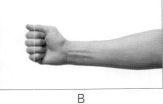　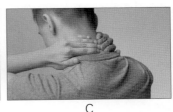

정답은 C입니다.

0.　A ☐　B ☐　C ▨

대화 1

1. 여자는 내년에 무엇을 배울 것인가?

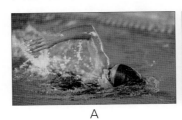　　

대화 2

2. 어느 장소가 가장 멀리 있는가?

대화 3

3. 남자는 이 도시에 가기 위해 어떤 교통수단을 이용했는가?

A

B

C

대화 4

4. 이 사람들은 어떤 활동을 함께 실행할 것인가?

A

B

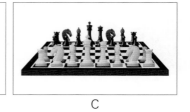
C

대화 5

5. 웨이터는 무엇을 가져올 것인가?

A

B

C

대화 6

6. 토르티야를 만들기에 이 남자에게 부족했던 재료는 무엇인가?

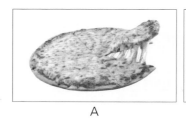
A

B

C

스크립트 해석

대화 0	내레이터	당신은 한 남자와 그의 주치의의 대화를 듣게 될 것입니다.
	여자	마르티네스 씨, 아직도 허리가 아프신가요?
	남자	아니요. 이번에는 목이 너무나 아파서 왔습니다.
	여자	제 생각에는 같은 문제인 것 같습니다. 당신은 컴퓨터 작업을 너무 오래 합니다.
	남자	그게 말이죠, 밀린 일이 너무 많아요. 당신도 알고 있듯이 지난번 저는 오른팔을 다쳤었고 일을 전혀 할 수 없었습니다.
	여자	가장 중요한 것은 건강이에요. 부디 잊지 마세요.
	내레이터	질문에 답하세요. 남자가 아픈 곳은 어디인가?

정답은 C입니다.
이제 당신은 6개의 대화를 듣게 될 것입니다.

대화 1	내레이터	당신은 두 명의 친구 사이의 대화 내용을 듣게 될 것입니다.
	여자	알렉스! 네가 너희 동네에 새로 생긴 수영장에서 올해 수영을 할 거라고 들었어.
	남자	맞아 아나. 그 수영장은 매우 예쁘고 크단다. 너도 마음먹고 나랑 같이 가면 어떻겠니?
	여자	가면 아주 좋을텐데 나는 올해는 오후 8시까지 영어 수업이 있어. 갈 수 없겠구나. 내가 정말로 배우고 싶은 것은 사실 플라멩코를 추는 것이란다.
	남자	네가 춤추는 것을 좋아하는지 몰랐어.
	여자	올해 그것을 시도해 봤으면 좋았을 텐데. 내년으로 미루어 둘 것이긴 하지만 말이야. 올해는 정말 공부할 것이 많거든.
	남자	걱정 마. 시작하기에 늦은 건 없어.
	5초	
	반복 재생	
	3초	
	내레이터	1번 질문에 답하세요. 여자는 내년에 무엇을 배울 것인가?
	10초	

대화 2	내레이터	당신은 한 여자와 한 남자의 대화를 들을 것입니다.
	여자	실례합니다! 저를 도와주실 수 있을까요? 버스 운행이 어떻게 되는지 모르겠습니다.
	남자	어디에 가고 싶으신가요?
	여자	프라도 박물관이에요.
	남자	그곳에 가기 위해서는 교통수단을 이용할 필요가 없습니다. 그저 두 번째 골목에서 왼쪽으로 꺾으시면 박물관을 볼 수 있을 것입니다.
	여자	한 가지만 더요. 기차역은 이곳에서 가깝나요?
	남자	음... 도보로 30분 정도 거리입니다.
	5초	
	반복 재생	
	3초	
	내레이터	2번 질문에 답하세요. 어느 장소가 가장 멀리 있는가?
	10초	

Tarea 1 · Ejercicios

대화 3	내레이터	당신은 한 관광 안내소의 여자와 한 남자가 나누는 대화를 듣게 될 것입니다.
	여자	이 도시를 다녀 보기 위해서 이 안내서를 읽으세요. 가장 중요한 기념물들과 그것의 위치가 어디인지 도면으로 나와 있습니다. 아니면 교외를 방문하는 것도 좋습니다.
	남자	교외에서는 무엇을 볼 수 있나요?
	여자	음... 25km 거리에는 성이 있는데...
	남자	하지만 저는 차가 없어요. 버스로 갈 수 있나요?
	여자	아! 차가 없으시군요.
	남자	네, 없어요. 저는 기차를 타고 왔어요.
	여자	그런 경우에 가장 좋은 것은 패키지 투어입니다. 아주 많은 곳을 방문하는 이틀짜리 여행이 하나 있습니다.
	5초	
	반복 재생	
	3초	
	내레이터	3번 질문에 답하세요. 남자는 이 도시에 가기 위해 어떤 교통수단을 이용했는가?
	10초	
대화 4	내레이터	당신은 두 친구 사이의 대화를 듣게 될 것입니다.
	남자	카르멘 안녕! 내가 요리 수업에 등록을 했는데 요리를 도와줄 동료를 데려가도 좋다고 들었어. 네가 올래?
	여자	너무 좋아! 그런데 언제지? 너도 알다시피 나는 주말에 요가 수업이 있거든.
	남자	음... 화요일과 목요일 오후에 가야 하는 수업이야. 괜찮니?
	여자	지금으로 봐서는 문제없을 것 같아. 목요일에 나는 체스 수업에 다녔었지만 이제는 끝났거든. 그리고 네가 요리하는 모습을 볼 수 있다면 당연히 가야지.
	5초	
	반복 재생	
	3초	
	내레이터	4번 질문에 답하세요. 이 사람들은 어떤 활동을 함께 실행할 것인가?
	10초	
대화 5	내레이터	당신은 한 여자와 웨이터의 대화를 듣게 될 것입니다.
	남자	무엇을 드시겠습니까?
	여자	추천해 주시겠어요?
	남자	생선 수프와 소갈비 요리를 추천합니다.
	여자	음... 생선 수프는 좋아하지 않아요. 파에야 있나요?
	남자	아니요, 죄송합니다. 파에야는 없습니다.
	여자	그렇다면 소갈비 요리로 하겠습니다.
	남자	좋습니다. 마실 것은요?
	여자	레드 와인이요.
	5초	
	반복 재생	
	3초	
	내레이터	5번 질문에 답하세요. 웨이터는 무엇을 가져올 것인가?
	10초	

대화 6	내레이터	당신은 두 친구 사이의 대화를 듣게 될 것입니다.
	여자	어제 뭐 했어? 네 생각대로 치즈 피자를 주문했니?
	남자	아니. 집에 도착했을 때 루시아가 식사하러 온다고 전화를 했어. 우리는 토르티야를 만들까 했는데 감자 몇 알과 계란 한 개밖에 없었어.
	여자	토르티야를 만들려면 최소한 세 개는 필요한데.
	남자	바로 그 이유 때문에 우리는 동네 식당으로 밥을 먹으러 나가야 했어.
	5초	
	반복 재생	
	3초	
	내레이터	6번 질문에 답하세요. 토르티야를 만들기에 이 남자에게 부족했던 재료는 무엇인가?
	10초	

답안지를 작성하세요.

30초

Step 3 필수 어휘를 익혀 보세요.

transporte	ⓜ 운송, 운송료, 수송 기관	plano	ⓜ 평면, 면, 도면 / 반반한, 납작한
juntos	함께	alrededor	ⓜ 주위, 근교 / 주위에, 주위를
traer	가지고 오다, 끌어당기다	castillo	ⓜ 성, 성채
camarero	ⓜⓕ 종업원, 웨이터(= ⓜⓕ mesero, ⓜⓕ mozo)	excursión	ⓕ 소풍, 투어, 여행
ingrediente	ⓜ 재료, 원료	organizado	조직된, 짜여진
faltar	부족하다, 없다, 결근하다	sitio	ⓜ 장소, 지역, 곳
espalda	ⓕ 등, 뒤쪽, 뒷부분	apuntarse	등록되다, 회원이 되다
tremendo	무서운, 장난이 심한, 매우 큰, 지독한	acompañante	ⓜⓕ 동행, 동반자 / 동반하는
pendiente	ⓜ 귀걸이 ⓕ 고개, 경사 / 걸린, 경사진, 미해결의, 현안 중인	genial	천재적인, 훌륭한 / 아주 잘
lastimarse	다치다, 상처 입다	asistir	출석하다, 참가하다
salud	ⓕ 건강, 복지 / 건배!	venir bien	적합하다
enterarse de	눈치채다, 알게 되다	en principio	원칙적으로, 대체적으로, 처음에
natación	ⓕ 수영	ajedrez	ⓜ 체스
barrio	ⓜ 구, 지구, 거주 지역	gana	ⓕ 의욕, 욕망
animarse	힘을 내다, 기운을 내다, 용기를 내다	pescado	ⓜ 생선
intentar	의도하다, 시도하다	chuleta	ⓕ 갈비
dejar	놓다, 남기다, 맡기다	ternera	ⓕ 소고기, 송아지 고기
funcionar	기능을 하다, 작용하다, 작동하다	vino	ⓜ 포도주, 와인
coger	잡다, 붙들다, 택하다, 타다, 수확하다	queso	ⓜ 치즈
medio de transporte	ⓜ 교통 기관, 교통수단	no más que	~밖에 아니다
a pie	걸어서, 도보로	patata	ⓕ 감자
folleto	ⓜ 팸플릿, 소책자	por lo menos	적어도(= a lo menos, al menos)
monumento	ⓜ 기념물, 기념탑	razón	ⓕ 이성, 원인, 동기

Step 4 연습 문제의 해설을 확인해 보세요.

0.	남자가 아픈 곳이 어디인지 묻는 질문이므로 보기의 신체 부위를 스페인어로 미리 떠올려 두는 것이 좋다. 대화 초반에 의사는 'espalda 허리'가 계속해서 아픈지 묻자 남자는 아니라고 부정했다. 이어 'Esta vez vengo por un dolor tremendo de cuello 이번에는 목이 너무나 아파서 왔습니다.'라고 말하는 문장을 정확히 들어야 한다. 정답은 **C**. 형용사 'tremendo 심한, 지독한'은 꼭 암기해 두는 것이 좋다. 또한 '목'은 cuello를 쓰지만 '목구멍'은 garganta를 쓴다는 것도 함께 알아 두자.
1.	여자가 'el próximo año 내년'에 배울 것이 무엇인지 묻고 있다. 남자는 여자에게 함께 수영을 배울 것을 제안한다. ¿Por qué no te animas y vienes conmigo?에서 por qué no te animas는 '용기 내 보는 것이 어떻겠는가?'라는 질문이다. 이에 여자는 영어 수업이 있어서 갈 수 없다고 하며 사실 진정으로 배우기 원하는 것이지만 어쩔 수 없이 내년으로 미루어 둔 것은 바로 'aprender a bailar flamenco' 플라멩코 춤을 배우는 것이라고 했다. 그러므로 정답은 **C**.
2.	가장 멀리 있는 곳이 어디인지 찾아야 한다. 여자가 가려고 하는 곳은 'museo 박물관'인데, 남자는 'Simplemente, coja la segunda calle a la izquierda y ya podrá verlo.'라고 했다. 이를 통해 박물관은 두 번째 골목에서 왼쪽으로 꺾으면 보이는 위치에 있음을 알 수 있다. 여자가 추가로 물어본 'estación de tren 기차역'은 'a una media hora a pie 도보로 30분' 거리에 있다. 따라서 정답은 **B**. 'a pie 걸어서, 도보로'라는 표현을 암기하도록 하자. A에 해당하는 장소는 'parada de autobús 버스 정거장'이지만, 대화에서 버스 정거장은 언급되지 않았다.
3.	남자가 이 도시에 가기 위해 이용한 교통수단을 묻는 문제이다. 남자는 어느 장소에 대한 설명을 듣던 중 '¿Se puede ir en autobús? 버스로 갈 수 있나요?'라고 물으며 자신은 차가 없다고 했다. 이어서 'he venido en tren 저는 기차를 타고 왔어요'라고 하는데, 이 문장에서 동사 venir를 사용하고 있으며 현재 대화를 나누는 곳에 기차를 타고 '왔다'는 것을 확인할 수 있다. 따라서 정답은 **A**.
4.	두 사람이 함께할 활동이 무엇인지 파악해야 한다. 먼저 남자는 요리 수업에 등록한 사실을 말하며 여자에게 함께 갈 것을 제안한다. 이에 여자는 'Ya sabes que los fines de semana tengo clase de yoga 너도 알다시피 나는 주말에 요가 수업이 있거든.'이라고 답했다. 그러므로 요가는 두 사람이 함께할 일은 아니다. 여자의 마지막 말 'Los jueves iba a un curso de ajedrez, pero ya ha terminado 목요일에 나는 체스 수업에 다녔었지만 이제는 끝났거든.'에서 체스 수업 역시 이미 끝났음을 알 수 있다. 여자는 남자의 제안을 받아들여 함께 요리 수업에 갈 거라고 했으므로 정답은 **A**.
5.	웨이터가 가지고 올 메뉴가 무엇인지 묻고 있으므로 손님이 주문한 내용을 주의 깊게 들어야 한다. 우선 웨이터인 남자는 여자에게 2가지 요리 sopa de pescado y chuleta de ternera를 추천한다. 이때 여자는 'sopa de pescado 생선 수프'는 싫다고 말하므로 A는 오답. 이어서 'paella 파에야'를 찾지만 웨이터가 없다고 하자 'chuleta de ternera 소갈비 요리'를 주문한다. 하지만 이는 보기에 없다. 웨이터가 마지막으로 마실 것에 대해 묻자 여자는 'vino tinto 레드 와인'이라고 대답한다. 따라서 정답은 **C**.
6.	토르티야를 만드는 데 부족했던 재료가 무엇인지 묻는 문제이다. faltar는 '모자라다, 빠지다'라는 뜻이다. 'Pensamos hacer una tortilla, pero no tenía más que algunas patatas y un huevo 우리는 토르티야를 만들까 했는데 감자 몇 알과 계란 한 개밖에 없었어.'에서 정답을 찾을 수 있다. no más que 구문은 '~밖에 아니다'라는 의미이므로 위 문장은 '감자 몇 알과 계란 한 개밖에 없었다'라고 해석해야 한다. 이어 여자는 'Para hacer una tortilla se necesitan, por lo menos, tres 토르티야를 만들려면 최소 세 개는 필요한데.'라고 하는데, 이는 앞에서 한 개밖에 없다고 한 '계란'임을 알 수 있다. 그러므로 정답은 **C**.

Tarea 2 라디오 광고를 듣고 삼지선다 문제 풀기

Tarea 2 핵심 정리	
문항	6 개
단어 수	텍스트당 40~60
문제 유형	라디오 광고를 듣고 삼지선다 객관식 문제 풀기
글의 유형	라디오 광고 또는 짧은 뉴스
빈출 주제	· 라디오 뉴스 · 라디오 광고 · 이벤트 알림(영화 개봉, 세일 기간, 모집 등)
평가 포인트	· 광고 또는 뉴스를 듣고 내용을 이해할 수 있는가 · 문제와 보기를 미리 읽고 관련 내용을 이해할 수 있는가 · 불특정 대상에 대한 메시지의 핵심 내용이나 세부적인 사항에 대해 이해할 수 있는가

BONA 쌤의 노하우

Tarea 2에서는 **광고 또는 짧은 뉴스**를 듣게 됩니다. 지문을 듣기 전에 시험지에서 문제와 보기를 빠르게 읽고 요약해 두어야 합니다. 각 광고에서 말하는 세부 사항들(광고 내용과 목적, 일정, 날짜, 시간, 금액, 대상 등)을 정확히 들어야 합니다. 독해 영역 Tarea 2와 비슷한 유형의 글을 많이 접하는 것이 도움이 됩니다.

처음에는 **광고나 뉴스 내용 또는 핵심 문장을 암기하는 훈련이 필요**합니다. 광고나 뉴스는 일상적인 대화와 확연히 차이가 나므로, 평소에 스페인어로 된 광고나 뉴스를 많이 접하고 그러한 말투와 톤에 익숙해질 필요가 있습니다. 또한 뉴스나 광고에서 사용하는 어휘와 표현도 구어체와 큰 차이가 있는데 그 예로는 라디오 프로그램의 경우 Hoy tenemos de invitado/a a... (오늘 우리의 초대 손님으로는 ⋯를 모셨습니다) 또는 상업적 광고의 경우 ¡Te esperamos!(당신을 기다리고 있습니다!)가 있습니다.

Tarea 2 완전 공략

1 문제 해결 전략

문제와 보기 파악	• INSTRUCCIONES와 EJEMPLO를 건너뛰고 곧바로 문제와 보기를 읽고 요약합니다. • 문제와 보기의 내용을 종합해 글의 내용 및 유형을 예측합니다.
1차 듣기	• 전체적인 흐름과 세부 사항을 동시에 파악합니다. • 내용을 주의 깊게 들으며 시험지에 1차 선택을 표기합니다.
2차 듣기	• 내용을 주의 깊게 듣고 정답을 최종 선택합니다.
답안지 마킹 및 다음 과제 파악	• 과제가 모두 끝난 후 답안지에 마킹을 하고 시간이 남으면 다음 문제로 넘어갑니다.

2 이것만은 꼭!

- INSTRUCCIONES와 EJEMPLO를 들려 주지만, Tarea 2의 문제 유형을 알고 있다면 건너뛰어도 됩니다.
- 'Audio uno'가 들리기 전까지는 문제와 보기를 파악하는 데 집중합니다.
- 문제와 보기의 핵심을 정확하게 파악하여 해석한 후 미리 시험지에 표시 또는 요약해 두어야 합니다.
- 시험은 정해진 순서로 진행되므로 문제와 보기를 읽는 데 충분한 시간을 할애하는 것이 좋습니다.
- "Audio uno, Audio dos…"를 들은 다음 "Ahora tiene diez segundos para leer la pregunta siete."라는 문장을 듣게 됩니다. 각 Audio의 시작 전 10초의 준비 시간이 있으므로 이때 질문과 보기를 읽으며 요약합니다.
- 각 Audio의 1차 듣기가 끝나면 15초 후 2차 듣기를 하게 되는데, 2차 듣기를 마치고 3초 후 성우는 "Conteste a la pregunta número…"라고 합니다. 이후 5초의 시간이 있습니다. 최종 선택을 하고 남는 시간에는 다음 문제로 넘어가세요.
- 마지막 Audio 6까지 모두 들은 다음 "Complete ahora la hoja de respuestas.(답안지에 표기하세요.)"라는 문장이 나오면 30초의 여유가 있습니다. 이때에는 반드시 답안지에 마킹을 하도록 합니다.

문제 1   🎧 Track 2-1

INSTRUCCIONES

Usted va a escuchar seis anuncios o fragmentos de un programa de radio y tiene que responder a seis preguntas. Cada audición se repite dos veces. Lea las preguntas (de la 7 a la 12) y seleccione la opción correcta (A, B o C).

Marque las opciones elegidas en la **Hoja de respuestas**.

A continuación va a oír un ejemplo.

0. Según el anuncio, tú puedes...

A) comprar un coche nuevo.

B) alquilar un coche nuevo.

C) vender un coche usado.

La opción correcta es la A.

0. A ■ B ☐ C ☐

PREGUNTAS

AUDIO 1

7. Los libros en DVD...

    A) están editados únicamente en español.

    B) se venden en las librerías.

    C) no se puede adquirir por internet.

AUDIO 2

8. Esta zapatería...

    A) va a cerrar.

    B) hace rebajas de verano.

    C) hace descuentos si vas con tu familia.

AUDIO 3

9. Si quieres cambiar los muebles de tu casa...

    A) puedes pagar después de 6 meses.

    B) ellos te ayudan a seleccionar algunos productos.

    C) puedes ir los lunes.

AUDIO 4

10. Este restaurante...

    A) hace buenos bocadillos.

    B) abre por la noche.

    C) tiene un lugar para aparcar.

AUDIO 5

11. Con esta inmobiliaria puedes...

    A) comprar un piso en el centro.

    B) compartir tu piso.

    C) construir una casa de campo.

AUDIO 6

12. Según el anuncio, puedes reservar tu entrada...

    A) para los museos.

    B) si eres estudiante.

    C) a través de un mensaje de móvil.

TRANSCRIPCIÓN

AUDIO 0	¡Automóviles El Blanco! ¡Tenemos una gran promoción para todos los que necesitan comprar un auto! Tenemos los mejores automóviles nuevos y usados del mercado. Elige uno y no empieces a pagar hasta mayo del año que viene. Ven a visitarnos en la Avenida Burgos, número 23. ¡Te esperamos! NARRADOR: Conteste a la pregunta número 0. La opción correcta es la A. 5초
AUDIO 1	Ahora tiene 10 segundos para leer la pregunta 7. 10초 ¿Sabías que hemos editado en DVD los libros de la escritora chilena Isabel Allende? Puedes conseguirlos en versión original, español, o subtitulados en diferentes idiomas. Un buen regalo para tus amigos y familiares. Para obtener más información o adquirirlos, visita y consulta en las librerías más cercanas a tu casa o conéctate a www.ialld.com. 15초 반복 재생 3초 NARRADOR: Conteste a la pregunta número 7. 5초
AUDIO 2	Ahora tiene 10 segundos para leer la pregunta 8. 10초 Zapatería Tacones, por cierre de negocio botas señora al 30%, deportivas niño al 40% y todos los zapatos de verano al 50% del precio marcado. ¡No pierdas esta oportunidad! ¡Más ofertas en nuestra tienda! Calle Santiago, número 1. ¡Ven y llévate unos zapatos nuevos para toda tu familia! 15초 반복 재생 3초 NARRADOR: Conteste a la pregunta número 8. 5초
AUDIO 3	Ahora tiene 10 segundos para leer la pregunta 9. 10초 Paga hasta en 6 meses comprando tus muebles y objetos de decoración para la casa en El Corte Inglés, sin gastos, sin intereses. Te ayudamos a elegir los mejores artículos para cambiar el ambiente de tu hogar. Cerramos todos los lunes. 15초 반복 재생 3초 NARRADOR: Conteste a la pregunta número 9. 5초

AUDIO 4	Ahora tiene 10 segundos para leer la pregunta 10.
	10초
	Restaurante Miramar. Menú del día, por solo quince euros. Primero, segundo, postre y bebida. Abierto todos los días de 9 a 5 de la tarde. Venga a probar nuestra gran variedad en pescado fresco y hasta cincuenta platos diferentes. En la calle Las Palmas, número 30. Aparcamiento propio gratuito.
	15초
	반복 재생
	3초
	NARRADOR: Conteste a la pregunta número 10.
	5초
AUDIO 5	Ahora tiene 10 segundos para leer la pregunta 11.
	10초
	¿Quieres comprar o vender una casa rural? Inmobiliaria Sánchez, somos especialistas en la compra y venta de casas rurales, también todo tipo de reformas y construcciones. Consultas y presupuesto gratis todos los días laborales de 9 a 3 de la tarde. Paseo Carmelitas, 6. Teléfono 754 92 84.
	15초
	반복 재생
	3초
	NARRADOR: Conteste a la pregunta número 11.
	5초
AUDIO 6	Ahora tiene 10 segundos para leer la pregunta 12.
	10초
	Vení al cine y disfrutá del espectáculo con www.entradas.com. Descubrí los últimos estrenos de la pantalla grande y si sos estudiante, disfrutá de un 20% de descuento con tu carné estudiantil cualquier día de la semana. Reservá tu butaca en www.entradas.com o enviá un mensaje de texto al 534 22 00.
	15초
	반복 재생
	3초
	NARRADOR: Conteste a la pregunta número 12.
	5초

Complete ahora la Hoja de respuestas.

30초

Tarea 2 · Ejercicios

지시 사항

당신은 6개의 라디오 광고를 듣고 6개의 질문에 답해야 합니다. 각 광고는 두 번 재생됩니다. 7번부터 12번까지의 질문을 읽고 (A, B 혹은 C) 정답을 선택하세요.

선택한 보기를 **답안지**에 표기하세요.

이어서 하나의 예시를 듣게 될 것입니다.

0. 광고에 따르면, 당신은 …을(를) 할 수 있다.

   A) 신차 구입

   B) 신차 대여

   C) 중고차 판매

정답은 A입니다.

0. A ■ B ☐ C ☐

문제

오디오 1

7. DVD로 제작된 그 책들은 …

    A) 스페인어로만 발매되었다.

    B) 서점에서 판매된다.

    C) 인터넷을 통해 구입할 수 없다.

오디오 2

8. 이 구두 매장은 …

    A) 문을 닫을 것이다.

    B) 여름에 세일을 한다.

    C) 가족과 함께 가면 할인해 준다.

오디오 3

9. 당신의 집의 가구를 바꾸고 싶다면 …

    A) 6개월 후에 지불할 수 있다.

    B) 그들이 일부 상품을 선택하는 데 도움을 준다.

    C) 월요일에 가 볼 수 있다.

오디오 4

10. 이 식당은 …

    A) 맛있는 샌드위치를 만든다.

    B) 밤에 연다.

    C) 주차할 수 있는 곳이 있다.

오디오 5

11. 당신은 이 부동산을 통해 …을(를) 할 수 있다.

    A) 시내 중심가에 아파트를 구입

    B) 당신의 아파트를 공유

    C) 전원주택 건축

오디오 6

12. 이 광고에 따르면, 당신은 … 입장권을 예약할 수 있다.

    A) 박물관

    B) 학생이라면

    C) 휴대폰 문자 메시지를 통해서

스크립트 해석

오디오 0	엘 블랑코 자동차 회사! 자동차 구매가 필요한 모든 분들을 위한 대단한 행사가 있습니다! 우리는 시판되는 최상의 신차와 중고차를 갖고 있습니다. 차를 1대 선택하고 내년 5월부터 납입하세요. 부르고스 대로 23번지로 오세요. 저희가 당신을 기다리고 있습니다!
	내레이터: 0번 질문에 답하세요.
	정답은 A입니다.
	5초
오디오 1	당신은 이제 7번 질문을 읽기 위한 10초의 시간이 있습니다.
	10초
	우리가 칠레 작가 이사벨 아옌데의 책들을 DVD로 발매한 것을 알고 있나요? 오리지널 버전인 스페인어 또는 다른 여러 언어 자막의 DVD를 구입할 수 있습니다. 그것은 친구와 가족들에게 좋은 선물이 될 것입니다. 더 많은 정보 또는 구입을 원하면 집에서 가장 가까운 서점을 방문해 문의하거나 웹 사이트 www.ialld.com으로 들어오세요.
	15초
	반복 재생
	3초
	내레이터: 7번 질문에 답하세요.
	5초
오디오 2	당신은 이제 8번 질문을 읽기 위한 10초의 시간이 있습니다.
	10초
	타코네스 제화는 영업 종료로 인해 여성 부츠는 표시된 금액의 30%, 유아 운동화 40%, 모든 여름 신발은 50% 세일합니다. 이 기회를 놓치지 마세요! 우리의 영업점에 더 많은 할인 상품들이 있습니다. 산티아고 거리 1번지. 오셔서 온 가족을 위한 새 신발을 가져가세요!
	15초
	반복 재생
	3초
	내레이터: 8번 질문에 답하세요.
	5초
오디오 3	당신은 이제 9번 질문을 읽기 위한 10초의 시간이 있습니다.
	10초
	엘 코르테 잉글레스에서 집을 위한 가구와 인테리어 소품을 추가 비용 없이, 최대 6개월 무이자 할부로 구입하세요. 당신의 집 분위기를 바꾸기 위한 최상의 상품들을 선택하는 데에 저희가 도움을 드립니다. 월요일은 쉽니다.
	15초
	반복 재생
	3초
	내레이터: 9번 질문에 답하세요.
	5초

오디오 4	당신은 이제 10번 질문을 읽기 위한 10초의 시간이 있습니다.
	10초
	미라마르 식당. 오늘의 메뉴는 단 15유로. 첫 번째와 두 번째 코스 요리, 후식과 음료. 매일 오전 9시부터 오후 5시까지 영업. 신선한 생선 요리의 다양함과 최대 50가지의 다른 요리들을 맛보러 오세요. 라스 팔마스 거리, 30번지. 무료 주차장 있음.
	15초
	반복 재생
	3초
	내레이터: 10번 질문에 답하세요.
	5초
오디오 5	당신은 이제 11번 질문을 읽기 위한 10초의 시간이 있습니다.
	10초
	전원주택을 구매 혹은 판매하고 싶나요? 저희 산체스 부동산은 전원주택 매매와 모든 유의 건축 및 리모델링의 전문가입니다. 평일 오전 9시부터 오후 3시까지 무료 상담 및 견적. 파세오 카르멜리타스, 6번지. 전화번호 754 92 84.
	15초
	반복 재생
	3초
	내레이터: 11번 질문에 답하세요.
	5초
오디오 6	당신은 이제 12번 질문을 읽기 위한 10초의 시간이 있습니다.
	10초
	www.entradas.com과 함께 극장에서 공연을 즐기세요. 극장 대형 스크린에서 최신 개봉작을 관람하세요. 당신이 학생이라면 학생증을 제시하여 일주일 중 아무 때나 20% 할인을 누리세요. www.entradas.com에서 좌석을 예약하거나 휴대폰 번호 534 22 00으로 문자 메시지를 보내세요.
	15초
	반복 재생
	3초
	내레이터: 12번 질문에 답하세요.
	5초

답안지를 작성하세요.

30초

Step 3 필수 어휘를 익혀 보세요.

editar	출판하다, 발매하다, 편집하다	marcar	흔적을 남기다, 표(기호)를 붙이다
únicamente	오직, 유일하게	oportunidad	ⓕ 기회, 좋은 기회
rebaja	ⓕ 할인, 가격 인하	objeto	ⓜ 사물, 목적
descuento	ⓜ 할인	decoración	ⓕ 장식, 꾸밈
seleccionar	선발하다, 선별하다	gasto	ⓜ 소비, 비용
producto	ⓜ 제품, 수익, 산물, 성과	interés	ⓜ 이익, 이자
bocadillo	ⓜ 샌드위치	artículo	ⓜ 기사, 논설, 조항, 상품
inmobiliaria	ⓕ 부동산 회사	ambiente	ⓜ 공기, 자연환경, 분위기
construir	건축하다	rural	시골의, 전원의
promoción	ⓕ 판매 촉진, 승진, 프로모션	reforma	ⓕ 개혁, 리모델링
usado	사용된, 중고의(= de segunda mano)	construcción	ⓕ 건설, 건축
versión	ⓕ 버전, 번역	presupuesto	ⓜ 예산, 견적
subtitulado	자막이 넣어진	laboral	노동의, 직업의
adquirir	얻다, 취득하다	espectáculo	ⓜ 쇼, 구경거리, 흥행물
consultar	상담하다, 진찰을 받다	estreno	ⓜ 개시, 첫 사용, 데뷔
conectarse a	접속하다	pantalla	ⓕ 스크린, 화면
cierre	ⓜ 폐쇄, 종결, 마감	carné	ⓜ 증명서, 회원증
negocio	ⓜ 사업, 거래, 지점	estudiantil	학생의
bota	ⓕ 장화, 부츠	butaca	ⓕ 안락의자, 좌석
deportivas	ⓕ pl. 운동화		

Step ❹ 연습 문제의 해설을 확인해 보세요.

0.	광고에서 무엇을 홍보하는지 묻고 있다. comprar un auto에 이어 'Tenemos los mejores automóviles nuevos y usados del mercado 우리는 시판되는 최상의 신차와 중고차를 갖고 있습니다.'에서 신차를 구입할 수 있다고 했으므로 정답은 **A**. 텍스트에 'alquilar 임대하다, vender 팔다'는 나오지 않으므로 착각하지 않도록 하자.
7.	DVD로 발매된 책들에 대한 질문이다. 가장 먼저 들리는 보기는 A인데, 'versión original, español, o subtitulados en diferentes idiomas 오리지널 버전인 스페인어 또는 다른 여러 언어 자막' 제공에서 스페인어로만 발매된 것이 아님을 알 수 있다. 'visita y consulta en las librerías' 서점을 방문해 문의하라고 했으므로 정답은 **B**. 이어서 conéctate a www. ialld.com을 통해 인터넷으로도 구입할 수 있다고 했으므로 C는 오답이다.
8.	신발 매장에 대한 질문으로 정답은 **A**이다. por cierre de negocio에서 명사 'cierre 폐쇄, 폐점'을 놓치지 말자. B는 여름 맞이 세일을 의미하고, 광고에서는 'todos los zapatos de verano al 50% 모든 여름 신발은 50%' 세일한다고 했으므로 오답. 마지막 문장 'llévate unos nuevos zapatos para toda tu familia 온 가족을 위한 새 신발을 가져가세요.'는 C의 '가족과 함께 가면 할인해 준다'와 다르므로 오답.
9.	집의 가구를 바꿀 때의 조건으로 알맞은 것을 고르는 문제이다. 광고의 첫 문장 paga hasta en 6 meses ~ sin gastos, sin intereses를 통해 추가 비용과 이자 없이 6개월에 걸쳐 할부로 구입할 수 있음을 알 수 있다. 따라서 A의 'después de 6 meses 6개월 후' 지불할 수 있다는 내용은 오답이다. 'Te ayudamos a elegir los mejores artículos para cambiar el ambiente de tu hogar 당신의 집 분위기를 바꾸기 위한 최상의 상품들을 선택하는 데에 저희가 도움을 드립니다.'의 동사 elegir와 B의 동사 seleccionar는 모두 '선택하다, 고르다'라는 뜻의 동의어이므로 정답은 **B**. 마지막 문장에서 매주 월요일에 닫는다는 내용을 확인할 수 있으므로 C는 오답이다.
10.	식당의 특징을 묻고 있다. 'pescado fresco 신선한 생선 요리'라는 단어를 통해 생선 요리 전문 식당임을 알 수 있는데, A의 'bocadillos 샌드위치'는 언급되지 않았으므로 오답. 세 번째 문장 'Abierto todos los días de 9 a 5 de la tarde'에서 밤에는 문을 열지 않음을 알 수 있으므로 B는 답이 될 수 없다. 정답은 **C**. 마지막 문장 Aparcamiento propio gratuito에 등장하는 'aparcamiento 주차'를 통해 주차장(주차할 공간)이 있음을 확인할 수 있다.
11.	부동산 회사에 대한 설명으로 옳은 것을 묻고 있다. 두 번째 문장 'somos especialistas en la compra y venta de casas rurales, también todo tipo de reformas y construcciones 전원주택 매매와 모든 유의 건축 및 리모델링의 전문가입니다.'에서 'casa rural 전원주택' 전문 부동산임을 알 수 있으므로 'piso 아파트'가 나오는 A나 B는 오답임을 알 수 있다. 'construcciones 건설'이라는 단어를 근거로 정답은 **C**.
12.	구매 가능한 입장권의 종류와 입장권 구매 조건을 묻고 있는데, 아르헨티나 특유의 동사 변형에 주의하면서 들어야 한다. 'cine 영화, espectáculo 공연, pantalla grande 영화관의 대형 스크린, butaca 좌석'을 통해 A의 '박물관' 입장권은 오답임을 알 수 있다. 'si sos estudiante, disfrutá de un 20% de descuento' 학생의 경우, 20% 할인 받을 수 있다고 했으므로 학생만 예매가 가능하다는 B도 오답. sos는 아르헨티나를 포함한 중남미 특정 국가에서 사용되는 (tú와 동격인) 주격 vos의 ser 동사 변형이다. 텍스트 마지막 문장 'Reservá tu butaca en www.entradas.com o enviá un mensaje de texto al 534 22 00 www.entradas.com에서 좌석을 예약하거나 휴대폰 번호 534 22 00으로 문자 메시지를 보내세요.'를 통해 **C**가 정답임을 알 수 있다.

Step 1 완전 공략을 참고하여 **Tarea 2** 연습 문제를 풀어 보세요.

문제 2

🎧 Track 2-2

INSTRUCCIONES

Usted va a escuchar seis anuncios o fragmentos de un programa de radio y tiene que responder a seis preguntas. Cada audición se repite dos veces. Lea las preguntas (de la 7 a la 12) y seleccione la opción correcta (A, B o C).

Marque las opciones elegidas en la **Hoja de respuestas**.

A continuación va a oír un ejemplo.

0. Según el anuncio, si compras una pizza...

   A) te regalan otra más.

   B) te regalan algún producto fresco.

   C) te regalan una bebida.

La opción correcta es la A.

0. A ■ B ☐ C ☐

PREGUNTAS

AUDIO 1

7. Tienes 50% de descuento en...

    A) llamadas del móvil.

    B) mensajes del móvil.

    C) conexión al internet por móvil.

AUDIO 2

8. Pagando 15 pesos, incluye...

    A) vino.

    B) postre.

    C) ensalada.

AUDIO 3

9. Según el anuncio, se venden zapatos...

    A) de nueva colección.

    B) de la colección pasada.

    C) de sólo cuatro números.

AUDIO 4

10. Usted puede tomar este medicamento...

    A) para la irritación de la piel.

    B) para el dolor de la garganta.

    C) durante una semana.

AUDIO 5

11. Para ganar un fabuloso viaje al Caribe...

    A) solo debes enviar una carta.

    B) debes enviar cinco cartas.

    C) puedes enviar muchas cartas.

AUDIO 6

12. Si compras 30 euros en frutería...

    A) te cobran 25 euros.

    B) te regalan frutas importadas.

    C) te regalan más frutas para toda la semana.

Tarea 2 · **Ejercicios**

TRANSCRIPCIÓN

AUDIO 0	Supermercados "PUESTA DEL SOL". Cientos de productos frescos con descuentos increíbles durante todo el mes. Además, promoción de dos por uno en la compra de nuestras deliciosas pizzas. ¡No te lo pierdas! NARRADOR: Conteste a la pregunta número 0. La opción correcta es la A. 5초
AUDIO 1	Ahora tiene 10 segundos para leer la pregunta 7. 10초 Si quieres mandar un mensaje a través de tu móvil por la mitad de tu tarifa habitual sólo tienes que elegir una franja horaria. Tendrás la oportunidad de comunicarte con todos tus amigos de una manera más económica. 15초 반복 재생 3초 NARRADOR: Conteste a la pregunta número 7. 5초
AUDIO 2	Ahora tiene 10 segundos para leer la pregunta 8. 10초 Restaurante "México Lindo". Menú del día 15 pesos. Platos principales: tacos, enchiladas, guacamole, nachos, camarones, frijoles... más postre, agua y pan. El menú incluye dos platos principales y varía semanalmente. Visítanos en la Plaza Galerías local número 34. ¡Gracias y buen provecho! 15초 반복 재생 3초 NARRADOR: Conteste a la pregunta número 8. 5초
AUDIO 3	Ahora tiene 10 segundos para leer la pregunta 9. 10초 Zapatos de novia Gloria Domínguez. ¡Oportunidad! Tenemos cuatro modelos de zapatos de novia de la colección de Gloria Domínguez a estrenar. Llame al 689 564554 y pregunte por los números. Compruebe por qué todas quieren zapatos de Gloria para su boda. Enviamos catálogo. 15초 반복 재생 3초 NARRADOR: Conteste a la pregunta número 9. 5초

AUDIO 4	Ahora tiene 10 segundos para leer la pregunta 10.
	10초
	Calmavox. Solución rápida para las infecciones de garganta que producen dolor e irritación. Siga las dosis indicadas. No tome más de tres días seguidos. No lo deje al alcance de los niños.
	15초
	반복 재생
	3초
	NARRADOR: Conteste a la pregunta número 10.
	5초
AUDIO 5	Ahora tiene 10 segundos para leer la pregunta 11.
	10초
	¡Diviértete con "Truly!" Gana fabulosos viajes al Caribe. Envía cinco etiquetas de "Truly" en un sobre con tu nombre y dirección al apartado de correos 523 de Bogotá. ¡Cuantas más cartas, más oportunidades tendrás de ganar!
	15초
	반복 재생
	3초
	NARRADOR: Conteste a la pregunta número 11.
	5초
AUDIO 6	Ahora tiene 10 segundos para leer la pregunta 12.
	10초
	Supermercado "La Montaña". Si su próxima compra en la sección de frutería supera los 30 euros, le hacemos un descuento de 5 euros. Excluidas las frutas de importación. Venga a "La Montaña" y llévese frutas frescas para toda la semana. Válido hasta agosto.
	15초
	반복 재생
	3초
	NARRADOR: Conteste a la pregunta número 12.
	5초

Complete ahora la Hoja de respuestas.

30초

 **Tarea 2 · Ejercicios**

Step 2 연습 문제의 내용을 해석해 보세요.

지시 사항

당신은 6개의 라디오 광고를 듣고 6개의 질문에 답해야 합니다. 각 광고는 두 번 재생됩니다. 7번부터 12번까지의 질문을 읽고 (A, B 혹은 C) 정답을 선택하세요.

선택한 보기를 **답안지**에 표기하세요.

이어서 하나의 예시를 듣게 될 것입니다.

0. 광고에 따르면, 당신이 피자를 한 판 구입하면 …

   A) 다른 한 판을 무료로 더 준다.

   B) 신선 식품을 무료로 준다.

   C) 음료를 무료로 준다.

정답은 A입니다.

0. A■ B☐ C☐

문제

오디오 1

7. ··· 50%의 할인가를 갖게 된다.

   A) 휴대폰 통화에서

   B) 휴대폰 문자 메시지에서

   C) 휴대폰을 통한 인터넷 연결에서

오디오 2

8. 15페소를 내면, ···이(가) 포함된다.

   A) 와인

   B) 후식

   C) 샐러드

오디오 3

9. 광고에 따르면, ··· 신발들을 판다.

   A) 새로운 컬렉션의

   B) 지난 컬렉션의

   C) 단 4개 사이즈의

오디오 4

10. 당신은 ··· 이 약을 복용할 수 있다.

   A) 피부의 따가움을 위해

   B) 목의 통증을 위해

   C) 일주일 동안

오디오 5

11. 카리브해로 가는 환상적인 여행에 당첨되기 위해서는 ···

   A) 단 1통의 편지를 보내야만 한다.

   B) 5통의 편지를 보내야 한다.

   C) 많은 편지들을 보내는 것이 좋다.

오디오 6

12. 과일 코너에서 30유로어치를 구입하면 ···

   A) 25유로를 지불한다.

   B) 수입 과일을 무료로 준다.

   C) 일주일치 과일을 무료로 준다.

Tarea 2 · Ejercicios

스크립트 해석

오디오 0	'푸에스타 델 솔' 슈퍼마켓. 수백 가지의 신선 식품들을 이번 달 내내 엄청나게 할인해 드립니다. 또한, 우리 슈퍼마켓의 맛있는 피자를 1판 구매하면 무료로 하나를 더 드리는 행사를 합니다. 놓치지 마세요! 내레이터: 0번 질문에 답하세요. 정답은 A입니다. 5초
오디오 1	당신은 이제 7번 질문을 읽기 위한 10초의 시간이 있습니다. 10초 휴대폰 문자 메시지를 당신의 기존 요금의 절반 가격으로 보내고 싶다면, 시간대 선택만 하면 된다. 당신의 모든 친구들과 더 경제적인 방법으로 연락할 수 있는 기회를 갖게 될 것이다. 15초 반복 재생 3초 내레이터: 7번 질문에 답하세요. 5초
오디오 2	당신은 이제 8번 질문을 읽기 위한 10초의 시간이 있습니다. 10초 '멕시코 린도' 식당. 오늘의 메뉴, 15페소. 메인 요리: 타코, 엔칠라다, 과카몰레, 나초, 새우 요리, 콩 요리 등에 후식, 빵과 물을 추가로 드립니다. 본 메뉴는 두 가지의 메인 요리를 포함하며 메뉴는 매주 바뀝니다. 갈레리아스 광장, 34호점으로 방문해 주세요. 감사합니다! 맛있게 드세요. 15초 반복 재생 3초 내레이터: 8번 질문에 답하세요. 5초
오디오 3	당신은 이제 9번 질문을 읽기 위한 10초의 시간이 있습니다. 10초 글로리아 도밍게스의 신부용 웨딩 슈즈. 절호의 기회입니다! 우리는 글로리아 도밍게스의 새로 선보이는 컬렉션의 신부 웨딩 슈즈 모델 4개를 가지고 있습니다. 689 564554로 전화해서 사이즈를 문의하세요. 왜 모든 신부들이 결혼식을 위해서 글로리아의 신발을 원하는지 확인해 보세요. 카탈로그를 보내 드립니다. 15초 반복 재생 3초 내레이터: 9번 질문에 답하세요. 5초

오디오 4	당신은 이제 10번 질문을 읽기 위한 10초의 시간이 있습니다.
	10초
	칼마복스. 통증과 따가움을 유발하는 목의 염증을 위한 빠른 해결 방법. 표기된 복용량을 지키세요. 3일 이상 연속해서 복용하면 안 됩니다. 아이들이 닿을 수 있는 곳에 두지 마세요.
	15초
	반복 재생
	3초
	내레이터: 10번 질문에 답하세요.
	5초
오디오 5	당신은 이제 11번 질문을 읽기 위한 10초의 시간이 있습니다.
	10초
	'트룰리'와 함께 즐기세요! 카리브해로 가는 환상적인 여행에 당첨되세요. 당신의 이름, 주소와 함께 '트룰리'의 라벨 5개를 봉투에 넣어 보고타의 523번 사서함으로 보내세요. 더 많은 편지를 보낼수록 더 많은 당첨의 기회를 갖게 될 것입니다!
	15초
	반복 재생
	3초
	내레이터: 11번 질문에 답하세요.
	5초
오디오 6	당신은 이제 12번 질문을 읽기 위한 10초의 시간이 있습니다.
	10초
	'라 몬타냐' 슈퍼마켓. 향후 당신이 과일 코너에서 30유로 이상을 구매한다면 우리가 당신에게 5유로를 할인해 드립니다. 수입 과일 제외. '라 몬타냐'에 와서 한 주를 위한 신선한 과일을 사 가세요. 8월까지 유효함.
	15초
	반복 재생
	3초
	내레이터: 12번 질문에 답하세요.
	5초

답안지를 작성하세요.

30초

Step **3** 필수 어휘를 익혀 보세요.

conexión	ⓕ 연결, 관계, 접속, 환승	enchilada	ⓕ 엔칠라다(옥수수 전병에 고기 등의 재료를 넣어 소스에 익힌 멕시코 요리)
postre	ⓜ 후식, 디저트	guacamole	ⓜ 과카몰레(양파, 토마토, 아보카도 등을 빻아 만든 소스)
colección	ⓕ 수집, 컬렉션	nacho	ⓜ 나초(옥수수 전병을 기름에 튀긴 과자)
número	ⓜ 수, 숫자, 번지, 사이즈	camarón	ⓜ 작은 새우
medicamento	ⓜ 약, 약제	frijol	ⓜ 강낭콩
irritación	ⓕ 화를 냄, 애가 탐, 따가움	variar	바꾸다, 변화를 주다
piel	ⓕ 피부, 가죽, 껍질	semanalmente	주마다, 일주일에 한 번
garganta	ⓕ 목구멍, 협곡	plaza	ⓕ 광장, 좌석
fabuloso	공상적인, 경이적인	Buen provecho.	맛있게 드십시오
enviar	보내다(= mandar)	estrenar	처음으로 사용하다, 개봉하다
frutería	ⓕ 과일 가게, 과일 파는 곳	comprobar	확인하다, 증명하다
cobrar	받다, 수취하다, 징수하다	infección	ⓕ 감염, 전염
importado	수입의	seguir	뒤를 따라가다, 따르다, 계속하다
increíble	믿을 수 없는, 굉장한, 엄청난	dosis	ⓕ 복용량
promoción	ⓕ 판매 촉진, 승진, 프로모션	alcance	ⓜ 추적, 닿음, 범위
perderse	잃어버리다, 놓치다, 길을 잃다	Caribe	ⓜ 카리브해
a través de	~을 통하여	etiqueta	ⓕ 예의 범절, 에티켓, 가격표, 라벨
mitad	ⓕ 반, 중간	sobre	ⓜ 봉투 / ~의 위에, ~쯤에
tarifa	ⓕ 가격, 요금, 가격표	apartado	ⓜ 별실, 우편 사서함, 측면 / 먼, 다른, 별개의
habitual	습관적인, 버릇된, 평소의	sección	ⓕ 과, 부, 매장, 구획
elegir	고르다, 선택하다	superar	능가하다, 극복하다, 뛰어넘다
franja horaria	ⓕ 시간대	excluido	배제된, 제외하고
oportunidad	ⓕ 기회, 좋은 기회	importación	ⓕ 수입
comunicarse con	~와 통신하다, 교신하다	llevarse	가지고 가다, 데리고 가다, 획득하다
manera	ⓕ 방식, 방법	válido	유효한, 효력이 있는
principal	제일 중요한, 주된		

Step 4 연습 문제의 해설을 확인해 보세요.

0.	광고하는 할인 행사에 관해 묻고 있다. 피자 1판을 구매하면 어떤 혜택을 받는지 잘 듣고 파악해야 한다. 'Además, promoción de dos por uno en la compra de nuestras deliciosas pizzas 피자를 1판 구매하면 무료로 하나를 더 드리는 행사를 합니다.'에서 정답을 찾을 수 있는데, dos por uno는 '1개 값으로 동일한 2개를 제공하는 것'을 의미한다. 즉, 피자 2판을 1판 가격으로 구매할 수 있다는 뜻이므로 정답은 **A**가 된다.
7.	광고를 듣고 어떤 경우에 50% 할인을 받을 수 있는지 묻는 문제이다. 정답은 'Si quieres mandar un mensaje a través de tu móvil por la mitad de tu tarifa habitual 휴대폰 문자 메시지를 당신의 기존 요금의 절반 가격으로 보내고 싶다면'에서 찾을 수 있는데, por la mitad이라는 표현을 통해 50% 할인임을 알 수 있다. 또한 mandar un mensaje에서 'mandar 보내다'의 뜻을 알아야 한다. A의 휴대폰 통화가 아니라 문자에 대한 할인임에 주의해야 하며, C의 인터넷 접속에 따른 요금에 관한 내용은 언급되지 않으므로 오답이다. 따라서 정답은 **B**.
8.	15페소를 지불하면 옵션 중 어떤 것이 포함되는지 찾는 문제이다. 광고에서 이 식당은 'menú del día 15 pesos' 오늘의 메뉴를 15페소에 이용할 수 있다고 알리며 Platos principales: tacos, enchiladas, guacamole, nachos, camarones, frijoles~ más postre, agua y pan이 포함된다고 하였다. 여러 가지 메인 요리를 나열한 뒤 마지막에 후식, 빵, 물이 추가된다고 하였으므로 정답은 **B**. A와 C는 언급되지 않으므로 오답이다.
9.	광고를 듣고 어떤 신발이 판매되는지 고르는 문제이다. 'Tenemos cuatro modelos de zapatos de novia de la colección de Gloria Domínguez a estrenar 우리는 글로리아 도밍게스의 새로 선보이는 컬렉션의 신부 웨딩 슈즈 모델 4개를 가지고 있습니다.'에서 정답을 찾을 수 있는데, cuatro modelos는 네 가지의 다른 모델을 의미하므로 C의 네 개의 다른 신발 사이즈는 함정임을 알 수 있다. 이 문장에서 꼭 기억해야 할 표현은 a estrenar인데, 동사 estrenar는 '처음으로 사용하다'라는 뜻으로 a estrenar는 '새로 선보이는'이라는 의미이다. 따라서 정답은 **A**.
10.	광고하는 특정 약에 대한 정보를 듣고 알맞은 내용을 선택해야 한다. A와 B는 약의 효능, C는 약의 복용 기간에 대한 내용이다. Solución rápida para las infecciones de garganta que producen dolor e irritación에서 약의 주된 효능은 '목의 염증'을 완화시키는 것이며, 이때의 '염증'은 통증이나 따가움 등을 유발하는 것이라고 하였다. A는 '피부의 따가움'을 뜻하며 비슷한 단어를 사용하여 답으로 보이게 만든 함정이다. 따라서 정답은 **B**. 복용 기간에 대해서는 'no tome más de tres días seguidos 3일 이상 연속해서 복용하지 마세요'라고 했으므로 C도 오답이다.
11.	여행에 당첨이 되기 위해 어떻게 해야 하는지 묻고 있다. Envía cinco etiquetas de "Truly" en un sobre라는 문장은 '트룰리'라는 제품의 라벨 5개를 하나의 봉투에 넣어서 보내라는 의미이다. B는 편지 5통을 보내야 한다고 했으므로 오답. 정답은 마지막 문장 'Cuantas más cartas, más oportunidades 더 많은 편지를 보낼수록 더 많은 당첨의 기회를'에서 찾을 수 있다. cuanto와 más, menos 등을 사용한 'cuanto más, más~ 많을수록 ~이 많은'이라는 표현을 익혀 두자. 많은 편지를 보낼수록 많은 기회를 갖게 된다는 것은 편지의 개수에 제한을 두지 않는다는 뜻이므로 정답은 **C**.
12.	슈퍼마켓 과일 코너의 할인 광고로, 30유로 상당의 과일을 구입할 때 어떤 혜택이 있는지 묻는 문제이다. 정답의 근거는 Si su próxima compra en la sección de frutería supera los 30 euros, le hacemos un descuento de 5 euros에서 찾을 수 있는데, 30유로를 넘길 때 5유로를 할인해 준다고 했으므로 30유로어치 과일 값이 결국 25유로인 셈이 된다. 따라서 정답은 **A**. excluidas las frutas de importación을 통해 수입 과일들은 제외됨을 알 수 있으므로 B는 오답이다. llévese frutas frescas para toda la semana는 일주일 내내 먹을 신선한 과일을 사 가라는 제안이므로 '일주일치 과일을 무료로 준다'라는 의미의 C 역시 오답.

Tarea 3 두 사람의 대화를 듣고 해당 인물 연결하기

Tarea 3 핵심 정리

문항	6 개
단어 수	225~275
문제 유형	두 사람의 대화를 듣고 해당 인물 연결시키기
글의 유형	두 사람의 일상에서의 대화
빈출 주제	· 새로운 소식 전달 · 일상의 특별한 일 · 제안, 조언, 약속 정하기 등
평가 포인트	· 긴 대화를 듣고 전체적인 내용을 이해할 수 있는가 · 질문을 읽고 대화에서 등장하는 내용과 연결하여 생각할 수 있는가 · 문장을 듣고 화자가 누구인지 찾을 수 있을 만큼 구체적인 이해가 가능한가

BONA 쌤의 노하우

Tarea 3는 두 사람이 나누는 긴 대화를 들으며 두 사람이 각각 어떤 상황에 있는지, 어떤 행동을 했는지 또는 어떤 행동을 하게 될 것인지 등을 파악하는 문제입니다. 일상에서 이뤄지는 대화이므로 쉬운 편이지만, 두 사람이 무엇에 대해 대화하는지에 따라 낯선 어휘가 등장할 수 있습니다. 또한 인사(¡Hola! ¿Cómo estás? ¿Cómo te encuentras?), 강조하는 뉘앙스의 **관용 표현**(¡Venga! ¡Anda! ¡Para nada!), 감정을 강조하는 **감탄문**(¡Qué mala noticia! ¡No me digas!) 등이 자주 등장합니다.

문제를 미리 읽으며 **대화의 내용과 흐름을 미리 예측**해 보는 것이 좋습니다. 6개 문장에 해당하는 화자를 찾아야 하는데, 정답이 A에 해당하더라도 이와 관련된 정답 문장을 말하는 것은 A가 아닌 B일 수 있고, 문제의 내용을 언급하더라도 **두 사람 모두 해당되지 않는 제3자의 이야기일 수 있으므로** 이러한 경우에는 C가 정답이 됩니다. 두 사람 모두의 말을 하나하나 빼놓지 않고 들어야 정확한 답을 찾을 수 있다는 점 명심하세요!

Tarea 3 완전 공략

1 문제 해결 전략

문제와 보기 파악	• INSTRUCCIONES와 문제를 읽고 A와 B의 이름을 확인합니다. • 문제를 읽으며 대화 내용 및 흐름을 예측합니다.
1차 듣기	• 대화의 전체적인 흐름 및 두 화자에 관련된 세부 사항을 파악합니다. • 내용을 주의 깊게 들으며 시험지에 1차 선택을 표기합니다.
2차 듣기	• 2차 듣기가 시작되면 집중해 듣고 정답을 최종 선택합니다.
답안지 마킹 및 다음 과제 파악	• 과제가 모두 끝난 후 답안지에 마킹하고 시간이 남으면 다음 문제를 미리 파악합니다.

2 이것만은 꼭!

• INSTRUCCIONES에 두 사람의 관계 또는 이름 등이 제시될 수 있으므로 시험지에서 이를 확인해야 합니다.

• INSTRUCCIONES의 낭독이 끝나면 "Ahora tiene treinta segundos para leer los enunciados."의 문장을 듣게 되며 30초간 문제를 파악할 시간이 주어집니다.

• 0번에 해당하는 예시 문제와 답을 통해 대화의 시작 부분을 예측합니다.

• 'Conversación'이 들리기 전까지는 0번, 13~18번 문제를 파악하는 데 집중합니다.

• 구어체 특유의 인사말, 질문과 답변, 감탄문, 관용 표현 등에 주의해 듣습니다.

• 정해진 메인 화자가 있는 것이 아니므로 두 사람의 말을 모두 잘 들어야 합니다.

• 두 화자 중 누구에게 해당하는 문장인지 A 또는 B를 선택하되, 두 사람 모두에 해당되지 않는 내용이거나 대화에 등장한 제3자에 해당하는 내용일 경우는 C를 선택해야 합니다.

• 1차 듣기가 끝나면 5초 후 2차 듣기를 하게 되며, 2차 듣기가 끝난 다음 3초 후 성우는 "Complete ahora la hoja de respuestas.(답안지에 표기하세요.)"라고 합니다. 다음 과제가 시작되기 전까지 30초의 시간이 있으므로 이때에는 반드시 답안지에 마킹을 하도록 합니다. 마킹을 하고 남는 시간에는 다음 문제로 넘어가세요.

문제 1   🎧 Track 3-1

INSTRUCCIONES

Usted va a escuchar una conversación entre dos amigos, Raúl y Victoria. Indique si los enunciados (del 13 al 18) se refieren a Raúl (A), a Victoria (B) o a ninguno de los dos (C). Escuchará la conversación dos veces.

Marque las opciones elegidas en la **Hoja de respuestas**.

Ahora tiene 30 segundos para leer los enunciados.

		A RAÚL	B VICTORIA	C NINGUNO DE LOS DOS
0.	No tiene las llaves de la casa.	✓	☐	☐
13.	Va a cambiar la cerradura.	☐	☐	☐
14.	Es una persona olvidadiza.	☐	☐	☐
15.	Hizo un curso de cocina.	☐	☐	☐
16.	Sabe hacer muy buena tarta.	☐	☐	☐
17.	Se niega a aprender a cocinar.	☐	☐	☐
18.	Piensa que su madre pinta bien.	☐	☐	☐

TRANSCRIPCIÓN

30초

VICTORIA	¡Por fin en casa! ¿Qué pasa, no encuentras las llaves?
RAÚL	No, no sé dónde las he puesto. ¿Tienes tú las tuyas?
VICTORIA	Sí, pero ahora en casa búscalas bien o tendremos que cambiar la cerradura.
RAÚL	Ya lo sé.
VICTORIA	Anda, pasa...
RAÚL	Ahora me acuerdo de que las dejé en los otros pantalones antes de ir a la cena.
VICTORIA	¡Qué despistado eres!
RAÚL	Jaja... Por cierto, ¡qué bien hemos cenado! ¿Verdad?
VICTORIA	¡Sí, desde luego!
RAÚL	¿Tú crees que ha cocinado ella? Estaba todo demasiado bueno, parecía cocinado por un profesional.
VICTORIA	Ana siempre dice que hizo un curso de cocina con uno de los mejores cocineros del mundo y yo no me lo creí nunca... Pero, a lo mejor es verdad.
RAÚL	¡Pues yo no lo sé, pero era la mejor paella que he probado en mi vida! No tengo ni idea de qué vamos a poner para la fiesta de la próxima semana: tú no sabes cocinar y yo, aunque cocino un poco, no soy ningún experto.
VICTORIA	¿Por qué no haces una de esas ensaladas tuyas? Están muy ricas y a todo el mundo le gustan. Y en los postres eres un auténtico maestro.
RAÚL	¡Hombre, gracias!
VICTORIA	Sí, la verdad es que tu tarta de nuez podría ganar un concurso.
RAÚL	Si quieres te enseño cómo hacerla.
VICTORIA	No creo. Yo no soy nada buena para cocinar.
RAÚL	Está bien.
VICTORIA	Oye, ¿te fijaste si en las paredes estaba colgado el cuadro que les regalamos en su boda? ¡Yo estuve mirando y no lo vi por ninguna parte!
RAÚL	A lo mejor no les gustó, porque el estilo de tu madre pintando es muy peculiar.
VICTORIA	¡Pero si es un cuadro precioso!
RAÚL	Cada quien tiene diferente gusto.
VICTORIA	Ya sé lo que haré: en la fiesta de la próxima semana les preguntaré qué les parecen nuestros cuadros. ¡Como todos los ha pintado mi madre...!

5초
반복 재생
3초

Complete ahora la Hoja de respuestas.

30초

Tarea 3 · Ejercicios

지시 사항

당신은 라울과 빅토리아, 두 친구 사이의 대화를 들을 것입니다. (13번부터 18번까지) 문장들이 (A) 라울, (B) 빅토리아에 대한 내용인지 또는 (C) 둘 다 해당되지 않는지 선택하세요. 대화는 두 번 듣게 됩니다.

선택한 보기를 **답안지**에 표기하세요.

이제 문장들을 읽을 수 있는 30초의 시간이 주어집니다.

		A 라울	B 빅토리아	C 둘 다 아님
0.	집 열쇠를 가지고 있지 않다.	✓	☐	☐
13.	잠금장치를 바꿀 것이다.	☐	☐	☐
14.	쉽게 잊어버리는 사람이다.	☐	☐	☐
15.	요리 수업을 들었다.	☐	☐	☐
16.	맛있는 파이를 만들 줄 안다.	☐	☐	☐
17.	요리를 배우기를 거부한다.	☐	☐	☐
18.	어머니가 그림을 잘 그리신다고 생각한다.	☐	☐	☐

스크립트 해석

30초	
빅토리아	드디어 집에 왔구나! 무슨 일이야? 열쇠를 못 찾는 거야?
라울	그래 맞아. 열쇠를 어디에 두었는지 모르겠네. 너 네 거는 갖고 있어?
빅토리아	응. 하지만 이제 집에서 그것들을 잘 찾아 봐. 그렇지 않으면 우리는 잠금장치를 바꿔야 할 거야.
라울	알겠어.
빅토리아	얼른 들어와.
라울	저녁 식사 가기 전에 다른 바지에 열쇠들을 두었다는 게 이제 기억나.
빅토리아	넌 정말 덤벙대는구나!
라울	하하… 참, 우리 정말 저녁을 잘 먹지 않니?
빅토리아	그럼, 당연하지!
라울	너는 그녀가 직접 요리했다는 게 믿어져? 모든 것이 너무나도 지나치게 맛있었어. 전문가가 요리한 것 같았다니까.
빅토리아	아나는 늘상 세계 최고의 요리사 중 한 명에게 요리 수업을 받았다고 말하는데 나는 결코 그 사실을 믿지 않았어. 그런데 어쩌면 사실일 수 있겠다.
라울	난 잘 모르겠어. 그런데 내 인생에서 먹어 본 최고의 파에야 요리였어! 다음 주 파티를 위해서 우리가 무슨 요리를 차릴지 정말 모르겠어. 너는 요리할 줄 모르고 나는 조금은 하지만 전혀 전문가가 아닌 걸.
빅토리아	네가 잘하는 그 샐러드 중 하나를 만드는 게 어때? 그건 정말 맛있고 모든 사람들이 좋아하잖아. 그리고 후식에 있어서 넌 진정한 대가야.
라울	야, 고마워!
빅토리아	정말이야, 너의 그 호두 파이는 대회에서 우승할 수도 있을 거야.
라울	네가 원하면 어떻게 만드는지 알려 줄게.
빅토리아	아니야. 나는 요리하는 건 영 소질이 없어.
라울	알겠어.
빅토리아	야, 너 혹시 우리가 그들의 결혼식 때 선물한 그림 작품이 벽에 걸려 있었는지 봤니? 나는 계속 보고 있었는데 그 어디에서도 찾지 못했어!
라울	어쩌면 그들 마음에 들지 않았을 거야. 네 어머니가 그리는 방식은 매우 독특하잖아.
빅토리아	그건 정말 멋진 그림인데 왜 그래!
라울	각자 취향이 있는 거니까.
빅토리아	내가 어떻게 할지 알겠다. 다음 주 파티에서 그들에게 우리의 그림들이 어떤지 물어보겠어. 그 모든 것들을 그린 건 우리 엄마니까…!
5초	
반복 재생	
3초	

답안지를 작성하세요.

30초

Step 3 필수 어휘를 익혀 보세요.

llave	ⓕ 열쇠	maestro	ⓜⓕ 선생, 대가, 달인
cerradura	ⓕ 잠금쇠, 잠금장치	nuez	ⓕ 호두
olvidadizo	쉽게 잊어버리는, 건망증이 심한	fijarse	주목하다, 고정하다, 결정하다
tarta	ⓕ 케이크, 파이	pared	ⓕ 벽
negarse	부정하다, 부인하다, 거부하다	colgado	매달린
despistado	덤벙거리는, 멍청한	cuadro	ⓜ 그림, 정사각형
desde luego	물론, 그렇고말고	parte	ⓕ 부분, 장소
cocinero	ⓜⓕ 요리사 / 요리하는	estilo	ⓜ 방식, 스타일
probar	시험하다, 테스트하다, 입어 보다, 먹어 보다	peculiar	독특한, 기묘한
experto	ⓜⓕ 전문가, 명인 / 노련한	gusto	ⓜ 맛, 미각, 즐거움
auténtico	진정한		

Step 4 연습 문제의 해설을 확인해 보세요.

0.	집 열쇠를 갖고 있지 않은 사람을 묻는 문제로, 정답은 **A**에 해당하는 라울이다. 두 사람이 집으로 도착한 시점에서 빅토리아는 '¿Qué pasa, no encuentras las llaves? 무슨 일이야? 열쇠를 못 찾는 거야?'라고 묻는다. 이에 라울은 'No sé dónde las he puesto 열쇠를 어디에 두었는지 모르겠네.'라고 대답하는데, 이 문장에서 목적격 대명사 las는 las llaves를 뜻한다.
13.	잠금장치를 바꿀 사람이 누구인지 묻고 있다. 빅토리아는 'Ahora en casa búscalas bien o tendremos que cambiar la cerradura 이제 집에서 그것들을 잘 찾아 봐.'라고 했다. '명령법 + 접속사 o + 미래 시제'의 구조는 '~해라, 그렇지 않으면 ~ 할 것이다'로 해석해야 한다. 즉, 집에 들어가 잘 찾아 보고 그래도 없다면 문의 잠금장치 자체를 바꿔야 한다는 것이다. 여기에서는 잠금장치를 바꿀 사람이 누구인지를 찾아야 하므로 정답은 **C**이다. 열쇠를 어디에 두었는지 기억해 낸 라울은 답이 될 수 없다.
14.	쉽게 잊어버리는 사람이 누구인지 묻고 있다. 질문의 persona olvidadiza는 '잘 잊는, 건망증이 있는 사람'을 뜻한다. 대화에서 라울은 저녁 식사 전 다른 바지에 열쇠를 두었다는 사실을 기억해 내고 빅토리아는 이에 '¡Qué despistado eres! 넌 정말 덤벙대는구나!'라고 했다. 형용사 despistado 역시 '덤벙대는' 사람을 의미하므로 정답은 **A**.
15.	요리 수업을 들은 사람이 누구인지 묻고 있다. 라울은 저녁 식사가 만족스러웠다고 하며 음식을 요리한 아나를 언급한다. 빅토리아는 'Ana siempre dice que hizo un curso de cocina~. 아나는 늘상 세계 최고의 요리사 중 한 명에게 요리 수업을 받았다고 말하는데'라고 했으므로 요리 수업을 받은 사람은 대화를 나누는 두 사람이 아닌, 저녁 식사를 대접한 아나이다. 정답은 **C**.
16.	맛있는 파이를 만들 줄 아는 사람이 누구인지 묻고 있다. 샐러드, 디저트 등 라울이 잘하는 요리에 대한 대화가 이어지는데 빅토리아는 'La verdad es que tu tarta de nuez podría ganar un concurso 정말이야, 너의 그 호두 파이는 대회에서 우승할 수도 있을 거야.'라고 했다. 이는 라울이 평소 만드는 호두 파이가 매우 맛이 좋다는 뜻이므로 정답은 **A**.
17.	요리 배우는 것을 거부하는 사람이 누구인지 묻고 있다. 빅토리아에게 라울이 Si quieres te enseño cómo hacerla라고 하며 호두 파이 만드는 법을 가르쳐 준다고 제안하자, 이에 빅토리아는 'No creo. Yo no soy nada buena para cocinar 아니야. 나는 요리하는 건 영 소질이 없어.'라고 대답했다. 자신은 요리를 하는 데 소질이 없다고 말하며 배우는 것을 거부하고 있으므로 정답은 **B**. 문제에 등장하는 동사 'negarse 거부하다, 거절하다, 부인하다'를 알면 쉽게 풀 수 있는 문제이다.
18.	어머니가 그림을 잘 그린다고 생각하는 사람이 누구인지 묻고 있다. 대화의 마지막 부분은 두 사람이 선물한 그림에 대한 내용이다. 빅토리아는 저녁 식사를 위해 방문했던 집에서 자신이 선물한 그림을 찾아 볼 수 없었다고 하는데, 라울은 이에 A lo mejor no les gustó, porque el estilo de tu madre pintando es muy peculiar이라 했다. 빅토리아의 어머니가 그림을 그리는 스타일이 매우 독특하다는 것이다. 빅토리아는 '¡Pero si es un cuadro precioso! 그건 정말 멋진 그림인데 왜 그래!'라고 대답했다. 라울과는 반대로, 그녀는 그림이 아주 아름답다고 생각하므로 정답은 **B** 빅토리아이다.

문제 2   🎧 Track 3-2

INSTRUCCIONES

Usted va a escuchar una conversación entre dos amigos, Pablo e Isabel. Indique si los enunciados (del 13 al 18) se refieren a Pablo (A), a Isabel (B) o a ninguno de los dos (C). Escuchará la conversación dos veces.

Marque las opciones elegidas en la **Hoja de respuestas**.

Ahora tiene 30 segundos para leer los enunciados.

		A PABLO	B ISABEL	C NINGUNO DE LOS DOS
0.	Está esperando a alguien.	✓	☐	☐
13.	Está hambriento/a.	☐	☐	☐
14.	Quiere una sugerencia.	☐	☐	☐
15.	Cree que es bueno regalar ropa.	☐	☐	☐
16.	Le gustan los libros antiguos.	☐	☐	☐
17.	Tiene ganas de aprender a bailar.	☐	☐	☐
18.	Quiere dormir hasta muy tarde.	☐	☐	☐

TRANSCRIPCIÓN

30초

PABLO	¿Isabel?
ISABEL	¡Hola, Pablo! ¿Qué haces por aquí?
PABLO	Pues, esperando a mi hermana. ¿Y tú?
ISABEL	Vengo a desayunar, que me muero de hambre.
PABLO	Siéntate en mi mesa, que mi hermana todavía tardará en llegar.
ISABEL	Venga, aprovecho porque quería preguntarte si a ti se te ocurre algo para el regalo de Chusa.
PABLO	¿Todavía no lo habéis decidido?
ISABEL	Hemos estado toda la mañana dando vueltas y no nos hemos puesto de acuerdo. Marisa dice que le encanta la ropa, y que debemos comprar una camiseta y un pantalón. Pero a mí me parece muy difícil comprarle ropa a otra persona... Carlos dice que una lámpara, pero ya sabes que Chusa odia las lámparas, los portarretratos, los jarrones y todas las cosas para la casa...
PABLO	Además, el año pasado ya le regalamos una camiseta.
ISABEL	Es verdad.
PABLO	¿Habéis ido a la librería de libros antiguos?
ISABEL	No. ¿Por qué lo dices? ¿Le gustan los libros antiguos?
PABLO	Bueno, no sé; pero el otro día nos dijo que estaba buscando un diccionario de inglés de hace veinte años, ¿te acuerdas?
ISABEL	¡Sí, me acuerdo! ¡Qué buena idea! ¡La librería de libros antiguos...! Es la que está en la calle de la Rúa, junto a la piscina, ¿no?
PABLO	No. Es la otra, la que está entre el hospital y la oficina de correos. Si quieres, por la tarde vamos para ver si lo encontramos.
ISABEL	Por la tarde tengo que ir a mi clase de baile.
PABLO	¿Estás aprendiendo a bailar? ¿Qué bailas?
ISABEL	Aprendo tango. Me encanta porque la música también es muy buena.
PABLO	Yo también quiero bailar bien. A mí me interesa mucho la salsa.
ISABEL	Pensaba que no te interesaba nada más que las artes marciales... ¡Oye, el regalo de Chusa!
PABLO	Pues eso, el diccionario de inglés. ¿Vamos entonces mañana a comprarlo?
ISABEL	¡Sí! Vamos. Pero después de las 11 porque no quiero levantarme muy temprano.
PABLO	Vale. Me parece bien porque así puedo hacer ejercicio por la mañana.
ISABEL	¿Ves? Te encanta todo lo que es hacer deporte.
PABLO	Jaja... No lo niego.

5초
반복 재생
3초

Complete ahora la Hoja de respuestas.

30초

Tarea 3 · Ejercicios

Step 2 연습 문제의 내용을 해석해 보세요.

지시 사항

당신은 파블로와 이사벨, 두 친구 사이의 대화를 들을 것입니다. (13번부터 18번까지) 문장들이 (A) 파블로, (B) 이사벨에 대한 내용인지 또는 (C) 둘 다 해당되지 않는지 선택하세요. 대화는 두 번 듣게 됩니다.

선택한 보기를 **답안지**에 표기하세요.

이제 문장들을 읽을 수 있는 30초의 시간이 주어집니다.

		A 파블로	B 이사벨	C 둘 다 아님
0.	누군가를 기다리고 있는 중이다.	✓	☐	☐
13.	매우 배고픈 상태이다.	☐	☐	☐
14.	조언을 구한다.	☐	☐	☐
15.	옷을 선물하는 것이 좋다고 생각한다.	☐	☐	☐
16.	고서를 좋아한다.	☐	☐	☐
17.	춤을 배우고 싶어 한다.	☐	☐	☐
18.	늦게까지 자고 싶어 한다.	☐	☐	☐

스크립트 해석

30초	
파블로	이사벨?
이사벨	안녕, 파블로! 여기서 뭐하니?
파블로	난 나의 누이를 기다리는 중이야. 너는?
이사벨	아침 먹으러 왔어. 배고파 죽겠거든.
파블로	내 테이블에 앉으렴. 내 누이는 아직 도착하려면 시간이 걸릴 거야.
이사벨	그래. 그럼 좋은 기회야. 왜냐하면 추사의 선물로 혹시 뭐 생각 나는 게 있는지 물어보고 싶었거든.
파블로	너희들 아직도 결정 못한 거야?
이사벨	우리는 오전 내내 곰곰이 생각했는데 결국 의견을 일치하지는 못했어. 마리사는 추사가 옷을 좋아한다면서 우리가 티셔츠와 바지를 사야 한다고 말하거든. 하지만 내가 볼 때는 다른 사람에게 옷을 사 주는 건 너무 어려운 일인 것 같아. 카를로스는 전등을 사자고 하는데, 너도 알잖니, 추사는 전등, 액자, 꽃병 같은 집에 놓는 물건들은 전혀 좋아하지 않는 걸….
파블로	게다가 우리는 작년에 이미 그녀에게 티셔츠를 선물했어.
이사벨	맞아.
파블로	고서를 파는 서점에 가 봤어?
이사벨	아니, 왜? 그녀가 고서를 좋아해?
파블로	글쎄, 모르겠어. 하지만 지난번에 우리에게 20년 된 영어 사전을 찾고 있다고 말했어. 기억나?
이사벨	맞아, 기억나! 그건 아주 좋은 생각이야! 고서적 책방…! 그 서점은 루아길, 수영장 옆에 있는 거 맞지?
파블로	아니, 그곳 말고, 병원이랑 우체국 사이에 있는 거야. 네가 원하면 그 사전이 있는지 보러 오후에 가 보자.
이사벨	오후에는 나 댄스 수업에 가야 해.
파블로	춤을 배우고 있어? 어떤 춤?
이사벨	나 탱고를 배워. 아주 마음에 들어. 왜냐하면 음악 역시 굉장히 좋거든.
파블로	나도 춤을 잘 추고 싶어. 나는 살사에 관심이 많아.
이사벨	난 네가 무술 말고는 다른 것에 전혀 관심이 없다고 생각했는데…. 아, 추사의 선물에 대해서 얘기하고 있었지!
파블로	그렇게 하자, 영어 사전. 그럼 내일 사러 갈까?
이사벨	그래! 가자. 그런데 11시 이후면 좋겠어, 왜냐하면 나는 너무 일찍 일어나고 싶지 않아.
파블로	알겠어. 난 좋아. 그래야 오전에 난 운동할 수 있으니까.
이사벨	그것 봐. 너는 운동이라면 뭐든 좋아하잖아.
파블로	하하… 부인하지 않겠어.
5초	
반복 재생	
3초	

답안지를 작성하세요.

30초

 **Tarea 3 · Ejercicios**

Step 3 필수 어휘를 익혀 보세요.

hambriento	배고픈, 굶주린, 허기진	lámpara	⨍ 램프, 전등
sugerencia	⨍ 제안, 조언	odiar	미워하다, 증오하다
desayunar	아침밥을 먹다	portarretratos	ⓜ 액자, 사진틀
morirse de hambre	배고파 죽겠다	jarrón	ⓜ 항아리, 꽃병
tardar	지체하다, 늦어지다, 시간이 걸리다	junto a	바로 옆에
aprovechar	유익하게 사용하다	nada más que	~말고는 아니다, ~에 불과하다
ocurrir	일이 일어나다, 머리에 떠오르다	artes marciales	⨍ pl. 무술, 무도
decidir	결정하다, 정하다	temprano	이른, 일찍
dar vueltas	빙빙 돌다, 주변을 걷다	negar	부정하다, 부인하다, 거부하다
ponerse de acuerdo	협정하다, 타협하다		

Step 4 연습 문제의 해설을 확인해 보세요.

0.	누군가를 기다리고 있는 사람을 묻는 문제이다. 대화 초반에 파블로는 esperando a mi hermana라고 하며 자신의 누이를 기다리고 있다고 하면서 누이가 도착하려면 시간이 걸릴 것이니 이사벨에게 자리에 잠시 앉을 것을 제안했다. 따라서 정답은 **A**.
13.	'hambriento 배고픈, 허기진' 사람이 누구인지 파악해야 한다. 이사벨이 언급한 문장 'Vengo a desayunar, que me muero de hambre 아침 먹으러 왔어. 배고파 죽겠거든.'에서 정답을 찾을 수 있는데, 관용 표현인 'morirse de ~ 때문에 죽겠다'라는 표현을 알아야 풀 수 있는 문제이다. 이는 배가 너무 고프다는 의미이므로 정답은 **B** 이사벨이다.
14.	조언을 구하는 사람이 누구인지 묻는 문제이다. 이사벨은 'Venga, aprovecho porque quería preguntarte si a ti se te ocurre algo para el regalo de Chusa 그래. 그럼 좋은 기회야. 왜냐하면 추사의 선물로 혹시 뭐 생각 나는 게 있는지 물어보고 싶었거든.'이라고 하는데 동사 aprovechar는 '활용하다, 유익하게 사용하다'라는 뜻이며 'aprovecho porque quería'는 '~하고 싶었는데 잘됐다' 정도로 해석하는 것이 바람직하다. 추사를 위한 선물로 혹시 떠오르는 것이 있는지 묻고 싶었는데, 이 기회를 빌려 파블로에게 물어보겠다는 것이다. 따라서 정답은 **B** 이사벨이다.
15.	옷을 선물하는 것이 좋다고 생각하는 사람을 묻는 문제이다. 이사벨이 마리사의 의견을 전달한 후, 자신의 의견을 덧붙이고 있기 때문에 주의해서 들어야 한다. 이사벨의 'Marisa dice que le encanta la ropa, y que debemos comprar una camiseta y un pantalón. Pero a mí me parece muy difícil comprarle ropa a otra persona~'에서 정답의 근거를 찾을 수 있는데, 마리사의 말에 따르면 추사가 옷을 좋아하니 추사에게 티셔츠와 바지를 사 줘야 한다고 하였다. 옷을 선물하는 것이 좋다고 생각하는 사람은 마리사이므로 정답은 **C**. 이사벨은 다른 사람에게 옷을 사 주는 일이 어렵게 느껴진다고 덧붙이고 있으므로 답이 될 수 없다.
16.	고서를 좋아하는 사람을 묻는 문제이다. 파블로는 이사벨에게 'libros antiguos 고서, 오래된 책'을 파는 서점에 가 보았는지 물었다. 추사가 20년 된 영어 사전을 찾고 있었다는 사실을 이사벨에게 말하기 위한 것이다. 16번 문제는 고서를 실제로 좋아하는 사람이 누구인지 묻는 문제로, 대화 내용을 통해 추사가 고서를 좋아하리라 추측할 수 있다. 파블로나 이사벨은 모두 해당되지 않는다. 따라서 정답은 **C**.
17.	춤을 배우고 싶어 하는 사람을 묻는 문제이다. 두 사람은 함께 선물을 보러 가기로 약속을 정하는데 이사벨은 탱고를 배우러 가야 한다고 했다. 이에 파블로는 'Yo también quiero bailar bien. A mí me interesa mucho la salsa 나도 춤을 잘 추고 싶어. 나는 살사에 관심이 많아.'라고 했다. 17번 문제에서 주의할 점은 'tener ganas de aprender 배우기를 원한다'라고 하였으므로 이미 춤을 배우고 있는 사람은 해당되지 않는다는 것이다. 그러므로 정답은 **A** 파블로이다.
18.	늦게까지 자고 싶어 하는 사람을 묻는 문제이다. 두 사람이 약속 시간을 정하면서 이사벨은 '¡Sí! Vamos. Pero después de las 11 porque no quiero levantarme muy temprano 그래! 가자. 그런데 11시 이후면 좋겠어, 왜냐하면 나는 너무 일찍 일어나고 싶지 않아.'라고 했다. 따라서 정답은 **B** 이사벨. 반면, 파블로는 오전에 운동을 할 거라고 했으므로 정답이 아니다.

Tarea 4 짧은 음성 메시지를 듣고 주어진 문장과 연결시키기

PRUEBA **02**

Tarea 4 핵심 정리

문항	7 개
단어 수	텍스트당 30~50
문제 유형	짧은 음성 메시지를 듣고 주어진 문장 중 선택하여 연결시키기
글의 유형	간단한 내용의 짧은 음성 메시지
빈출 주제	· 특정 장소 내 알림, 공지 등 안내 방송(시간대 정보, 세일, 안전 안내 등) · 개인 간의 음성 메시지(예약, 문의, 요청 등)
평가 포인트	· ENUNCIADOS의 문장들을 미리 읽고 내용을 파악할 수 있는가 · 짧은 음성 메시지를 들으며 연관되는 문장을 떠올릴 수 있는가 · 짧은 메시지를 듣고 전하려는 바를 신속하고 정확하게 이해할 수 있는가

BONA 쌤의 노하우

Tarea 4에서는 8개의 짧은 음성 메시지를 듣게 되는데, 각 메시지들은 서로 연관되는 내용이 아닙니다. 특히, MENSAJE 0의 경우, 예시 문항이므로 넘어가도 됩니다. 1번부터 메시지 하나를 들을 때마다 10개의 ENUNCIADOS 중 내용에 부합하는 문장에 연결시켜야 하므로 **미리 문장을 간추리고 핵심 키워드에 표시를 해 두어야** 합니다. 또한 정답이라고 생각한 ENUNCIADO도 다시 한번 체크하는 것이 좋습니다. 한 문제를 틀리면 다른 문제까지 연속적으로 틀리게 되므로 주의해야 합니다.

Tarea 4 완전 공략

▣1 문제 해결 전략

ENUNCIADOS 파악	• INSTRUCCIONES 및 EJEMPLO(MENSAJE 0)는 건너뛰고 ENUNCIADOS로 넘어갑니다. • MENSAJE 0와 연결된 ENUNCIADO는 제외하고 읽습니다.
1차 듣기	• 각 MENSAJE를 듣고 연결될 수 있는 문장을 찾아봅니다. • 관련된다고 생각하는 문장이 여러 개라면 이를 모두 시험지에 표시합니다.
2차 듣기	• 1차 선택한 문장 중에서 최종 선택을 합니다.
답안지 마킹	• 과제가 모두 끝난 후 답안지에 마킹합니다.

▣2 이것만은 꼭!

- 7개의 메시지는 서로 연관되지 않습니다.

- 11개의 ENUNCIADOS에서 MENSAJE 0와 관련된 하나를 뺀 나머지 10개와 7개의 메시지를 연결하는 것으로, 3개는 답으로 선택되지 않는 ENUNCIADOS입니다.

- INSTRUCCIONES와 EJEMPLO를 들려주는데, 이를 모두 듣고 읽어 볼 필요는 없습니다.

- 'Mensaje uno'가 들리기 전까지는 ENUNCIADOS의 핵심을 파악하고 요약하는 것에 집중합니다.

- EJEMPLO의 낭독 후 "Ahora tiene cuarenta y cinco segundos para leer los enunciados."라는 문장을 듣게 되며, MENSAJES 시작 전 45초의 준비 시간이 있습니다.

- 각 MENSAJE의 1차 듣기가 끝나면 15초 후 2차 듣기를 합니다. 이 시간을 활용하여 ENUNCIADOS를 순서대로 읽으면서 정답으로 보이는 문장에 모두 표시를 해 둡니다.

- 2차 듣기가 끝난 후 3초 후 성우는 "Elija la opción correcta.(정답 옵션을 선택하세요.)"라는 문장을 말합니다. 이후 10초의 시간이 있습니다. 이때는 정답 후보들 중 하나를 선택해야 합니다.

- 마지막 MENSAJE 7까지 모두 들은 후 "Complete ahora la hoja de respuestas.(답안지에 표기하세요.)"라는 문장이 들리면 듣기 영역의 완료 전까지 45초 정도의 시간이 있습니다. 이때에는 답안지에 마킹을 하도록 합니다.

- 듣기 영역이 끝남과 동시에 시험지와 답안지를 제출하도록 안내하는 경우가 있습니다. 이때 답안지에 마킹하기에는 시간이 부족할 수 있으므로 매 과제가 끝날 때마다 답안지에 마킹을 미리 해 두는 것이 좋습니다.

Tarea 4 Ejercicios 실전 연습 ①

문제 1   🎧 Track 4-1

INSTRUCCIONES

Usted va a escuchar ocho mensajes, incluido el ejemplo. Cada mensaje se repite dos veces. Seleccione el enunciado (de la A a la K) que corresponde a cada mensaje (del 19 al 25). Hay once opciones, incluido el ejemplo. Seleccione siete.

Marque las opciones elegidas en la **Hoja de respuestas**.

A continuación va a oír un ejemplo.

0. A☐ B☐ C☐ D☐ E☐ F■ G☐ H☐ I☐ J☐ K☐

La opción correcta es la letra F.

Ahora tiene 45 segundos para leer los enunciados.

ENUNCIADOS

A.	Puede dejar un mensaje para recibir una llamada.
B.	Está prohibido bañarse.
C.	Quiere ver a su amiga después de la clase.
D.	Es un aviso en un aeropuerto.
E.	Invita a aprender a bailar.
F.	Prohíben el acceso de automóviles en algunas zonas.
G.	Van a trabajar doce horas seguidas.
H.	Es un aviso para los pasajeros de un avión.
I.	Han terminado un trabajo encargado.
J.	Hay que pagar por el servicio del reparto.
K.	Es un aviso de un supermercado.

	MENSAJES	ENUNCIADOS
0.	Mensaje 0	F
19.	Mensaje 1	
20.	Mensaje 2	
21.	Mensaje 3	
22.	Mensaje 4	
23.	Mensaje 5	
24.	Mensaje 6	
25.	Mensaje 7	

TRANSCRIPCIÓN

MENSAJE 0	Avisamos a los conductores de la ciudad. La Avenida de Colombia está cortada al tráfico por obras. El Paseo del Doctor Aguirre está abierto sólo en dirección centro. 5초 La opción correcta es la letra F. Ahora tiene 45 segundos para leer los enunciados. 45초
MENSAJE 1	Roberta, soy Luisa. ¿Quieres venir mañana a mi clase de danza del vientre? Es a las ocho de la tarde en el gimnasio que está entre la oficina de correos y la farmacia. Si te animas a ir, nos vemos allí. Un beso. 15초 반복 재생 3초 NARRADOR: Elija la opción correcta. 10초
MENSAJE 2	¡Atención! Hoy en la playa tenemos bandera roja. Únicamente se permitirá entrar en el agua a los participantes del campeonato de pesca submarina. Volveremos a informarles dentro de dos horas. ¡Gracias! 15초 반복 재생 3초 NARRADOR: Elija la opción correcta. 10초
MENSAJE 3	Este es el contestador automático del doctor Sánchez Millán. Si desea pedir hora para una consulta, hágalo a partir de las cuatro de la tarde o deje su número de teléfono y nos pondremos en contacto con usted. 15초 반복 재생 3초 NARRADOR: Elija la opción correcta. 10초
MENSAJE 4	Señores clientes, les informamos de que, para su comodidad, este centro comercial va a permanecer abierto el próximo domingo desde las 9 hasta las 21 horas, en horario ininterrumpido. ¡Muchas gracias! 15초 반복 재생 3초 NARRADOR: Elija la opción correcta. 10초

MENSAJE 5	¡Hola, señor Pombo! Le llamo de reparaciones El Rápido para decirle que su televisor ya está arreglado y que puede pasar a recogerlo cuando quiera. El precio de la reparación es de 850 balboas. ¡Muchas gracias! ¡Adiós!
	15초
	반복 재생
	3초
	NARRADOR: Elija la opción correcta.
	10초
MENSAJE 6	Por motivos de seguridad, les recordamos que los teléfonos móviles deberán permanecer desconectados desde el cierre de puertas y hasta su apertura en el aeropuerto de destino. Gracias.
	15초
	반복 재생
	3초
	NARRADOR: Elija la opción correcta.
	10초
MENSAJE 7	¡Buenas tardes, señores clientes! Les informamos de que las ofertas del día son: un paquete de tortitas, un bote de guacamole o una bolsa de café, treinta pesos nomás. Sí, sí, han oído bien: cada uno de estos productos cuesta treinta pesos.
	15초
	반복 재생
	3초
	NARRADOR: Elija la opción correcta.
	10초

Complete ahora la Hoja de respuestas.

45초

Step 2 연습 문제의 내용을 해석해 보세요.

지시 사항

당신은 예시를 포함해 8개의 메시지를 들을 것입니다. 각 메시지는 두 번 재생됩니다. (19번부터 25번까지) 각 메시지에 해당하는 (A부터 K까지) 연결 문장을 선택하세요. 예시를 포함해 11개의 연결 문장이 있습니다. 7개를 선택하세요.

선택한 보기를 **답안지**에 표기하세요.

이어서 하나의 예시를 듣게 될 것입니다.

0.   A☐   B☐   C☐   D☐   E☐   F▓   G☐   H☐   I☐   J☐   K☐

정답은 F입니다.

이제 연결 문장을 읽기 위한 45초의 시간이 있습니다.

연결 문장

A.	전화 연락을 받을 수 있도록 메시지를 남길 수 있다.
B.	해수욕이 금지되었다.
C.	수업이 끝난 후 친구를 보기를 원한다.
D.	공항 내 알림이다.
E.	춤을 배우는 것을 제안한다.
F.	일부 지역에서 자동차의 통행이 금지된다.
G.	12시간을 연속으로 일하게 될 것이다.
H.	한 비행기 승객들을 위한 알림이다.
I.	맡겨진 작업을 마쳤다.
J.	배달 서비스에 대한 금액을 지불해야 한다.
K.	한 슈퍼마켓의 알림이다.

	메시지	연결 문장
0.	메시지 0	F
19.	메시지 1	
20.	메시지 2	
21.	메시지 3	
22.	메시지 4	
23.	메시지 5	
24.	메시지 6	
25.	메시지 7	

스크립트 해석

메시지 0	도시의 운전자분들께 알립니다. 콜롬비아길은 공사로 인하여 통행이 차단되고 있습니다. 파세오 델 독토르 아기레길은 시내 방향으로만 통행이 가능합니다. 5초 정답은 F입니다. 이제 연결 문장을 읽기 위한 45초의 시간이 있습니다. 45초
메시지 1	로베르타, 나 루이사야. 내일 나의 벨리 댄스 수업에 가지 않을래? 수업은 오후 8시에 우체국과 약국 사이에 있는 체육관에서 있어. 만약에 네가 같이 간다면, 우리 거기에서 보도록 해. 키스를 전하며. 15초 반복 재생 3초 내레이터: 정답을 고르세요. 10초
메시지 2	주의하십시오! 오늘 바다는 적기 상태입니다. 오직 수중 낚시 선수권 대회의 참가자들에게만 입수가 허용됩니다. 두 시간 내로 다시 보고하겠습니다. 감사합니다! 15초 반복 재생 3초 내레이터: 정답을 고르세요. 10초
메시지 3	산체스 미얀 의사 선생님의 자동 응답기입니다. 진료를 보기 위해 시간 예약을 원한다면 오후 네 시 이후에 전화하시거나 연락처를 남겨 주시면 저희가 연락 드리겠습니다. 15초 반복 재생 3초 내레이터: 정답을 고르세요. 10초
메시지 4	고객 여러분께 알려드립니다. 고객님들의 편의를 위하여, 이 쇼핑센터는 다음 주 일요일 오전 9시부터 오후 9시까지 중단 없이 영업합니다. 감사합니다! 15초 반복 재생 3초 내레이터: 정답을 고르세요. 10초

메시지 5	폼보 씨 안녕하세요! 엘 라피도 수리점에서 전화 드립니다. 당신의 텔레비전은 이미 수리가 끝났으며 원할 때 언제든 찾으러 오시면 됩니다. 수리 비용은 850발보아입니다. 감사합니다! 안녕히 계세요! 15초 반복 재생 3초 내레이터: 정답을 고르세요. 10초
메시지 6	안전을 위하여, 문이 닫히면서부터 목적지의 공항에서 열릴 때까지 휴대폰은 모두 전원이 꺼져 있어야 함을 당부 드립니다. 감사합니다. 15초 반복 재생 3초 내레이터: 정답을 고르세요. 10초
메시지 7	손님 여러분, 좋은 오후입니다! 여러분께 알려드립니다. 오늘의 특별 할인 품목은 미니 파이 한 묶음, 과카몰레 한 병 또는 커피 한 봉지이며, 단 30페소입니다. 그렇습니다, 잘 들으신 겁니다. 이 상품들의 개당 가격은 30페소입니다. 15초 반복 재생 3초 내레이터: 정답을 고르세요. 10초

답안지를 작성하세요.

45초

Step 3 필수 어휘를 익혀 보세요.

aviso	ⓜ 통지, 알림, 경고, 주의	submarino	바닷속의, 해저의
prohibir	금지하다	pesca submarina	ⓕ 수중 낚시
acceso	ⓜ 접근, 통행	contestador	ⓜ 응답기 / 대답하는
seguido	연속의, 계속의	comodidad	ⓕ 편리함, 쾌적함
pasajero	ⓜ 승객 / 이동하는	ininterrumpido	중단 없이 계속되는
reparto	ⓜ 분배, 배달	reparación	ⓕ 수리, 수선, 보수 공사
encargado	부탁 받은, 의뢰 받은, 담당한	arreglado	정돈된, 수리된
conductor	ⓜ 운전사, 지도자	desconectado	접속되지 않은, 연결을 해제한
cortado	잘린, 절단된	apertura	ⓕ 개시, 개방
vientre	ⓜ 배, 복부	paquete	ⓜ 소포, 수화물, 꾸러미, 다발
danza del vientre	ⓕ 밸리 댄스	tortita	ⓕ 작은 파이
bandera	ⓕ 깃발, 신호용의 천	bote	ⓜ 작은 통, 병, 보트, 도약
campeonato	ⓜ 선수권 대회	nomás	단지, 오직(= no más)
pesca	ⓕ 낚시, 어업		

Step 4 연습 문제의 해설을 확인해 보세요.

0.	메시지 0	시내 운전자들에게 특정 도로가 공사로 인해 폐쇄되었음을 알리며 동시에 다른 도로는 한 방향으로만 개방된다는 사실을 전달하고 있다. 정답은 **F**이며, 일부 지역에서 자동차 통행을 금지한다는 내용과 연결된다.
19.	메시지 1	전화 음성 메시지이다. '¿Quieres venir? 가지 않을래?'와 'clase de danza del vientre 벨리 댄스 수업'이 핵심 문장으로, 여자가 벨리 댄스 수업에 함께 가자고 제안했음을 알 수 있다. 따라서 **E**가 정답. C에서는 수업이 끝난 후 친구를 보길 원한다고 했지만 이는 메시지1의 내용과는 다르게 단지 '보는 것을 원하다'라는 의미이므로 답이 될 수 없다.
20.	메시지 2	경고 메시지이다. 배경은 'playa 바닷가'이고 해수욕 금지를 나타내는 'bandera roja 적기'임을 알리고 있다. 대회 참가자들만 바다에 입수할 수 있다는 것은 바다의 풍랑이 심한 상태임을 나타낸다. 따라서 정답은 **B**. 바닷가에서의 수영이 금지된다는 내용이며 여기서 주의할 단어는 bañarse이다. 이는 '목욕하다'라는 뜻 외에 '멱을 감다, 수영하다'의 의미로도 쓰인다는 것을 기억하자.
21.	메시지 3	한 병원의 자동 응답 메시지이다. 진료 예약을 위해 전화번호를 남기면 그 번호로 연락하겠다고 했으므로 정답은 **A**. 주의할 단어는 'dejar 남기다'의 명령형과 'ponerse en contacto 연락을 취하다'이다.
22.	메시지 4	한 쇼핑센터의 영업 시간 안내 메시지이다. 다음 주 일요일 영업 시간을 알려 주고 있는데, 'desde las 9 hasta las 21 horas 오전 9시부터 오후 9시까지'라는 표현을 잘 들어야 한다. 시간 표현에서 오후 시간대를 24시간제로 표현하는 경우가 일반적인데 en horario ininterrumpido를 통해 12시간 동안 쉬는 시간이 없음을 알 수 있다. 이는 G의 horas seguidas와 일치하므로 정답은 **G**.
23.	메시지 5	수리점의 전화 메시지이다. 텔레비전은 ya está arreglado 이미 수리가 끝났고 언제든 찾으러 와도 좋다고 했으므로 정답은 **I**. encargado는 동사 'encargar 맡기다, 위임하다'의 과거 분사 형태로 trabajo encargado는 '맡겨진 작업'이라는 뜻이 된다. 함정은 J인데, 'el servicio del reparto 배달 서비스' 부분을 읽고 메시지에 'precio 비용, 요금'이 등장하여 혼동할 수 있다. 메시지 내용은 precio de la reparación 즉, 수리 비용이 얼마인지를 말한 것이므로 헷갈리지 않도록 하자.
24.	메시지 6	기내 방송 메시지로 (비행기) 문이 닫히는 순간부터 목적지의 공항에서 문이 열릴 때까지 휴대폰 전원이 꺼진 상태여야 함을 고지하고 있다. 'aeropuerto 공항'이 들리기 때문에 정답을 D로 혼동할 수 있지만, 메시지가 공항 내 안내 방송이 아닌 (탑승을 마친) 비행기의 승객을 위한 메시지임을 파악해야 한다. 따라서 정답은 **H**.
25.	메시지 7	슈퍼마켓의 '오늘의 할인 품목' 안내 메시지이다. tortitas, guacamole, café 등이 들리므로 식품 및 식재료 등을 판매하는 슈퍼마켓임을 비교적 쉽게 알 수 있다. 따라서 정답은 **K**.

Step **1** 완전 공략을 참고하여 **Tarea 4** 연습 문제를 풀어 보세요.

문제 2

🎧 Track 4-2

INSTRUCCIONES

Usted va a escuchar ocho mensajes, incluido el ejemplo. Cada mensaje se repite dos veces. Seleccione el enunciado (de la A a la K) que corresponde a cada mensaje (del 19 al 25). Hay once opciones, incluido el ejemplo. Seleccione siete.

Marque las opciones elegidas en la **Hoja de respuestas**.

A continuación va a oír un ejemplo.

0. A☐ B☐ C☐ D☐ E☐ F■ G☐ H☐ I☐ J☐ K☐

La opción correcta es la letra F.

Ahora tiene 45 segundos para leer los enunciados.

ENUNCIADOS

A.	El problema es causado por el mal tiempo.
B.	Un espectáculo teatral está a punto de empezar.
C.	Quieren vender un coche.
D.	Hay una persona que no puede venir.
E.	Se ha retrasado una cita.
F.	Tiene que asistir a un lugar rápidamente.
G.	Han terminado el trabajo de reparación.
H.	Se recomienda tomar fotos.
I.	Hay una zona que está cerrada.
J.	Todavía no se ha fijado la cita.
K.	No hay suficiente cantidad.

	MENSAJES	ENUNCIADOS
0.	Mensaje 0	F
19.	Mensaje 1	
20.	Mensaje 2	
21.	Mensaje 3	
22.	Mensaje 4	
23.	Mensaje 5	
24.	Mensaje 6	
25.	Mensaje 7	

TRANSCRIPCIÓN

MENSAJE 0	Doctor Navarro, Doctor Navarro, favor de presentarse en la sala de urgencias pediátrica urgentemente. 5초 La opción correcta es la letra F. Ahora tiene 45 segundos para leer los enunciados. 45초
MENSAJE 1	En seguida la función va a dar comienzo. Les recordamos que está prohibido grabar vídeos o tomar fotografías. Por favor, apaguen sus teléfonos móviles y disfruten del espectáculo. 15초 반복 재생 3초 NARRADOR: Elija la opción correcta. 10초
MENSAJE 2	Bienvenidos al parque zoológico El Bosque. Atención por favor. Todas nuestras instalaciones están abiertas al público menos las del sector "D" que corresponde al espectáculo acuático de los delfines. Perdonen las molestias. 15초 반복 재생 3초 NARRADOR: Elija la opción correcta. 10초
MENSAJE 3	¡Hola, Carlos! Soy Fabiola. Que al final hemos quedado para cenar mañana a las nueve. Nos vemos en la terraza del Albatros. Habíamos quedado a las ocho y media, pero Federico va a salir de trabajar más tarde. Bueno, nos vemos mañana. 15초 반복 재생 3초 NARRADOR: Elija la opción correcta. 10초
MENSAJE 4	Atención, informamos a los señores viajeros del vuelo número KJ1743 con destino a Quito de que, debido a las fuertes tormentas existentes en el lugar de destino, el vuelo saldrá con un retraso de dos horas. ¡Gracias! 15초 반복 재생 3초 NARRADOR: Elija la opción correcta. 10초

MENSAJE 5	Señorita Ortega, la llamo del taller Marcos para decirle que su auto ya está arreglado. Si no puede venir por aquí a buscarlo, llámenos y se lo llevaremos a su domicilio. La entrega a domicilio son 80 pesos. ¡Muchas gracias! ¡Adiós!
	15초
	반복 재생
	3초
	NARRADOR: Elija la opción correcta.
	10초
MENSAJE 6	Estimados clientes. Les comunicamos que, desde hoy mismo, en nuestra sección de librería pueden reservar los libros de sus hijos para el próximo curso escolar. Recuerden que las reservas son limitadas.
	15초
	반복 재생
	3초
	NARRADOR: Elija la opción correcta.
	10초
MENSAJE 7	¡Hola, pareja! Soy Eduardo. ¿Dónde andáis? Esta es la tercera vez que os llamo y no os encuentro nunca en casa... Bueno, es para deciros que mañana es mejor salir después de comer que a primera hora de la mañana. Seguramente vamos a encontrar menos tráfico. Por favor, llamadme para confirmar esto.
	15초
	반복 재생
	3초
	NARRADOR: Elija la opción correcta.
	10초

Complete ahora la Hoja de respuestas.

45초

Step 2 연습 문제의 내용을 해석해 보세요.

지시 사항

당신은 예시를 포함해 8개의 메시지를 들을 것입니다. 각 메시지는 두 번 재생됩니다. (19번부터 25번까지) 각 메시지에 해당하는 (A부터 K까지) 연결 문장을 선택하세요. 예시를 포함해 11개의 연결 문장이 있습니다. 7개를 선택하세요.

선택한 보기를 **답안지**에 표기하세요.

이어서 하나의 예시를 듣게 될 것입니다.

0. A☐ B☐ C☐ D☐ E☐ F■ G☐ H☐ I☐ J☐ K☐

정답은 F입니다.

이제 연결 문장을 읽기 위한 45초의 시간이 있습니다.

연결 문장

A.	그 문제는 궂은 날씨로 인한 것이다.
B.	한 편의 극장 공연이 이제 막 시작하려 한다.
C.	차를 한 대 판매하려 한다.
D.	올 수 없는 사람이 한 명 있다.
E.	약속이 지연되었다.
F.	어떤 장소로 급히 가야 한다.
G.	수리 작업을 마쳤다.
H.	사진 찍는 것이 권장된다.
I.	개방되지 않는 한 구역이 있다.
J.	아직 약속이 확실히 정해지지 않았다.
K.	수량이 충분하지 않다.

	메시지	연결 문장
0.	메시지 0	F
19.	메시지 1	
20.	메시지 2	
21.	메시지 3	
22.	메시지 4	
23.	메시지 5	
24.	메시지 6	
25.	메시지 7	

스크립트 해석

메시지 0	나바로 선생님, 나바로 선생님, 소아과 응급실로 긴급히 오시기 바랍니다.
	5초
	정답은 F입니다.
	이제 연결 문장을 읽기 위한 45초의 시간이 있습니다.
	45초
메시지 1	곧 공연이 시작될 것입니다. 영상을 촬영하거나 사진을 찍는 것은 금지되어 있음을 다시 한번 말씀 드립니다. 부탁드립니다. 휴대폰의 전원을 끄고 공연을 즐겨 주시기 바랍니다.
	15초
	반복 재생
	3초
	내레이터: 정답을 고르세요.
	10초
메시지 2	엘 보스케 동물원에 오신 것을 환영합니다. 주목해 주시기 바랍니다. 돌고래 수중 공연을 진행하는 'D' 구역의 이용 시설을 제외하고 우리의 모든 시설은 대중에게 개방되어 있습니다. 불편을 드려 죄송합니다.
	15초
	반복 재생
	3초
	내레이터: 정답을 고르세요.
	10초
메시지 3	카를로스, 안녕! 나 파비올라야. 결국에 우리 내일 9시에 저녁 식사를 하기로 정했잖아. 우리 알바트로스 테라스에서 보자. 우리 원래는 8시 반에 보기로 했었지, 그런데 페데리코가 더 늦게 퇴근할 거래. 그럼 내일 보자.
	15초
	반복 재생
	3초
	내레이터: 정답을 고르세요.
	10초
메시지 4	주목하십시오. 키토행 KJ1743 항공편을 이용하시는 승객 여러분. 목적지의 강한 태풍으로 인해, 비행기는 두 시간이 지연되어 이륙할 것입니다. 감사합니다!
	15초
	반복 재생
	3초
	내레이터: 정답을 고르세요.
	10초

메시지 5	오르테가 양. 당신의 차가 이제 수리되었다는 것을 알려드리기 위해 마르코스 정비소에서 연락드립니다. 이곳으로 차를 찾으러 올 수 없다면 전화 주세요. 우리가 당신의 집으로 차를 가져다 드리겠습니다. 배달 비용은 80페소입니다. 감사합니다! 안녕히 계세요! 15초 반복 재생 3초 내레이터: 정답을 고르세요. 10초
메시지 6	친애하는 고객님들. 오늘부터 우리의 도서 코너에서는 자녀분들의 다음 학기를 위한 교재를 예약하실 수 있다는 것을 알려 드립니다. 예약 부수의 제한이 있는 것을 기억해 주세요. 15초 반복 재생 3초 내레이터: 정답을 고르세요. 10초
메시지 7	연인들, 안녕! 나 에두아르도야. 어디에 있는 거야? 내가 너희에게 전화하는 게 벌써 세 번째인데 너희는 집에 절대로 있지 않구나… 좋아, 내가 전화한 것은 내일 오전 일찍보다는 점심을 먹은 후에 출발하는 게 더 낫겠다는 말을 하기 위해서야. 분명히 우리는 교통 체증을 덜 겪을 거야. 이걸 확정하기 위해 나에게 전화해 주렴. 15초 반복 재생 3초 내레이터: 정답을 고르세요. 10초

답안지를 작성하세요.

45초

Step 3 필수 어휘를 익혀 보세요.

causar	야기하다, 원인이 되다	menos	더 적게, 덜 / ~ 이외, ~을 제외하고
espectáculo	ⓜ 쇼, 구경거리, 흥행물	sector	ⓜ 부문, 분야
teatral	연극의, 연극적인	corresponder	대응하다, 속하다
estar a punto de	~할 찰나에 있다, ~할 참이다	acuático	물의, 수중의
retrasarse	지연되다, 연기되다, 늦다	molestia	ⓕ 폐, 불편함
cita	ⓕ 약속, 데이트, 예약	al final	결국, 끝내
asistir	출석하다, 참가하다	con destino a	~ 행, ~를 향해
reparación	ⓕ 수리, 수선, 보수 공사	debido a	~ 때문에
recomendar	추천하다, 권고하다	tormenta	ⓕ 태풍, 혼란, 불운
fijarse	주목하다, 고정하다, 결정하다	retraso	ⓜ 늦음, 지연
cantidad	ⓕ 양, 수량	arreglar	정리하다, 정돈하다, 수리하다
presentarse	지원하다, 소개하다, 나타나다	llevar	가지고 가다, 몸에 걸치고 있다, (일시를) 보내다
sala de urgencias	ⓕ 응급 병동	domicilio	ⓜ 자택, 거주지
pediátrico	소아과의	entrega	ⓕ 인계, 수여, 제출
urgentemente	긴급히, 다급하게	estimado	존경하는, 판단되는
en seguida	즉시, 즉각, 당장에	reservar	예약하다
función	ⓕ 기능, 직무, 상연, 공연	escolar	ⓜⓕ 학생 / 학교의, 학교 교육의
comienzo	ⓜ 시작, 개시	limitado	제한이 있는, 한정된
grabar	조각하다, 새겨 넣다, 녹음하다, 녹화하다	pareja	ⓕ 한 쌍, 커플
apagar	끄다, 정지시키다	a primera hora de la mañana	새벽같이, 오전에
parque zoológico	ⓜ 동물원	seguramente	확실히, 틀림없이, 아마
instalación	ⓕ 정착, 설치 ⓕ pl. 시설	confirmar	확인하다, 확고히 하다
público	ⓜ 대중, 공중 / 공공의, 공개의		

Step 4 연습 문제의 해설을 확인해 보세요.

0.	메시지 0	의사를 긴급하게 호출하는 안내 방송이다. 'Favor de INF' 구조를 듣고 해당 문장이 명령의 일종인 것과 동사 'presentarse 출두하다, 나타나다'가 동사 asistir와 비슷한 의미임을 알아야 한다. 부사 'urgentemente 긴급히' 역시 중요한데, 이는 정답 **F**의 rápidamente와 유사한 의미임을 기억하자.
19.	메시지 1	공연의 영상이나 사진 찍는 것을 금지한다고 알리고 있는데 가장 중요한 단어는 'función 공연, 상영'이다. 따라서 정답은 **B**. 'espectáculo 공연'과 'estar a punto de INF 시작하기 직전이다'를 제대로 해석해야 한다. 듣기 메시지에서는 'en seguida 곧, va a dar comienzo 시작될 것입니다'라고 하였으므로 의미가 유사하다.
20.	메시지 2	동물원 안내 방송이다. 'Todas nuestras instalaciones están abiertas al público 우리의 모든 시설은 대중에게 개방되어 있습니다'에서 instalaciones의 복수 명사 표현이 '시설들' 즉, '동물원 내 이용 시설'을 의미한다는 것을 알아야 한다. 이어서 'menos las del sector "D" 'D' 구역의 이용 시설을 제외하고'를 통해 정답은 **I**임을 알 수 있다. '개방되지 않는 한 구역이 있다'라는 메시지와 내용이 일치한다.
21.	메시지 3	개인 음성 메시지이다. al final을 사용한 문장의 해석은 '(고민 끝에, 생각 끝에) 결국은'이다. 다음날 저녁 약속 시간은 원래 8시 반이었지만 9시로 변경한다고 언급했으므로 정답은 **E**. 이때 E에서 동사 'retrasar 지연시키다'를 잘 파악해야 한다. 메시지 중에 페데리코라는 친구가 늦게 퇴근한다는 내용이 있는데, 그 때문에 약속 시간을 미루는 것이지, 그가 못 온다는 의미는 아니므로 함정인 D에 주의하자.
22.	메시지 4	특정 항공편을 이용할 승객들을 대상으로 한 안내 메시지이다. debido a는 '~으로 인하여'라는 의미이므로 'fuertes tormentas 강한 태풍'으로 인해 비행기가 지연될 것임을 안내하고 있다. 따라서 정답은 **A**가 된다. E는 동사 'retrasarse 지연되다, 늦다'가 있어 정답인 것처럼 보이지만 명사 cita 때문에 정답이 성립되지 않는다.
23.	메시지 5	자동차 정비소에서 차 수리가 완료되었다는 메시지이다. taller는 '작업소, 수리소'라는 뜻으로, 이어지는 'auto 자동차'와 함께 쓰이면 '자동차 정비소'가 됨을 알 수 있다. 'Ya está arreglado 이제 수리되었다'고 하며 차를 직접 찾아가거나 전화를 걸면 집으로 차를 가져다준다고 했으므로 정답은 **G**. 즉, 'trabajo de reparación 수리 작업'을 마쳤다고 말하는 문장을 찾으면 된다. 동사 arreglar와 reparar 모두 '수리하다, 고치다'를 뜻하는 동의어이며, C는 차를 판매하기를 원한다는 의미이므로 오답이다.
24.	메시지 6	'librería 서점'에서 고객들에게 도서 예약과 관련된 사항을 안내하고 있다. 중요한 표현은 las reservas son limitadas로, 예약 부수가 제한된다는 뜻이다. 이는 도서가 충분하지 않다는 의미이므로 정답은 **K** No hay suficiente cantidad가 된다.
25.	메시지 7	메시지의 핵심 내용은 'mañana es mejor salir después de comer que a primera hora de la mañana 내일 오전 일찍보다는 점심을 먹은 후에 출발하는 게 더 낫겠다.'이다. 이미 정했던 약속 시간보다 늦게 출발할 것을 제안하고 있다. 하지만 이러한 내용 끝에 'Por favor, llamadme para confirmar esto.'라고 하며 확실하게 정하기 위해서 전화를 다시 해 줄 것을 당부하고 있으므로 정답은 **J**. 동사 fijarse는 '확실히 하다, 결정하다'라는 뜻으로 Todavía no se ha fijado la cita는 아직은 약속이 확실히 정해지지 않았음을 의미한다. E에 주의해야 하는데, 'se ha retrasado 지연되었다'는 사실은 아직 확정이 되지 않은 것이므로 오답이다.

Tarea 1 Ejercicios 듣기 종합 연습 문제

Track 5-1

INSTRUCCIONES

Usted va a escuchar seis conversaciones. Escuchará cada conversación dos veces. Después, tiene que contestar a las preguntas (de la 1 a la 6). Seleccione la opción correcta (A, B o C).

Marque las opciones elegidas en la **Hoja de respuestas**.

A continuación va a oír un ejemplo:

0. ¿Adónde fue anoche la mujer?

A   B   C

La opción correcta es la C.

0.   A ☐   B ☐   C ◼

CONVERSACIÓN UNO

1. ¿Dónde ha ido esta mañana la señora?

A   B   C

CONVERSACIÓN DOS

2. ¿Qué fruta no le gusta a la señora?

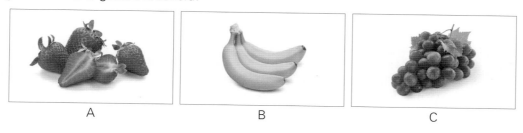

A   B   C

CONVERSACIÓN TRES

3. ¿Qué le da el hombre a la mujer?

A

B

C

CONVERSACIÓN CUATRO

4. ¿Qué ha comprado el hombre para la tía Rosa?

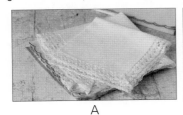

A

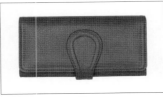

B

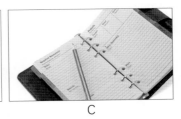

C

CONVERSACIÓN CINCO

5. ¿Qué es lo que ha olvidado el hombre?

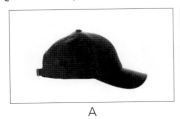

A

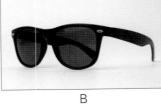

B

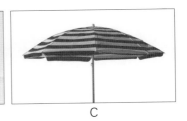

C

CONVERSACIÓN SEIS

6. ¿Qué actividad va a hacer la mujer este verano?

A

B

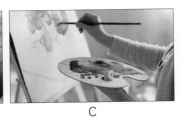

C

Usted va a escuchar seis anuncios o fragmentos de un programa de radio y tiene que responder a seis preguntas. Cada audición se repite dos veces. Lea las preguntas (de la 7 a la 12) y seleccione la opción correcta (A, B o C).

Marque las opciones elegidas en la **Hoja de respuestas**.

A continuación va a oír un ejemplo.

0. Este lugar...

   A) no cierra.

   B) es el mejor de Salamanca.

   C) es una panadería.

La opción correcta es la A.

0. A ■ B ☐ C ☐

PREGUNTAS

AUDIO 1

7. Obtienes un descuento...

    A) si te cortas el pelo.

    B) si vas con alguien más.

    C) si eres niño.

AUDIO 2

8. El evento es...

    A) de dos días.

    B) para las madres.

    C) al aire libre.

AUDIO 3

9. Según el anuncio, ellos...

    A) tienen todo tipo de coches.

    B) te compran un coche usado.

    C) van a llevarte el coche a tu casa.

AUDIO 4

10. Para ganar un premio, debes...

    A) jugar.

    B) participar en un sorteo.

    C) enviar una postal.

AUDIO 5

11. El producto que anuncian...

    A) es detergente para la ropa.

    B) se vende en Internet.

    C) se vende en farmacias.

AUDIO 6

12. El día 15 de septiembre...

    A) hay un concierto.

    B) empieza la venta de las entradas.

    C) abren un banco.

Tarea 3 **Ejercicios** 듣기 종합 연습 문제

INSTRUCCIONES

Usted va a escuchar una conversación entre un decorador y una señora. Indique si los enunciados (del 13 al 18) se refieren al decorador (A), a la señora (B) o a ninguno de los dos (C). Escuchará la conversación dos veces.

Marque las opciones elegidas en la **Hoja de respuestas**.

Ahora tiene 30 segundos para leer los enunciados.

	A **DECORADOR**	B **SEÑORA**	C **NINGUNO DE LOS DOS**
0. Se dedica a decorar casas.	✓	☐	☐
13. Quiere cambiar la casa inmediatamente.	☐	☐	☐
14. Quiere mirar por la ventana mientras cocina.	☐	☐	☐
15. Le gustaría pintar los dormitorios.	☐	☐	☐
16. Piensa que el suelo necesita cambios.	☐	☐	☐
17. No puede aparcar su coche en el garaje.	☐	☐	☐
18. Pronto avisará sobre el costo del trabajo.	☐	☐	☐

Tarea 4 Ejercicios 듣기 종합 연습 문제

INSTRUCCIONES

Usted va a escuchar ocho mensajes, incluido el ejemplo. Cada mensaje se repite dos veces. Seleccione el enunciado (de la A a la K) que corresponde a cada mensaje (del 19 al 25). Hay once opciones, incluido el ejemplo. Seleccione siete.

Marque las opciones elegidas en la **Hoja de respuestas**.

A continuación va a oír un ejemplo.

0. A☐ B☐ C☐ D☐ E☐ F■ G☐ H☐ I☐ J☐ K☐

La opción correcta es la letra F.

Ahora tiene 45 segundos para leer los enunciados.

ENUNCIADOS

A.	Se ha ido de un viaje de trabajo.
B.	El avión no podrá despegar.
C.	No trabajan los fines de semana.
D.	Es un descuento del 50 por ciento.
E.	Cierran por reformas.
F.	Se suspende un espectáculo.
G.	Es una invitación a una cena.
H.	El aparcamiento cierra más tarde.
I.	Van a aterrizar en una selva.
J.	Hay que permanecer sentados.
K.	Avisan sobre una demora.

	MENSAJES	ENUNCIADOS
0.	Mensaje 0	F
19.	Mensaje 1	
20.	Mensaje 2	
21.	Mensaje 3	
22.	Mensaje 4	
23.	Mensaje 5	
24.	Mensaje 6	
25.	Mensaje 7	

Tarea 1 Ejercicios 듣기 종합 연습 문제 정답 및 해설

1 스크립트

CONVERSACIÓN 0	NARRADOR	Va a escuchar una conversación entre dos amigos.
	HOMBRE	Anoche fui al cine y vi una película buenísima.
	MUJER	Yo también tenía muchas ganas de ir al cine.
	HOMBRE	Me dijiste que ibas a ir, ¿no?
	MUJER	La verdad es que pensaba ir, pero me encontré con Juan y me invitó a cenar a un sitio nuevo buenísimo.
	NARRADOR	Conteste a la pregunta: ¿Adónde fue anoche la mujer?
		La opción correcta es la letra C.
		Ahora va a escuchar las seis conversaciones.
CONVERSACIÓN 1	NARRADOR	Va a escuchar una conversación entre un matrimonio.
	HOMBRE	Cariño, ¿tendrás tiritas?
	MUJER	No, ¿qué te ha pasado?
	HOMBRE	Se me cayó un vaso y se rompió. Traté de recogerlo y tengo un corte en un dedo.
	MUJER	Te las podría haber traído. Esta mañana he ido a comprar un jarabe para la tos y aspirinas.
	5초	
	반복 재생	
	3초	
	NARRADOR	Conteste a la pregunta número uno: ¿Dónde ha ido esta mañana la señora?
	10초	
CONVERSACIÓN 2	NARRADOR	Va a escuchar una conversación entre una señora y un frutero.
	MUJER	¿A cómo están estas fresas?
	HOMBRE	A diez euros. Están buenísimas. ¿Quiere probarlas?
	MUJER	No, gracias. Son para mi hija y no para mí. Yo prefiero las frutas más dulces como los plátanos o las uvas.
	HOMBRE	También tengo uvas que son muy muy dulces.
	5초	
	반복 재생	
	3초	
	NARRADOR	Conteste a la pregunta número dos: ¿Qué fruta no le gusta a la señora?
	10초	
CONVERSACIÓN 3	NARRADOR	Va a escuchar una conversación entre dos hermanos.
	HOMBRE	Llevas ya tiempo sin hacer nada, ¿no?
	MUJER	Sí. ¡Estoy aburrida de tanta tele!
	HOMBRE	Deberías de hacer algo más productivo.
	MUJER	Anda, pásame algo para leer.
	HOMBRE	Toma. Es el de ayer.
	5초	
	반복 재생	
	3초	

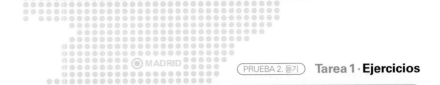

	NARRADOR	Conteste a la pregunta número tres: ¿Qué le da el hombre a la mujer?
	10초	

	NARRADOR	Va a escuchar a un hombre que habla con su madre.
CONVERSACIÓN 4	MUJER	Jorge, ¡vámonos ya! Se nos hace tarde. ¡Oye! No se te ha olvidado el regalo, ¿verdad?
	HOMBRE	Por supuesto que no. ¿Sabes? Al final no he comprado ni el pañuelo ni la cartera que habíamos elegido.
	MUJER	Pero, te dije que Rosa necesitaba una nueva cartera.
	HOMBRE	Me decidí por una agenda. Me pareció un regalo más original para la tía Rosa.
	5초	
	반복 재생	
	3초	
	NARRADOR	Conteste a la pregunta número cuatro: ¿Qué ha comprado el hombre para la tía Rosa?
	10초	

	NARRADOR	Va a escuchar una conversación entre una pareja.
CONVERSACIÓN 5	HOMBRE	¡Qué sol! Y con esta gorra tan pequeña, me da el sol en la cara.
	MUJER	¿No traes las gafas de sol?
	HOMBRE	No, no me acordé de traerlas. Por favor, gira la sombrilla un poco más a la derecha.
	MUJER	Lo siento, es que ya no se puede más.
	5초	
	반복 재생	
	3초	
	NARRADOR	Conteste a la pregunta número cinco: ¿Qué es lo que ha olvidado el hombre?
	10초	

	NARRADOR	Va a escuchar una conversación entre dos amigos.
CONVERSACIÓN 6	MUJER	¿Vas a hacer natación este verano?
	HOMBRE	Yo sí. Sabes que es lo que más me gusta. ¿Y tú? ¿Sabes si vas a hacer el cursillo de informática o el de natación?
	MUJER	Al final, ni el uno ni el otro. He decidido apuntarme al de pintura.
	HOMBRE	Pues, ¡mucha suerte!
	5초	
	반복 재생	
	3초	
	NARRADOR	Conteste a la pregunta número seis: ¿Qué actividad va a hacer la mujer este verano?
	10초	

Complete ahora la Hoja de respuestas.

30초

 해석

지시 사항

당신은 6개의 대화를 들을 것입니다. 각 대화는 두 번 듣게 됩니다. 이어서, 1번부터 6번까지의 질문에 답해야 합니다. (A, B 혹은 C) 정답을 선택하세요.

선택한 보기를 **답안지**에 표기하세요.

이어서 하나의 예시를 듣게 될 것입니다.

0. 여자는 어젯밤 어디에 갔는가?

A

B

C

정답은 C입니다.

0. A☐ B☐ C■

대화 1

1. 오늘 오전 부인은 어디에 갔는가?

A

B

C

대화 2

2. 아주머니는 어떤 과일을 좋아하지 않는가?

A

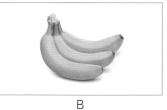
B

C

대화 3

3. 남자는 여자에게 무엇을 주는가?

A

B

C

대화 4

4. 남자는 로사 이모를 위해 무엇을 샀는가?

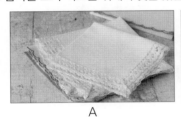

A

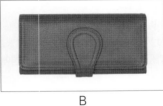

B

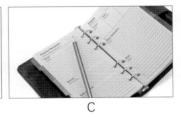

C

대화 5

5. 남자가 잊어버린 것은 무엇인가?

A

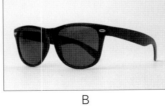

B

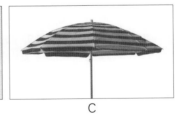

C

대화 6

6. 여자는 이번 여름에 어떤 활동을 할 것인가?

A

B

C

스크립트 해석

대화 0	내레이터	당신은 두 친구 사이의 대화를 듣게 될 것입니다.
	남자	나는 어젯밤에 극장에 가서 아주 훌륭한 영화를 한 편 봤어.
	여자	나도 극장에 가고 싶은 마음이 아주 많았는데.
	남자	갈 거라고 말하지 않았니?
	여자	사실은 갈 생각이었는데 갑자기 후안을 만나게 되었고 그가 나를 아주 훌륭한 새로운 장소로 저녁 식사 초대를 했어.
	내레이터	질문에 답하세요. 여자는 어젯밤 어디에 갔는가?
		정답은 C입니다.
		이제 당신은 6개의 대화를 듣게 될 것입니다.
대화 1	내레이터	당신은 한 부부 사이의 대화 내용을 듣게 될 것입니다.
	남자	여보, 혹시 반창고 있나요?
	여자	아니요, 무슨 일이 있었어요?
	남자	컵을 떨어뜨려서 깨졌어요. 그것을 치우려고 노력했는데 손가락에 베인 상처를 입었어요.
	여자	반창고를 가져다줄 수도 있었을 텐데요. 오늘 아침에 나는 기침 시럽약과 아스피린을 사러 갔었거든요.
	5초	
	반복 재생	
	3초	
	내레이터	1번 질문에 답하세요. 오늘 오전 부인은 어디에 갔었는가?
	10초	
대화 2	내레이터	당신은 한 아주머니와 한 과일 장수의 대화를 들을 것입니다.
	여자	이 딸기는 얼마인가요?
	남자	10유로입니다. 매우 맛이 좋습니다. 드셔 보시겠어요?
	여자	아니요, 감사합니다. 제가 아니라 제 딸을 위한 것입니다. 저는 바나나나 포도 같은 더 단맛의 과일을 좋아합니다.
	남자	저는 아주 단 포도도 있습니다.
	5초	
	반복 재생	
	3초	
	내레이터	2번 질문에 답하세요. 아주머니는 어떤 과일을 좋아하지 않는가?
	10초	
대화 3	내레이터	당신은 두 남매 사이의 대화를 듣게 될 것입니다.
	남자	너 아무것도 안 하는 채로 너무 시간을 보내는 거 아니야?
	여자	맞아. 나는 TV를 너무 많이 봐서 지겹다니까!
	남자	더 생산적인 무언가를 해야 할 것 같다.
	여자	자, 내게 읽을거리를 좀 건네줘.
	남자	여기 있어. 이것은 어제 날짜의 것이야.
	5초	
	반복 재생	

	3초	
	내레이터	3번 질문에 답하세요. 남자는 여자에게 무엇을 주는가?
	10초	
대화 4	내레이터	당신은 한 남자가 자신의 어머니와 나누는 대화를 듣게 될 것입니다.
	여자	호르헤, 이제 가자! 우리 늦겠다. 얘! 선물을 잊지는 않았겠지?
	남자	당연히 아니죠. 그런데 아세요? 결국 저는 우리가 골랐던 손수건도 지갑도 사지 않았어요.
	여자	그렇지만 로사는 새 지갑이 필요하다고 네게 말했잖니.
	남자	저는 수첩을 사기로 정했어요. 로사 이모를 위한 좀 더 색다른 선물이라고 생각했거든요.
	5초	
	반복 재생	
	3초	
	내레이터	4번 질문에 답하세요. 남자는 로사 이모를 위해 무엇을 샀는가?
	10초	
대화 5	내레이터	당신은 한 연인 사이의 대화를 듣게 될 것입니다.
	남자	햇빛이 정말 강렬하다! 그리고 이 모자가 너무 작아서 햇빛이 얼굴로 다 들어오고 있어.
	여자	선글라스는 안 가져온 거니?
	남자	응, 나 그거 가져올 생각을 못 했어. 그 파라솔을 조금 더 오른쪽으로 돌려 줘.
	여자	미안해. 더 이상은 돌릴 수 없어.
	5초	
	반복 재생	
	3초	
	내레이터	5번 질문에 답하세요. 남자가 잊어버린 것은 무엇인가?
	10초	
대화 6	내레이터	당신은 두 친구 사이의 대화를 듣게 될 것입니다.
	여자	너는 올 여름에 수영을 할 거니?
	남자	응, 할 거야. 내가 가장 좋아하는 거란 걸 너도 알잖니. 너는? 컴퓨터 수업을 들을지 수영 수업을 들을지 정했니?
	여자	결국에 나는 둘 중 그 무엇도 듣지 않을 거야. 난 미술 수업에 등록하기로 결심했어.
	남자	그렇다면 잘되길 바라!
	5초	
	반복 재생	
	3초	
	내레이터	6번 질문에 답하세요. 여자는 이번 여름에 어떤 활동을 할 것인가?
	10초	

답안지를 작성하세요.

30초

Tarea 1 · Ejercicios

3 어휘

anoche	어젯밤, 어젯밤에	cartera	ⓕ 지갑
sitio	ⓜ 장소, 지역, 곳	elegir	고르다, 선택하다
matrimonio	ⓜ 결혼, 혼인, 부부	agenda	ⓕ 수첩, 메모장, 계획표
cariño	ⓜ 애정, 애착	original	최초의, 기원의, 독창적인, 독특한
tirita	ⓕ 일회용 반창고	pareja	ⓕ 한 쌍, 커플
corte	ⓜ 절단, 베임, 머리 모양 ⓕ 법정, 에스코트, 호위대	gorra	ⓕ (차양이 있는) 모자
jarabe	ⓜ 시럽, 약물	girar	돌다, 돌리다, 회전하다
tos	ⓕ 기침	sombrilla	ⓕ 양산, 비치파라솔, 우산
frutero	ⓜⓕ 과일 장수, 과일 접시	natación	ⓕ 수영
probar	시험하다, 테스트하다, 입어 보다, 먹어 보다	cursillo	ⓜ 연수, 단기 강의, 단기 강좌
llevar tiempo	오래 걸리다	informática	ⓕ 컴퓨터 과학, 정보 과학
aburrido	따분한, 지루한	ni A ni B	~도 ~도 아니다
productivo	생산적인, 유익한	apuntarse	등록되다, 회원이 되다
pañuelo	ⓜ 손수건, 스카프	pintura	ⓕ 그림, 회화, 페인트

4 해설

0.	여자가 어젯밤에 어디에 갔는지 묻는 문제이다. 여자는 극장에 갈 계획이었지만 우연히 친구를 만나 저녁 식사에 초대받았는데, 그곳은 sitio nuevo buenísimo였다고 한다. 명사 sitio는 '장소, 곳'을 의미하는데, 새로 생긴 아주 좋은 곳으로 '저녁 식사'를 하러 갔기 때문에 그곳이 식당임을 유추할 수 있다. 따라서 정답은 **C** restaurante.
1.	오늘 오전 부인이 어디에 갔었는지 묻는 문제이다. 남자는 여자에게 'tiritas 반창고'가 있는지 물어보며 컵을 깨뜨려서 'corte en un dedo 손가락에 베인 상처'가 있다고 했다. 핵심 단어이므로 놓치지 않도록 하자. 이에 여자는 Te las podría haber traído. Esta mañana he ido a comprar un jarabe para la tos y aspirinas라고 하는데, 'Podría haber P.P.'는 '~할 수도 있었다' 즉, 일어나지 않은 일에 대한 가능성을 말하는 표현이다. 여자가 반창고를 가져다줄 수도 있었던 이유는 오전에 'jarabe para la tos 기침 시럽약'과 'aspirina 아스피린'을 사기 위해 약국에 다녀왔기 때문이다. 정답은 **A**에 해당하는 farmacia이다.
2.	아주머니가 좋아하지 않는 과일을 묻는 문제이다. 아주머니는 과일 장수에게 'fresas 딸기'의 가격에 대해 묻고 과일 장수는 probar 먹어 볼 것인지 묻는다. 이에 아주머니는 'Son para mi hija y no para mí. Yo prefiero las frutas más dulces como los plátanos o las uvas 제가 아니라 제 딸을 위한 것입니다. 저는 바나나나 포도 같은 더 단맛의 과일을 좋아합니다.'라고 했다. 그러므로 정답은 **A**.
3.	남자가 여자에게 무엇을 주었는지 묻는 문제이다. 먼저 남자는 누이에게 그녀가 장시간 아무것도 하지 않았다는 사실을 언급한다. 그러자 그녀는 TV를 너무 많이 봐서 지겹다고 하는데, 이때 'estar aburrido de ~'를 잘 들어야 한다. '생산적인 무언가를 하는 것이 더 좋을 것'이라는 남자의 제안에 여자는 Anda, pásame algo para leer이라 말한다. pásame는 자신에게 건네줄 것에 대한 명령이며, algo para leer는 '읽을 만한 것 아무것이나' 정도로 해석해야 한다. 남자의 마지막 말이 정답을 추론할 수 있는 중요한 단서가 된다. 그는 Toma. Es el de ayer라고 하며 무언가를 건네는데 El de ayer는 명사를 생략하고 정관사 el만 사용한 표현으로, 'de ayer 어제의' 즉, '어제 날짜의 것'이 될 수 있는 '읽을거리'로는 **B** 'Periódico 신문'만이 가능하다. C의 libros는 '읽을거리'이지만 '어제 날짜의 것'이 될 수 없으므로 오답이다.
4.	남자가 로사 이모를 위해 무엇을 샀는지 묻는 문제이다. 남자의 말에서 정답을 찾을 수 있는데, '¿Sabes? Al final no he comprado ni el pañuelo ni la cartera que habíamos elegido 아세요? 결국 저는 우리가 골랐던 손수건도 지갑도 사지 않았어요.'라는 말을 통해 손수건이나 지갑을 사지 않았음을 알 수 있다. 'Ni A ni B ~도 ~도 (모두) 아니다'라는 표현을 기억하도록 하자. 이어서 그는 'Me decidí por una agenda. Me pareció un regalo más original para la tía Rosa 저는 수첩을 사기로 정했어요. 로사 이모를 위한 좀 더 색다른 선물이라고 생각했거든요.'라고 했다. 그가 선택한 선물은 'agenda 수첩, 다이어리'이므로 정답은 **C**. 만일 정답에 해당하는 agenda를 모른다고 해도 ni el pañuelo ni la cartera에서 A와 B를 제거할 수 있어야 한다.
5.	남자가 잊어버린 것을 묻는 문제이다. 남자는 '¡Qué sol! Y con esta gorra tan pequeña, me da el sol en la cara 햇빛이 정말 강렬하다! 그리고 이 모자가 너무 작아서 햇빛이 얼굴로 다 들어오고 있어.'라고 하는데, 이때 con으로 시작하는 전치사구의 해석이 중요하다. '이렇게나 ~하므로 ~하다'라는 원인과 결과를 나타내는 표현임을 기억하자. 이에 여자는 'gafas de sol 선글라스'를 가지고 오지 않았는지 묻고 남자는 No, no me acordé de traerlas라고 말한다. 'no acordarse 기억하지 못하다'는 'olvidar 잊다, 깜박하다'와 같은 의미이므로 정답은 **B**.
6.	올해 여름 여자가 어떤 활동을 하게 될지 묻고 있다. 'natación 수영'을 할 거라고 말한 남자는 여자에게 '¿Y tú? ¿Sabes si vas a hacer el cursillo de informática o el de natación? 너는? 컴퓨터 수업을 들을지 수영 수업을 들을지 정했니?'라고 묻는다. 이에 여자는 'Al final, ni el uno ni el otro. He decidido apuntarme al de pintura 결국에 나는 둘 중 그 무엇도 듣지 않을 거야. 난 미술 수업에 등록하기로 결심했어.'라고 하는데 이때 'ni A ni B'를 주의하자. 'el uno 하나, el otro 둘 중 다른 하나'는 대화에서 이미 언급된 두 가지, el cursillo de informática와 el cursillo de natación을 의미하는 것이다. 즉, 두 강좌 모두 듣지 않을 것이며 'pintura 미술' 강좌를 들을 것이라는 것이다. 동사 'apuntarse 등록하다'도 반드시 알아 두어야 한다. 따라서 정답은 **C**.

AUDIO 0	Mesón del Charro, Salamanca. Carnes de todo tipo acompañadas por originales ensaladas. Sus dulces, sobre todo la leche frita y las tartas, son los mejores de Salamanca. Buena selección de vinos. Avenida Romero, número 30. Abierto todos los días. NARRADOR: Conteste a la pregunta número 0. La opción correcta es la A. 5초
AUDIO 1	Ahora tiene 10 segundos para leer la pregunta 7. 10초 ¡Peluniños! En Peluniños te hacemos unos cortes de pelo a la última moda juvenil. Además, si vienes con algún amigo o familiar, te haremos un descuento. Estamos en la Avenida de Los Pinos, número 17. ¡Ven a visitarnos! 15초 반복 재생 3초 NARRADOR: Conteste a la pregunta número 7. 5초
AUDIO 2	Ahora tiene 10 segundos para leer la pregunta 8. 10초 ¡Te invitamos! El próximo 7 de mayo, de 5 a 7 de la tarde, en la Municipalidad, el proyecto cultural "Los Angelitos" va a ofrecer un concierto gratuito para todo el público con motivo del Día de la Madre. ¡Música, baile, comida y bebida! ¡Diversión garantizada en el patio de nuestra Municipalidad! 15초 반복 재생 3초 NARRADOR: Conteste a la pregunta número 8. 5초
AUDIO 3	Ahora tiene 10 segundos para leer la pregunta 9. 10초 ¿Quieres ya comprarte un coche? Tenemos de todo; grandes, pequeños, nuevos, usados, antiguos, modernos... Estamos en la Avenida El Toro, número 6. También te visitamos en tu casa para mostrarte nuestro catálogo con todos los modelos disponibles. 15초 반복 재생 3초 NARRADOR: Conteste a la pregunta número 9. 5초

AUDIO 4	Ahora tiene 10 segundos para leer la pregunta 10.
	10초
	¡Juega con nosotros! Podrás ganar dos entradas para ver a tu grupo de música favorito y participar en el sorteo de más de cien camisetas y bolsos. Solo tienes que enviarnos a nuestra emisora una postal, antes de finales de octubre, con tu nombre, tu edad y tu teléfono. Imagina lo bien que lo vamos a pasar.
	15초
	반복 재생
	3초
	NARRADOR: Conteste a la pregunta número 10.
	5초
AUDIO 5	Ahora tiene 10 segundos para leer la pregunta 11.
	10초
	Camay, el jabón que protege tu piel por sus componentes cien por cien natural. Es el líder del mercado en más de diez países de todo el mundo. Pida las muestras en nuestra página web www.camay.com y verá por qué es el número uno. Se vende solo en farmacias.
	15초
	반복 재생
	3초
	NARRADOR: Conteste a la pregunta número 11.
	5초
AUDIO 6	Ahora tiene 10 segundos para leer la pregunta 12.
	10초
	¡El 15 de septiembre las entradas para el concierto de la banda "La Ola" se ponen a la venta ya! Desde las 9 de la mañana en las taquillas de la sala de conciertos. Si es Ud. cliente del banco BNP, también se realiza la venta en todas las sucursales del banco.
	15초
	반복 재생
	3초
	NARRADOR: Conteste a la pregunta número 12.
	5초

Complete ahora la Hoja de respuestas.

30초

2 해석

지시 사항

당신은 6개의 라디오 광고를 듣고 6개의 질문에 답해야 합니다. 각 광고는 두 번 재생됩니다. 7번부터 12번까지의 질문을 읽고 (A, B 혹은 C) 정답을 선택하세요.

선택한 보기를 **답안지**에 표기하세요.

이어서 하나의 예시를 듣게 될 것입니다.

0. 이 장소는 …

 A) 문을 닫지 않는다.

 B) 살라망카에서 최고의 장소이다.

 C) 한 빵집이다.

정답은 A입니다.

0. A ■ B ☐ C ☐

문제

오디오 1

7. … 할인받을 수 있다.

    A) 머리를 자르면

    B) 누군가와 함께 가면

    C) 어린아이라면

오디오 2

8. 그 이벤트는 …

    A) 이틀 동안 진행된다.

    B) 어머니들을 위한 것이다.

    C) 야외에서 진행된다.

오디오 3

9. 광고에 따르면, 그들은 …

    A) 모든 유의 자동차를 갖고 있다.

    B) 중고차를 매입한다.

    C) 차를 당신의 집으로 가져다줄 것이다.

오디오 4

10. 상품에 당첨되기 위해서는 … 해야 한다.

    A) 게임을

    B) 추첨에 참여를

    C) 엽서 보내기를

오디오 5

11. 그들이 광고하는 상품은 …

    A) 세탁 세제이다.

    B) 인터넷으로 판매된다.

    C) 약국에서 판매된다.

오디오 6

12. 9월 15일에는 …

    A) 콘서트가 있다.

    B) 입장권의 판매가 시작된다.

    C) 은행이 개점한다.

스크립트 해석

오디오 0	살라망카시 메손 델 차로 식당. 독창적인 샐러드와 함께 곁들인 모든 유의 스테이크 요리. 디저트류, 특히 레체 프리타와 케이크는 살라망카 최고의 디저트입니다. 훌륭한 와인들이 있습니다. 로메로 대로, 30번지. 매일 영업합니다.
	내레이터: 0번 질문에 답하세요.
	정답은 A입니다.
	5초
오디오 1	당신은 이제 7번 질문을 읽기 위한 10초의 시간이 있습니다.
	10초
	펠루니뇨스! 펠루니뇨스에서는 청소년층 가장 최신 유행의 헤어컷을 해 드립니다. 또한 친구 또는 가족과 함께 오면 할인해 드립니다. 우리는 로스 피노스 대로, 17번지에 있습니다. 방문해 주세요!
	15초
	반복 재생
	3초
	내레이터: 7번 질문에 답하세요.
	5초
오디오 2	당신은 이제 8번 질문을 읽기 위한 10초의 시간이 있습니다.
	10초
	당신을 초대합니다! 오는 5월 7일, 오후 5시부터 7시까지 시청에서 문화 프로젝트인 '로스 엔젤리토스'가 어머니의 날을 계기로 모든 대중을 위한 무료 콘서트를 진행할 것입니다. 음악, 춤, 음식과 음료가 있습니다! 우리 시청 뜰에서의 즐거움을 약속합니다!
	15초
	반복 재생
	3초
	내레이터: 8번 질문에 답하세요.
	5초
오디오 3	당신은 이제 9번 질문을 읽기 위한 10초의 시간이 있습니다.
	10초
	차를 구입하고 싶나요? 우리가 모든 종류의 차를 갖고 있습니다. 대형, 소형, 새 차, 중고차, 오래된 모델, 최신 모델… 우리는 엘 토로 대로, 6번지에 있습니다. 또한 구입 가능한 모든 모델이 포함되어 있는 카탈로그를 당신에게 보여 드리기 위해 집으로 방문해 드립니다.
	15초
	반복 재생
	3초
	내레이터: 9번 질문에 답하세요.
	5초

오디오 4	당신은 이제 10번 질문을 읽기 위한 10초의 시간이 있습니다.
	10초
	우리와 함께 운을 시험해 보세요! 당신이 가장 좋아하는 그룹을 볼 수 있는 공연의 입장권 두 장을 상품으로 받을 수 있으며 100여 장의 티셔츠 및 가방을 받을 수 있는 추첨에 응모할 수 있습니다. 10월 말 전까지 우리 방송국으로 당신의 이름, 나이, 전화번호를 기입한 엽서를 한 통 보내기만 하면 됩니다. 얼마나 즐거운 시간을 보낼지 상상해 보세요.
	15초
	반복 재생
	3초
	내레이터: 10번 질문에 답하세요.
	5초
오디오 5	당신은 이제 11번 질문을 읽기 위한 10초의 시간이 있습니다.
	10초
	카마이는 100% 천연 성분으로 당신의 피부를 지켜 드립니다. 이 비누는 전 세계 10개국이 넘는 시장에서의 리더입니다. 우리 웹 사이트 www.camay.com에서 샘플을 요청하면 이 비누가 왜 일등인지 확인할 수 있을 것입니다. 약국에서만 판매합니다.
	15초
	반복 재생
	3초
	내레이터: 11번 질문에 답하세요.
	5초
오디오 6	당신은 이제 12번 질문을 읽기 위한 10초의 시간이 있습니다.
	10초
	9월 15일에 '라 올라' 밴드의 콘서트 입장권이 드디어 발매됩니다! 콘서트장 매표소에서 오전 9시부터 판매합니다. 당신이 BNP 은행의 고객이면 이 은행의 모든 지점에서도 구매할 수 있습니다.
	15초
	반복 재생
	3초
	내레이터: 12번 질문에 답하세요.
	5초

답안지를 작성하세요.

30초

Tarea 2 · **Ejercicios**

3 어휘

panadería	ⓕ 빵 가게, 제빵업	Municipalidad	ⓕ 시, 시청
al aire libre	야외에서, 노천에서	patio	ⓜ 안뜰, 마당
tipo	ⓜ 타입, 형, 모범	diversión	ⓕ 오락, 레크리에이션
usado	사용된, 중고의(= de segunda mano)	garantizado	보증된
premio	ⓜ 상, 상금, 수상자	mostrar	보여 주다, 제시하다, 증명하다
participar	참가하다, 참여하다	disponible	자유로이 사용할 수 있는
sorteo	ⓜ 추첨, 제비뽑기	emisora	ⓕ 방송국 / 발하는, 송신하는
postal	ⓕ 우편엽서 / 우편의	pasarlo bien	즐거이 보내다, 즐겁게 지내다
detergente	ⓜ 세제, 가루비누 / 세척하는	proteger	보호하다, 지키다
farmacia	ⓕ 약국, 약학	componente	ⓜ 구성 요소, 성분 ⓜⓕ 구성원 / 구성하는
entrada	ⓕ 입장, 출입구, 입장권, 입장료	natural	자연의, 당연한, 본능적인
original	최초의, 기원의, 독창적인, 독특한	líder	ⓜⓕ 지도자, 리더
dulce	ⓜ 단것, 과자, 디저트 / (맛이) 단	muestra	ⓕ 견본, 샘플, 증명
leche frita	ⓕ 레체 프리타(밀가루에 우유와 설탕을 넣어 끓여 튀긴 과자)	banda	ⓕ 무리, 악단, 밴드
selección	ⓕ 선택, 수집	ponerse a la venta	발매하다
corte de pelo	ⓜ 헤어스타일, 헤어컷	taquilla	ⓕ 매표소
último	마지막의, 최종의, 최신의	cliente	ⓜⓕ 손님, 고객
moda	ⓕ 유행, 패션	sucursal	ⓕ 지점, 지사 / 지점의, 지사의
juvenil	청춘의, 젊은		

4 해설

0.	광고에서 안내하는 장소의 특징에 대한 질문이다. 'carnes 스테이크, ensaladas 샐러드, dulces 디저트류, tartas 케이크, vinos 와인' 등의 식음료 관련 단어가 나오는 것으로 보아 이곳은 'restaurante 음식점'임을 알 수 있다. 따라서 C '빵집'은 오답. 세 번째 문장에서 las tartas son las mejores de Salamanca라고 언급하는데, 이는 이 식당에서 판매하는 케이크가 살라망카 시 전체에서 최고의 케이크임을 뜻하므로 B 역시 오답이다. 마지막 문장 'Abierto todos los días 매일 영업합니다.'를 통해 해당 매장이 매일 영업한다는 것을 알 수 있으므로 **A** '문을 닫지 않는다'가 정답이다.
7.	어린이 전용 미용실의 할인 광고로, 할인 조건을 듣고 선택하는 문제이다. 'si vienes con algún amigo o familiar, te haremos un descuento 친구 또는 가족과 함께 오면 할인해 드립니다.'라고 했으므로 정답은 **B**.
8.	특정 이벤트의 구체적인 내용에 대한 질문이다. 보기에서 이벤트의 시간, 대상, 장소를 묻고 있으므로 관련 내용을 정확하게 듣는 것이 중요하다. 마지막 문장 '¡Diversión garantizada en el patio de nuestra Municipalidad! 우리 시청 뜰에서의 즐거움을 약속합니다!'를 통해 해당 이벤트는 시청의 'patio 마당, 뜰'에서 이루어짐을 알 수 있다. 따라서 정답은 **C**. 'al aire libre 야외에서'라는 표현을 알고 있어야 한다.
9.	자동차 판매점의 판매 상품 및 서비스에 대한 질문이다. 'Tenemos de todo; grandes, pequeños, nuevos, usados, antiguos, modernos 우리가 모든 종류의 차를 갖고 있습니다. 대형, 소형, 새 차, 중고차, 오래된 모델, 최신 모델…'에서 모든 종류의 차를 보유하고 있다고 했지만, 중고차를 매입한다는 말은 없으므로 B는 함정이다. 마지막 'También te visitamos en tu casa para mostrarte nuestro catálogo con todos los modelos disponibles 구입 가능한 모든 모델이 포함되어 있는 카탈로그를 당신에게 보여 드리기 위해 집으로 방문해 드립니다'라는 문장 역시 '구입할 차를 직접 가져다준다'라는 사실과는 다르므로 C도 오답. 따라서 정답은 **A**이다.
10.	상품을 받으려면 어떻게 해야 하는지 묻고 있다. Solo tienes que enviarnos a nuestra emisora una postal에서 '방송국으로 엽서를 보내는 것'이 상품에 응모하는 방법임을 알 수 있으므로 정답은 **C**. 첫 번째 문장에서 juega는 tú의 명령형이며, 이때 동사 jugar은 응모하여 당첨이 되는지 일종의 내기를 해 보는 '운을 시험해 보다'라는 관용 표현임을 기억하자. 단순히 '게임이나 경기를 하다' 또는 '놀다'라는 의미가 아니므로 A는 함정이며, 'Podrás ganar dos entradas ~ y participar en el sorteo de más de cien camisetas y bolsos'에서 내기에 참여하면 입장권을 받거나 추첨에 응모할 수 있다고 안내하고 있으므로 추첨에 응모해야 내기에 참여할 수 있다는 B 역시 함정이다.
11.	상품에 대한 특징이나 판매처에 대한 정보를 듣고 답을 고르는 문제이다. 첫 번째 문장 'el jabón que protege tu piel por sus componentes cien por cien natural'에서 'jabón 비누'를 들었다면 A는 바로 탈락시켜야 한다. 마지막 문장 'Se vende solo en farmacias 약국에서만 판매합니다.'를 통해 C가 정답임을 알 수 있다. 메시지에서 온라인 사이트를 안내하고 있지만 이는 샘플 요청 방법에 대한 안내이기 때문에 B는 오답이다.
12.	콘서트 티켓 구입에 대한 정보를 듣고 답을 고르는 문제이다. 정답은 **B**. 첫 번째 문장 '¡El 15 de septiembre las entradas para el concierto de la banda "La Ola" se ponen a la venta ya! 9월 15일에 '라 올라' 밴드의 콘서트 입장권이 드디어 발매됩니다!'에서 콘서트 입장권 판매가 시작됨을 알 수 있다. 'ponerse a la venta 발매되다'라는 표현을 꼭 기억하도록 하자. 해당 날짜에 콘서트가 열리는 것은 아니기 때문에 A는 함정이며, 은행 개점 역시 메시지 내용과는 무관하므로 C도 오답이다.

1 스크립트

30초

DECORADOR	Buenos días, soy Álex, el decorador.
SEÑORA	Ah... Buenos días, Álex. Gracias por venir tan pronto.
DECORADOR	Es que me dijeron que tenían ustedes prisa.
SEÑORA	Pues sí, la verdad. ¿Le ofrezco algo para tomar? Tengo un té muy rico.
DECORADOR	Sí, muchas gracias. Tiene usted una casa preciosa. Me encanta esta puerta de madera.
SEÑORA	Gracias. Mire, hemos comprado esta casa y creemos que puede quedar más bonita si la arreglamos.
DECORADOR	¿Y tienen ya alguna idea?
SEÑORA	Algunas, pero no sé... Mejor yo le explico lo que queremos y usted me dice si se puede hacer o no. ¿Le parece bien?
DECORADOR	Sí, claro. Muy bien.
SEÑORA	Vale, entonces empecemos por la cocina. Mire, me gustaría mucho poner la cocina debajo de la ventana y así poder ver el jardín.
DECORADOR	Yo creo que no hay ningún problema.
SEÑORA	También quiero tirar esa pared y unir la cocina con el salón.
DECORADOR	¿Y poner aquí el comedor? Me parece buena idea. ¿Algo más?
SEÑORA	Los dormitorios me gustan como están, aunque convendría pintarlos.
DECORADOR	¿Y los cuartos de baño?
SEÑORA	Pues... En el principal quiero una gran bañera y en el otro con una ducha es suficiente.
DECORADOR	De acuerdo. ¿Y el suelo? A mí me parece que es muy bonito. Yo no lo cambiaría.
SEÑORA	¡Me alegro! Porque no quiero tocarlo. Solo limpiarlo bien.
DECORADOR	¡Perfecto! ¿Algo más?
SEÑORA	Mi marido dice que no le cabe el coche en el garaje y quiere hacerlo un poco más ancho. ¿Se puede hacer?
DECORADOR	Jaja... claro. Los garajes nunca son suficientemente grandes.
SEÑORA	Pues eso es todo. Llámenos y volvemos a hablar.
DECORADOR	Muy bien, señora. Dentro de unos días la llamo y le digo cuánto es el presupuesto.
SEÑORA	Me parece perfecto. Gracias.
DECORADOR	Gracias por el té. Adiós.
SEÑORA	Adiós.

5초

반복 재생

3초

Complete ahora la Hoja de respuestas.

30초

2 해석

지시 사항

당신은 한 인테리어 장식가와 한 아주머니 사이의 대화를 들을 것입니다. (13번부터 18번까지) 문장들이 (A) 인테리어 장식가, (B) 아주머니에 대한 내용인지 또는 (C) 둘 다 해당되지 않는지 선택하세요. 대화는 두 번 듣게 됩니다.

선택한 보기를 **답안지**에 표기하세요.

이제 문장들을 읽을 수 있는 30초의 시간이 주어집니다.

		A 인테리어 장식가	B 아주머니	C 둘 다 아님
0.	집 인테리어 장식을 하는 직업이다.	✓		
13.	집을 당장 바꾸고 싶어 한다.			
14.	요리를 하며 창문을 통해 밖을 보기를 원한다.			
15.	침실을 색칠하기를 원한다.			
16.	바닥에 변화를 주는 것이 필요하다고 생각한다.			
17.	본인의 차를 차고에 주차할 수 없다.			
18.	조만간 작업 비용에 대해 알려 줄 것이다.			

스크립트 해석

30초

인테리어 장식가	좋은 아침입니다. 저는 인테리어 디자이너 알렉스입니다.
아주머니	아, 좋은 아침입니다. 알렉스 씨. 이렇게 일찍 와 주셔서 감사합니다.
인테리어 장식가	급하다고 얘기를 들어서요.
아주머니	네, 사실은 그래요. 마실 것 좀 드릴까요? 아주 맛 좋은 차가 있어요.
인테리어 장식가	네, 감사합니다. 매우 예쁜 집을 갖고 계시군요. 나무로 만들어진 이 문이 아주 마음에 듭니다.
아주머니	감사합니다. 우리는 이 집을 구입했는데 집을 손보면 더 예뻐질 거라고 생각해요.
인테리어 장식가	혹시 구상하신 것이 있나요?
아주머니	조금은요. 하지만 모르겠어요…. 우리가 원하는 것을 당신에게 설명해 드리고 그렇게 할 수 있는지 당신이 말해 주는 게 더 낫겠어요. 괜찮을까요?
인테리어 장식가	그럼요. 아주 좋아요.
아주머니	그럼 주방부터 시작합시다. 보세요, 저 창문 밑에 조리대를 설치해서 창문을 통해 정원을 보고 싶어요.
인테리어 장식가	전혀 문제없을 것 같습니다.
아주머니	또한 저 벽을 없애고 주방과 거실을 연결시키고 싶습니다.
인테리어 장식가	이곳에 식탁을 두는 것이지요? 좋은 생각인 것 같습니다. 다른 것은요?
아주머니	침실들은 지금 현재 상태로 마음에 듭니다. 그것들을 색칠하는 게 더 좋을 것 같긴 하지만요.
인테리어 장식가	화장실은요?
아주머니	메인 화장실에는 근사한 욕조를 놓고 싶고, 다른 화장실에는 샤워기로 충분할 것 같습니다.
인테리어 장식가	알겠습니다. 바닥은요? 제가 보기에는 아주 예쁜 것 같아요. 저라면 바꾸지 않을 듯합니다.
아주머니	기쁘네요! 왜냐하면 저도 그것은 손대고 싶지 않거든요. 단지 잘 닦기만 하면 되겠지요.
인테리어 장식가	완벽합니다! 또 다른 것은요?
아주머니	제 남편은 차고에 차가 들어갈 공간이 부족하대요. 그래서 조금 더 넓게 만들고 싶어 합니다. 가능할까요?
인테리어 장식가	하하… 당연합니다. 차고는 늘 공간이 부족한 편이죠.
아주머니	그게 다예요. 우리에게 전화 주시고 다시 이야기하도록 해요.
인테리어 장식가	좋습니다. 아주머니. 며칠 내로 전화 드려서 견적이 얼마인지 말씀드리겠습니다.
아주머니	완벽합니다. 감사해요.
인테리어 장식가	차 잘 마셨습니다. 안녕히 계세요.
아주머니	안녕히 가세요.

5초
반복 재생
3초

답안지를 작성하세요.

30초

3 어휘

decorador	ⓜⓕ 장식하는 사람 / 장식의, 장식하는	idea	ⓕ 생각, 의도, 아이디어, 개념, 견해
dedicarse a	종사하다	explicar	설명하다
decorar	장식하다	debajo	아래에, 아래로
inmediatamente	즉시, 즉각	tirar	버리다, 집어 던지다, 헐다, 잡아당기다
mientras	~하는 동안	unir	결합시키다, 하나로 만들다
dormitorio	ⓜ 침실, 침실용 가구, 기숙사	comedor	ⓜ 식사 공간, 식당
suelo	ⓜ 땅바닥, 지면	convenir	어울리다, 적당하다, 협정하다
aparcar	주차하다(= estacionar)	bañera	ⓕ 욕조
garaje	ⓜ 차고, 수리 공장	ducha	ⓕ 샤워, 샤워하기, 샤워기
costo	ⓜ 비용, 원가, 경비	alegrarse	기뻐하다
pronto	재빠른, 조속한, 재빨리	tocar	만지다, 연주하다, 두드리다, 순번이 되다
prisa	ⓕ 신속함, 급함	limpiar	청소하다, 닦다
ofrecer	주다, 제공하다	marido	ⓜ 남편
té	ⓜ 차나무, 찻잎, 차	caber	용량이 있다, 들어가다, 수용하다, 여지가 있다
precioso	(= valioso, hermoso) 아름다운, 소중한, 매우 가치 있는	ancho	ⓜ 폭, 넓이 / 넓은, 헐거운
madera	ⓕ 목재, 장작	dentro de	~ 안에, ~ 이내에, ~ 안에서
arreglar	정리하다, 정돈하다, 수리하다		

Tarea 3 · Ejercicios

4 해설

0.	집을 꾸미는 것이 직업인 사람을 찾는 문제이다. 동사 'dedicarse a~ ~에 종사하다'의 해석에 주의해야 한다. 남자는 'decorador 인테리어 장식가, 디자이너'로, 동사 'decorar 장식하다, 꾸미다'에서 파생된 단어임을 유추할 수 있다. 따라서 정답은 **A**.
13.	'inmediatamente 즉시, 즉각' 집에 변화를 주기를 원하는 사람이 누구인지 파악하는 문제이다. 남자의 말 'Es que me dijeron que tenían ustedes prisa. 급하다고 얘기를 들어서요.'에서 정답을 찾을 수 있는데 'tener prisa 서두르다, 급하다'라는 표현을 기억하도록 하자. 이에 여자는 'Pues sí, la verdad 네, 사실은 그래요.'라고 긍정했으므로 여자의 집 개조가 시급한 상황임을 알 수 있다. 따라서 정답은 **B**.
14.	요리하며 창밖을 보기를 원하는 사람이 누구인지 찾는 문제이다. 'mirar por la ventana 창문을 통해 보다'와 'mientras cocina 요리하는 중에'를 정확히 해석해야 한다. 정답은 **B**인데 'Mire, me gustaría mucho poner la cocina debajo de la ventana y así poder ver el jardín'에서 단서를 찾을 수 있다. 창문 밑에 조리대를 설치하고 싶은데 이는 창문을 통해 정원을 보기를 원하기 때문이라고 하였다.
15.	침실을 색칠하기를 원하는 사람이 누구인지 묻는 문제이다. 'dormitorio 침실'을 pintar하는 것은 침실의 벽을 칠하고 싶다는 것이다. 'Los dormitorios me gustan como están, aunque convendría pintarlos 침실들은 지금 현재 상태로 마음에 듭니다. 그것들을 색칠하는 게 더 좋을 것 같긴 하지만요'라고 했으므로 정답은 **B**. 동사 convenir는 '적당하다, 협의하다'라는 뜻이며 '~하는 것이 좋다'로 해석해야 한다.
16.	'suelo 바닥'의 처리에 대한 문제이다. 인테리어 장식가는 '¿Y el suelo? A mí me parece que es muy bonito. Yo no lo cambiaría'라고 하며 바닥은 지금도 예쁘기 때문에 굳이 변경하지 않아도 될 것 같다는 의견을 제시하고, 아주머니는 '¡Me alegro! Porque no quiero tocarlo. Solo limpiarlo bien 바닥은 깨끗이 유지하는 것 말고는 손대지 않고 싶다고 했다. 바닥에 변화를 주고자 하는 사람이 없으므로 정답은 **C**.
17.	자신의 차를 차고에 주차할 수 없다고 말한 사람이 누구인지 파악해야 한다. 여자는 자신의 남편에 대해 'Mi marido dice que no le cabe el coche en el garaje y quiere hacerlo un poco más ancho 제 남편은 차고에 차가 들어갈 공간이 부족하대요. 그래서 조금 더 넓게 만들고 싶어 합니다.'라고 말했다. 동사 caber의 의미인 '들어갈 수 있다, 용량이 있다'를 알아야 문제를 풀 수 있다. no cabe el coche는 'garaje 차고'에 차가 들어가지 않는다는 것이다. 이 문장의 주어는 여자의 'marido 남편'이므로 정답은 **C**이다.
18.	조만간 작업 비용에 대해 알려 줄 사람이 누구인지 묻는 문제이다. 문제의 'avisar 알리다, 통지하다' 동사의 미래 시제와 'el costo del trabajo 작업 비용'의 의미를 알아야 풀 수 있다. 대화 말미에서 인테리어 장식가는 'Dentro de unos días la llamo y le digo cuánto es el presupuesto 며칠 내로 전화 드려서 견적이 얼마인지 말씀드리겠습니다.'라며 추후에 비용을 알려 줄 거라고 했다. 명사 presupuesto는 '견적, 예산'이라는 뜻이며, dentro de unos días는 '며칠 내로'라는 의미이다. 따라서 정답은 **A**.

Tarea 4 Ejercicios 듣기 종합 연습 문제 정답 및 해설

1 스크립트

MENSAJE 0	Teatro Colón. Aviso importante. La función de Doña Rosita la Soltera, prevista para el día de hoy, ha sido cancelada hasta nuevo aviso por enfermedad de la actriz protagonista. Los espectadores pueden pasar por la boletería para la devolución del dinero. Disculpen las molestias. 5초 La opción correcta es la letra F. Ahora tiene 45 segundos para leer los enunciados. 45초
MENSAJE 1	Este es el contestador de la consulta del doctor Amos. En estos momentos no podemos atenderle. Por motivos de trabajo, el doctor estará ausente del cinco al diez de diciembre, ambos incluidos. La consulta se volverá a abrir a partir del once del mismo mes. ¡Gracias! 15초 반복 재생 3초 NARRADOR: Elija la opción correcta. 10초
MENSAJE 2	Recuerden que este establecimiento cerrará sus puertas a las diez de la noche y no volverá a abrir hasta las nueve de la mañana. No olviden que nuestro estacionamiento sí podrá ser utilizado hasta las once de la noche. Disfruten de su tarde de compras en nuestro supermercado. 15초 반복 재생 3초 NARRADOR: Elija la opción correcta. 10초
MENSAJE 3	Señores pasajeros, les informamos que la zona de turbulencias que estamos atravesando se debe a una importante tormenta sobre la selva amazónica. Abróchense los cinturones. ¡Gracias! 15초 반복 재생 3초 NARRADOR: Elija la opción correcta. 10초

MENSAJE 4	Hola, le llamo de la empresa ICB. Su ordenador ya está arreglado. Puede venir a buscarlo de lunes a viernes por la mañana porque tenemos horario de verano y no abrimos por la tarde. ¡Gracias! 15초 반복 재생 3초 NARRADOR: Elija la opción correcta. 10초
MENSAJE 5	Adriana, soy Antonio. Llamo para deciros que por fin he aprobado el carné de conducir y, para celebrarlo, os invito a tu hermano y a ti a cenar en el restaurante chino que han abierto en mi calle. ¡Llámame! Un beso. 15초 반복 재생 3초 NARRADOR: Elija la opción correcta. 10초
MENSAJE 6	Iberia informa que su vuelo IB 1138 con destino a Santiago de Chile se ha retrasado por problemas técnicos. Perdonen las molestias. 15초 반복 재생 3초 NARRADOR: Elija la opción correcta. 10초
MENSAJE 7	Estimados clientes. En nuestra sección de alimentación, pueden encontrar el paquete de lentejas de un kilo, a mitad de precio. Y si compran dos paquetes, les regalamos una lata de aceitunas. ¡Gracias! 15초 반복 재생 3초 NARRADOR: Elija la opción correcta. 10초

Complete ahora la Hoja de respuestas.

45초

2 해석

지시 사항

당신은 예시를 포함해 8개의 메시지를 들을 것입니다. 각 메시지는 두 번 재생됩니다. (19번부터 25번까지) 각 메시지에 해당하는 (A부터 K까지) 연결 문장을 선택하세요. 예시를 포함해 11개의 연결 문장이 있습니다. 7개를 선택하세요.

선택한 보기를 **답안지**에 표기하세요.

이어서 하나의 예시를 듣게 될 것입니다.

0. A☐ B☐ C☐ D☐ E☐ F■ G☐ H☐ I☐ J☐ K☐

정답은 F입니다.

이제 연결 문장을 읽기 위한 45초의 시간이 있습니다.

연결 문장

A.	출장을 갔다.
B.	비행기는 이륙할 수 없을 것이다.
C.	주말에는 일하지 않는다.
D.	50% 할인이다.
E.	개장으로 문을 닫는다.
F.	공연이 취소된다.
G.	저녁 식사 초대이다.
H.	주차장은 더 늦게 닫는다.
I.	정글에 착륙할 것이다.
J.	앉은 채로 있어야만 한다.
K.	지연에 대해 알린다.

	메시지	연결 문장
0.	메시지 0	F
19.	메시지 1	
20.	메시지 2	
21.	메시지 3	
22.	메시지 4	
23.	메시지 5	
24.	메시지 6	
25.	메시지 7	

스크립트 해석

메시지 0	콜론 극장. 중요한 알림입니다. 오늘로 예정되었던 도냐 로시타 라 솔테라의 공연이 여주인공의 건강상의 문제로 인해 새 공지가 있을 때까지 취소되었습니다. 관객분들은 공연비 환불을 위해 매표소로 오시면 됩니다. 불편을 끼쳐 드려 죄송합니다. 5초 정답은 F입니다. 이제 연결 문장을 읽기 위한 45초의 시간이 있습니다. 45초
메시지 1	아모스 의사 선생님의 진료소 자동 응답 메시지입니다. 지금은 우리가 전화를 받을 수 없습니다. 의사 선생님께서는 업무적인 이유로, 12월 5일부터 10일까지 이 두 날짜를 포함해서, 부재할 것입니다. 진료소는 같은 달 11일부터 다시 열릴 것입니다. 감사합니다! 15초 반복 재생 3초 내레이터: 정답을 고르세요. 10초
메시지 2	이 영업장은 밤 10시에 문을 닫고 내일 오전 9시에 다시 문을 연다는 것을 알립니다. 우리의 주차장은 밤 11시까지 이용 가능하다는 것을 잊지 마세요. 우리의 슈퍼마켓에서 쇼핑의 오후를 즐기세요. 15초 반복 재생 3초 내레이터: 정답을 고르세요. 10초
메시지 3	승객 여러분. 지금 저희가 통과하고 있는 난기류는 아마존 정글 쪽 강한 태풍으로 인한 것임을 알려드립니다. 안전벨트를 착용하여 주십시오. 감사합니다! 15초 반복 재생 3초 내레이터: 정답을 고르세요. 10초

메시지 4	안녕하세요. ICB 회사에서 전화 드립니다. 당신의 컴퓨터는 이미 수리가 끝났습니다. 서머 타임(하기 시간)이라 오후에는 문을 열지 않기 때문에 월요일에서 금요일 오전에 찾으러 오실 수 있습니다. 감사합니다! 15초 반복 재생 3초 내레이터: 정답을 고르세요. 10초
메시지 5	아드리아나, 나 안토니오야. 내가 너희에게 전화하는 것은 내가 드디어 운전 면허증을 획득했기 때문에, 그것을 기념하기 위해 너와 네 형제에게 내가 사는 거리에 문을 연 중국 음식점에서 저녁 식사를 초대한다고 말하기 위해서야. 전화해 줘! 키스를 전하며. 15초 반복 재생 3초 내레이터: 정답을 고르세요. 10초
메시지 6	이베리아에서 알립니다. 칠레 산티아고행 IB 1138 항공편은 기술적 문제로 인해 지연되었습니다. 불편을 끼쳐 드려 죄송합니다. 15초 반복 재생 3초 내레이터: 정답을 고르세요. 10초
메시지 7	친애하는 고객님들, 저희 식품 코너에서는 렌틸콩 1kg짜리 한 팩을 절반 가격으로 판매합니다. 또한 두 개의 팩을 구입하면 올리브 한 캔을 무료로 드립니다. 감사합니다. 15초 반복 재생 3초 내레이터: 정답을 고르세요. 10초

답안지를 작성하세요.

45초

3 어휘

despegar	이륙하다, 벗기다, 떼다	ausente	ⓜⓕ 부재자, 실종자, 결근자 / 부재의, 실종된
descuento	ⓜ 할인	a partir de	이후
reforma	ⓕ 개혁, 개축, 개장	mismo	똑같은, 동일한, 바로 그
suspender	중단하다, 정지하다, 보류하다	establecimiento	ⓜ 영업소, 시설, 설립
aparcamiento	ⓜ 주차장 (= ⓜ estacionamiento, ⓕ plaza de garaje)	pasajero	ⓜ 승객 / 이동하는
aterrizar	(비행기가) 착륙하다	turbulencia	ⓕ 혼탁, 혼란, 휘몰아침, 난기류
selva	ⓕ 밀림, 정글, 열대 우림	atravesar	걸쳐 놓다, 관통하다, 횡단하다, 건너다
permanecer	머물다, 그대로 있다	abrocharse	브로치 등을 잠그다
sentado	앉은, 안정된	cinturón	ⓜ 허리띠, 벨트, 끈
demora	ⓕ 지연, 지체	por fin	마침내, 드디어
aviso	ⓜ 통지, 알림, 경고, 주의	aprobar	승인하다, 허가하다, 합격시키다
previsto	예상된, 예지된	conducir	운송하다, 인도하다, 자동차를 운전하다
cancelar	취소하다, 무효로 하다	celebrar	축하하다, 기념하다, 개최하다
enfermedad	ⓕ 병, 질병	vuelo	ⓜ 비행, (비행기의) 편
protagonista	ⓜⓕ 주인공, 주연, 중심 인물	con destino a	~를 목적지로, ~행
espectador	ⓜⓕ 관객 / 사물을 주의 깊게 바라보는	técnico	기술의, 전문의
boletería	ⓕ 매표소(= ⓕ taquilla)	alimentación	ⓕ 영양 섭취, 식사, 음식
devolución	ⓕ 반환, 환급, 반송	lenteja	ⓕ 렌틸콩
consulta	ⓕ 상담, 진찰, 진단, 진찰소	lata	ⓕ 양철 깡통, 불쾌한 일
atender	대접하다, 돌보다	aceituna	ⓕ 올리브 열매

4 해설

0.	메시지 0	핵심 표현은 'La función 공연'과 'ha sido cancelada 취소되었습니다'이다. 동사 'cancelar 취소하다'는 정답 **F**에 등장하는 동사 suspender와 비슷한 의미를 지닌다. 'función 공연'의 동의어 espectáculo, representación도 함께 알아 두자.
19.	메시지 1	진료소의 자동 응답기 메시지이다. Por motivos de trabajo, el doctor estará ausente에서 정답을 찾을 수 있다. 주의할 것은 'estar ausente 부재중'이라는 표현인데 motivo de trabajo 업무적인 이유로 지금은 다른 곳에 있기 때문이라는 것이다. 이는 '출장 중'임을 뜻하므로 정답은 **A** Se ha ido de un viaje de trabajo가 된다. 이때 viaje de trabajo는 '업무상 출장'이라는 뜻이다. E의 'por reformas 개장, 리모델링의 이유로' 문을 열지 않는다와 혼동하지 않도록 주의하자.
20.	메시지 2	슈퍼마켓의 영업 시간에 대한 안내이다. 폐점 시간을 안내하고 있으며, No olviden que nuestro estacionamiento sí podrá ser utilizado hasta las once de la noche에서 정답의 근거를 찾을 수 있다. 폐점 후에도 주차장은 11시까지 이용 가능하다는 사실을 알리고 있으므로 정답은 **H** El aparcamiento cierra más tarde. 주의해야 할 것은 '주차장'을 뜻하는 단어가 aparcamiento, estacionamiento 또는 garaje 등으로 다양하다는 것이다. E의 'por reformas 개장, 리모델링의 이유'로 문을 열지 않는다와 혼동하지 않도록 주의해야 한다.
21.	메시지 3	비행기 승객들에게 난기류 상황을 알리는 메시지이다. 현재 난기류를 통과하고 있다는 표현에서 사용된 명사 turbulencia와 동사 atravesar에 유의해야 하며, '~으로 인하다' 즉, 원인에 대한 표현인 se debe a도 중요하다. 난기류의 원인이 'selva amazónica 아마존 정글'에 있는 'tormenta 태풍'인 것을 알리며 안전벨트를 매야 한다고 하는데, 이것은 이동하지 말고 자리에 앉아 있으라는 것과 일맥상통하므로 정답은 **J** Hay que permanecer sentados가 된다. 동시에 함정인 I에 주의해야 한다. I에서는 동사 'aterrizar 착륙하다'와 'selva 정글'이 등장하지만 이 문장은 '비행기가 정글에 착륙할 것이다'라는 의미이므로 오답이다.
22.	메시지 4	컴퓨터 수리업체의 메시지이다. 수리가 끝났으니 컴퓨터를 찾으러 올 것을 안내하며 방문할 수 있는 시간대를 알려 주고 있다. Puede venir a buscarlo de lunes a viernes por la mañana porque tenemos horario de verano y no abrimos por la tarde를 통해 월요일에서 금요일까지 방문이 가능하다는 것을 알 수 있으므로 정답은 **C** No trabajan los fines de semana. sábado와 domingo는 'fin de semana 주말'에 해당한다.
23.	메시지 5	친구 사이의 전화 음성 메시지이다. 전화를 건 사람이 운전 면허증을 취득했는데, 이를 축하하기 위해 메시지를 받는 이와 그의 남자 형제를 저녁 식사에 초대한다고 하였다. 따라서 정답은 **G**. '저녁 식사 초대'이다.
24.	메시지 6	비행기 지연 안내 알림이다. 동사 retrasar는 tardar, atrasarse, demorarse 등과 함께 쓰여 '지연되다'라는 뜻을 나타낸다. 이와 더불어 '지연'이라는 의미의 명사 demora, retraso, tardanza 등도 알아 두어야 한다. 정답은 **K**. 'avión 비행기'가 나오는 B의 'no podrá despegar 이륙할 수 없을 것이다'는 비행기 지연과는 엄연히 다른 내용이므로 함정이다.
25.	메시지 7	대형 할인 마트의 안내 메시지이다. 현재 할인 상품인 'el paquete de lentejas 렌틸콩 1팩' 1kg의 가격이 'a mitad de precio 반값'이라고 하였다. 이는 50% 할인을 해 준다는 의미이므로 정답은 **D**.

PRUEBA 3. PRUEBA DE EXPRESIÓN E INTERACCIÓN ESCRITAS

Número de tareas: 2
Duración: 45 minutos

평가 3. 작문

과제 수: 2
시간: 45분

EXPRESIÓN E INTERACCIÓN ESCRITAS 작문

출제 가이드

1 출제 경향

본 영역은 과제의 지시 사항 및 보조 자료를 정확하게 이해하는 독해 능력과 지시 사항을 충족시키는 내용을 문법에 맞게 쓰는 작문 능력이 모두 중요합니다. 이 영역에서는 일상생활과 관련된 간단한 편지나 특정 정보에 대한 글쓰기를 하게 됩니다. 따라서 작성할 글의 지시 사항을 명확히 파악한 후, 올바른 문법에 맞게 주어진 시간 안에 완성하는 것이 중요합니다.

2 작문 유형 파악

문항 수	2개	
시험 시간	45분	
Tarea	유형	단어 수
1	짧은 편지 읽고 답장 쓰기	60~70 단어
2	Opción 1 개인의 일상생활에 관련된 주제에 대해 글 쓰기	70~80 단어
	Opción 2 사진이나 보조 자료를 보고 전기문 쓰기	

3 작문 완전 분석

DELE A2 작문 영역에서는 총 2개의 글을 써야 합니다. 과제 1은 모든 응시자들에게 공통적으로 주어지는 과제이고, 과제 2는 2개의 옵션 중 하나를 선택해서 쓰는 과제입니다. 주어진 시간은 45분입니다. 유념해야 할 점은 **내가 쓰고 싶은 내용을 자유롭게 쓰는 것이 아니라 출제자가 제시한 조건에 맞추어 논리적으로**, 그리고 조건에 제시된 글자수에 맞게 작성해야 한다는 것입니다. **단어 수는 띄어쓰기를 기준으로 채점**됩니다. 글을 쓰기 전에 시험지에 주어진 지문 내용, 문제에서 요구한 조건에 따라 내용을 구상해야 합니다. 작문 실전 훈련을 시작하기 전, 다음 내용을 반드시 숙지하세요.

EXPRESIÓN E INTERACCIÓN ESCRITAS 작문 작성 요령

1 시험지부터 완벽 분석!

- 작문의 출발은 과제의 정확한 이해에서 시작됩니다.
- 지시 사항, 요구 조건, 보조 지문을 정확하게 해석해야 내용을 바르게 구성할 수 있습니다.

2 시간 안배는 필수!

- 45분은 문제를 읽고 분석하는 시간, 연습용 작문 시간, 작성 시간, 제출 전 검토하는 시간까지 모두 포함된 시간입니다. 평소 시간 안배에 유의하여 훈련하세요.
- 시험 감독관이 제공하는 연습 용지에 초벌 작문을 해 볼 수 있습니다. 단, 글의 처음부터 끝까지 초벌 작성 후 답안지에 옮겨 적으면 시간이 부족할 수 있으므로, 수시로 시간을 체크해야 합니다.
- 과제 1과 2의 작성 순서는 상관없습니다. 본인이 좀 더 시간 절약할 수 있는 순서에 따라 글을 쓰면 됩니다.
- 과제 2의 두 옵션을 모두 쓴 다음 하나를 고를 시간은 없습니다. 하나를 선택하여 작성하되, 중간에 다른 옵션으로 다시 쓰는 일이 없도록 신중하게 판단해야 합니다.

3 출제 의도에 들어맞는 고득점 작문 요령!

- 꼭 필요한 내용만 간결하게 씁니다.
- 지나치게 개인적이거나 추상적인 경험보다는, 보편적이고 누구나 이해할 수 있는 논지로 씁니다. 스페인 원어민이 읽고 채점한다는 사실을 잊지 마세요.
- 다양한 문장 구조와 어휘를 충분히 사용하세요.
- 정해진 단어 수를 지킵니다. 최소 단어 수가 모자라면 감점되며, 최대 단어 수를 초과한 부분은 채점 범위에서 제외됩니다.

4 놓치면 낭패! 실수도 결국은 실력!

- 답안지를 작성할 때에는 반드시 볼펜을 사용해야 합니다. 정자체로 또박또박 쓰는 것이 좋습니다.

• 문법 및 철자 오류, 잘못된 문장 부호 또한 감점 요소입니다. 실수하기 쉬운 스페인어 표기 규칙을 살펴봅시다. 다음은 수험생들이 자주 실수하는 예입니다.

	틀린 예	바른 예
강세 강세가 붙는 모음은 정확히 구별되도록 á, é, í, ó, ú로 표기해야 합니다. 대문자 강세 역시 Á, É, Í, Ó, Ú와 같이 정확히 표기해야 합니다.	¿Como estas? Adios. Tu vas a tú casa. difícíl El trabaja conmígo. Me dicen qué vienen mañana.	¿Cómo estás? Adiós. Tú vas a tu casa. difícil Él trabaja conmigo. Me dicen que vienen mañana.
문장 부호 필요한 부분에 마침표, 쉼표를 적으며 물음표와 느낌표는 반드시 문장 앞뒤에 모두 적어야 합니다.	Hola! Qué tal? Nos vemos	¡Hola! ¿Qué tal? Nos vemos.
대소문자 스페인어 대소문자 규칙을 준수해야 합니다.	Mis amigos y Yo En españa se habla Español. En Agosto, salgo de vacaciones.	Mis amigos y yo En España se habla español. En agosto, salgo de vacaciones.

• 제출 전 동사 변형, 성·수 일치 등의 문법 오류는 없는지 살펴보세요. 아래의 예를 참조하세요.

동사 변형
동사의 인칭 변형, 시제 변형, 직설법 및 접속법 활용 규칙에 유의합니다. Yo no pudo hacer nada. → Yo no pude hacer nada. Tú solo hace lo que te permita tu mamá. → Tú solo haces lo que te permite tu mamá.

성·수 일치
성·수 불일치로 감점당하는 경우가 많으므로 작성 시 반드시 유의합니다. La programa es muy importante. → El programa es muy importante. Durante el viaje tomamos muchos fotos. → Durante el viaje tomamos muchas fotos. Nos sentimos muy alegre. → Nos sentimos muy alegres. Mis amigas salen juntos. → Mis amigas salen juntas.

PRUEBA 03 — Tarea 1 짧은 편지 읽고 답장 쓰기

Tarea 1 핵심 정리

작문 유형	편지
글 단어 수	60~70
보조 텍스트	편지, 메모, 메시지, 초대장, 이메일 등(단어 수 35~45)
빈출 주제	· 일상생활 관련 다양한 주제 · 개인의 근무지, 학교, 집 등에서의 경험
평가 포인트	· 주어진 글을 읽고 내용을 정확히 이해할 수 있는가 · 답장 형태로 자연스럽게 이어 쓸 수 있는가 · 주어진 요구 조건을 모두 충족시키며 작문할 수 있는가

BONA 쌤의 노하우

Tarea 1는 편지나 이메일에 대한 **답장을 쓰는 과제입니다.** 편지나 이메일에 쓰이는 문체는 평상시 대화를 나누는 듯한 구어체입니다. 이러한 종류의 글을 쓸 때에는 반드시 인사를 건네는 것으로 시작해서 마지막에는 작별 인사를 하고 자신의 이름을 표기하는 것으로 마무리를 해야 합니다. 인사와 마무리에 사용할 수 있는 표현들을 다양하게 알면 시간을 줄이는 데 효과적입니다. 쉼표와 마침표 같은 **문장 부호를 정확하게 구분하여 사용하는 것도 중요합니다.** 의문문이나 감탄문은 문장의 맨 앞에도 ¿ 또는 ¡ 부호를 꼭 사용해야 합니다. 아는 사람 사이에 주고받는 편지는 말투가 형식적이지 않지만 그렇다고 해서 **지나치게 감정적인 표현을 많이 쓰거나 은어 등을 사용해서는 안 됩니다.**

Tarea 1 완전 공략

1 문제 해결 전략

INSTRUCCIONES 파악	• INSTRUCCIONES를 읽고 누가 누구에게 쓴 글인지 확인합니다. • 글의 내용 또는 목적 등을 확인합니다.
TEXTO 독해	• 발신자와 수신자의 상황을 떠올리며 두 사람 사이에 오가는 내용이 무엇인지 흐름을 파악하며 읽습니다. • 편지의 핵심 메시지가 무엇인지 파악합니다.
작성 전 내용 구상	• 요구 조건을 정확하게 해석하여 내용을 구상합니다. • 받은 글에 대한 답장으로 내용이 잘 연결되도록 합니다.
글 작성	• 답안지에 볼펜으로 작성합니다. • 제출하기 전 빠르게 최종 검토를 합니다.

2 이것만은 꼭!

• 글의 내용과 요구 조건을 정확하게 파악해야 합니다. 빨리, 많은 양의 글을 써야 한다는 생각에 이를 간과해서는 안 됩니다.

• 요구 조건을 반드시 순서대로 쓸 필요는 없지만 빠짐없이 써야 합니다.

• 첫 인사로 시작하고 마무리 인사로 끝맺음을 해야 합니다.

• 가급적 문체를 혼용하지 말고 처음부터 끝까지 동일한 문체를 사용하도록 합니다.

• 제출 전 글을 처음부터 끝까지 읽으면서 간단하게 수정 가능한 문법(시제 및 인칭 변형, 단어의 성·수 일치, 관사, 문장 부호 등) 오류를 재빨리 수정합니다.

문제 1

INSTRUCCIONES

Un amigo le escribe para quedar el fin de semana.

¡Hola!

No nos hemos visto este mes. ¿Has estado muy ocupado? ¿Qué te parece si nos vemos este sábado? ¿Tendrás planes? Ojalá puedas, ya que tengo muchas ganas de charlar contigo. Me dices algo.

Un abrazo,

Jorge

Conteste a su amigo. En el correo tiene que:

- saludar;
- decir qué ha hecho este mes;
- explicar qué planes tiene para el fin de semana;
- decir un día, un lugar y una hora para quedar;
- hacerle dos preguntas y despedirse.

Número de palabras recomendadas: entre 60 y 70.

내용 구상란

Step 2 실제 시험 훈련: 구상한 내용을 실전처럼 작문해 보세요.

소요 시간: _____

단 어 수: _____

지시 사항 및 독해 자료를 해석하며 내용을 확인해 보세요.

지시 사항

당신의 친구(남)는 당신과 주말에 만나기 위한 글을 썼습니다.

> 안녕!
> 이번 달에 우리는 못 만났구나. 너는 많이 바빴었니? 이번 주 토요일에 만나면 어떨까? 너는 계획이 있을까? 만날 수 있으면 좋
> 겠다. 너와 대화를 나누고 싶은 마음이 정말 크거든. 답변을 주렴.
> 포옹을 전하며
> 호르헤

친구에게 답장을 쓰세요. 이메일에서 당신은 다음을 해야 합니다.

- 인사하기
- 이번 달에 무엇을 했는지 이야기하기
- 주말에 어떤 계획이 있는지 설명하기
- 만날 날짜와 장소, 시간 말하기
- 두 가지의 질문을 하고 작별 인사하기

권장 단어 수: 60~70 사이.

Step 4 문제 1의 작문을 구성하고, 필수 어휘와 표현을 익혀 보세요.

글의 유형	이메일
보내는 이	나
받는 이	Jorge
핵심 내용	근황 전하기 및 토요일에 만날 약속 정하기
독해 자료 내용	토요일에 만나자는 제안
요구 조건 1	인사하기
요구 조건 2	이번 달에 무엇을 했는지 이야기하기
요구 조건 3	주말에 어떤 계획이 있는지 설명하기
요구 조건 4	만날 날짜와 장소, 시간 말하기
요구 조건 5	두 가지의 질문을 하고 작별 인사하기
주의 사항	요구된 내용 이외에 두 가지 질문을 추가적으로 하기

필수 어휘

quedar	약속을 정하다, 남다	contestar	답하다, 회답하다
verse	보이다, 만나다	saludar	인사하다
ocupado	바쁜, 사용 중인	hacer preguntas	질문하다, 묻다
plan	ⓜ 계획, 플랜, 예정	plaza	ⓕ 광장, 좌석
charlar	담소하다, 이야기하다	últimamente	최후에, 최근에
abrazo	ⓜ 꺼안음, 포옹	creer	믿다, 생각하다

필수 표현

주제	문형	활용 예
최근에 한 일	**- 현재 완료형 + 시간 부사구** últimamente 최근에 recientemente 최근에	- Últimamente he trabajado mucho. 최근에 나는 일을 많이 했다.

	- 시간 표현 'Este/a/os/as + 명사'
	Este mes 이번 달
	Esta semana 이번 주
	Estos días 요즘
	Estas vacaciones 이번 방학/휴가에
		- Este mes he tenido mucho trabajo.
		  이번 달에 나는 일이 많았다.
		- Esta semana he estado en casa.
		  이번 주에 나는 집에 있었다.

미래 계획	**- Tener el plan de 동사 원형** ~을 할 계획이다	- Tengo el plan de viajar. 나는 여행 계획이 있다.
	- 미래 시제의 활용 + 시간 부사구 ~을 할 것이다	- Este fin de semana viajaré. 이번 주말에 나는 여행을 할 것이다.

> **Step 5** 모범 답안을 확인하세요.

모범 답안

¡Hola, Jorge! ¿Cómo estás?

Este mes he estado muy ocupado con muchísimo trabajo de mi oficina. ¡Sí! Nos podemos ver el sábado porque no tengo ningún plan para el fin de semana. Nos vemos el sábado a las seis en la Plaza Mayor. ¿Has ido al cine, últimamente? ¿Crees que podemos ir a ver alguna película? Es que hace mucho que no voy al cine.

¡Nos vemos el sábado!

Manuel

해석

안녕 호르헤! 어떻게 지내니?

이번 달에 나는 사무실에 일이 너무나 많아서 아주 바빴어. 그래! 우리는 토요일에 만날 수 있어. 왜냐하면 이번 주말에 나는 전혀 계획이 없기 때문이야. 우리 토요일 여섯 시에 마요르 광장에서 만나자. 최근에 극장에 갔니? 우리가 영화를 보러 가는 것이 어떨까? 난 극장에 안 간 지 오래되었거든.

토요일에 보자!

마누엘

Tarea 1 **Ejercicios** 실전 연습 ②

Step 1 지시 사항과 독해 자료를 읽고 내용을 구상해 보세요.

문제 2

INSTRUCCIONES

Una amiga le escribe para invitarlo/-la a la fiesta de cumpleaños de su hermano.

¡Hola!

¿Cómo estás? ¿Sabes? El próximo viernes es el cumpleaños de mi hermano Juan Pablo y estoy pensando en hacerle una fiesta sorpresa. Voy a invitar a sus amigos cercanos y ¡lo vamos a pillar por sorpresa! Para esto, tendremos que llegar antes de que llegue él y preparar la fiesta. ¿Me ayudarías?

Espero verte ese día.

Rosa

Conteste a su amiga. En el correo tiene que:

- saludar;
- decirle qué le parece la idea;
- decirle a qué hora puede ir;
- ofrecerle ayuda para la fiesta;
- despedirse.

Número de palabras recomendadas: entre 60 y 70.

내용 구상란

Step 2 실제 시험 훈련: 구상한 내용을 실전처럼 작문해 보세요.

소요 시간: _____

단 어 수: _____

Step 3 지시 사항 및 독해 자료를 해석하며 내용을 확인해 보세요.

지시 사항

당신의 친구(여)는 자신의 남자 형제의 생일 파티에 초대하는 글을 썼습니다.

> 안녕!
> 어떻게 지내니? 그거 알고 있니? 다음 주 금요일은 나의 남자 형제 후안 파블로의 생일이란다. 나는 그에게 깜짝 파티를 해 줄 생각이야. 그의 가까운 친구들을 초대하고 우리는 그를 깜짝 놀라게 할 거야! 이를 위해 우리는 그가 도착하기 전에 와서 파티를 준비해야 할 거야. 네가 나를 도와줄 수 있겠니?
> 그날 보길 바라.
> 로사

친구에게 답장을 쓰세요. 이메일에서 당신은 다음을 해야 합니다.

- 인사하기
- 그녀의 아이디어에 대해 어떻게 생각하는지 말하기
- 몇 시에 갈 수 있는지 말하기
- 파티를 하기 위해 도움을 주기
- 작별 인사하기

권장 단어 수: 60~70 사이.

Step 4 문제 2의 작문을 구성하고, 필수 어휘와 표현을 익혀 보세요.

글의 유형	이메일
보내는 이	나
받는 이	Rosa
핵심 내용	생일 파티를 준비하는 데 도움을 주기로 하고 갈 수 있는 시간 말하기
독해 자료 내용	생일을 맞은 친구를 위해 깜짝 파티를 열어 줄 것을 제안
요구 조건 1	인사하기
요구 조건 2	그녀의 아이디어에 대해 어떻게 생각하는지 말하기
요구 조건 3	몇 시에 갈 수 있는지 말하기
요구 조건 4	파티를 하기 위해 도움을 주기
요구 조건 5	작별 인사하기
주의 사항	어떻게 도움을 줄 것인가를 정확히 전달하기

필수 어휘

invitar	초대하다, 권유하다	ofrecer	주다, 제공하다
fiesta de cumpleaños	⒡ 생일 파티	genial	천재적인, 훌륭한 / 아주 잘
sorpresa	⒡ 놀람, 서프라이즈	llevar	가지고 가다, 몸에 걸치고 있다, (일시를) 보내다
cercano	가까운, 근처의	utilizar	이용하다, 활용하다
pillar por sorpresa	갑자기 덮쳐 붙잡다, 습격하다, 깜짝 놀라게 하다	decorar	장식하다
antes	앞에, 전에, 먼저	globo	ⓜ 기구, 지구, 풍선
preparar	준비하다	regalo	ⓜ 선물, 경품
idea	⒡ 생각, 의도, 아이디어		

필수 표현

주제	문형	활용 예
의견 표현	- **Parecer + 부사/형용사** ~으로 여겨지다/생각되다	- Me parece bien/mal la idea. 그 생각은 좋은 것/나쁜 것 같다. - Me parece fantástico lo que me dices. 네가 말하는 것은 아주 훌륭한 것 같다.
시간 약속	- a las cuatro 4시에 - a las cuatro en punto 4시 정각에 - sobre las cuatro 4시쯤에 - aproximadamente a las cuatro 4시쯤에 - más o menos a las cuatro 4시쯤에 - a eso de las cuatro 4시쯤에	- Nos vemos a las cuatro. 우리 4시에 보자. - Llegaré aproximadamente a las cuatro. 나는 4시쯤 도착할 것이다.

Step **5** 모범 답안을 확인하세요.

모범 답안

¡Hola, Rosa!

¡Me parece genial lo que me dices! Mira, ya sabes que los viernes tu hermano llega a casa a las siete, más o menos. Entonces, podríamos vernos a las cuatro en tu casa para preparar la fiesta. ¿Qué te parece si yo llevo lo que utilicé hace un mes para decorar la casa por el cumpleaños de mi padre? Decoraremos tu casa con globos y regalos.

Nos vemos ese día.

Luis

해석

로사야 안녕!

네가 말하는 내용은 정말 너무 좋은 것 같아! 너도 알듯이 매주 금요일에 너의 남자 형제는 대략 7시쯤 집에 도착하잖니. 그렇다면 우리는 파티를 준비하기 위해 너의 집에서 4시에 만날 수 있을 거야. 내가 한 달 전에 나의 아버지 생신에 집을 장식하기 위해 사용했던 것을 가져가면 어떻겠니? 우리는 너의 집을 풍선과 선물로 장식할 거야.

그날 보자.

루이스

Tarea 2 개인의 일상생활과 관련된 주제에 대해 글 쓰기

OPCIÓN 1

Tarea 2 핵심 정리

작문 유형	서술형 텍스트
단어 수	70~80
보조 자료	정해진 한 가지 주제 (개인의 일상생활, 경험, 의견 등)
빈출 주제	· 일상생활의 다양한 주제 · 여행, 파티, 인상 깊게 읽은 책, 기억에 남는 친구 등 개인의 경험 · 근무지, 학교, 집 등에서의 사회적 경험
평가 포인트	· 주제에 대해 이해하고 실제로 겪은 사실 또는 가상의 사건으로 내용을 구성할 수 있는가 · 과거의 경험에 대해 서술할 수 있는가 · 요구 조건의 내용을 모두 이해하고 서술할 수 있는가

BONA 쌤의 노하우

Tarea 2는 응시자의 연령, 신분, 국적에 상관없이 누구라도 경험해 봤을 만한 주제의 글을 쓰는 문제입니다. 따라서 '기억에 남는 순간, 경험했던 일' 등과 같은 **과거 경험담**을 주로 쓰게 되는데, 반드시 자신이 겪은 일을 써야 하는 것은 아니고 지어낸 이야기여도 괜찮습니다. 대신, 충분한 근거와 뒷받침 내용으로 설득력 높은 글을 써야 합니다.

그리고 작문 소재는 가급적 **쉬운 내용으로 설정**해야 합니다. DELE 시험에서는 해당 레벨보다 더 높은 수준의 어휘를 쓴다고 해서 가산점이 주어지지 않습니다. 오히려 **확실하게 알고 있는 어휘나 표현을 사용**하여 감점 요소를 줄이는 것이 중요합니다.

Tarea 2 완전 공략

1 문제 해결 전략

INSTRUCCIONES 파악	• INSTRUCCIONES를 읽고 써야 할 글의 유형을 확인합니다. • 글의 주제, 핵심 내용, 전제 조건 등을 파악합니다.
요구 조건 파악	• 각 요구 조건의 핵심을 정확히 파악합니다.
작성 전 내용 구상	• 글의 주제와 소재를 정확하게 설정합니다. • 요구 조건의 순서대로 내용을 구상합니다.
글 작성	• 답안지에 볼펜으로 작성합니다. • 제출하기 전 빠르게 검토합니다.

2 이것만은 꼭!

- 문제에서 요구한 지시 사항에 따라 주제를 정확하게 파악하고 글의 개요를 짜는 것이 무엇보다 중요합니다.
- INSTRUCCIONES 및 요구 조건을 꼼꼼히 읽으면 어떤 글을 써야 하는지 분명히 알 수 있으므로 시험지를 읽고 이해하는 시간을 충분히 가져야 합니다.
- 주제는 정해졌으나 소재는 개인이 선택하는 것이므로 주제에 알맞은 소재를 구상하되, 지나치게 개인적이거나 특수한 상황 또는 경험은 피하는 것이 좋습니다. 적당히 일반적인 내용으로 글을 쓰는 것이 좋습니다.
- 문제의 요구 조건을 빠짐없이 써야 합니다.

Tarea 2 사진이나 보조 자료를 보고 전기문 쓰기

OPCIÓN 2

Tarea 2 핵심 정리

작문 유형	서술형 텍스트
단어 수	70~80
보조 자료	사진 또는 텍스트
빈출 주제	· 가상의 전기문 · 가상의 일대기 · 시간의 흐름에 따른 사건의 개요
평가 포인트	· INSTRUCCIONES에서 언급하는 글의 주제 및 상황에 대해 이해할 수 있는가 · 사진 또는 자료의 정보가 어떤 내용인지 이해할 수 있는가 · 요구 조건의 내용을 모두 이해하고 서술할 수 있는가

BONA 쌤의 노하우

Tarea 2에서는 주어진 보조 자료를 토대로 정해진 가상의 인물이나 사건에 대해 글을 써야 합니다. 예를 들어, BONA라는 사람의 일대기를 짧게 요약해서 나타낸 표나 사진 등을 보고 이를 바탕으로 글로 작성하는 것입니다. 정답이 있는 것은 아니지만 보조 자료의 내용을 확실하게 이해하고 해석하는 것이 필요합니다. **보조 자료에 있는 부분은 빠뜨리지 않고 모두 포함**하여 글을 써야 하지만, 어느 정도는 창작한 내용을 추가해도 됩니다. **보조 자료에서 말하고자 하는 핵심이 무엇인지와 출제 의도를 정확하게 파악해야** 합니다. 주제의 특성상 과거로부터 현재로 이어지는 시간의 흐름을 보여 주는 보조 자료가 등장할 수 있으므로 **과거 시제**를 정확하게 사용할 수 있어야 합니다.

Tarea 2 완전 공략

1 문제 해결 전략

INSTRUCCIONES 파악	• INSTRUCCIONES를 읽고 써야 할 글의 유형을 확인합니다. • 보조 자료의 설명 또는 전제 조건 등의 정보가 있는지 확인합니다.
보조 자료 파악	• 글, 사진, 표 등의 보조 자료를 파악하며 관련된 인물 또는 사건 등에 대해 이해합니다.
작성 전 내용 구상	• 요구 조건의 순서대로 내용을 구상합니다. • 보조 자료에 나타난 정보와 일치되는 내용을 구상합니다.
글 작성	• 답안지에 볼펜으로 작성합니다. • 제출하기 전 빠르게 검토합니다.

2 이것만은 꼭!

• 글의 유형 및 보조 자료를 잘못 파악하면 문제에서 요구한 것과 어긋난 글을 작성하여 감점될 수 있습니다.

• 보조 자료의 내용이 잘 이해되지 않으면 하단의 요구 조건들을 읽으며 제대로 파악하도록 합니다.

• 보조 자료의 핵심을 정확하게 파악하여 글을 쓰되, 자신의 추측을 통해 추가 내용을 작성하는 것도 가능합니다. 예를 들어, 보조 자료에서 '두 명의 친구들이 과거에는 친했지만 지금은 만나는 횟수가 적다'라고 한다면, 그 이유에 대해 '둘 중 한 명이 다른 지역으로 이사를 가서 자주 만나지 못하기 때문이다'와 같은 추측을 써도 무방합니다.

• 보조 자료의 내용과 부합하는지 확인하며 글을 써야 합니다.

• 문제의 요구 조건을 빠짐없이 다루어야 합니다.

문제 1

INSTRUCCIONES

Elija solo una de las dos opciones. En cada opción tiene que tratar todos los puntos.

OPCIÓN 1

Escriba un texto sobre algún viaje especial que no olvida. Hable de:

- cuándo, adónde fue y con quién fue;
- qué hizo durante el viaje;
- por qué decidió ir a ese lugar;
- por qué fue especial;
- qué hace usted, normalmente, durante sus vacaciones.

OPCIÓN 2

Sus abuelos han estado juntos desde muy jóvenes. Aquí tiene algunas fotos de cuando se conocieron y cómo eran antes y son ahora.

| Hace 50 años | Hace 40 años | Ahora |

Usted tiene que escribir un texto sobre sus abuelos, y decir:

- cómo se conocieron;
- cómo era su vida antes;
- cómo son sus vidas ahora y cómo cree que se sienten.

Número de palabras recomendadas: entre 70 y 80.

Step 2 실제 시험 훈련: 구상한 내용을 실전처럼 작문해 보세요.

OPCIÓN: _____

소요 시간: _____

단 어 수: _____

> **Step 3** 지시 사항 및 보조 자료를 해석하며 내용을 확인해 보세요.

지시 사항

두 개의 옵션 중 하나를 선택하세요. 각 옵션에서는 제시된 모든 요소를 다뤄야 합니다.

옵션 1

당신이 잊지 못하는 특별한 여행에 대한 글을 쓰세요. 다음에 대해 말해야 합니다.

- 언제, 어디로, 누구와 함께 여행했는지
- 여행 동안 무엇을 했는지
- 왜 그 장소를 선택했는지
- 왜 특별했는지
- 당신은 보통 휴가 혹은 방학 때 무엇을 하며 보내는지

옵션 2

당신의 할머니, 할아버지는 매우 젊은 시절부터 함께 지내오셨습니다. 여기에 그들이 처음 만났을 때와, 예전에는 어떻게 지내셨었는지 그리고 지금은 어떻게 살고 계신지에 대한 사진이 있습니다.

| 50년 전 | 40년 전 | 현재 |

당신은 할머니, 할아버지에 대해 다음 내용을 포함한 글을 써야 합니다.

- 처음 어떻게 알게 되셨는지
- 예전의 삶은 어떠하였는지
- 현재 그들의 삶은 어떤지와 그들이 어떻게 느끼고 있다고 생각하는지

권장 단어 수: 70~80 사이.

Step 4 문제 1의 작문을 구성하고, 필수 어휘와 표현을 익혀 보세요.

옵션 1

주제	특별했던 여행
핵심 내용	특별했던 한 여행에 대한 구체적 설명과 왜 특별했는지에 대한 뒷받침 내용
요구 조건 1	언제, 어디로, 누구와 함께 여행했는지
요구 조건 2	여행 동안 무엇을 했는지
요구 조건 3	왜 그 장소를 선택했는지
요구 조건 4	왜 특별했는지
요구 조건 5	보통 휴가 혹은 방학 때 무엇을 하며 보내는지
주의 사항	과거 시제의 적절한 사용

옵션 1 필수 어휘

viaje	ⓜ 여행	cocinero	ⓜⓕ 요리사 / 요리하는
olvidar	잊다, 망각하다	cocina	ⓕ 주방, 요리
decidir	결정하다, 정하다	razón	ⓕ 이성, 원인, 동기
normalmente	정상적으로, 보통은	novio	ⓜⓕ 연인, 신랑, 신부
famoso	ⓜⓕ 유명인 / 유명한, 이름난	soler + INF	자주 ~하다
cada	~마다 / 각각의	descansar	휴식을 취하다, 쉬다
probar	시험하다, 증명하다, 먹어 보다, 입어 보다	volver a + INF	다시 ~을 하다
tradicional	전통의, 관례의		

옵션 1 필수 표현

주제	문형	활용 예
과거 시점의 부사구	- **El año pasado/La semana pasada 등** 형용사 pasado로 수식하는 경우, 정관사는 사용하되 전치사 en을 사용하지 않는다.	- El año pasado viajé a España. 작년에 나는 스페인을 여행했다.

과거 시제 활용	전치사 **en**을 사용하는 경우
	en (el año) 2020, en mi cumpleaños,
	en la navidad 등
	• Hace + 특정 시간 단위
	• Cuando + 불완료 과거/단순 과거
		- Hace dos meses viajé a Canadá.
		  두 달 전 나는 캐나다를 여행했다.
		- Cuando tenía veinte años, hice un viaje a España.
		  스무 살이었을 때, 스페인으로 여행을 했다.

	- **단순 과거**
	• 특정 날짜 혹은 특정 시점 발생
	• el 명사 pasado
	• la 명사 pasada
	• Hace + 특정 시간 단위
	• Durante + 기간
		- En 2020 viajé a España.
		  나는 2020년에 스페인을 여행했다.
		- El verano pasado viajé a Japón.
		  작년 여름 나는 일본을 여행했다.
		- Hace un año hice un viaje a Canadá.
		  일 년 전 나는 캐나다로 여행을 했다.
		- Durante una semana me quedé en Barcelona.
		  일주일 동안 나는 바르셀로나에 머물렀다.

옵션 2

주제	할머니, 할아버지의 과거와 현재
핵심 내용	두 분의 첫 만남과 예전의 삶 및 현재 상황에 대한 묘사
요구 조건 1	처음 어떻게 알게 되셨는지
요구 조건 2	예전의 삶은 어떠하였는지
요구 조건 3	현재 그들의 삶은 어떤지와 그들이 어떻게 느끼고 있다고 생각하는지
주의 사항	사진 내용에 기반을 두고 그들의 첫 만남 및 삶의 변화에 대해 묘사하기

옵션 2 필수 어휘

abuelo	ⓜⓕ 할아버지, 할머니	enamorarse	사랑에 빠지다, 반하다
antes	앞의, 전의 / 전에, 옛날에, 먼저	formar	형성하다, 만들다, 구성하다, 육성되다, 양성되다
sentirse	느끼다	juventud	ⓕ 청춘, 젊음, 청년
ama de casa	ⓕ 주부, 가정주부	jubilado	퇴직한, 연금을 받고 있는
contento	기쁜, 만족한	campo	ⓜ 시골, 경기장, 분야
psicología	ⓕ 심리, 심리 상태, 심리학	satisfecho	만족한, 기뻐하는

옵션2 필수 표현

주제	문형	활용 예
과거 묘사	**- 불완료 과거** 지속적이거나 반복적인 사건	- Mis abuelos eran compañeros de clase. 할머니와 할아버지는 같은 반 동료이셨다. - Ellos iban a la misma universidad. 두 분은 같은 대학교에 다니셨다. - Mi abuelo trabajaba y mi abuela era ama de casa. 할아버지는 일을 하셨고 할머니는 주부셨다.
	- 단순 과거 발생하고 끝난 사건	- Se casaron hace cuarenta años. (그들은) 40년 전 결혼하셨다.
감정 묘사	- Sentirse(느끼다) + 형용사 + 부사	- Ellos se sienten muy felices. 그들은 매우 행복하게 느끼고 있다.
	- Estar(있다) + 형용사 + 부사	- Pienso que están muy bien y muy contentos. 나는 그분들이 아주 잘 지내며 매우 기쁘게 생활하신다고 생각한다.
	- Encontrarse(있다) + 형용사 + 부사	
	* 본질을 표현하는 동사 ser는 감정을 묘사할 때 사용하지 않도록 주의!	

Tarea 2 · Ejercicios

Step 5 모범 답안을 확인하세요.

옵션 1

모범 답안

Hace cinco años viajé a España sola. Visité las ciudades más famosas y en cada ciudad probé su comida tradicional. Como estudiaba para ser cocinera, tenía muchas ganas de conocer la cocina española y esa fue la razón por la que decidí ir a España. Ese viaje fue muy especial porque durante el viaje conocí a un chico, que es mi novio ahora. Durante mis vacaciones suelo quedarme en casa para descansar, pero me gustaría volver a hacer un viaje a España.

해석

나는 5년 전 스페인으로 혼자 여행을 했다. 스페인의 가장 유명한 도시들을 방문했으며 각 도시에서 그 도시의 전통 음식을 맛보았다. 나는 요리사가 되기 위해 공부하고 있었기 때문에 스페인 요리를 무척 알고 싶은 마음이 있었다. 그것이 바로 스페인으로 가는 결정을 한 이유였다. 그 여행은 매우 특별했는데, 왜냐하면 여행을 하는 동안 지금의 남자 친구를 알게 되었기 때문이다. 나는 보통 휴가 기간 동안에는 쉬기 위해 집에 머무는 편이지만 스페인 여행을 다시 한다면 너무도 좋을 것 같다.

옵션 2

모범 답안

Hace cincuenta años, mis abuelos eran universitarios y se conocieron en una clase de Psicología. Ellos se enamoraron y fueron novios durante algunos años hasta que decidieron casarse. Formaron una familia y tuvieron un niño: mi padre. Mi abuelo siguió trabajando y mi abuela decidió ser ama de casa, y así fue como pasaron su juventud. Ahora mi abuelo ya está jubilado y ellos viven en el campo. Están muy contentos y satisfechos de su vida en el campo.

해석

50년 전, 나의 할머니, 할아버지는 대학생이셨으며 그들은 한 심리학 수업에서 처음 서로를 알게 되었다. 두 분은 사랑에 빠졌고 몇 년 동안 연인 관계로 지내다가 결혼을 하기로 결심하셨다. 가족을 꾸리셨고 아들을 낳으셨다. 바로 나의 아버지이다. 할아버지는 계속해서 일하셨고 할머니는 가정주부로 남기로 결심하셨다. 그들은 그렇게 젊은 시절을 보내셨다. 지금은 할아버지는 퇴직하셨고 두 분은 시골에서 살고 계신다. 그들은 시골에서의 삶에 대해 매우 기쁘고 만족스러워하신다.

문제 2

INSTRUCCIONES

Elija solo una de las dos opciones. En cada opción tiene que tratar todos los puntos.

OPCIÓN 1

Escriba un texto sobre un(a) amigo/-a especial. Hable de:

• dónde, cuándo y cómo se conocieron;

• si tienen otros amigos en común;

• qué han hecho juntos/juntas;

• por qué es alguien especial para usted;

• si lo/la sigue viendo y con qué frecuencia se ven.

OPCIÓN 2

Aquí tiene algunas fotos de lo que hizo Jorge el sábado pasado.

| A las 10 de la mañana | A las 2 de la tarde | A las 5 de la tarde |

Usted tiene que escribir un texto sobre lo que hizo Jorge el sábado. Hable de:

• qué hizo Jorge;

• dónde estuvo y cómo se sentía;

• cómo cree que es Jorge.

Número de palabras recomendadas: entre 70 y 80.

Step 2 실제 시험 훈련: 구상한 내용을 실전처럼 작문해 보세요.

OPCIÓN: _____

소요 시간: _____

단 어 수: _____

Step 3 지시 사항 및 보조 자료를 해석하여 내용을 확인해 보세요.

지시 사항

두 개의 옵션 중 하나를 선택하세요. 각 옵션에서는 제시된 모든 요소를 다뤄야 합니다.

옵션 1

특별한 친구(남 혹은 여)에 대한 글을 쓰세요. 다음에 대해 말해야 합니다.

- 어디에서, 언제, 어떻게 처음 만났는지
- 함께 아는 다른 친구들이 있는지
- 함께 무엇을 했는지
- 왜 당신에게 특별한 누군가인지
- 계속해서 그 친구를 보는지 그리고 얼마나 자주 만나는지

옵션 2

여기 지난 토요일에 호르헤가 한 일에 대한 몇 장의 사진이 있습니다.

| 오전 10시 | 오후 2시 | 오후 5시 |

당신은 호르헤가 지난 토요일에 한 일에 대한 글을 써야 합니다. 다음에 대해 말하세요.

- 호르헤가 무엇을 했는지
- 어디에 있었으며 그가 어떤 감정을 느꼈을지
- 호르헤는 어떤 사람이라고 생각하는지

권장 단어 수: 70~80 사이.

Step 4 문제 2의 작문을 구성하고, 필수 어휘와 표현을 익혀 보세요.

옵션 1

주제	나의 특별한 친구
핵심 내용	특별한 친구를 만나게 된 배경 및 함께 한 일
요구 조건 1	어디에서, 언제, 어떻게 처음 만났는지
요구 조건 2	함께 아는 다른 친구들이 있는지
요구 조건 3	함께 무엇을 했는지
요구 조건 4	왜 당신에게 특별한 누군가인지
요구 조건 5	계속해서 그 친구를 보는지 그리고 얼마나 자주 만나는지
주의 사항	특정 인물에 대한 설명과 그(그녀)가 왜 특별한지에 대한 이유 설명

옵션 1 필수 어휘

conocerse	서로 알게 되다	practicar	행하다, 실천하다, 연습하다, 훈련하다
en común	공통으로, 공동으로	libre	자유로운, ~이 없는, ~을 면제받은, 무료의
juntos	함께	ajedrez	ⓜ 체스
frecuencia	ⓕ 빈도, 빈번, 주파수	llevarse bien	사이가 좋다, 마음이 맞다
campamento	ⓜ 캠프, 캠핑, 야영(= ⓕ acampada)	por lo menos	적어도(= al menos)
a menudo	자주	vez	ⓕ 번, 회, 차례

옵션 1 필수 표현

주제	문형	활용 예
처음 만나다, 알게 되다	- conocer a 누군가를 알게 되다 - conocerse 서로를 알게 되다 **[상호의 SE]** - presentar 소개시키다	- Conocí a Juan en un campamento de verano. 나는 후안을 한 여름 캠프에서 알게 되었다. - Nos conocimos en una clase de español. 우리는 스페인어 수업에서 서로를 알게 되었다. - Una amiga me presentó a Juan. 친구가 나에게 후안을 소개해 주었다.

작문 **267**

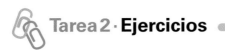
만나다, 어울리다	- ver a 누군가를 보다 - verse 서로 함께 보다 **[상호의 SE]** - salir 나가다, 외출하다 - salir con 누군가와 함께 나가다 * 'encontrarse 우연히 만나다'를 쓰지 않도 록 주의	- Veo a Juan una vez a la semana. 나는 후안을 일주일에 한 번 만난다. - Nos vemos cada fin de semana. 우리는 매 주말마다 만난다. - Salimos todos los fines de semana. 우리는 매 주말에 만난다. - Salgo con él muy a menudo. 나는 그와 매우 자주 만난다.

옵션 2

주제	사진 속 인물의 하루 일과
핵심 내용	오전, 오후에 걸쳐 호르헤가 한 일에 대해 말하며 그의 감정 또는 성격 묘사
요구 조건 1	호르헤가 무엇을 했는지
요구 조건 2	어디에 있었으며 그가 어떤 감정을 느꼈을지
요구 조건 3	호르헤는 어떤 사람이라고 생각하는지
주의 사항	사진 속 장소 및 행동에 대해 정확히 파악하고 연관 어휘를 정확히 쓸 것

옵션 2 필수 어휘

carácter	ⓜ 성격, 인성, 개성, 특징	limpiar	청소하다, 닦다
parque	ⓜ 공원, 유원지, 정원	montar	타다, 오르다, 조립하다, 설립하다
diligente	부지런한, 열심인, 재빠른	volver	돌아가다, 돌아오다
activo	ⓜ 재산, 자산 / 활발한, 민첩한, 유효 한, 효능이 있는	empezar a + INF	무엇을 하기 시작하다
tranquilo	조용한, 고요한, 편안한	cómodo	편리한, 안락한
ordenado	정리된, 질서 있는, 착실한		

옵션 2 필수 표현

주제	문형	활용 예

하루 일과	- Por la mañana 오전에는
	- Por la tarde 오후에는
	- Por la noche 밤에는
	- A las diez de la mañana 오전 10시에는
	
	- Primero / luego, después / por último ...
	  처음에는 /　다음으로는　/ 마지막으로는 …
		- Por la mañana Jorge se levantó y fue al parque.
		  호르헤는 오전에 일어나 공원에 갔다.
		- A las diez Jorge fue a andar en bicicleta.
		  열 시에 호르헤는 자전거를 타러 갔다.
		- Primero, fue al parque, anduvo en bicicleta y luego regresó a casa.
		  그는 우선 공원에 갔고 자전거를 탔으며 그다음에는 집으로 돌아왔다.

성격 묘사	- Ser + 형용사/명사
	- Ser una persona + 형용사(여성형)
	- Ser de carácter + 형용사(남성형)
		- Jorge es muy diligente y activo.
		  호르헤는 무척 부지런하고 활동적이다.
		- Pienso que Jorge es una persona muy tranquila y ordenada porque se queda en casa y limpia la casa.
		  호르헤는 차분하고 정리 정돈을 잘 하는 사람이라고 생각한다. 왜냐하면 그는 집에 머물며 집을 청소하기 때문이다.
		- Jorge es de carácter tranquilo.
		  호르헤는 차분한 성격이다.

Tarea 2 · **Ejercicios**

Step 5 모범 답안을 확인하세요.

옵션 1

모범 답안

Tengo un amigo muy especial que se llama Manu. Nos conocimos en una clase de inglés hace cinco años. Y tenemos una amiga en común, que se llama Ana. Manu y yo practicábamos el inglés juntos cuando teníamos tiempo libre. Lo más relevante es que a Manu también le gustaba hacer deporte y jugar al ajedrez como a mí. Por eso, nos llevamos muy bien. Ahora nos seguimos viendo, por lo menos dos veces al mes.

해석

나는 이름이 마누라고 하는 특별한 친구가 한 명 있다. 우리는 5년 전 한 영어 수업에서 처음 알게 되었다. 함께 아는 여자 친구가 한 명 있는데 그녀의 이름은 아나이다. 마누와 나는 여가 시간이 있을 때에는 함께 영어를 연습하곤 했다. 가장 특별한 것은 마누 역시 나처럼 운동하는 것과 체스를 두는 것을 좋아한다는 것이다. 그래서 우리는 아주 사이가 좋았다. 지금은 최소한 한 달에 두 번 정도는 계속해서 만나고 있다.

옵션 2

모범 답안

Por la mañana, Jorge salió para montar en bicicleta. Pienso que hay un parque cerca de su casa donde mucha gente va a montar en bici. Después, volvió a casa y estuvo leyendo durante algunas horas. Cuando terminó de leer un libro, empezó a limpiar su casa. Pienso que Jorge es una persona de carácter muy tranquilo y que él se sentía muy cómodo y satisfecho pasando un fin de semana como ese.

해석

호르헤는 오전에 자전거를 타기 위해 외출했다. 내 생각에 그의 집 근처에는 많은 사람들이 자전거를 타는 공원이 있는 것 같다. 그다음 그는 집으로 돌아갔으며 몇 시간 동안 독서를 했다. 책을 한 권 읽기를 마친 후 그는 집을 청소하기 시작했다. 내 생각에 호르헤는 아주 차분한 성격의 사람이며, 그는 그런 주말을 보내면서 매우 편안하고 만족스러운 감정을 느꼈을 것이라 생각한다.

INSTRUCCIONES

Un excompañero de clase le escribe para preguntar sobre un libro.

¡Hola!

¿Cómo has estado? Te escribo para preguntar si tú te has quedado con mi diccionario de inglés. Lo he estado buscando por todas partes y no lo encuentro. Y he pensado que, tal vez, lo tendrías tú, porque éramos miembros del mismo equipo en la clase de inglés.

Espero tu respuesta.

Carlos

Conteste a su amigo. En el correo tiene que:

- saludar;
- preguntar sobre su vida universitaria;
- decirle que si tiene o no el diccionario que su amigo está buscando;
- proponerle un encuentro;
- despedirse.

Número de palabras recomendadas: entre 60 y 70.

내용 구상란

소요 시간: _____

단 어　수: _____

INSTRUCCIONES

Elija solo una de las dos opciones. En cada opción tiene que tratar todos los puntos.

OPCIÓN 1

Escriba un texto sobre alguna película que vio y que no olvida. Hable de:

- dónde, cuándo y con quién la vio;
- de qué trata la película;
- cómo son los personajes de la película;
- por qué le gustó la película;
- qué tipo de películas le gusta y con qué frecuencia ve una película.

OPCIÓN 2

Marta y Esteban tienen tres hijos. Aquí tiene algunas fotos de cuando Marta y Esteban eran niños y otras fotos de lo que hacen sus hijos ahora.

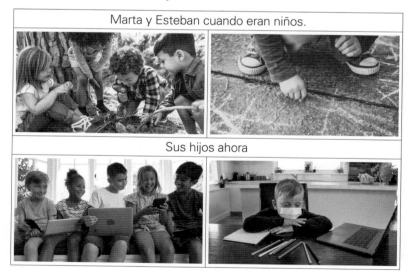

Marta y Esteban cuando eran niños.

Sus hijos ahora

Usted tiene que escribir un texto sobre Marta y Esteban de niños y sobre sus hijos de ahora. Tiene que decir:

- cómo era la vida de Marta y Esteban;
- cómo es la vida de los niños de ahora;
- cuál es la diferencia más grande y por qué.

Número de palabras recomendadas: entre 70 y 80.

OPCIÓN: _____

소요 시간: _____

단 어 수: _____

1 해석

지시 사항

당신의 예전 같은 반 친구는 당신에게 한 권의 책에 대해 문의하기 위해 글을 썼습니다.

> 안녕!
> 그동안 어떻게 지냈니? 너에게 글을 쓰는 이유는 네가 나의 영어 사전을 가지고 있는지 물어보기 위해서야. 나는 그것을 여기저기 찾아보았지만 찾을 수가 없었어. 그리고 어쩌면 네가 그것을 가지고 있을 수도 있다고 생각했어. 왜냐하면 우리는 영어 수업에서 같은 팀 멤버였잖아.
> 너의 답변을 기다릴게.
> 카를로스

친구에게 답장을 쓰세요. 이메일에서 당신은 다음을 해야 합니다.

- 인사하기
- 그의 대학 생활에 대해 질문하기
- 당신의 친구가 찾고 있는 사전을 당신이 가지고 있는지 말하기
- 만남을 제안하기
- 작별 인사하기

권장 단어 수: 60~70 사이.

2 작문 구성 예시

글의 유형	이메일
보내는 이	나
받는 이	Carlos
핵심 내용	그의 사전을 가지고 있는지 답변하고 만남을 제안하기
독해 자료 내용	영어 사전을 찾고 있는데 내가 가지고 있는지 문의
요구 조건 1	인사하기
요구 조건 2	그의 대학 생활에 대해 질문하기
요구 조건 3	당신의 친구가 찾고 있는 사전을 당신이 가지고 있는지 말하기
요구 조건 4	만남을 제안하기
요구 조건 5	작별 인사하기
주의 사항	문의하는 책을 가지고 있는지 여부에 대해 정확히 답변할 것

3 필수 어휘

ex	전(前), 구(舊), 전직	ir bien	형통하다, 적당하다, 어울리다
quedarse con	(~이) 있다, 가지고 있다	ponerse a + INF	(~하기) 시작하다
diccionario	ⓜ 사전	intención	ⓕ 의도, 의향, 목적
por todas partes	곳곳으로, 사방으로	guardar	지키다, 보호하다, 보관하다
tal vez	아마(= quizás, a lo mejor)	darse cuenta	인식하다, 알아채다, 눈치채다
mismo	똑같은, 동일한, 바로 그	pasado mañana	모레
equipo	ⓜ 팀, 단체, 장비, 도구	devolver	돌려주다, 반환하다
vida	ⓕ 생명, 목숨, 일생	aprovechar	유익하게 사용하다
universitario	ⓜⓕ 대학생 / 대학의	charlar	담소하다, 이야기하다
proponer	제안하다, 추천하다, 제기하다	rato	ⓜ 잠깐, 짧은 시간
encuentro	ⓜ 우연한 만남, 회견, 모임		

4 필수 표현

주제	문형	활용 예
만남 제안	- Proponer que 접속법 　~할 것을 제안하다	- Te propongo que nos veamos. 　나는 너에게 우리가 만날 것을 제안한다.
	- ¿Por qué no - ¿Qué tal si ┐ 직설법 - ¿Qué te parece si ┘ 　~하면 어떻겠는가?	- ¿Por qué no nos vemos? 　우리 만나면 어떻겠니? - ¿Qué te parece si nos vemos? 　우리가 만나는 것에 대해 어떻게 생각하니?
작별 인사	- 인사말 + 보내는 사람의 이름 * '포옹을 전하며' 등의 표현에 　문장부호.(punto)를 사용하지 않는다.	- ¡Hasta pronto! 곧 보자! - ¡Nos vemos! 곧 보자! - Con mucho cariño 애정을 담아 - Un fuerte abrazo 포옹을 전하며 - Un beso muy grande 키스를 전하며 - Besos 키스 - Abrazos 포옹 - José

5 모범 답안

모범 답안

¡Hola, Carlos!

¿Qué tal la universidad? ¿Te va bien? ¿Sabes? Después de leer tu mensaje, me puse a buscar y... ¡Sí! ¡Yo tengo tu diccionario! ¡Lo siento muchísimo! No fue mi intención. Creo que lo guardé en mi mochila sin darme cuenta. ¿Qué tal si nos vemos pasado mañana para que te lo pueda devolver? Y aprovechamos para comer juntos y charlar un rato. Ya me dirás.

Abrazos

Jesús

해석

카를로스 안녕!

대학교 생활은 어때? 잘 다니고 있니? 그거 알아? 너의 메시지를 읽은 후에 내가 찾아보았는데, 맞아! 내가 너의 사전을 가지고 있어! 정말 미안해! 고의로 그런 것은 아니야. 내 생각에 난 모르고 그것을 내 가방에 넣었던 것 같아. 네게 그 사전을 돌려줘야 하니 내일 모레 만나는 게 어떨까? 그리고 만난 김에 함께 식사도 하고 이야기를 나누자. 답변 주렴.

포옹

헤수스

1 해석

지시 사항

두 개의 옵션 중 하나를 선택하세요. 각 옵션에서는 제시된 모든 요소를 다뤄야 합니다.

옵션 1

당신이 본 영화 중에 잊히지 않는 영화 한 편에 대한 글을 쓰세요. 다음에 대해 말해야 합니다.

- 어디에서, 언제, 누구와 함께 영화를 보았는지 / 무엇을 다룬 영화인지 / 영화의 등장인물들은 어떠한지 / 왜 그 영화가 마음에 들었는지 / 어떤 종류의 영화를 좋아하는지 그리고 얼마나 자주 영화를 보는지

옵션 2

마르타와 에스테반은 세 명의 자녀가 있습니다. 여기에 마르타와 에스테반이 어렸을 때의 사진과 현재 그들의 자녀들이 하는 것에 대한 사진이 있습니다.

당신은 마르타와 에스테반이 어렸을 때와 그들의 현재 자녀들에 대한 글을 써야 합니다. 다음을 말하세요.

- 마르타와 에스테반의 삶이 어땠었는지 / 현재 자녀들의 삶은 어떠한지 / 가장 큰 차이점은 무엇인지 왜 그렇게 생각하는지

권장 단어 수: 70~80 사이.

2 작문 구성 예시

옵션 1

주제	잊히지 않는 영화 한 편
핵심 내용	기억에 남는 영화에 대해 묘사하고 나의 영화에 대한 기호 설명
요구 조건 1	어디에서, 언제, 누구와 함께 영화를 보았는지
요구 조건 2	무엇을 다룬 영화인지
요구 조건 3	영화의 등장인물들은 어떠한지
요구 조건 4	왜 그 영화가 마음에 들었는지
요구 조건 5	어떤 종류의 영화를 좋아하는지 그리고 얼마나 자주 영화를 보는지
주의 사항	특정 영화와 그 배역에 대해 간단히 묘사하기

옵션 1 필수 어휘

película	ⓕ 영화	simpático	호감이 가는, 친절한
tratar de	취급하다, 다루다	tierno	연한, 부드러운, 어린, 순수한
personaje	ⓜ 인물, 배역	valiente	용감한, 용기 있는
tipo	ⓜ 타입, 형, 모범	curioso	호기심이 강한
primo	ⓜⓕ 사촌 / 첫째의, 뛰어난	narrar	이야기하다, 말하다
titularse	제목, 타이틀이 붙다	adolescencia	ⓕ 청소년기, 사춘기
basar en	기초를 놓다, 근거하다, 입각하다	edad	ⓕ 나이, 연령, 시대
vida	ⓕ 생명, 목숨, 일생	adulto	ⓜⓕ 성인, 어른 / 성년이 된, 개발된

옵션 1 필수 표현

주제	문형	활용 예

영화의 기본 묘사	**영화 장르**
	- acción(액션), aventuras(모험), comedia(코미디), drama(드라마), terror(공포), ciencia ficción(공상 과학), musical(음악)...
		- Esta película es de aventuras.
		  이 영화는 모험 영화이다.
		- No me gustan las películas de terror.
		  나는 공포 영화를 좋아하지 않는다.

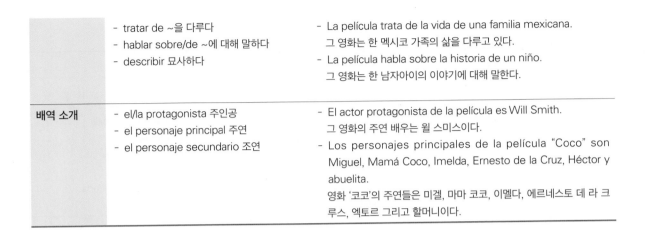

	- tratar de ~을 다루다 - hablar sobre/de ~에 대해 말하다 - describir 묘사하다	- La película trata de la vida de una familia mexicana. 그 영화는 한 멕시코 가족의 삶을 다루고 있다. - La película habla sobre la historia de un niño. 그 영화는 한 남자아이의 이야기에 대해 말한다.
배역 소개	- el/la protagonista 주인공 - el personaje principal 주연 - el personaje secundario 조연	- El actor protagonista de la película es Will Smith. 그 영화의 주연 배우는 윌 스미스이다. - Los personajes principales de la película "Coco" son Miguel, Mamá Coco, Imelda, Ernesto de la Cruz, Héctor y abuelita. 영화 '코코'의 주연들은 미겔, 마마 코코, 이멜다, 에르네스토 데 라 크루스, 엑토르 그리고 할머니이다.

[옵션 2]

주제	예전 아이들과 현재 아이들의 삶의 방식의 차이
핵심 내용	사진 속 과거 아이들의 모습과 현재 아이들의 모습의 차이점
요구 조건 1	마르타와 에스테반의 삶이 어땠었는지
요구 조건 2	현재 자녀들의 삶은 어떠한지
요구 조건 3	가장 큰 차이점은 무엇인지 왜 그렇게 생각하는지
주의 사항	사진에서 묘사되는 특징과 차이점에 대한 메시지 정확히 이해하기

[옵션 2] 필수 어휘

diferencia	ⓕ 차이, 다름, 격차	teléfono inteligente	ⓜ 스마트폰
sencillo	단순한, 간단한, 소박한	tristemente	슬피, 처연하게
ajetreado	바쁜, 분주한, 정신없는	pandemia	ⓕ 전국적, 세계적 유행병
complicado	복잡한, 뒤얽힌	extenderse	퍼지다, 번지다, 확장되다
mundo	ⓜ 세계, 세상 사람들	ocurrir	일이 일어나다, 머리에 떠오르다
digitalizado	디지털화 된	generación	ⓕ 대, 세대, 어떤 시대의 사람들
patio	ⓜ 안뜰, 마당	recurso	ⓜ 수단, 방법 ⓜ pl. 자원, 자금
propio	고유의, 자기 자신의		

Tarea 2 · Ejercicios

옵션 2 필수 표현

주제	문형	활용 예

삶 · 생활	- Vivir 부사 ~하게 살다
	- Vivir una vida 형용사 ~한 삶을 살다
	- Llevar una vida 형용사 ~한 삶을 살다
	- La vida es 형용사 삶은 ~하다
		- Ellos viven felizmente.
		  그들은 행복하게 산다.
		- Los niños de antes vivían una vida muy sencilla.
		  예전의 아이들은 매우 단순한 삶을 살았었다.
		- Los niños de ahora llevan una vida ajetreada.
		  지금의 아이들은 분주한 삶을 살고 있다.
		- La vida de los niños de ahora es muy complicada.
		  지금의 아이들의 삶은 매우 복잡하다.

차이 표현하기	- A y B son diferentes.
	- A es muy diferente a B.
	- A se diferencia mucho de B.
	- La diferencia entre A y B es ...
		- La vida de antes y la de ahora son muy diferentes.
		  예전과 지금의 삶은 매우 다르다.
		- La vida de los niños de antes es muy diferente a la vida de los niños de ahora.
		  예전의 아이들의 삶과 현재 아이들의 삶은 매우 다르다.
		- La diferencia más grande es que los niños de ahora viven en un mundo digitalizado.
		  가장 큰 차이는 바로 현재의 아이들은 디지털 시대에 살고 있다는 것이다.

3 모범 답안

옵션 1

모범 답안

Hace un mes vi con mis primos una película en el cine que se titulaba "Mujercitas". Está basada en la famosa novela de Louisa May Alcott y trata sobre la vida de las cuatro hermanas Meg, Jo, Beth y Amy. Ellas son muy simpáticas y tiernas, pero también son valientes y curiosas. Me gustó mucho cómo la película narraba la vida de las chicas desde su adolescencia hasta la edad adulta. Me gusta este tipo de películas de dramas y veo películas una vez a la semana.

해석

나는 한 달 전 극장에서 나의 사촌들과 함께 '작은 아씨들'이라는 영화 한 편을 보았다. 이 영화는 아주 유명한 루이자 메이 올컷의 소설을 기반으로 하고 있으며 메그, 조, 베스, 에이미 네 자매의 삶을 다루고 있다. 그녀들은 매우 착하고 순수하지만 동시에 용감하고 호기심 가득하다. 나는 그 영화가 네 자매의 청소년기부터 성년기까지의 삶을 다룬 방식이 무척 마음에 들었다. 나는 이와 같은 드라마 장르의 영화를 좋아하며 일주일에 한 번 영화를 본다.

옵션 2

모범 답안

Cuando Marta y Esteban eran niños, se divertían jugando en un parque o en un patio. Ahora todos los niños tienen su propio teléfono inteligente. Además, tristemente, hay varias pandemias que se extienden por todo el mundo. Y si ocurre una situación así, los niños no pueden salir de su casa. La diferencia más grande, entre estas dos generaciones, es que antes los niños tenían pocos recursos para divertirse y los niños de ahora tienen muchos recursos.

해석

마르타와 에스테반이 어렸을 때에 그들은 공원이나 마당에서 놀며 즐거워했었다. 지금은 모든 아이들이 저마다 자신의 스마트폰을 가지고 있다. 또한 슬프게도 온 세상에 퍼지는 팬데믹이 있다. 만일 이러한 상황이 발생하면 아이들은 집에서 나갈 수가 없다. 두 세대 간의 가장 큰 차이점은 예전에는 아이들이 즐겁게 놀 수 있는 자원이 적었고 지금의 아이들은 많은 자원을 갖는다는 것이다.

PRUEBA 4. PRUEBA DE EXPRESIÓN E INTERACCIÓN ORALES

INSTRUCCIONES

La prueba de Expresión e interacción orales tiene tres tareas:

- TAREA 1: Monólogo.
  Usted tiene que hablar ante el entrevistador sobre un tema durante 2-3 minutos.
- TAREA 2: Descripción de una fotografía.
  Usted tiene que describir una fotografía durante 2-3 minutos.
- TAREA 3: Diálogo en una situación imaginaria.
  Usted tiene que hablar con el entrevistador en una situación imaginaria, relacionada con la fotografía que ha descrito en la Tarea 2, durante 3-4 minutos.

Tiene 12 minutos para preparar las tareas 1, 2 y 3. Puede tomar notas y escribir un esquema de sus respuestas. Durante la prueba, puede consultar sus notas, pero no leerlas detenidamente.

평가 4. 회화

지시 사항

회화 평가에는 세 개의 과제가 있습니다.

- 과제 1: 독백

당신은 시험관 앞에서 하나의 주제에 관해 2~3분간 발표해야 합니다.

- 과제 2: 사진 묘사

당신은 2~3분간 한 장의 사진을 묘사해야 합니다.

- 과제 3: 가상의 상황에서의 대화

당신은 과제 2에서 묘사한 사진과 연관이 있는 가상 상황으로 3~4분간 시험관과 대화를 나누어야 합니다.

- 과제 1, 2, 3을 준비하기 위해 12분이 주어집니다. 메모를 할 수 있고 답변의 초고를 쓸 수 있습니다.

회화 평가 동안 당신은 그 메모를 볼 수 있지만 상세히 읽을 수는 없습니다.

EXPRESIÓN E INTERACCIÓN ORALES 회화

출제 가이드

1 출제 경향

회화 영역에서는 특정 주제에 대한 개인의 경험, 생각, 의견을 발표하는 능력과 특정 상황과 인물의 행동에 대한 묘사를 얼마나 잘할 수 있는지 등을 평가합니다. 더불어 다양한 주제에 대해 대화를 하며 의견을 조합하거나 합의에 이를 수 있어야 합니다. 일상생활에 대한 것이 출제되므로 응시자 자신의 실제 상황이나 경험을 자연스럽게 접목하여 발표하는 것이 좋습니다.

2 유형 파악

과제 수	3개		
시험 시간	12분(+ 사전 준비 12분)		
Tarea 1	한 개의 주제에 대한 설명 및 경험, 의견 발표	2~3분	사전 준비 ○
Tarea 2	한 장의 사진을 보고 묘사하기	2~3분	사전 준비 ○
Tarea 3	가상 상황으로 감독관과 대화 나누기	3~4분	사전 준비 ○

3 회화 완전 분석

회화 시험은 **사전 준비 시간 12분이 따로 주어지며** DELE A2의 경우 **Tarea 1, 2, 3 모두 미리 준비**할 수 있습니다. 준비 시간 전, Tarea 1와 2에 대한 옵션을 선택하게 됩니다. 시험지에 적힌 각 OPCIÓN의 내용을 빠르게 훑고 한 가지를 선택해야 합니다. 준비를 시작하면 이 선택을 번복할 수 없으므로 흥미로운 OPCIÓN을 택하기보다, **정확하게 이해할 수 있는 주제**를 고르는 것이 좋습니다. 또한 **주제와 관련된 스페인어 어휘를 많이 아는 OPCIÓN**을 선택해야 유리합니다. 준비 시간을 적절히 안배하여 Tarea 1와 2를 모두 준비해야 합니다. 발표할 내용을 처음부터 끝까지 모두 적기보다는 발표할 내용의 흐름을 정한 다음, 이어서 핵심 어휘나 표현을 떠올려 가며 내용을 구상하는 편이 좋습니다. 메모한 내용을 감독관 앞에서 읽을 수는 없으며 한 번씩 슬쩍슬쩍 보는 것만 가능합니다. 발표를 할 때에는 자연스러운 억양과 빠르기로 말하며 자신의 **회화 실력을 최대한 유창하게 표현**해야 합니다. 문법을 올바르게 사용하는 것 또한 중요합니다. 발표 내용이 전반적으로 각 과제의 흐름에 맞게 전개되는 것에 신경 쓰며 말하고자 하는 내용을 풍성하게 구성하는 것이 좋습니다. 단답형으로 말하지 않도록 하며, **큰 목소리와 자신 있는 말투**로 답변을 해야 합니다. 시험장에 들어가면 나와 대화를 주고받는 감독관과 뒤에서 채점을 하는 감독관, 총 2명이 있습니다. 나와 대화를 하는 시험관에 집중하여 발표를 하면 되는데, 만약 감독관의 말이 잘 이해되지 않는다면 '¿Me podría repetir la pregunta, por favor?'와 같은 질문을 통해 **반복해 줄 것을 요청해도 무방**합니다.

Tarea 1 **1개의 주제에 대해 설명 및 경험, 의견 발표하기**

Tarea 1 핵심 정리

사전 준비 시간	O (회화 시험 준비 시간 12분)
발표 유형	독백 형식의 발표
발표 시간	2~3분
보조 자료	1가지의 주제와 발표할 내용의 구성을 위한 사항들
발표 방식	1가지 주제에 대한 묘사, 의견, 경험담 등
평가 포인트	· 과거 경험을 요약하여 발표할 수 있는가 · 과거 시제를 적절하게 활용하며 발표할 수 있는가 · 앞으로의 계획에 대해 발표할 수 있는가

* 회화 영역은 3개 과제로 구성되어 있으므로 각 과제당 준비 시간을 환산하면 약 4분입니다.

BONA 쌤의 노하우

Tarea 1에서는 응시자의 실제 경험에 근거한 주제에 대한 발표를 해야 합니다. '가장 기억에 남는 여행, 영화, 책, 인물' 등과 같은 주제에 답변하는데 이때 필수적인 스페인어 문법 요소는 **'과거 시제'**입니다. **'언젠가 한 번 ~ 해 본 적이 있다'**라는 문장에서는 **현재 완료**를 사용하지만 **(과거의 특정 시점에) 한 번 ~했다**에서는 **단순 과거**를 써야 합니다. 어떤 과거 시제를 써야 하는지에 대한 힌트는 시험지에 적힌 '세부 사항'을 보면 알 수 있습니다. **'~했다, 왜냐하면 ~했기 때문이다'**와 같이 행동에 대한 '원인 또는 근거'를 연결하여 발표하면 논리적인 문장을 작성할 수 있습니다. 그러나 응시자의 개인적인 경험을 지나치게 구체적으로 설명하느라 시간을 낭비하지 않도록 주의가 필요합니다.

Tarea 1 완전 공략

1 문제 해결 전략

사전 준비	• 2개의 주제 중 1가지를 선택합니다. • 시험지에 적힌 INSTRUCCIONES와 주제를 집중해서 읽고 내용을 이해합니다. • 시험지에 표기된 세부 사항들에 따라 발표 내용을 미리 적으며 준비합니다.
발표	• 감독관의 개입 없이 스스로 발표를 해 나갑니다. • 시험지에 표기된 세부 사항들에서 지시한 내용을 다양하게 언급합니다.

2 이것만은 꼭!

• 시험 전 2가지 TEMA 중 더 많은 어휘와 표현을 알고 있는 것을 선택합니다.

• 주제의 핵심을 정확히 파악하는 것이 가장 중요합니다. 주제를 잘못 이해하면 발표 내용 전체가 틀릴 수 있기 때문입니다.

• 시험지에 표기된 질문 형태의 세부 사항을 모두 언급할 필요는 없습니다. 세부 사항을 토대로 발표를 준비하되, 해당 내용을 빠짐없이 전부 발표하려고 애쓰지 않아도 됩니다.

• 말할 내용을 처음부터 끝까지 모두 문장으로 작성하는 것보다 발표할 내용의 전개 방식과 흐름을 정한 다음, 필요한 내용과 어휘를 중심으로 간단히 작성하는 것이 좋습니다.

• 준비한 내용을 조금씩 보고 참고할 수는 있지만 모두 읽을 수는 없습니다.

• 독백 형식으로 발표하는 과제이므로 감독관은 개입하지 않습니다. 응시자 역시 감독관에게 질문할 수 없습니다. 'El tema que he elegido es...'와 같은 표현을 통해 선택한 옵션을 언급하며 시험을 시작합니다.

• 감독관이 Tarea 2의 시작을 알리기 전까지는 계속해서 Tarea 1를 발표해야 합니다.

Tarea 1 Ejercicios 실전 연습 ①

문제 1

INSTRUCCIONES

Hable de una fiesta que usted ha hecho. Hable de:

- Cuándo y dónde hizo la fiesta, por qué la hizo y por qué fue especial para usted;
- Quiénes fueron invitados y qué hicieron;
- Cómo era el ambiente de la fiesta;
- Alguna anécdota que ocurrió en la fiesta;
- Si va a hacer alguna fiesta en el futuro: cuándo, con quién y por qué.

Step 2 실제 시험 훈련

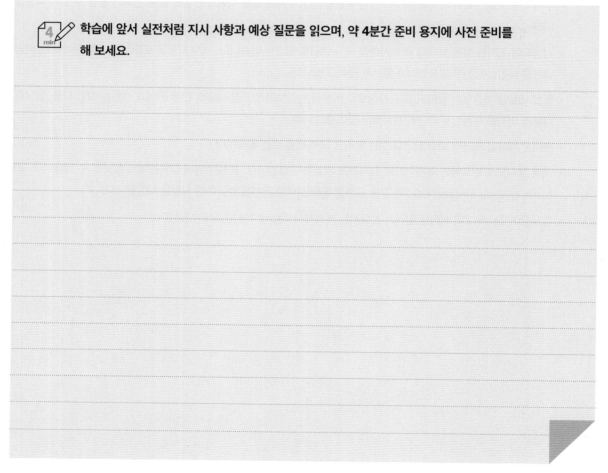

학습에 앞서 실전처럼 지시 사항과 예상 질문을 읽으며, 약 **4분간** 준비 용지에 사전 준비를 해 보세요.

2-3min

이제 준비한 내용을 발표해 봅시다. 녹음하여 모범 답안과 비교해 보며, 문제점을 진단해 보세요. 능숙해질 때까지 반복하여 연습하세요.

"El tema que he elegido para la TAREA uno es..."

문제 해석

지시 사항

당신이 했던 파티에 대해 말하세요. 다음에 대해 이야기해야 합니다.

- 파티를 언제 어디에서 무엇 때문에 했는지, 왜 그 파티가 당신에게 특별했는지
- 누가 초대되었는지 그리고 무엇을 했는지
- 파티의 분위기가 어땠는지
- 파티에서 일어났던 일화
- 앞으로 다시 파티를 할 것인지, 언제 누구와 무엇 때문에 할 것인지

Step 3 필수 어휘를 익히고, 발표문을 구성해 보세요.

필수 어휘

ambiente	ⓜ 공기, 대기, 환경, 자연 환경, 분위기	borracho	ⓜ 술꾼 / 취한, 만취된
anécdota	ⓕ 일화, 비화, 에피소드	ocurrírsele	(누군가에게) 갑자기 생각이 떠오르다
ocurrir	일이 일어나다, 머리에 떠오르다	tal y como	~하는 그대로
festejar	축제를 열어 축하하다, 환대하다	lograr	달성하다, 성취하다
ponerse	입다, 착용하다, 위치하다	gritar	큰소리로 말하다, 외치다, 소리치다
sorpresa	ⓕ 놀람, 서프라이즈	tarta	ⓕ 케이크
compañero de trabajo	ⓜⓕ 직장 동료	observar	관찰하다, 지켜보다, 눈치채다
agradable	즐거운, 기분 좋은, 다정한(= grato, ameno, simpático)	decorar	장식하다
pasárselo	때를 지내다, 보내다	gracioso	재미있는, 우스운, 웃기는
genial	천재적인, 훌륭한 / 아주 잘 (= magníficamente, estupendamente)	parar	멈추다, 세우다
asustarse	놀라다, 질겁하다	familiar	ⓜ 친척 / 가족의
pillar por sorpresa	깜짝 놀라게 하다, 습격하다		

발표문 구성 예시

①	나는 1년 전 집에서 어머니의 생신을 축하하기 위해 파티를 했다.
②	그 파티가 특별했던 이유는 어머니가 파티를 예상하지 못해 매우 행복해 하셨기 때문이다.
③	나는 어머니의 직장 동료들과 친구들을 초대했다.
④	우리는 어머니에게 생일 축하 노래를 불러 드렸다.
⑤	파티는 매우 기분 좋고 유쾌했다.
⑥	우리 모두는 파티에서 무척 즐거운 시간을 보냈다.
⑦	어머니가 집에 도착하셨을 때 우리는 어머니를 깜짝 놀라게 해 드렸고, 어머니는 많이 놀라셨다.
⑧	아버지는 파티가 끝날 무렵 술에 많이 취하셨다.
⑨	나는 아버지를 축하해 드릴 다른 파티도 할 것이다.
⑩	나는 조만간 다른 파티를 하고 싶다.

①	Hace un año hice una fiesta en mi casa para festejar el cumpleaños de mi madre.
②	Fue muy especial porque mi madre se puso muy feliz por la sorpresa.
③	Invité a sus compañeros de trabajo y a sus amigos.
④	Nosotros le cantamos 'Cumpleaños feliz' a mi madre.
⑤	La fiesta fue muy agradable y divertida.
⑥	Todos nosotros nos lo pasamos genial en la fiesta.
⑦	Mi madre se asustó mucho cuando la pillamos por sorpresa cuando llegó a casa.
⑧	Mi padre se puso muy borracho al final de la fiesta.
⑨	Voy a hacer otra fiesta para festejar a mi padre también.
⑩	Me gustaría hacer otra fiesta pronto.

Step 4 모범 답안을 확인하세요.

모범 답안

Hace un año hice una fiesta de cumpleaños para mi madre en mi casa. Se me ocurrió la idea de hacerle una fiesta sorpresa porque mi madre siempre me hacía una fiesta por mi cumpleaños, así que pensé que era el momento de hacerle una a ella. Tal y como lo pensé, mi madre se sorprendió mucho y se puso muy feliz. Fue muy especial porque logré ponerla muy muy feliz. Invité a algunos compañeros de trabajo de mi madre y a sus mejores amigos. Ellos estuvieron esperando a mi madre en mi casa, hasta que llegó del trabajo. Cuando abrió la puerta, todos gritamos: ¡Sorpresa! ¡Feliz cumpleaños! Mi madre se asustó tanto que gritó, pero me vio con una tarta en las manos y observó que la casa estaba decorada, y ya supo que era una fiesta de cumpleaños. Fue muy gracioso porque mi padre se puso un poco borracho y empezó a cantar y a cantar sin parar. Nos lo pasamos muy bien. Estoy pensando en hacer también una fiesta para mi padre porque el mes que viene él cumple años. Invitaré a todos nuestros familiares y a sus amigos. ¡Ojalá logre hacer una fiesta tan divertida como la de mi madre!

해석

나는 1년 전 집에서 어머니를 위한 생신 파티를 했다. 어머니에게 깜짝 파티를 해 드릴 생각이 들었는데 그 이유는 바로 어머니는 항상 나의 생일에 파티를 해 주셨기 때문에 이번에는 내가 어머니에게 파티를 해 드릴 때라고 생각했기 때문이다. 내가 생각했던 것과 같이 어머니는 무척 놀라셨고 또한 매우 행복해 하셨다. 어머니를 정말 행복하게 해 드렸기 때문에 그 파티는 나에게 매우 특별했다. 나는 어머니의 직장 동료 몇 분과 어머니의 가장 친한 친구분들을 초대했다. 그들은 어머니가 퇴근하고 집에 오실 때까지 기다리고 있었다. 어머니가 문을 열었을 때 우리 모두는 '서프라이즈! 생일 축하합니다!'를 외쳤다. 어머니는 너무 놀라셔서 소리를 지르셨는데, 이내 곧 내 손에 들린 케이크를 보셨고 집이 장식되어 있는 것을 보시고는 생일 파티라는 것을 알게 되셨다. 아주 재미있던 것은 아버지가 조금 술에 취하셔서는 끊임없이 노래를 부르셨던 일이었다. 우리는 무척 즐거웠다. 나는 아버지를 위한 파티도 할 생각이다. 왜냐하면 다음 달은 아버지의 생신이기 때문이다. 나는 친척분들 모두와 아버지의 친구분들을 초대할 것이다. 어머니의 생신 파티만큼이나 재미있는 파티를 할 수 있기를 바란다!

Tarea 1 **Ejercicios** 실전 연습 ②

Step 1 완전 공략을 참고하여 지시 사항을 읽고 발표할 내용을 떠올려 보세요.

[문제 2]

INSTRUCCIONES

Hable de su último fin de semana. Hable de:

- qué hizo el fin de semana;

- a qué hora se levantó;

- dónde estuvo y con quién;

- si prefiere salir o estar en casa y por qué;

- qué es lo que más le gusta hacer los fines de semana.

Step 2 실제 시험 훈련

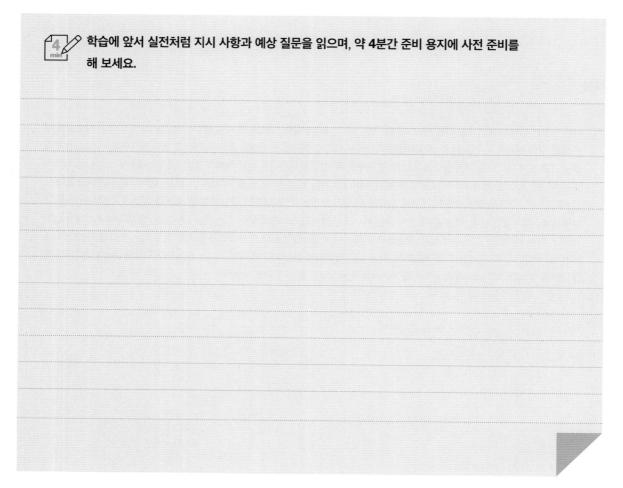

학습에 앞서 실전처럼 지시 사항과 예상 질문을 읽으며, 약 **4분**간 준비 용지에 사전 준비를 해 보세요.

이제 준비한 내용을 발표해 봅시다. 녹음하여 모범 답안과 비교해 보며, 문제점을 진단해 보세요. 능숙해질 때까지 반복하여 연습하세요.

2-3 min "El tema que he elegido para la TAREA uno es..."

문제 해석

지시 사항

당신의 지난 주말에 대해 말하세요. 다음에 대해 이야기해야 합니다.

- 주말에 무엇을 했는지
- 몇 시에 일어났는지
- 어디에서 누구와 함께 있었는지
- 외출하는 것과 집에 있는 것 중에 어떤 것을 선호하는지, 왜 그러한지
- 주말에 무엇을 하는 것을 가장 좋아하는지

Step 3 필수 어휘를 익히고, 발표문을 구성해 보세요.

필수 어휘

fin de semana	ⓜ 주말	desordenado	무질서한, 어수선한
preferir	선호하다, ~을 더 좋아하다	ordenar	정리하다, 명령하다
temprano	이른, 일찍	ir de compras	쇼핑하다
bádminton	ⓜ 배드민턴	entre semana	평일에
hacer la compra	장보다	fuera	밖에, 밖에서, 밖으로
relajarse	긴장이 풀리다	convivir	동거하다, 함께 생활하다
tranquilo	조용한, 고요한, 편안한	en conclusión	결론적으로, 끝으로, 결국, 마침내
arreglar	정리하다, 정돈하다, 수리하다	lavar	씻다, 세탁하다
cuarto	ⓜ 방	laborable	일할 수 있는
almorzar	점심을 먹다		

발표문 구성 예시

①	주말에 나는 친구들을 만났다.
②	나는 주말 내내 집에 있었다.
③	나는 일찍 일어났다. 왜냐하면 친구들과 함께 아침 식사를 해야 했기 때문이다.
④	일요일에 나는 늦게까지 잠을 잤다. 왜냐하면 나는 매우 피곤했었기 때문이다.
⑤	나는 친구들과 공원에서 배드민턴을 쳤다.
⑥	나의 가족과 나는 슈퍼마켓에서 장을 봤다.
⑦	나는 외출하는 것을 더 좋아한다. 왜냐하면 친구들과 운동하는 것을 좋아하기 때문이다.
⑧	나는 집에 머무는 것을 더 선호한다. 왜냐하면 주말에 나는 휴식을 취하는 것이 필요하기 때문이다.
⑨	주말에 내가 가장 좋아하는 것은 친구들을 만나는 것이다.
⑩	나는 보통 집에 있으면서 긴장을 푸는 것을 정말 좋아한다.

①	El fin de semana salí con mis amigos.
②	Estuve en mi casa todo el fin de semana.
③	Me levanté muy temprano porque tenía que desayunar con mis amigos.
④	El domingo dormí hasta muy tarde porque me encontraba muy cansado.
⑤	Estuve con mis amigos en un parque jugando al bádminton.
⑥	Mi familia y yo hicimos la compra en el supermercado.
⑦	Me gusta más salir porque me gusta hacer deportes con mis amigos.
⑧	Prefiero quedarme en casa porque los fines de semana necesito descansar.
⑨	Lo que más me gusta hacer los fines de semana es ver a mis amigos.
⑩	Normalmente me gusta mucho estar en casa y relajarme.

Step 4 모범 답안을 확인하세요.

모범 답안

El fin de semana pasado fue un fin de semana muy tranquilo. No salí, pero hice algunas cosas en casa como arreglar mi cuarto, cocinar, ver la televisión, etc. El sábado me levanté un poco tarde, más o menos a las diez de la mañana. Mis padres habían salido ya, así que decidí almorzar solo. Después de almorzar, vi que mi cuarto estaba un poco desordenado, así que ordené y limpié mi habitación. Después, vi la televisión y descansé. Llegaron a casa mis padres y nosotros cenamos juntos. El domingo también estuve en casa hasta la tarde. Por la tarde, fui de compras con mi hermana, volvimos a casa y preparamos la cena. La verdad es que a mí me gusta más estar en casa los fines de semana porque entre semana estoy fuera todo el tiempo. No tengo tiempo para convivir con mi familia o descansar. En conclusión, lo que más me gusta hacer los fines de semana es estar en casa haciendo lo que tengo que hacer en casa, como limpiar o lavar, porque si no lo hago los fines de semana, los días laborables no tengo tiempo de hacerlo.

해석

지난 주말은 매우 평온한 주말이었다. 나는 외출은 하지 않고 방 정리, 요리, TV 보기 등과 같이 집에서 할 일을 했다. 토요일에는 조금 늦게 오전 10시쯤 일어났다. 부모님은 이미 외출하셨기 때문에 나는 혼자 점심을 먹기로 했다. 점심 식사를 한 후에 내 방이 조금 지저분한 것을 보았고 그래서 방을 정리정돈하고 청소했다. 그다음 TV를 보고 휴식을 취했다. 부모님이 집에 도착하셨고 우리는 함께 저녁 식사를 했다. 일요일에도 오후가 될 때까지 집에 있었다. 오후에는 나의 누이와 쇼핑을 갔다가 집으로 돌아왔고 저녁 식사를 준비했다. 사실 나는 주말에는 집에 있는 것이 더 좋다. 주중에는 항상 밖에 있기 때문이다. 가족과 함께 시간을 보내거나 휴식을 취할 시간이 없다. 결론적으로 나는 주말에는 청소나 빨래와 같이 집에서 해야 하는 일을 하며 집에 있는 것을 가장 좋아한다. 왜냐하면 주말에 그러한 것을 하지 않으면 평일에는 할 시간이 없기 때문이다.

PRUEBA 04 Tarea 2 1장의 사진을 보고 묘사하기

Tarea 2 핵심 정리

사전 준비 시간	O
발표 유형	독백 형식의 발표
발표 시간	2~3분
보조 자료	사진 및 발표 내용 구성을 위한 예시 질문
발표 방식	사진 속 상황과 인물, 행동에 대해 묘사하기
평가 포인트	· 사진을 보며 핵심 내용 및 세부적인 줄거리를 이해할 수 있는가 · 연관된 어휘를 알맞게 선택하여 발표할 수 있는가 · 사진에 대한 묘사를 시작하여 마무리할 수 있는가

BONA 쌤의 노하우

DELE 회화 시험의 전형적인 유형인 '사진 묘사'입니다. 사진의 내용을 잘 이해할 수 있다면 큰 어려움 없이 풀 수 있는 문제입니다. 사진 내용을 구상하기 전에 사진 하단의 **'예시 질문'을 확인하여 어떤 흐름으로 사진을 묘사할지에 대해 큰 틀을 잡도록** 합니다. 이 예시 질문들은 감독관이 직접 질문하는 것이 아니라는 점에 유의해야 합니다.

사전 준비 시간 전 2장의 사진 중 하나를 고를 때, 사진 속 상황을 잘 묘사할 수 있도록 **표현이나 어휘에 자신 있는 것으로 선택하세요!** 재미있어 보이는 내용이라도 핵심 소재를 스페인어로 표현하기 어렵다면 선택하지 않는 것이 좋습니다. 또한 Tarea 2의 사진과 연관된 내용이 Tarea 3로 이어지므로 신중하게 선택할 필요가 있습니다.

Tarea 2 완전 공략

1 문제 해결 전략

사전 준비	• 2개의 사진 중 1개를 선택합니다. • 사진에 표현된 모든 요소를 정확히 파악한 뒤 가상의 상황을 설정합니다. • 사진 속 장소, 인물, 행동, 사물 등에 대해 모두 파악합니다. • 시험지에 표기된 세부 사항들에 유념하며 발표 내용을 미리 써 보며 준비합니다.
발표	• 감독관의 개입 없이 스스로 발표를 해 나갑니다. • 시험지에 표기된 예시 질문들에서 다루는 내용들을 다양하게 언급합니다.

2 이것만은 꼭!

• 2개의 사진 중 더 많은 어휘와 표현을 알고 있는 것을 선택합니다.

• 사진의 핵심이 무엇인지 정확하게 파악합니다. 사진에서 묘사되는 내용과 응시자가 가상으로 지어내는 내용이 적절히 조화를 이루도록 하는 것이 좋습니다.

• 말할 내용을 처음부터 끝까지 작성하는 것보다 발표할 내용의 전체적인 흐름을 정하고 이에 적합한 내용과 어휘를 떠올리며 연습하도록 합니다.

• 준비한 내용을 조금씩 보고 참고할 수 있지만 모두 읽을 수는 없습니다.

• 예시 질문을 바탕으로 묘사하되 한 가지 소재에만 집중되지 않도록 합니다. 사진의 세부 사항을 모두 묘사할 필요는 없으므로 자신 있는 소재 몇 가지를 중심으로 묘사합니다.

• 독백 형식으로 발표하는 과제이므로 감독관은 개입하지 않습니다. 응시자 역시 감독관에게 질문할 수 없습니다. 'En esta fotografía veo...' 같은 표현을 통해 사진에서 보이는 것이 무엇인지 언급하며 발표를 시작합니다.

• 감독관이 Tarea 3의 시작을 알리기 전까지는 계속해서 Tarea 2의 발표를 해야 합니다.

Tarea 2 **Ejercicios** 실전 연습 ①

Step 1 완전 공략을 참고하여 발표할 내용을 떠올려 보세요.

문제 1

Hable de la fotografía durante dos o tres minutos. Usted debe hablar de:

- ¿Cómo son las personas de la foto? (aspecto físico, personalidad que cree que tienen...)
  ¿Qué ropa llevan?
- ¿Dónde están esas personas? ¿Qué objetos hay? Describa el lugar.
- ¿Qué están haciendo las personas de la foto?
- ¿Qué relación cree que hay entre ellas?
- ¿Qué cree que piensan, o cómo cree que se sienten, estas personas? ¿Por qué?
- ¿Qué cree que han hecho antes? ¿Y qué van a hacer después?

Step 2 실제 시험 훈련

 학습에 앞서 실전처럼 지시 사항과 예상 질문을 읽으며, 약 **4분간** 준비 용지에 사전 준비를 해 보세요.

이제 준비한 내용을 발표해 봅시다. 녹음하여 모범 답안과 비교해 보며, 문제점을 진단해 보세요. 능숙해질 때까지 반복하여 연습하세요.

2-3min   "La fotografía que he elegido para la TAREA dos es..."

Tarea 2 · Ejercicios

문제 해석

사진에 대해 2분에서 3분간 말하세요. 당신은 다음에 대해 말해야 합니다.

- 사진 속 사람들은 어떠한가?(겉모습, 당신이 생각하는 그들의 성격 등) 어떤 옷을 입고 있는가?

- 그 사람들은 어디에 있는가? 어떤 물건들이 있는가? 장소를 묘사하시오.

- 사진 속 사람들은 무엇을 하고 있는가?

- 그들은 어떤 관계라고 생각하는가?

- 그 사람들은 어떤 생각을 하고 또 어떤 감정을 느낀다고 생각하는가? 왜 그러한가?

- 그들이 전에는 무엇을 했다고 생각하는가? 다음으로는 무엇을 할 것인가?

Step 3 필수 어휘를 익히고, 발표문을 구성해 보세요.

필수 어휘

aspecto físico	ⓜ 용모, 외모	probar	시험하다, 증명하다, 먹어 보다, 입어 보다
personalidad	ⓕ 인격, 개성, 명사(중요 인물)	caja	ⓕ 상자, 박스, 금고, 계산대
objeto	ⓜ 사물, 목적	centro comercial	ⓜ 상점가, 쇼핑센터
tienda de ropa	ⓕ 옷 가게	probador	ⓜ 옷을 입어 보는 곳 / 시도하는
dependiente	ⓜⓕ 점원 / 의존하는	grandes almacenes	ⓜ pl. 백화점
elegir	고르다, 선택하다	recomendar	추천하다, 권고하다
vestido	ⓜ 의류, 드레스, 원피스	sugerir	제안하다, 권유하다, 연상시키다
mostrar	보여 주다, 제시하다, 증명하다	decidir	결정하다, 정하다
cara	ⓕ 얼굴, 표정, 안색	opinión	ⓕ 의견, 견해, 판단
alegre	기쁜, 쾌활한, 명랑한		

발표문 구성 예시

①	내 생각에 이곳은 한 옷 가게이다.
②	사진에서는 한 옷 가게를 볼 수 있다.
③	가게에는 많은 사람이 있다. 아주머니, 여자아이 그리고 한 여자 종업원.
④	한 젊은 여자가 아주머니에게 원피스를 고르는 데 도움을 주고 있다.
⑤	여자 종업원이 원피스를 보여 주고 있다.
⑥	내 생각에 아주머니는 딸을 위한 원피스를 구매하기를 원하는 것 같다.
⑦	내 생각에 여자아이는 원피스를 마음에 들어 한다. 매우 기쁜 표정을 하고 있기 때문이다.
⑧	여자 종업원은 옷이 잘 맞는지 보기 위해서 원피스를 입어 볼 수 있다고 말한다.
⑨	여자아이는 원피스가 잘 맞는지 보기 위해 그것을 입어 보고 싶어 한다.
⑩	그녀들이 돈을 내기 위해 계산대로 갈 것이라고 생각한다.

①	Pienso que es una tienda de ropa.
②	En la foto se puede ver una tienda de ropa.
③	Hay mucha gente en la tienda. Una señora, una chica y una dependiente.
④	Hay una señorita que está ayudando a una señora para elegir un vestido.
⑤	La dependiente le está mostrando un vestido.
⑥	Creo que la señora quiere comprar un vestido para su hija.
⑦	Pienso que a la chica le gusta el vestido porque tiene una cara muy alegre.
⑧	La dependiente dice que se puede probar el vestido para ver si le queda bien.
⑨	La niña quiere probarse el vestido para ver si le queda bien.
⑩	Imagino que ellas van a ir a la caja para pagar.

모범 답안

En la fotografía, veo una tienda de ropa. Es una tienda que está en un centro comercial. Hay una señora y una chica. Pienso que es una madre y su hija. También hay una señorita, que es la dependiente de la tienda. La madre quiere comprar un vestido para la fiesta de cumpleaños de su hija y la señorita le está mostrando un vestido. Creo que a la niña le encanta el vestido porque tiene una cara muy alegre. La niña quiere probarse el vestido para ver si le queda bien y la señorita le dice que hay probadores. Creo que ellas van a ir a la caja para pagar.

해석

사진에서는 한 옷 가게를 볼 수 있다. 그 가게는 한 쇼핑센터에 있는 가게이다. 한 아주머니와 여자아이가 있다. 내 생각에 그들은 엄마와 딸인 것 같다. 또한 1명의 아가씨가 있는데, 그녀는 가게의 종업원이다. 엄마는 딸의 생일 파티를 위한 원피스를 구입하길 원하고 아가씨는 그녀에게 한 원피스를 보여 주고 있다. 그 아이의 표정이 아주 밝기 때문에 내 생각에 그 아이는 그 원피스를 매우 마음에 들어 하는 것 같다. 그 아이는 원피스가 잘 맞는지 보기 위해 옷을 입어 보기를 원하고, 아가씨는 탈의실이 있다고 말한다. 그녀들은 지불하러 계산대로 갈 거라고 생각한다.

Tarea 2 **Ejercicios** 실전 연습 ②

Step **1** 완전 공략을 참고하여 발표할 내용을 떠올려 보세요.

문제 2

Hable de la fotografía durante dos o tres minutos. Usted debe hablar de:

- ¿Cómo son las personas de la foto? (aspecto físico, personalidad que cree que tienen...) ¿Qué ropa llevan?
- ¿Dónde están esas personas? ¿Qué objetos hay? Describa el lugar.
- ¿Qué están haciendo las personas de la foto?
- ¿Qué relación cree que hay entre ellas?
- ¿Qué cree que piensan, o cómo cree que se sienten, estas personas? ¿Por qué?
- ¿Qué cree que han hecho antes? ¿Y qué van a hacer después?

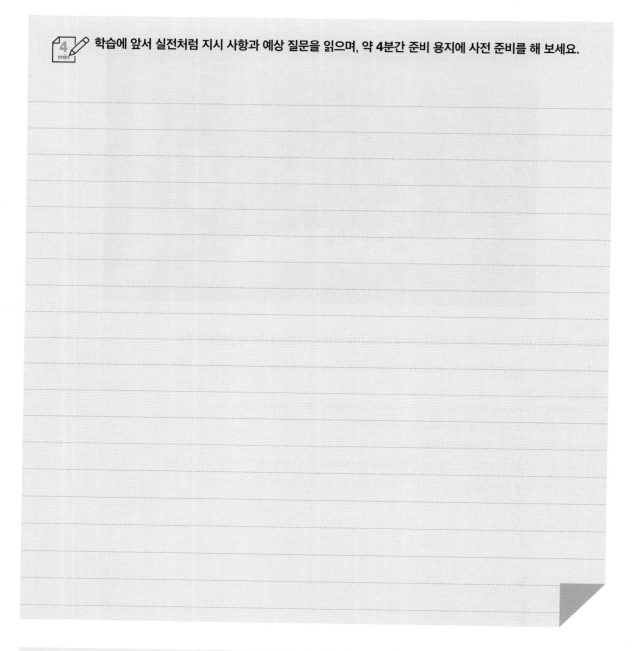

학습에 앞서 실전처럼 지시 사항과 예상 질문을 읽으며, 약 **4분간** 준비 용지에 사전 준비를 해 보세요.

이제 준비한 내용을 발표해 봅시다. 녹음하여 모범 답안과 비교해 보며, 문제점을 진단해 보세요. 능숙해질 때까지 반복하여 연습하세요.

"La fotografía que he elegido para la TAREA dos es..."

사진에 대해 2분에서 3분간 말하세요. 당신은 다음에 대해 말해야 합니다.

- 사진 속 사람들은 어떠한가?(겉모습, 당신이 생각하는 그들의 성격 등) 어떤 옷을 입고 있는가?
- 그 사람들은 어디에 있는가? 어떤 물건들이 있는가? 장소를 묘사하시오.
- 사진 속 사람들은 무엇을 하고 있는가?
- 그들은 어떤 관계라고 생각하는가?
- 그 사람들은 어떤 생각을 하고 또 어떤 감정을 느낀다고 생각하는가? 왜 그러한가?
- 그들이 전에는 무엇을 했다고 생각하는가? 다음으로는 무엇을 할 것인가?

Step 3 필수 어휘를 익히고, 발표문을 구성해 보세요.

필수 어휘

fotografía	ⓕ 사진(= ⓕ foto), 사진 촬영	furioso	격노한, 화가 난
taquilla	ⓕ 매표소	demasiado	너무 많은 / 지나치게
cola	ⓕ 꼬리	estreno	ⓜ 개시, 첫 사용, 데뷔
hacer cola	줄을 서다	cartelera	ⓕ 전시 알림판, 게시판
entrada	ⓕ 입장, 출입구, 입장권, 입장료	sacar	꺼내다, 빼다, 추출하다
grueso	굵은, 두꺼운	sacar entrada	입장권을 사다 (= comprar entrada)
abrigo	ⓜ 외투	empleado	ⓜⓕ 종업원, 직원 / 사용된, 쓰인
marrón	밤색의, 갈색의	agotar	바닥을 내다, 써서 없애다
taquillero	ⓜⓕ 표 파는 사람		

발표문 구성 예시

①	이곳은 한 극장의 매표소이다.
②	상영작 게시판에는 흥미로운 영화가 몇 편 있다.
③	줄 서 있는 사람이 많다.
④	몇몇 매표원들이 손님들을 응대하고 있다.
⑤	사람들은 극장 입장권을 사기 위해 기다리고 있다.
⑥	그들은 여름옷을 입고 있으므로 나는 지금이 여름이라고 생각한다.
⑦	그 아가씨는 매표원에게 입장권 한 장을 요청하고 있다.
⑧	이 아가씨는 화가 조금 났다. 왜냐하면 너무 오래 기다렸기 때문이다.
⑨	그 아가씨는 개봉 영화를 한 편 보기 위해 극장에 혼자 왔다.
⑩	내 생각에 그 영화는 아주 좋은 작품인 것 같다. 왜냐하면 줄을 선 사람이 많기 때문이다.

①	Es una taquilla de un cine.
②	En la cartelera ponen algunas películas interesantes.
③	Hay mucha gente haciendo cola.
④	Algunos taquilleros están atendiendo a los clientes.
⑤	Ellos están esperando para comprar entradas de cine.
⑥	Ellos llevan ropa de verano, así que pienso que es verano.
⑦	La señorita le está pidiendo una entrada al taquillero.
⑧	Esta chica está un poco furiosa porque ha esperado demasiado tiempo.
⑨	La señorita ha venido al cine sola para ver el estreno de una película.
⑩	Me parece que es una buena película porque hay mucha gente en la cola.

Step **4** 모범 답안을 확인하세요.

모범 답안

En la foto, veo una taquilla de un cine. Hay algunas personas que están esperando para sacar entradas. Hay una chica que ha venido sola. También hay una señora mayor y un joven. Los taquilleros están atendiendo a los clientes. Quizás hoy sea un fin de semana. En la cartelera hay una película muy famosa de acción y por eso hay tanta gente en la cola. Pienso que la gente ha esperado mucho tiempo. La gente lleva ropa veraniega, así que pienso que es verano. Tal vez este joven ha venido con su madre para ver una película. Él le está pidiendo dos entradas para la siguiente función y la taquillera le da las dos entradas. La taquillera parece ser muy amable. Como hay mucha gente, pienso que las entradas se van a agotar pronto.

해석

사진 속에서는 한 극장의 매표소를 볼 수 있다. 입장권을 사기 위해 기다리고 있는 몇몇 사람들이 있다. 혼자 온 여자가 한 명 있다. 또한 나이 많은 여성과 젊은 남자도 있다. 매표원들은 고객들을 응대하고 있다. 어쩌면 오늘은 주말일 수도 있겠다. 상영 영화 게시판에는 매우 유명한 액션 영화가 한 편 있다. 그래서 줄을 선 사람이 매우 많이 있다. 내 생각에 이 사람들은 아주 오래 기다린 것 같다. 사람들이 여름옷을 입고 있으므로 내 생각에 지금은 여름인 것 같다. 어쩌면 이 젊은이는 자신의 어머니와 함께 영화를 한 편 보기 위해 온 것 같다. 그는 다음 상영 입장권 두 장을 요청하고 있으며 매표원은 그에게 두 장의 입장권을 준다. 그 매표원은 매우 친절해 보인다. 사람들이 많으므로 나는 입장권이 곧 매진될 것 같다.

Tarea 3 가상 상황으로 감독관과 대화 나누기

Tarea 3 핵심 정리

사전 준비 시간	O
발표 유형	감독관과 대화를 주고받는 형식
발표 시간	3~4분
보조 자료	정해진 가상 상황에 대한 설명
발표 방식	Tarea 2의 사진과 연관되는 상황에 대한 역할극
평가 포인트	· 시험지를 읽거나 감독관의 설명을 듣고 주어진 '가상의 상황'과 서로의 역할에 대해 이해하는가 · 정해진 역할에 맞추어 대화를 주고받을 수 있는가 · 다른 의견을 가진 상대방과 의견을 서로 나누고 절충안을 낼 수 있는가

BONA 쌤의 노하우

Tarea 3는 시험지에 적힌 **'가상의 상황'을 전제로 감독관과 롤플레이**를 하는 것입니다. 이때 중요한 것은 대화 상황에 대한 정확한 이해입니다. Tarea 3는 Tarea 1, 2와 달리 감독관이 개입하게 되며, 감독관의 질문을 주의해 듣고 흐름에 맞는 답변을 하는 것이 중요합니다. 자신이 해야 하는 역할과 감독관의 역할을 분석하여 꼭 필요한 요소나 부분을 빠짐없이 확인하도록 합니다. 실제 상황인 것처럼 대화하게 되므로 앞서 **감독관을** USTED으로 호칭했다 하더라도 이 문제에서는 '(아는 사람 간의 대화이므로) **TÚ로 바꿔 호칭하는 것도 하나의 팁**입니다. 문제에서는 해결하거나 합의해야 하는 포인트가 있습니다. 미리 준비한 대로 대화가 흘러가지 않을 수 있으므로 시험관의 말을 집중해서 듣고 그에 알맞은 대답을 해야 하며, 가능하면 원만하게 대화를 마무리하는 것이 좋습니다. 상대방의 의견이나 생각에 반대하거나 이의를 제기하지 않는 것이 좋습니다.

Tarea 3 완전 공략

1 문제 해결 전략

사전 준비	• Tarea 2의 사진과 연관된 Tarea 3를 읽고 가상 상황이 무엇인지 정확히 이해합니다. • 응시자의 역할과 감독관의 역할이 각각 무엇인지 파악하여 자신의 대사를 미리 준비합니다. • 시험지에 표기된 요구 조건들에 따라 발표 내용을 미리 적어 준비합니다.
발표	• 감독관과 가상의 상황에서 실제 대화를 나누듯 발표합니다. • 미리 준비한 내용을 토대로 발표하되, 흐름이 달라진다면 그에 맞는 답변을 해야 합니다.

2 이것만은 꼭!

• Tarea 2의 사진과 연관된 내용이 Tarea 3로 이어집니다. Tarea 2의 OPCIÓN 선택 시 Tarea 3까지 선택하게 되는 것이므로 자신 있는 내용을 골라야 합니다.

• 시험지에 적힌 가상 상황, 전제, 두 사람의 역할을 완벽하게 이해해야 합니다.

• 처음부터 끝까지 말할 내용을 작성하는 것보다 발표할 내용의 전체적인 흐름을 정하고, 이에 따른 내용과 어휘를 떠올려 미리 연습하도록 합니다.

• 준비한 내용을 조금씩 보고 참고할 수는 있지만 모두 읽을 수는 없습니다.

• 감독관은 응시자가 얼마나 대화를 잘 주도하는지를 평가할 수 있습니다. 묻는 말에 대답만 하는 것이 아니라 적극적으로 대화를 주도해 나가도록 합니다.

• 대화를 나누는 과정에서 사전에 준비한 내용을 그대로 발표하지 못하더라도 당황하지 않고 대화를 이어 나가도록 합니다.

• 대화를 통해 문제 해결, 의견 합의, 약속 정하기 등의 흐름으로 대화를 끝내도록 해야 합니다.

Step 1 완전 공략을 참고하여 상황극의 내용을 파악해 보세요.

[문제 1]

Usted compró un pantalón. Cuando se lo probó en casa, se dio cuenta de que no le quedaba bien. Ahora ha vuelto a la tienda de ropa. El examinador es el dependiente. Hable con él siguiendo estas indicaciones.

Durante la conversación, tiene que:

- decirle cuándo se compró el pantalón y cómo le quedaba;
- preguntarle por otra talla u otro modelo;
- preguntarle sobre la posibilidad de pedir la devolución del dinero;
- elegir entre alguna opción que se haya mencionado.

Step 2 실제 시험 훈련

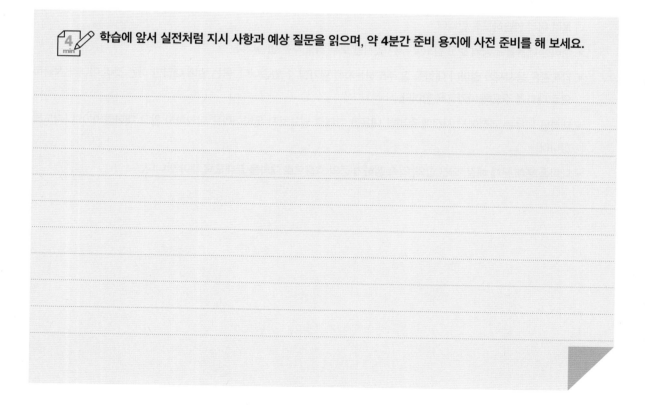

학습에 앞서 실전처럼 지시 사항과 예상 질문을 읽으며, 약 **4분**간 준비 용지에 사전 준비를 해 보세요.

이제 준비한 내용을 발표해 봅시다. 녹음하여 모범 답안과 비교해 보며, 문제점을 진단해 보세요. 능숙해질 때까지 반복하여 연습하세요.

3-4min

아래 훈련용 대본에 따라 응시자 역할을 해 봅시다.

[대화 시작]

응시자

감독관 ¡Hola! ¡Buenos días! ¿En qué le puedo ayudar?

응시자

감독관 ¿Trae usted el recibo?

응시자

[주제의 전개]

응시자

감독관 Lo lamento. Es la más grande.

응시자

감독관 ¿Qué le parece este?

응시자

감독관 ¿Por qué no se prueba este azul?

응시자

감독관 Sí. No hay problema.

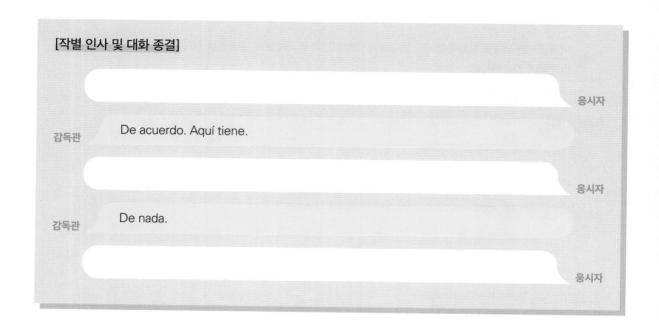

[작별 인사 및 대화 종결]

		응시자
감독관	De acuerdo. Aquí tiene.	
		응시자
감독관	De nada.	
		응시자

문제 해석

당신은 바지 한 벌을 샀습니다. 집에서 그것을 입어 보았더니 잘 맞지 않는다는 사실을 알게 되었습니다. 지금 당신은 옷 가게에 다시 갔습니다. 감독관이 점원입니다. 다음 지시 사항을 따르며 그와 대화를 나누세요.

당신은 대화를 나누며 다음을 말해야 합니다.

- 언제 바지를 샀는지 그리고 바지가 맞는지 말하기
- 다른 사이즈 혹은 다른 모델에 대해 묻기
- 환불을 요청할 가능성에 대해 묻기
- 언급된 옵션 중 하나를 선택하기

Step 3 필수 어휘와 필수 표현을 익혀 보세요.

필수 어휘

probarse	테스트해 보다, 먹어 보다, 입어 보다	pedir	요구하다, 부탁하다, 주문하다
darse cuenta de	인식하다, 눈치채다	devolución	ⓕ 반환, 환급, 반송
quedar bien	잘 맞다, 어울리다	elegir	고르다, 선택하다
examinador	ⓜⓕ 시험관, 심사관, 검사관	mencionado	언급한, 말한
dependiente	ⓜⓕ 점원 / 의존하는	mostrar	보여 주다, 제시하다, 증명하다
indicación	ⓕ 표시, 표지, 지시	enseñar	가르치다, 나타내다
talla	ⓕ 신장, 사이즈, 조각	obscuro	어두운, 컴컴한, 진한
modelo	ⓜ 모범, 전형, 형식, 모델 / ⓜⓕ 모델 (작품, 미술, 패션)	devolver	돌려주다, 반환하다
posibilidad	ⓕ 가능성, 수단	recibo	ⓜ 수취, 수령, 영수증

필수 표현

[대화 시작]

·	안녕하세요? 좋은 아침입니다!	Hola. ¡Buenos días!
·	저는 이 바지를 교환하기 위해 왔습니다.	Vengo a cambiar este pantalón.
·	저는 이 바지를 교환하고 싶습니다.	Me gustaría cambiar este pantalón.
·	당신은 이 바지를 교환해 주실 수 있습니까? 잘 맞지 않습니다.	¿Me podría cambiar este pantalón? Es que no me queda bien.
·	집에서 입어 봤지만 너무 작습니다/큽니다/짧습니다/깁니다.	Me lo probé en casa y me queda muy chico/grande/corto/largo.
·	네. 여기에 영수증이 있습니다.	Sí. Aquí tengo el ticket de compra.
·	네. 여기 있습니다.	Sí. Aquí está. / Aquí tiene.

Tarea 3 · Ejercicios

[주제의 전개]

·	더 작은/더 큰 사이즈가 있을까요?	¿Tendrá Ud. otra talla más chica/grande?
·	더 큰 사이즈를 보여 주실 수 있을까요?	¿Me podría mostrar otra talla más grande?
·	다른 모델이 있나요?	¿Hay otros modelos?
·	다른 모델을 보여 주실 수 있을까요?	¿Me podría enseñar otro modelo?
·	다른 색상이 있나요?	¿Lo tiene en otro color?
·	검정색이 있나요?	¿Lo tiene en color negro?
·	저는 어두운 색을 더 좋아합니다.	Me gustan más los colores obscuros.
·	환불해 주실 수 있을까요?	¿Me podría devolver el dinero?
·		¿Me podría hacer la devolución del dinero?
·	환불이 가능할까요?	¿Será posible que me devuelva el dinero?
·	환불해 주십시오.	Devuélvame el dinero, por favor.

[작별 인사 및 대화 종결]

·	정말 고맙습니다. / 대단히 감사합니다.	Muchas/Muchísimas gracias.
·	정말 감사드립니다.	Se lo agradezco mucho/muchísimo.
·	당신은 매우 친절합니다.	Es Ud. muy amable.
·	안녕히 계세요!	¡Hasta luego!

Step 4 모범 답안을 확인하세요.

[대화 시작]

응시자
¡Hola! ¡Buenos días!　안녕하세요! 좋은 아침입니다!

감독관
¡Hola! ¡Buenos días! ¿En qué le puedo ayudar?
안녕하세요! 좋은 아침입니다! 무엇을 도와드릴까요?

응시자
Mire, vengo a cambiar este pantalón que compré el sábado pasado, porque me lo probé en casa y me queda muy chico.
저는 지난 토요일 구입한 이 바지를 교환하러 왔습니다. 왜냐하면 집에서 입어 보았는데 너무 작습니다.

감독관
¿Trae usted el recibo?　당신은 영수증을 가지고 오셨나요?

응시자
Sí. Aquí lo tiene.　네. 여기 있습니다.

[주제의 전개]

응시자
¿Tendrá usted otra talla más grande?
더 큰 사이즈가 있을까요?

감독관
Lo lamento. Es la más grande.
죄송합니다. 그 바지가 가장 큰 사이즈입니다.

응시자
Entonces, ¿me podría enseñar otros modelos?
그렇다면 다른 모델을 보여 주실 수 있을까요?

감독관
¿Qué le parece este?　이건 어떤가요?

응시자
¿No lo tendrá en otro color? Es que no me gustan los pantalones negros. Entonces, ¿qué se puede hacer?
다른 색상은 없나요? 저는 검은색 바지는 좋아하지 않거든요. 그렇다면 무엇을 할 수 있을까요?

감독관　¿Por qué no se prueba este azul?　이 파란색 바지를 입어 보시면 어떨까요?

La verdad es que no me gusta mucho ese modelo. ¿Será posible que me devuelva el dinero?
사실 저는 그 모델이 별로 마음에 들지 않습니다. 환불해 주시는 것이 가능할까요?　응시자

감독관　Sí. No hay problema.　네. 문제없습니다.

[작별 인사 및 대화 종결]

No me gustan los otros pantalones que me enseña. Así que, devuélvame el dinero, por favor.
당신이 제게 보여 주신 다른 바지들이 마음에 들지 않는군요. 그러니 금액을 환불해 주시기를 부탁드립니다.　응시자

감독관　De acuerdo. Aquí tiene.　좋습니다. 여기 있습니다.

Muchísimas gracias. Se lo agradezco mucho. Es usted muy amable.
고맙습니다. 정말 감사드립니다. 당신은 매우 친절하시군요.　응시자

감독관　De nada.　별말씀을요.

¡Hasta luego!　안녕히 계세요!　응시자

Tarea 3 Ejercicios 실전 연습 ②

문제 2

Usted está en la taquilla de un cine. Quiere comprar una entrada para ver una película. El examinador es el taquillero. Hable con él siguiendo estas indicaciones.

Durante la conversación, tiene que:

- decirle qué película quiere ver;
- comprar una entrada para la hora que quiera ver la película;
- pagar y agradecerle.

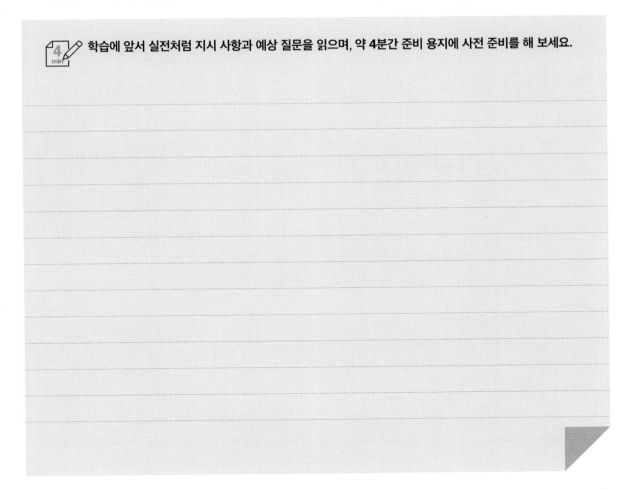

학습에 앞서 실전처럼 지시 사항과 예상 질문을 읽으며, 약 **4분간** 준비 용지에 사전 준비를 해 보세요.

3-4min 이제 준비한 내용을 발표해 봅시다. 녹음하여 모범 답안과 비교해 보며, 문제점을 진단해 보세요. 능숙해질 때까지 반복하여 연습하세요.

　　　아래 훈련용 대본에 따라 응시자 역할을 해 봅시다.

[대화 시작]

응시자

감독관　　¡Hola! ¿En qué puedo ayudarlo/la?

응시자

감독관　　De acuerdo. ¿Para qué hora?

응시자

[주제의 전개]

응시자

감독관　　Lo siento mucho. Para esa hora ya no quedan entradas.

응시자

감독관　　Sí, para esa hora sí hay.

응시자

감독관　　Son diez euros. ¿Desea pagar en efectivo o con tarjeta?

응시자

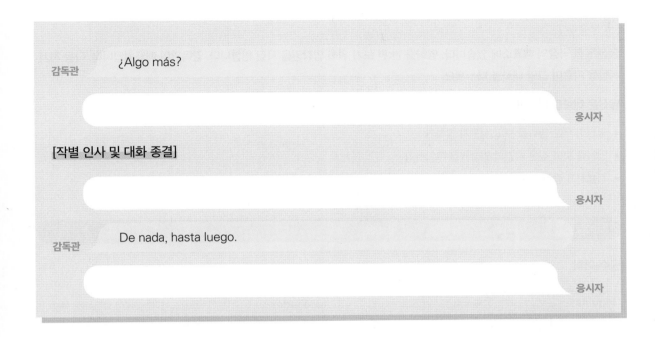

감독관   ¿Algo más?

응시자

[작별 인사 및 대화 종결]

응시자

감독관   De nada, hasta luego.

응시자

Tarea 3 · Ejercicios

[문제 해석]

당신은 한 극장의 매표소에 있습니다. 영화를 한 편 보기 위해 입장권을 사길 원합니다. 감독관이 매표원입니다. 다음 지시
사항을 따르며 그와 대화를 나누세요.

당신은 대화를 나누며 다음을 말해야 합니다.

- 당신이 무슨 영화를 보고 싶은지 말하기
- 영화를 보고 싶은 시간의 입장권을 구입하기
- 지불하고 감사 인사 전하기

Step 3 필수 어휘와 필수 표현을 익혀 보세요.

필수 어휘

taquilla	⑤ 매표소	vengador	⑩⑤ 보복하는 사람 / 보복하는, 복수 하는
entrada	⑤ 입장, 출입구, 입장권, 입장료	sesión	⑤ 회의, 상영(= ⑤ función), 상연, 일 의 시간
taquillero	⑩⑤ 표 파는 사람, 매표원	remedio	⑩ 대책, 방법
hora	⑤ 시간, 시각	valer	값이 나가다, 유효하다
pagar	지불하다, 내다, 불입하다	tarjeta de crédito	⑤ 신용 카드
agradecer	감사하다, 고맙게 여기다	lástima	⑤ 동정, 유감스러움, 슬픔
en efectivo	현금으로		

필수 표현

[대화 시작]

·	안녕하세요, 좋은 오후입니다.	¡Hola! ¡Buenas tardes!
·	영화 '어벤저스' 입장권 1장 원합니다/필요합니다.	Quiero/Necesito una entrada para la película 'Los Vengadores', por favor.
·	영화 '어벤저스' 입장권 1장 주시겠어요?	¿Me da una entrada para la película 'Los Vengadores', por favor?
·	영화 '어벤저스' 입장권 1장 사러 왔습니다.	Vengo a comprar una entrada para la película 'Los Vengadores', por favor.

[주제의 전개]

·	3시 상영으로 주세요.	Para la sesión de las tres, por favor.
·	3시 영화 입장권으로 주세요.	Una entrada para las tres, por favor.
·	그러면 5시 상영은요?	Entonces, ¿para la sesión de las cinco?
·	그렇다면 5시 것은 입장권이 있나요?	Entonces, para las cinco, ¿hay entradas?
·	좋습니다. 입장권 1장 주세요.	Muy bien, deme una entrada, por favor.
·	어쩔 수 없죠. (입장권) 1장 주세요.	No hay remedio. Deme una, por favor.
·	금액은 얼마인가요?	¿Cuánto es?
·	얼마입니까?	¿Cuánto vale/cuesta?
·	현금으로요. 여기 있습니다.	En efectivo. Aquí tiene.
·	신용 카드로요. 여기 있습니다.	Con tarjeta de crédito, por favor. Aquí está.
·	그게 전부입니다. 감사합니다.	Eso es todo. Gracias.
·	더 이상 없습니다. 감사합니다.	Nada más. Gracias.

[작별 인사 및 대화 종결]

·	대단히 감사합니다. 친절하시군요!	Muchas gracias. ¡Qué amable!
·	도와주셔서 감사합니다.	Gracias por la ayuda.
·	도움에 감사드립니다.	Le agradezco la ayuda.
·	안녕히 계세요.	Hasta luego. / ¡Adiós!
·	좋은 하루 되세요!	¡Que tenga un buen día!

[대화의 시작]

> **응시자**
> ¡Hola! Buenas tardes. ¿Qué tal?   안녕하세요? 좋은 오후입니다.

> **감독관**
> Hola. ¿En qué puedo ayudarlo/la?   안녕하세요. 무엇을 도와드릴까요?

> **응시자**
> Vengo a ver la película de 'Los Vengadores', por favor.
> 저는 영화 '어벤저스'를 보려고 왔습니다.

> **감독관**
> De acuerdo. ¿Para qué hora?
> 알겠습니다. 몇 시 영화를 보길 원하십니까?

[주제의 전개]

> **응시자**
> Para la sesión de las tres.   3시 상영으로 주십시오.

> **감독관**
> Lo siento mucho. Para esa hora ya no quedan entradas.
> 정말 죄송합니다. 그 시간에는 입장권이 더 이상 남아 있지 않습니다.

> **응시자**
> ¡Qué lástima! Entonces, ¿quedan entradas para las cinco?
> 유감이군요! 그럼 5시 상영은 입장권이 있나요?

> **감독관**
> Sí, para esa hora sí hay.   네, 그 시간에는 있습니다.

> **응시자**
> Pues, no hay remedio. Deme una entrada, por favor. ¿Cuánto es?
> 뭐, 어쩔 수 없군요. 1장 주세요. 얼마예요?

> **감독관**
> Son 10 euros. ¿Desea pagar en efectivo o con tarjeta?
> 10유로입니다. 현금으로 지불하시나요 아니면 카드로 하시나요?

> **응시자**
> En efectivo. Aquí tiene.   현금으로요. 여기 있습니다.

> **감독관**
> ¿Algo más?   더 필요하신 것이 있나요?

Eso es todo. Gracias.   그게 다예요. 감사합니다.

응시자

[작별 인사 및 대화 종결]

Le agradezco la ayuda. ¡Adiós!
도움 주셔서 감사합니다. 안녕히 계세요!

응시자

감독관   De nada, hasta luego.   천만에요. 안녕히 가세요.

¡Que tenga un buen día!   좋은 하루 보내세요!

응시자

INSTRUCCIONES

Hable sobre alguna clase que haya tomado. Hable de:

- cuándo fue y de qué trató la clase;
- qué aprendió y para qué fue la clase;
- dónde y con quién tomó la clase;
- qué le pareció la clase;
- si suele tomar clases presenciales o en línea y por qué.

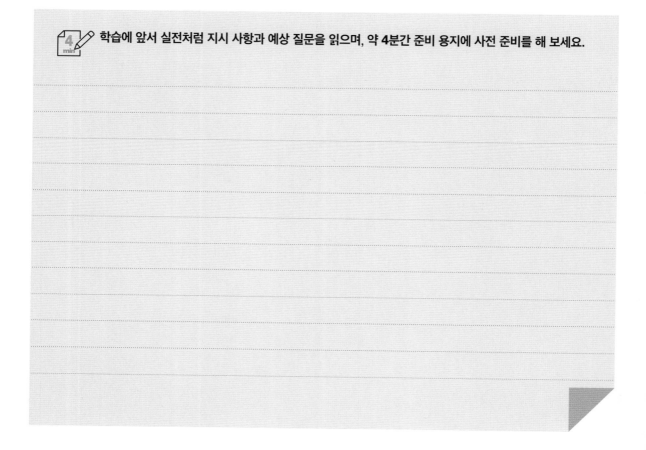

학습에 앞서 실전처럼 지시 사항과 예상 질문을 읽으며, 약 **4분**간 준비 용지에 사전 준비를 해 보세요.

이제 준비한 내용을 발표해 봅시다. 녹음하여 모범 답안과 비교해 보며, 문제점을 진단해 보세요. 능숙해질 때까지 반복하여 연습하세요.

"El tema que he elegido para la TAREA uno es…"

Hable de la fotografía durante dos o tres minutos. Usted debe hablar de:

- ¿Cómo son las personas de la foto? (aspecto físico, personalidad que cree que tienen...)
  ¿Qué ropa llevan?
- ¿Dónde están esas personas? ¿Qué objetos hay? Describa el lugar.
- ¿Qué están haciendo las personas de la foto?
- ¿Qué relación cree que hay entre ellas?
- ¿Qué cree que piensan, o cómo cree que se sienten, esas personas? ¿Por qué?
- ¿Qué cree que han hecho antes? ¿Y qué van a hacer después?

학습에 앞서 실전처럼 지시 사항과 예상 질문을 읽으며, 약 **4분간** 준비 용지에 사전 준비를 해 보세요.

이제 준비한 내용을 발표해 봅시다. 녹음하여 모범 답안과 비교해 보며, 문제점을 진단해 보세요. 능숙해 질 때까지 반복하여 연습하세요.

"La fotografía que he elegido para la TAREA dos es..."

Imagine que usted está en una librería. El examinador es el dependiente. Hable con él siguiendo estas indicaciones.

Durante la conversación, tiene que:

- decirle cuál es el motivo de su visita a la librería;
- decirle cuál es el título y género del libro que está buscando;
- preguntar por el precio del libro y pagar;
- agradecer.

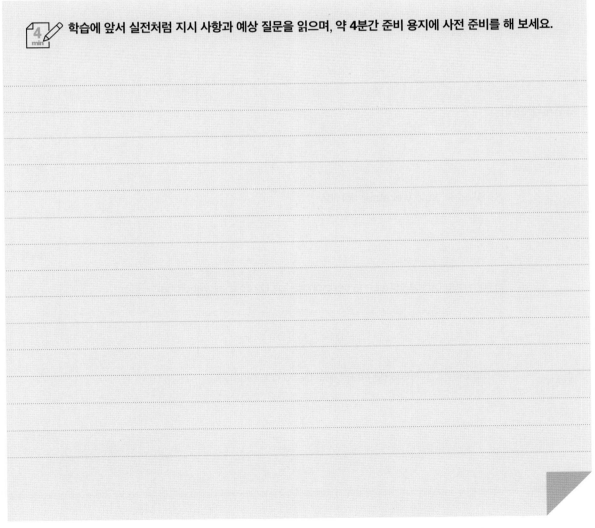

학습에 앞서 실전처럼 지시 사항과 예상 질문을 읽으며, 약 **4분간** 준비 용지에 사전 준비를 해 보세요.

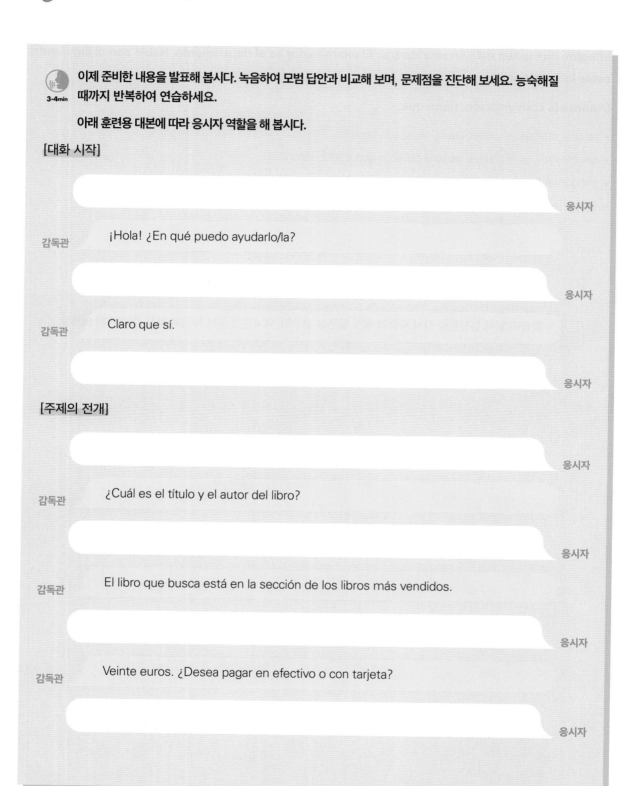

이제 준비한 내용을 발표해 봅시다. 녹음하여 모범 답안과 비교해 보며, 문제점을 진단해 보세요. 능숙해질 때까지 반복하여 연습하세요.

아래 훈련용 대본에 따라 응시자 역할을 해 봅시다.

[대화 시작]

응시자

감독관   ¡Hola! ¿En qué puedo ayudarlo/la?

응시자

감독관   Claro que sí.

응시자

[주제의 전개]

응시자

감독관   ¿Cuál es el título y el autor del libro?

응시자

감독관   El libro que busca está en la sección de los libros más vendidos.

응시자

감독관   Veinte euros. ¿Desea pagar en efectivo o con tarjeta?

응시자

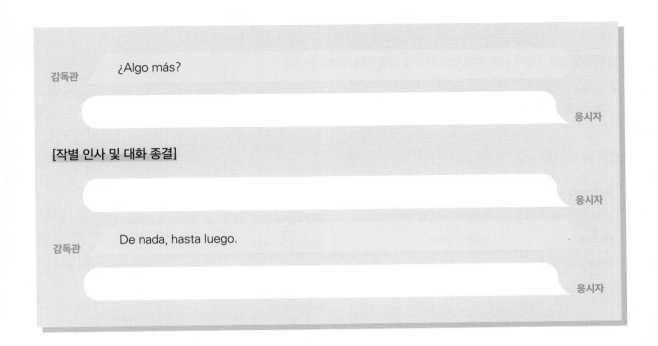

감독관　¿Algo más?

　　　　　　　　　　　　　　　　　　　　　　　　　　　응시자

[작별 인사 및 대화 종결]

　　　　　　　　　　　　　　　　　　　　　　　　　　　응시자

감독관　De nada, hasta luego.

　　　　　　　　　　　　　　　　　　　　　　　　　　　응시자

Tarea 1 Ejercicios 회화 종합 연습 문제 정답 및 해설

1 해석

당신이 들었던 수업에 대해 말하세요. 다음에 대해 이야기해야 합니다.

- 언제였는지 무엇에 대한 수업이었는지 / 무엇을 배웠으며 어떤 목적의 수업이었는지 / 어디에서 누구와 함께 수업을 들었는지 / 수업이 어땠는지 / 대면 수업을 듣는 편인지, 온라인 수업을 듣는 편인지 그리고 왜 그러한지

2 필수 어휘

tratar de	다루다, 대하다	método	ⓜ 방법, 방식
presencial	현존하는, 어떤 장소에 있는	eficiente	유능한, 능률(효율)이 좋은, 효과적인
receta	ⓕ 처방, 요리법	concentrarse	집중하다, 전념하다
dejar de + INF	(~하는 것을) 멈추다, 그만두다	distraerse	마음이 산란해지다, 딴 생각에 잠기다
perder	분실하다, 놓치다, 패하다, 지다	de ahora en adelante	지금부터, 앞으로는
presentarse	지원하다, 소개하다, 나타나다	ventaja	ⓕ 유리한 점, 장점
apuntarse	등록되다, 회원이 되다	desventaja	ⓕ 불리한 점, 단점
importar	수입하다, 중요하다, 관계가 있다		

3 발표문 구성 예시

①	지난 여름 나는 프랑스 요리 강좌를 들었다.
②	나는 세 달 전부터 스페인어 수업을 듣고 있다.
③	프랑스 요리의 기본적인 레시피를 배웠다.
④	스페인어의 기초 문법을 배울 수 있었다.
⑤	한 학원에서 수업을 들었다.
⑥	한 친구도 관심을 가지게 되었으며 나와 함께 수업을 들었다.
⑦	그 수업은 훌륭했다. 왜냐하면 선생님이 설명을 정말 잘하셨기 때문이다.
⑧	나는 그 수업이 매우 좋다고 생각이 들었다. 훈련을 많이 할 수 있었기 때문이다.
⑨	나는 대면 수업을 듣는 편이다. 온라인으로는 요리를 배우기가 쉽지 않기 때문이다.
⑩	나는 온라인 수업을 듣는 것을 정말 좋아한다. 내가 원할 때 언제든 수업을 들을 수 있기 때문이다.

①	El verano pasado tomé un curso de cocina francesa.
②	Tomo clases de español desde hace tres meses.

③	Aprendí a preparar algunas recetas básicas de la cocina francesa.
④	Pude aprender la gramática básica del idioma español.
⑤	Tomé el curso en una academia.
⑥	Una amiga también se interesó y tomó la clase conmigo.
⑦	El curso fue excelente porque la maestra explicaba muy bien.
⑧	Me pareció un curso muy bueno porque he podido practicar mucho.
⑨	Suelo tomar clases presenciales porque en línea no es fácil aprender a cocinar.
⑩	Me gusta mucho tomar clases en línea porque puedo tomar la clase cuando yo quiera.

4 모범 답안

Las últimas clases que he tomado han sido las clases de preparación de este examen, el examen DELE. Hace un año fui a unas clases presenciales, pero dejé de ir a esas clases porque no me gustaba perder el tiempo para ir hasta donde estaba la academia. Entonces, para presentarme al examen DELE de este año, decidí apuntarme a un curso en línea. Me ha gustado mucho porque he podido seguir las clases desde donde yo he querido, en casa o en una cafetería, y sin que importara la hora. Además, me ha parecido un método muy eficiente porque he podido concentrarme más sin tener compañeros de clase. Es que, en las clases presenciales a veces me distraía por las otras personas que hacían la clase conmigo. En el curso en línea, todo es igual a las clases presenciales. No lo había hecho antes, o sea que ha sido la primera vez que he tomado clases en línea, pero de ahora en adelante estoy seguro de que podré hacerlo para aprender otras cosas, ya que veo que tiene muchas ventajas y que no tiene desventajas.

해석

가장 최근에 들었던 수업은 DELE 시험을 준비하는 수업이었다. 1년 전 나는 대면 수업에 참석했지만 학원이 있는 곳까지 가는 시간을 낭비하는 것이 마음에 들지 않아 수업에 가는 것을 그만두었다. 그리고 올해의 DELE 시험에 응시하기 위해 나는 온라인 강의에 등록하기로 결심했다. 나는 이 수업이 무척 마음에 들었다. 왜냐하면 시간에 상관없이 집에서든 카페에서든 내가 원하는 곳에서 수업을 들을 수 있었기 때문이다. 또한, 그것은 아주 효과적인 방법이라고 생각이 들었다. 수업을 듣는 동료들이 없이 나는 더 집중을 할 수 있었기 때문이다. 사실 대면 수업에서는 함께 수업을 듣는 사람들 때문에 종종 집중할 수 없었기 때문이다. 온라인 수업은 참석하는 수업과 모든 것이 동일하다. 전에는 이것을 해 본 적이 없었다. 즉, 온라인 수업을 듣는 것은 이번이 처음이다. 하지만 나는 앞으로 다른 것을 배우기 위해 온라인 수업을 들을 수 있을 것이라 확신한다. 왜냐하면 장점이 매우 많고 단점은 없다고 보기 때문이다.

1 해석

사진에 대해 2분에서 3분간 말하세요. 당신은 다음에 대해 말해야 합니다.

- 사진 속 사람들은 어떠한가?(겉모습, 당신이 생각하는 그들의 성격 등) 어떤 옷을 입고 있는가?
- 그 사람들은 어디에 있는가? 어떤 물건들이 있는가? 장소를 묘사하시오.
- 사진 속 사람들은 무엇을 하고 있는가?
- 그들은 어떤 관계라고 생각하는가?
- 그 사람들은 어떤 생각을 하고 또 어떤 감정을 느낀다고 생각하는가? 왜 그러한가?
- 그들이 전에는 무엇을 했다고 생각하는가? 다음으로는 무엇을 할 것인가?

2 필수 어휘

librería	ⓕ 책방, 서적 판매업	jersey	ⓜ 스웨터(= ⓜ suéter)
estante	ⓜ 책장, 선반	centro	ⓜ 중심, 도심지, 기관
lleno	가득 찬, 충만한, 살찐, 포식한	novedad	ⓕ 새로움, 변화, 최근 사건, 신작, 신간
ordenado	정리된, 질서 있는, 착실한	mayor	ⓜ 어른, 연로한 사람 / 연상의, 더 많은
empleado	ⓜⓕ 종업원, 직원 / 사용된, 쓰인	vendido	판매되는, 팔린
cliente	ⓜⓕ 손님, 고객	contento	기쁜, 즐거운
novela	ⓕ 소설, 장편 소설, 연속극		

3 발표문 구성 예시

①	나는 이곳이 서점이라고 생각한다.
②	두 사람이 있는 한 서점이 보인다.
③	그 서점에는 책을 보고 있는 사람들이 있다.
④	책으로 가득한 선반이 많이 있으며, 책들은 잘 정렬되어 있다.
⑤	여자 손님에게 책 한 권을 보여 주고 있는 한 여자 직원이 있다.
⑥	소설책 한 권을 찾고 있는 여자가 있다.
⑦	그 여자는 스웨터를 입고 있다.
⑧	그 여자는 직원에게 그녀가 사고 싶어 하는 책에 대해 질문을 한다.
⑨	그 직원은 그녀가 책을 찾는 것을 도와주고 그 책은 중앙의 테이블에 있다.
⑩	내 생각에 그 테이블에는 신간들이 있는 것 같다.

①	Pienso que es una librería.
②	Veo una librería donde hay dos personas.
③	En la librería hay algunas personas que están mirando libros.
④	Hay muchos estantes llenos de libros y los libros están bien ordenados.
⑤	Hay una empleada que le está mostrando un libro a una clienta.
⑥	Hay una mujer que está buscando una novela.
⑦	La mujer lleva un jersey.
⑧	La mujer le pregunta a una empleada sobre un libro que quiere comprar.
⑨	La empleada la ayuda a buscar un libro y el libro está en la mesa del centro.
⑩	Creo que en la mesa están las novedades.

4 모범 답안

모범 답안

Pienso que el lugar de la fotografía es una librería. En la librería hay dos personas. Una mujer mayor y una señorita. Pienso que la señorita es la empleada de la librería y la mujer mayor es una clienta. La mujer quiere comprar una novela y le pregunta a la empleada sobre la novela. La empleada la ayuda a encontrar el libro. Creo que ese libro es uno de los libros más vendidos porque está en la mesa del centro. La mujer está muy contenta porque por fin ha encontrado el libro que quiere comprar. La señorita le dice que el libro es muy interesante.

해석

나는 사진 속의 장소가 한 서점이라고 생각한다. 그 서점에는 두 명의 사람이 있다. 한 중년 여성과 한 아가씨이다. 나는 그 아가씨는 서점의 직원이고 그 중년 여성은 손님이라고 생각한다. 그 여성은 한 소설책을 구입하기를 원하고 직원에게 그 소설책에 대해 묻는다. 그 직원은 그녀가 책을 찾는 것을 도와준다. 내 생각에 그 책은 가장 많이 팔리는 책 중의 한 권인 것 같다. 왜냐하면 그 책은 중앙의 테이블에 있기 때문이다. 그 여성은 드디어 구입하고 싶은 책을 찾았기 때문에 매우 기뻐한다. 그 아가씨는 그녀에게 그 책이 매우 재미있다고 말한다.

Tarea 3 Ejercicios 회화 종합 연습 문제 **정답 및 해설**

1 해석

당신이 한 서점에 있다고 상상하세요. 감독관이 직원입니다. 다음 지시 사항을 따르며 그와 대화를 나누세요.

당신은 대화를 나누며 다음을 말해야 합니다.

- 서점을 방문한 목적이 무엇인지 말하기
- 당신이 찾고 있는 책의 이름과 장르가 무엇인지 말하기
- 책 값을 문의하고 지불하기
- 감사 인사 전하기

2 필수 어휘 및 표현

필수 어휘

librería	ⓕ 책방, 서적 판매업	pagar	지불하다, 내다, 불입하다
motivo	ⓜ 동기, 이유	autor	ⓜⓕ 저자, 작가
visita	ⓕ 방문, 방문객, 견학, 면회	sección	ⓕ 과, 부, 매장, 구획
título	ⓜ 제목, 타이틀, 자격	libro más vendido	ⓜ 베스트셀러
género	ⓜ 종류, 분야, 장르, 성별	encontrar	찾다, 찾아내다, 발견하다
precio	ⓜ 값, 가격, 비용, 요금	novela	ⓕ 소설, 장편 소설, 연속극

필수 표현

[대화 시작]

·	안녕하세요, 좋은 오후입니다.	¡Hola! ¡Buenas tardes!
·	실례지만, 저를 도와주실 수 있을까요?	Disculpe, ¿me podría ayudar?
·	책 한 권 찾는 것을 도와주실 수 있을까요?	¿Me podría ayudar a buscar un libro?
·	저는 책을 한 권 찾고 있는데 어디에 있는지 모르겠습니다.	Estoy buscando un libro y no lo encuentro.

[주제의 전개]

·	로맨스 소설입니다.	Es una novela romántica.
·	이 책은 로맨스 소설입니다.	Este libro es una novela romántica.
·	그 책의 제목은 OO입니다.	El título del libro es OO.
·	그 책의 저자는 OO입니다.	El autor del libro es OO.
·	나는 OO(저자)의 OO(제목)을 찾습니다.	Busco el libro '(제목)', de (저자).
·	금액은 얼마입니까?	¿Cuál es el precio?
·	얼마입니까?	¿Cuánto vale/cuesta?
·	현금으로요. 여기 있습니다.	En efectivo. Aquí tiene.
·	신용 카드로요. 여기 있습니다.	Con tarjeta de crédito por favor. Aquí está.
·	그게 다입니다. 감사합니다.	Eso es todo. Gracias.
·	더 이상 없습니다. 감사합니다.	Nada más. Gracias.

[작별 인사 및 대화 종결]

·	대단히 감사합니다. 친절하시군요!	Muchas gracias. ¡Qué amable!
·	도움 주셔서 감사합니다.	Gracias por la ayuda.
·	도움에 감사드립니다.	Le agradezco la ayuda.
·	안녕히 계세요.	Hasta luego. / ¡Adiós!
·	좋은 하루 되세요!	¡Que tenga un buen día!

Tarea 3 · **Ejercicios**

3 모범 답안

[대화 시작]

> ¡Hola! Disculpe. 안녕하세요! 실례합니다.
>
> _{응시자}

감독관
> Hola. ¿En qué puedo ayudarlo/la? 안녕하세요. 무엇을 도와드릴까요?

> Es que estoy buscando un libro y no sé dónde está. ¿Me podría ayudar a buscarlo, por favor?
> 제가 책을 한 권 찾고 있는데 어디에 있는지 모르겠습니다. 그것을 찾는 걸 도와주실 수 있나요?
>
> _{응시자}

감독관
> Claro que sí. 물론입니다.

[주제의 전개]

> Es una novela que publicaron hace poco...
> 그것은 발간된 지 얼마 안 된 소설책입니다…
>
> _{응시자}

감독관
> ¿Cuál es el título y el autor del libro?
> 책의 제목과 작가가 어떻게 되나요?

> El título es 'Cuando llega la luz' y la autora es Clara Sánchez.
> 제목은 '빛이 도착할 때'이고 작가는 클라라 산체스입니다.
>
> _{응시자}

감독관
> El libro que busca está en la sección de los libros más vendidos.
> 당신이 찾고 있는 책은 베스트셀러 코너에 있습니다.

> Sí. Es este el que estaba buscando. ¿Cuánto cuesta?
> 맞아요. 이 책이 제가 찾고 있던 책입니다. 얼마죠?
>
> _{응시자}

감독관
> 20 euros. ¿Desea pagar en efectivo o con tarjeta?
> 20유로입니다. 현금으로 지불하시겠어요 카드로 지불하시겠어요?

응시자
Con tarjeta, por favor. Aquí tiene.
카드로 하겠습니다. 여기 있습니다.

감독관
¿Algo más?   더 필요하신 것이 있나요?

응시자
Nada más.   더 이상 없습니다.

[작별 인사 및 대화 종결]

응시자
Le agradezco mucho la ayuda.
도와주셔서 정말 감사드립니다.

감독관
De nada, hasta luego.   천만에요. 안녕히 가세요.

응시자
Hasta luego.   안녕히 계세요.

CHAPTER 2
DELE A2

모의 테스트

2세트의 모의 테스트를 푼 뒤 풀이 방법을 복습해 봅시다. CHAPTER 1 에서 학습한 내용을 꼼꼼히 복습한 뒤 실전처럼 모의 테스트를 풀면 A2 합격이 훨씬 수월해질 것입니다.

PRUEBA DE COMPRENSIÓN DE LECTURA

Esta prueba tiene **cuatro tareas**.
Usted debe responder a 25 preguntas.
La duración es de 60 minutos.
Marque las opciones elegidas en la **Hoja de respuestas**.

INSTRUCCIONES

Usted va a leer la carta que Carmen ha escrito a su amiga Laura. A continuación, conteste a las preguntas (de la 1 a la 5). Seleccione la opción correcta (A, B, o C).

Marque las opciones elegidas en la **Hoja de respuestas**.

Querida amiga:

¡Hola, Laura!

¿Qué tal todo?

Ya estoy de vuelta en casa. La verdad es que esos quince días fueron unos días fabulosos. Jorge y Eduardo se divirtieron muchísimo en el campo y mi mamá estuvo muy contenta también. Pienso que para los niños es mejor vivir en el campo que en la ciudad. El bosque, el río, los animales, las montañas... Aprenden mucho más jugando con la naturaleza que sentados en clase.

Laura, hoy te escribo para sugerir algo. Es que me ha dicho mi vecina que el próximo viernes es el cumpleaños de tu peque, Íker. Me sorprendí mucho porque ese día es el cumpleaños de Eduardo, también. Así que tengo una buena idea. ¿Qué tal si hacemos una fiesta de cumpleaños de los dos niños juntos? Podemos hacer la fiesta en el patio de mi casa. Además, tengo mesas y sillas para los invitados. Podemos invitar a todos los amigos de Eduardo y de Íker y comprar una tarta muy grande para los dos amiguitos. Ellos son muy buenos amigos y sería fantástico celebrar juntos su cumpleaños. Será un bonito recuerdo para ellos y más fácil de preparar para nosotras.

Yo prepararé comida para los niños y decoraré el patio. Tú puedes traer refrescos y hacer las invitaciones para mandárselas a los niños del barrio. La tarta podemos pedirla en la pastelería que está en la esquina de la plaza. Allí hacen tartas muy buenas. ¿Qué te parece mi idea?

Sabes que nos veremos el lunes, pero como ese día vamos a estar en la reunión de padres, podemos vernos al día siguiente para almorzar juntas y hacer más planes para la fiesta del viernes. ¿Vale?

¡Hasta luego!

Carmen

PREGUNTAS

1. Carmen ha pasado sus vacaciones en...

   A) la casa de sus hijos.

   B) la ciudad.

   C) el campo.

2. Los hijos de Carmen, cuando no están de vacaciones...

   A) están con su abuela.

   B) van a las montañas.

   C) están en la ciudad.

3. Carmen le sugiere hacer una fiesta a Laura porque...

   A) el día del cumpleaños de sus hijos es el mismo.

   B) los amigos de sus hijos son los mismos.

   C) tiene mesas y sillas para la fiesta.

4. Lo que tiene que hacer Laura es...

   A) preparar comida.

   B) hacer las invitaciones.

   C) hacer una tarta de cumpleaños.

5. Carmen le propone almorzar a Laura...

   A) el lunes.

   B) el martes.

   C) el viernes.

INSTRUCCIONES

Usted va a leer ocho anuncios. A continuación, responda a las preguntas (de la 6 a la 13). Seleccione la opción correcta (A, B o C).

Marque las opciones elegidas en la **Hoja de respuestas**.

Ejemplo:

TEXTO 0

CURSOS GFD

Inician próximamente cursos con clases presenciales en las areas de:

• Recursos Humanos.

• Dirección de Empresas.

Clases Online:

• Finanzas.

Estamos en c/ Salome, 3, 28010 Madrid
Más información en nuestra página web: www.GFD.es
o contactando con nosotros en: cursos@GFD.es

0. Si usted quiere aprender sobre Finanzas...

    A) primero debe aprender sobre Recursos Humanos.

    B) toma clases en el centro de los cursos.

    C) toma clases por Internet.

La opción correcta es la letra C.

0. A☐ B☐ C◼

TEXTO 1

FIMASCOTA

Un fin de semana dedicado a las mascotas

- Fechas: 27 y 28 de febrero de 2020
- Horario: De 9.00 a 18.00 horas
- Entrada 1 día: 5 euros
- Bono dos días: 8 euros
- Niños hasta 12 años: entrada gratuita
- El acceso a la feria con perros no inscritos en concurso tiene un coste extra de 3 euros para el animal.
- Edición: Novena
- Periodicidad: Anual
- Lugar: Feria de Valladolid

¡Invitamos a todos los profesionales del sector y aficionados!

6. Según el anuncio, esta feria...

    A) dura dos días.

    B) no cobra entrada por los animales.

    C) es la primera vez que se realiza.

TEXTO 2

Biblioteca Pública Municipal
≪Octavio Paz≫

SERVICIO DE PRÉSTAMO

Con el carné de la biblioteca se pueden llevar en préstamo los siguientes materiales:

- Revistas: 21 días
- Libros o vídeos: 7 días
- CD de música: 7 días

Algunos fondos sólo podrán ser consultados en la sala. Pasado el período de préstamo correspondiente, se sancionará sin poder utilizar el carné de la biblioteca tantos días como los días de demora en la devolución de cada material.

7. Todos los materiales que tiene esta biblioteca se pueden...

    A) sacar con carné.

    B) prestar para casa.

    C) consultar en la sala.

TEXTO 3

SE VENDE
VILLA DE LUJO

En un terreno de 2.355 m² y en muy buen estado de conservación. Situada dentro de la urbanización más lujosa de la costa norte con centro de equitación, pistas de tenis, playa con restaurante y campo de golf en proyecto. Uso exclusivo para residentes.

Consulte precio en Inmobiliaria Norte, C/ Los Pinos, 6. La Coruña. Tfno. 981 26813

8. En la urbanización donde se encuentra la villa, usted puede...

    A) montar a caballo.

    B) jugar al golf.

    C) bañarse en una piscina.

TEXTO 4

EXCURSIÓN DE SIETE DÍAS A CATALUÑA

Opción A1

(alquiler de un autobús + siete días en destino + actividades + excursión al Museo Dalí de Cadaqués): 350 euros.

Opción B1

(viaje ida y vuelta hasta Cataluña con una línea regular de autobuses + contratación de un autobús en Barcelona para las actividades + excursión al Museo Dalí de Cadaqués): 230 euros.

Opción C1

(vuelo ida y vuelta hasta Cataluña + contratación de un autobús en Barcelona para las actividades): 290 euros.

9. Para conocer el Museo Dalí sin pagar más de trescientos euros, usted deberá elegir la opción...

A) A1

B) B1

C) C1

TEXTO 5

CONCURSO 'ARTEXPRESIÓN 2020'
Cochabamba Bolivia

Fecha límite de entrega de las obras: julio de 2020.
Exposición Colectiva de Artistas Latinos 2020. En octubre se comunicará el ganador, que será elegido por los visitantes de la exposición. El público escribirá el nombre de la mejor obra en una hoja que se facilitará a la entrada de la exposición. El primer premio es la exposición de toda la obra del artista en las salas más reconocidas de Bolivia.

10. En este concurso, el ganador lo eligen...

A) los visitantes de la exposición.

B) los ciudadanos de Cochabamba.

C) los profesionales.

TEXTO 6

MODAS 'Daniela' TRAJES, VESTIDOS, PANTALONES Y CAMISAS

- Para cambios y devoluciones es necesario presentar el ticket de compra en el plazo de un mes y con etiqueta.
- Si compra unos pantalones en el mes de julio, le regalamos una camisa.
- Los trajes de fiesta no se cambian si ha pasado una semana de su compra.
- Se admiten tarjetas.

11. Según este aviso, si usted compra un traje de fiesta en la tienda 'Daniela'...

A) le hacen un regalo.

B) puede cambiarlo antes de siete días.

C) tiene que pagarlo en metálico.

TEXTO 7

8 Y 9 DE NOVIEMBRE / SÁBADO Y DOMINGO

VIAJE A GRANADA

Adultos: 57 euros
Niños: 50 euros (Hasta 12 años)

Incluye:
- AUTOBÚS IDA Y VUELTA
- ALOJAMIENTO DE UNA NOCHE Y DESAYUNO EN HOTEL DE 4 ESTRELLAS

Límite de inscripción y pago:
- MIÉRCOLES 15 DE OCTUBRE
- SOLO BUS IDA Y VUELTA 35 EUROS

12. Pagas menos de 50 euros si...

A) te alojas una noche en el hotel.

B) tienes menos de 12 años.

C) compras solo el traslado.

TEXTO 8

PISCINA PÚBLICA DE LIMA

NORMAS DE USO

- Utilice calzado de goma para entrar en la zona de baño.
- Use la ducha antes de introducirse en el agua.
- Coma sólo en las zonas habilitadas.
- Siga las instrucciones de los socorristas.

Gracias por su colaboración

13. En esta piscina...

A) no se permite andar descalzo.

B) prohíben comer.

C) faltan socorristas.

INSTRUCCIONES

Usted va a leer tres textos de tres recetas fáciles recomendadas por una cocinera. Relacione las preguntas (de la 14 a la 19) con los textos (A, B o C).

Marque las opciones elegidas en la **Hoja de respuestas**.

PREGUNTAS

		A.	B.	C.
14.	¿Qué comida tendrá que hacer si no tiene muchas cosas en la nevera?			
15.	¿Qué receta es para alguien que le guste el marisco?			
16.	¿Qué comida se puede guardar para después?			
17.	¿Qué receta le puede servir si tiene niños?			
18.	¿En qué receta se indica que debe cocer las verduras en agua?			
19.	¿Qué receta se puede hacer totalmente cruda?			

A. ESPAGUETIS DE CALABACÍN CON GAMBAS

Si hubiera una reina de las recetas de cocina fáciles es más que probable que la del Espaguetis de calabacín con gambas ocupara el trono. Solo tienes que coger un calabacín y haces unos espaguetis con la ayuda de un espiralizador, un pelapatatas o un cuchillo. Luego, los salteas con un hilo de aceite. Se pueden comer incluso crudos, pero salteados quedan más sabrosos. Y los acompañas con unas gambitas peladas congeladas salteadas o unos langostinos cocidos para que sea una cena más completa. También les puedes poner una salsa como la que pones a la pasta, una boloñesa a base de tomate frito y carne picada.

B. ARROZ CON TOMATE Y HUEVO FRITO

Una de las posibles cenas ligeras y fáciles es hacer el arroz con tomate y huevo frito. Además, es una cena ideal si buscas recetas con pocos ingredientes. Y es que es más que fácil, muy completa y gusta a todo el mundo, incluidos los más peques. Solo tienes que hacer un arroz blanco y añadirle por encima salsa de tomate y un huevo frito. Si quieres que quede súper rico, cuece el arroz con caldo de verduras, una hoja de laurel y un ajo pelado. Y haz la salsa de tomate tú mismo, con un sofrito de cebolla y pimiento rojo, primero. Y luego le añades el tomate triturado.

C. CREMA DE CALABACÍN

Tampoco pueden faltar en las recetas de cocina fáciles una crema de verduras, que además de ser fácil de hacer, da mucho juego: puedes hacer de más, congelarla en raciones, o hasta en cubitos, e irla gastando a medida que la necesitas o para enriquecer otros platos.

Primero, sofríe una cebolla en una cazuela y, cuando esté dorada, añade una patata y dos calabacines cortados en dados. Rehógalo todo junto un poco. Vierte agua caliente hasta que las verduras queden cubiertas. Cuando rompa a hervir, baja el fuego y deja cocer tapado hasta que la patata esté hecha. Tritura y acompaña con los tropezones que más te gusten: picatostes, queso rallado, frutos secos y semillas, germinados...

INSTRUCCIONES

Usted va a leer un texto sobre unos consejos para comer bien. A continuación, conteste a las preguntas (de la 20 a la 25). Seleccione la opción correcta (A, B o C).

Marque las opciones elegidas en la **Hoja de respuestas**.

COMER SANO

Comer determinados alimentos te ayuda a llevar una dieta más saludable y te ayudará a no engordar. Y es que comer sano es esencial para disfrutar de una buena vida y alejar el riesgo de enfermedades.

Primero, el desayuno es la comida más importante del día. Tiene que aportar la energía que el cuerpo necesita para funcionar el resto de la jornada y para no tener demasiada hambre y comer de manera descontrolada. Debe incluir alimentos con vitaminas B y C para mejorar el rendimiento intelectual. Además, es necesario para estar sano, ya que los estudios médicos señalan que no desayunar puede aumentar el riesgo de enfermar.

Segundo, la comida debe aportar los nutrientes que equilibran el desayuno. No debe ser demasiado copiosa ni pesada para evitar las digestiones pesadas y el adormecimiento. Estos son los alimentos que puedes incluir: un bocadillo de pan integral con queso fresco o pavo. Recuerda que no puedes excederte con las carnes procesadas puesto que la Organización Mundial de la Salud (OMS) ha advertido de que comer más de 50 gramos de carne procesada al día puede aumentar el riesgo de cáncer.

- Frutos secos: son calóricos, pero muy beneficiosos para el organismo.

- Fruta: tienes una amplia variedad de frutas. Las que más azúcar contienen y deberías evitar si eres diabético son las bananas o el plátano, el coco, las uvas y el mango.

- Un lácteo: si has tomado leche por la mañana, puedes optar por yogur o queso fresco.

Por último, la cena tiene que ser ligera. Esta comida del día puede tener una importante responsabilidad en los casos de sobrepeso u obesidad, ya que muchas personas se descontrolan en la cena, eligen menús hipercalóricos, ricos en grasa y no hacen nada de ejercicio para quemarla.

Además, las personas que sufren problemas de sobrepeso deben evitar o reducir alimentos ricos en carbohidratos (pasta, arroz, legumbres o pan), ya que proporcionarían una cantidad de energía que el organismo no podría quemar y acabaría convirtiéndose en grasa almacenada.

PREGUNTAS

20. La idea principal de este texto es que...

A) es necesario realizar una dieta saludable.

B) hay que hacer dieta para no engordar.

C) hay que disfrutar mucho de la vida.

21. El desayuno...

A) no debe faltar.

B) ayuda a mejorar el rendimiento intelectual.

C) aumenta el riesgo de enfermar.

22. La Organización Mundial de la Salud advierte de que el riesgo de cáncer es mayor si comes...

A) mucho queso.

B) mucho pavo.

C) muchas salchichas o mucho jamón.

23. Si eres diabético es mejor elegir frutas...

A) que tienen mucho azúcar.

B) que no tienen mucho azúcar.

C) como las uvas o el mango.

24. Lo que puede causar sobrepeso u obesidad es...

A) una cena ligera.

B) un menú rico en grasa.

C) hacer ejercicio.

25. Las personas con problemas de sobrepeso deben...

A) cenar menús hipercalóricos.

B) tratar de no cenar.

C) consumir menos pasta o pan.

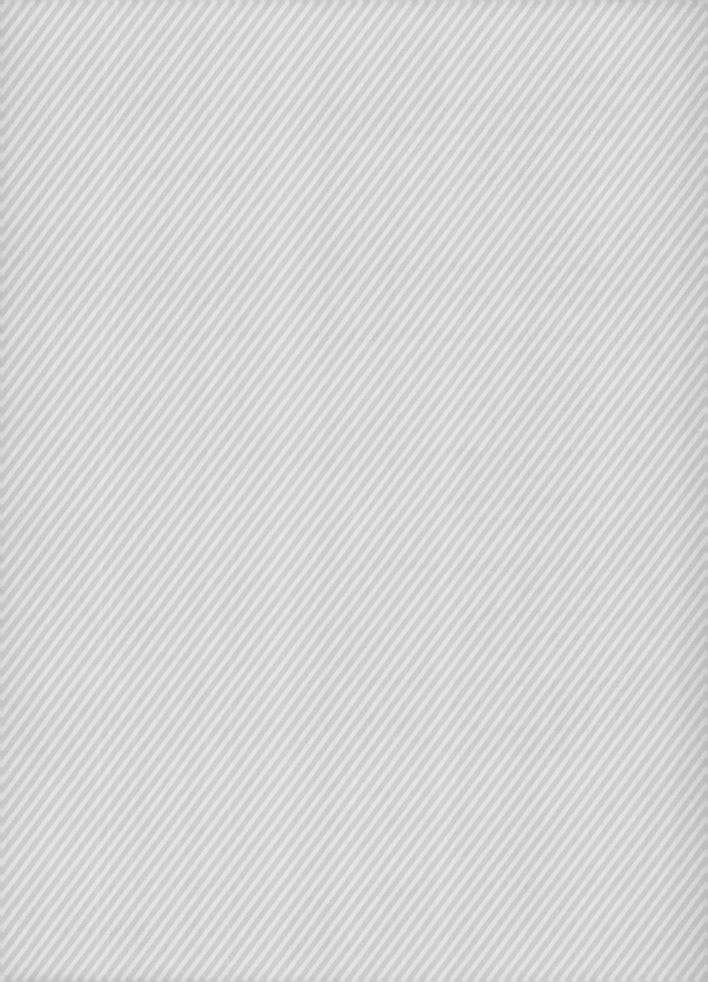

PRUEBA DE COMPRENSIÓN AUDITIVA

Esta prueba contiene **cuatro tareas.**
Usted debe responder a 25 preguntas.
La duración es de 40 minutos.
Marque las opciones elegidas en la **Hoja de respuestas**.

🎧 Track 6-1

INSTRUCCIONES

Usted va a escuchar seis conversaciones. Escuchará cada conversación dos veces. Después, tiene que contestar a las preguntas (de la 1 a la 6). Seleccione la opción correcta (A, B o C).

Marque las opciones elegidas en la **Hoja de respuestas**.

A continuación va a oír un ejemplo:

0. ¿En qué medio de transporte no puede viajar el chico?

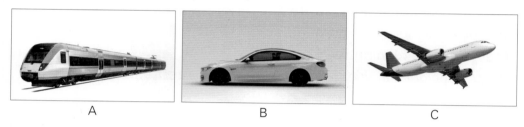

A	B	C

La opción correcta es la B.

0. A ☐ B ■ C ☐

CONVERSACIÓN UNO

1. ¿Qué ha perdido la mujer?

A	B	C

CONVERSACIÓN DOS

2. ¿Qué ha llevado a arreglar el hombre?

A	B	C

CONVERSACIÓN TRES

3. ¿Qué producto está agotado?

A   B   C

CONVERSACIÓN CUATRO

4. ¿Por qué objeto pregunta el hombre?

A   B   C

CONVERSACIÓN CINCO

5. ¿Por dónde le aconseja el hombre ir a su hija?

  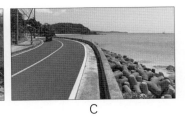

A   B   C

CONVERSACIÓN SEIS

6. ¿Para qué instrumento necesitan un músico?

 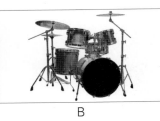 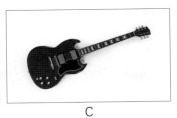

A   B   C

INSTRUCCIONES

Usted va a escuchar seis anuncios o fragmentos de un programa de radio y tiene que responder a seis preguntas. Cada audición se repite dos veces. Lea las preguntas (de la 7 a la 12) y seleccione la opción correcta (A, B o C).

Marque las opciones elegidas en la **Hoja de respuestas**.

A continuación va a oír un ejemplo.

0. El anuncio es para alguien que quiere...

   A) aprender a tocar un instrumento musical.

   B) estudiar en el Conservatorio de Música.

   C) participar en un concurso de música.

La opción correcta es la A.

0. A ■ B ☐ C ☐

PREGUNTAS

AUDIO 1

7. Para obtener el premio tienes que...

    A) participar en un sorteo.

    B) gastar más de 500 pesos con la tarjeta.

    C) solicitar la tarjeta por teléfono.

AUDIO 2

8. No puedes trabajar en este hotel si...

    A) no hablas bien el inglés.

    B) eres mujer.

    C) no tienes experiencia.

AUDIO 3

9. Esta aerolínea es...

    A) segura.

    B) barata.

    C) puntual.

AUDIO 4

10. Si te haces socio de este club...

    A) te hacen una fiesta de cumpleaños.

    B) te envían una revista cada mes.

    C) obtienes regalos.

AUDIO 5

11. Este trabajo es para...

    A) sacar a pasear a perros.

    B) gente de todas las edades.

    C) médicos.

AUDIO 6

12. Si desea viajar solo, puede viajar...

    A) los fines de semana.

    B) los lunes.

    C) los viernes.

INSTRUCCIONES

Usted va a escuchar una conversación entre dos amigos, David y Silvia. Indique si los enunciados (del 13 al 18) se refieren a David (A), a Silvia (B) o a ninguno de los dos (C). Escuchará la conversación dos veces.

Marque las opciones elegidas en la **Hoja de respuestas**.

Ahora tiene 30 segundos para leer los enunciados.

		A DAVID	B SILVIA	C NINGUNO DE LOS DOS
0.	Fue al cine para ver una película.	✓	☐	☐
13.	Quizás vaya al cine al día siguiente.	☐	☐	☐
14.	No le gustan mucho las películas de piratas.	☐	☐	☐
15.	Se encontró con alguien por casualidad.	☐	☐	☐
16.	Acaba de llegar del extranjero.	☐	☐	☐
17.	Quiere hablar con un amigo.	☐	☐	☐
18.	Va a bailar al día siguiente.	☐	☐	☐

INSTRUCCIONES

Usted va a escuchar ocho mensajes, incluido el ejemplo. Cada mensaje se repite dos veces. Seleccione el enunciado (de la A a la K) que corresponde a cada mensaje (del 19 al 25). Hay once opciones, incluido el ejemplo. Seleccione siete.

Marque las opciones elegidas en la **Hoja de respuestas**.

A continuación va a oír un ejemplo.

0. A ☐ B ☐ C ☐ D ☐ E ☐ F ■ G ☐ H ☐ I ☐ J ☐ K ☐

La opción correcta es la letra F.

Ahora tiene 45 segundos para leer los enunciados.

ENUNCIADOS

A.	Los más rápidos pueden obtener un premio.
B.	Quiere conseguir una entrada.
C.	Está cancelando un paseo de un fin de semana.
D.	Es un mensaje para realizar un viaje.
E.	Hace diez años que han abierto el negocio.
F.	Se pide llegar a tiempo.
G.	Es un evento familiar.
H.	Es un aviso sobre la apertura de un nuevo supermercado.
I.	Anuncian el cierre.
J.	Es una sugerencia a participar en una actividad física.
K.	Va a ver pájaros.

	MENSAJES	ENUNCIADOS
0.	Mensaje 0	F
19.	Mensaje 1	
20.	Mensaje 2	
21.	Mensaje 3	
22.	Mensaje 4	
23.	Mensaje 5	
24.	Mensaje 6	
25.	Mensaje 7	

PRUEBA DE EXPRESIÓN E INTERACCIÓN ESCRITAS

Número de tareas: 2
Duración: 45 minutos

INSTRUCCIONES

Su hermano le escribe para darle una mala noticia.

¡Hola! ¿Cómo estás?

Sabes que me había preparado durante mucho tiempo para solicitar un trabajo en Canadá, ¿verdad? Pues, hoy he visto que no he sido seleccionado. No sé si seguir postulándome para ofertas de trabajo en el extranjero. ¿Qué piensas tú?

Eduardo

Conteste a su hermano. En el correo tiene que:

- saludar;
- decirle cómo se siente sobre lo que le ha pasado a su hermano;
- animarlo;
- darle algún consejo;
- despedirse.

Número de palabras recomendadas: entre 60 y 70.

내용 구상란

소요 시간: _____

단 어 수: _____

INSTRUCCIONES

Elija solo una de las dos opciones. En cada opción tiene que tratar todos los puntos.

OPCIÓN 1

Escriba un texto sobre unas vacaciones especiales que haya tenido. Hable de:

- cuándo las hizo;

- dónde estuvo y qué hizo durante esas vacaciones;

- con quién estuvo;

- por qué fueron especiales;

- qué hace usted normalmente en sus vacaciones.

OPCIÓN 2

Olga ha trabajado durante los últimos veinte años. Aquí tiene algunas de sus fotos de su vida de antes y de ahora.

De 2005 a 2010	De 2011 a 2019	Desde 2020

Usted tiene que escribir un texto sobre Olga, y decir:

- en qué trabajaba antes;

- en qué trabaja ahora;

- cómo ha cambiado su vida y por qué cree eso.

Número de palabras recomendadas: entre 70 y 80.

OPCIÓN: _____

소요 시간: _____

단 어 수: _____

PRUEBA DE EXPRESIÓN E INTERACCIÓN ORALES

INSTRUCCIONES

La prueba de Expresión e interacción orales tiene tres tareas:

- TAREA 1: Monólogo.
  Usted tiene que hablar ante el entrevistador sobre un tema durante 2-3 minutos.
- TAREA 2: Descripción de una fotografía.
  Usted tiene que describir una fotografía durante 2-3 minutos.
- TAREA 3: Diálogo en una situación imaginaria.
  Usted tiene que hablar con el entrevistador en una situación imaginaria, relacionada con la fotografía que ha descrito en la Tarea 2, durante 3-4 minutos.

Tiene 12 minutos para preparar las tareas 1, 2 y 3. Puede tomar notas y escribir un esquema de sus respuestas. Durante la prueba, puede consultar sus notas, pero no leerlas detenidamente.

INSTRUCCIONES

Hable sobre la práctica de algún deporte. Hable de:

- cuándo fue la última vez que usted practicó algún deporte y cuál;
- dónde y con quién lo practicó;
- cómo se sintió;
- para qué hace deporte;
- con qué frecuencia hace deporte.

실제 시험 훈련

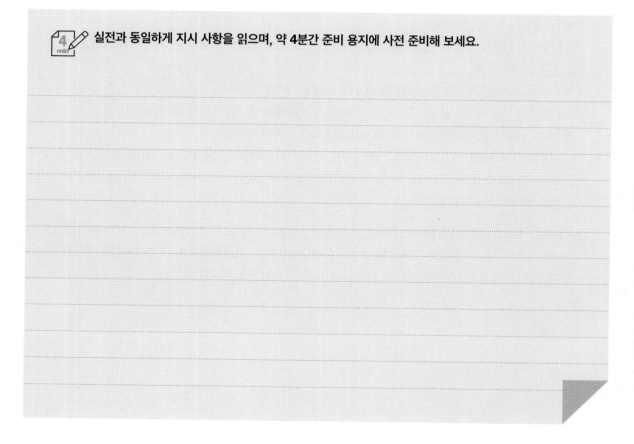

4 min ✎ 실전과 동일하게 지시 사항을 읽으며, 약 4분간 준비 용지에 사전 준비해 보세요.

이제 준비한 내용을 발표해 봅시다. 녹음하여 모범 답안과 비교해 보며, 문제점을 진단해 보세요.
능숙해질 때까지 반복하여 연습하세요.
2-3 min
"El tema que he elegido para la TAREA uno es..."

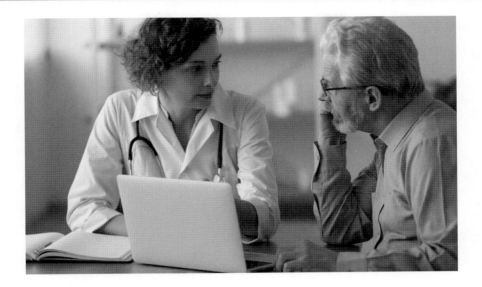

Hable de la fotografía durante dos o tres minutos. Usted debe hablar de:

- ¿Cómo son las personas de la foto? (aspecto físico, personalidad que cree que tienen...) ¿Qué ropa llevan?
- ¿Dónde están esas personas? ¿Qué objetos hay? Describa el lugar.
- ¿Qué están haciendo las personas de la foto?
- ¿Qué relación cree que hay entre ellas?
- ¿Qué cree que piensan, o cómo cree que se sienten, esas personas? ¿Por qué?
- ¿Qué cree que han hecho antes? ¿Y qué van a hacer después?

이제 준비한 내용을 발표해 봅시다. 녹음하여 모범 답안과 비교해 보며, 문제점을 진단해 보세요.
능숙해질 때까지 반복하여 연습하세요.

"La fotografía que he elegido para la TAREA dos es..."

Imagine que usted está en un consultorio médico. El examinador es el doctor. Hable con él siguiendo estas indicaciones.

Durante la conversación, tiene que:

- decirle cuál es el motivo de su visita al consultorio;
- hablar sobre su condición física y síntomas;
- responder a las preguntas del doctor;
- agradecer.

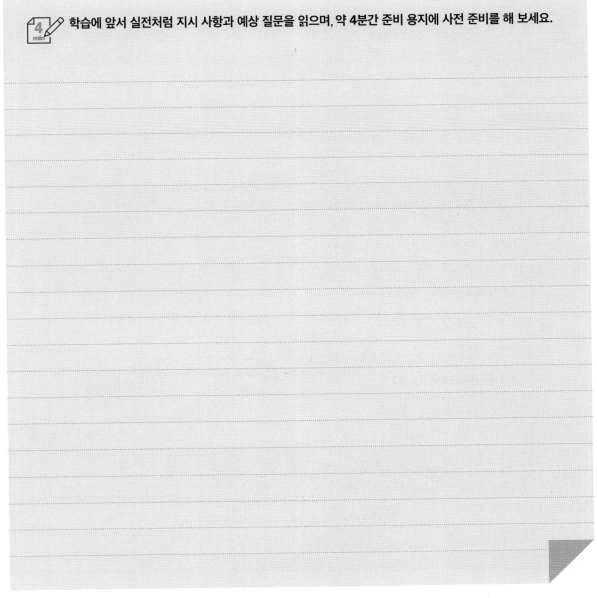

학습에 앞서 실전처럼 지시 사항과 예상 질문을 읽으며, 약 **4분간** 준비 용지에 사전 준비를 해 보세요.

3-4min 이제 준비한 내용을 발표해 봅시다. 녹음하여 모범 답안과 비교해 보며, 문제점을 진단해 보세요. 능숙해질 때까지 반복하여 연습하세요.
아래 훈련용 대본에 따라 응시자 역할을 해 봅시다.

[대화 시작]

	응시자

감독관: ¡Hola! Tome asiento, por favor. Dígame, ¿cómo se encuentra?

	응시자

감독관: Y... ¿algún otro síntoma?

	응시자

[주제의 전개]

	응시자

감독관: ¿Desde cuándo tiene estos síntomas?

	응시자

감독관: ¿Hace ejercicio regularmente?

	응시자

감독관: ¿Usted bebe o fuma?

	응시자

감독관: Le voy a recetar algunas pastillas. Vuelva el lunes a las 2.

	응시자

[작별 인사 및 대화 종결]

응시자

감독관 De nada, hasta luego.

응시자

PRUEBA DE COMPRENSIÓN DE LECTURA

1 해석

지시 사항

당신은 카르멘이 자신의 친구인 라우라에게 쓴 편지를 읽을 것입니다. 이어서 1번부터 5번까지의 질문에 답하세요. (A, B 혹은 C) 정답을 선택하세요.

선택한 보기를 **답안지**에 표기하세요.

사랑하는 친구에게:

라우라 안녕!

잘 지내니?

나는 집에 돌아왔어. 사실은 말이야, 그 15일은 정말 훌륭한 날이었어. 호르헤와 에두아르도는 시골에서 아주 즐거워했고, 우리 엄마 역시 아주 기뻐하셨지. 내 생각에는 아이들에게는 도시에서 사는 것보다 시골에서 사는 것이 더 나은 것 같아. 숲, 강, 동물들, 산들… 자연과 놀며 배우는 것이 교실에 앉아서 배우는 것보다 훨씬 더 많아.

라우라, 오늘 내가 너에게 편지를 쓰는 건 제안할 것이 있어서야. 실은 나의 이웃에게서 다음 주 금요일이 너의 작은 아이 이케르의 생일이라고 들었어. 난 너무도 놀랐는데, 왜냐하면 그날은 에두아르도의 생일이기도 하거든. 그래서 난 좋은 생각이 있어. 두 아이들을 위한 하나의 생일 파티를 하면 어떨까? 우리 집 마당에서 파티를 할 수 있어. 또한 나는 손님들을 위한 테이블과 의자도 갖고 있단다. 에두아르도와 이케르의 모든 친구들을 초대하고 두 아이를 위한 아주 큰 케이크를 하나 살 수 있어. 그 둘은 아주 좋은 친구 사이이니 그들의 생일을 함께 축하하는 건 너무나도 멋질 거야. 그들에게는 아주 아름다운 추억이 될 거고, 또 우리는 준비하기 더 수월할 거야.

내가 아이들을 위해서 음식을 만들고 마당을 꾸밀게. 너는 음료를 갖고 오고 동네 아이들에게 보낼 초대장을 만들 수 있을 거야. 우리는 케이크를 광장 코너에 있는 제과점에 주문할 수 있을 거야. 그곳은 정말 맛있는 케이크를 만들거든. 내 생각이 어때?

너는 우리가 월요일에 보는 거 알지. 그런데 그날은 우리가 학부모 모임에 있을 테니까 그 다음날 함께 점심을 먹으며 금요일의 파티를 위한 계획을 더 세우자. 알겠지?

다음에 봐!

카르멘

문제

1. 카르멘은 휴가를 …에서 보냈다.

    A) 자녀들의 집

    B) 도시

    C) 시골

2. 방학이 아닐 때, 카르멘의 아이들은 …

    A) 할머니와 함께 있다.

    B) 산에 간다.

    C) 도시에 있다.

3. 카르멘은 … 때문에 라우라에게 파티를 할 것을 제안한다.

    A) 그녀들의 자식들의 생일이 동일하기

    B) 그녀들의 자식들의 친구들이 같기

    C) 그녀가 파티를 할 테이블과 의자를 가지고 있기

4. 라우라가 해야 할 것은 …이다.

    A) 음식 준비하기

    B) 초대장 만들기

    C) 생일 케이크 만들기

5. 카르멘은 라우라에게 …에 점심 먹기를 제안한다.

    A) 월요일

    B) 화요일

    C) 금요일

a continuación	계속해서, 이어서	invitar	초대하다, 권유하다
fabuloso	공상적인, 경이적인	fantástico	공상적인, 환상적인
divertirse	즐거워하다	celebrar	축하하다, 기념하다, 개최하다
campo	ⓜ 시골, 경기장, 분야	recuerdo	ⓜ 추억, 기억
río	ⓜ 강, 하천	preparar	준비하다
montaña	ⓕ 산	traer	가지고 오다, 끌어당기다
aprender	배우다, 학습하다, 암기하다	refresco	ⓜ 탄산 음료, 음료수
naturaleza	ⓕ 자연, 본능, 천성	invitación	ⓕ 초대, 초청, 초대장
sentado	앉은, 안정된	barrio	ⓜ 구, 지구, 거주 지역
sugerir	제안하다, 권유하다, 연상시키다	esquina	ⓕ 모서리, 코너
cumpleaños	ⓜ 생일	parecer	~처럼 보이다, 여겨지다
peque	pequeño(어린, 작은)의 약어	reunión	ⓕ 집회, 미팅, 모임
sorprenderse	놀라다	siguiente	다음의, 뒤의, 후의
idea	ⓕ 생각, 의도, 아이디어	almorzar	점심을 먹다
juntos	함께	plan	ⓜ 계획, 플랜, 예정
patio	ⓜ 안뜰, 마당	abuelo	ⓜⓕ 할아버지, 할머니
mesa	ⓕ 책상, 식탁, 테이블	mismo	똑같은, 동일한, 바로 그
silla	ⓕ 의자	proponer	제안하다, 추천하다, 제기하다

1. 카르멘이 휴가를 보낸 곳을 묻고 있다. 처음 부분에서 카르멘은 휴가를 보내고 집에 돌아왔음을 알리며 휴가 기간 동안 어디에서 무엇을 했는지를 먼저 설명한다. 정답은 'Jorge y Eduardo se divirtieron muchísimo en el campo 호르헤와 에두아르도는 시골에서 아주 즐거워했어.'라는 문장에서 찾을 수 있다. 카르멘은 두 아이들을 데리고 'campo 시골'에서 지냈다고 했으므로 정답은 **C**.

2. 카르멘의 아이들이 방학이 아닌 평소에 어디에서 지내는지 묻고 있다. 따라서 편지 첫 부분에서 언급한 '지난 휴가'를 보낸 장소인 A와 B는 틀린 답이 된다. 'Pienso que para los niños es mejor vivir en el campo que en la ciudad 내 생각에는 아이들에게는 도시에서 사는 것보다 시골에서 사는 것이 더 나은 것 같아.'라는 문장에서 볼 수 있듯이, 방학에 가는 'campo 시골'이 평소 사는 곳인 'ciudad 도시'보다 더 좋다고 했으므로 정답은 **C**이다.

3. 카르멘이 라우라에게 파티를 열자고 제안하는 이유를 묻고 있다. 'Me sorprendí mucho porque ese día es el cumpleaños de Eduardo, también 난 너무도 놀랐는데, 왜냐하면 그날은 에두아르도의 생일이기도 하거든.'에서 두 아이의 생일이 같음을 알 수 있고, 두 아이의 생일을 한 자리에서 함께 기념하자는 제안을 하고 있으므로 정답은 **A**. B와 C는 파티를 제안하는 직접적인 이유가 아니다.

4. 라우라가 해야 할 일은 무엇인지 묻고 있다. 세 번째 문단의 'Tú puedes traer refrescos y hacer las invitaciones para mandárselas a los niños del barrio 너는 음료를 갖고 오고 동네 아이들에게 보낼 초대장을 만들 수 있을 거야.'에서 정답을 찾을 수 있다. A는 카르멘이 할 일에 해당하고 C는 제과점에 주문하자고 하였으므로 오답. 따라서 정답은 **B**이다.

5. 카르멘이 함께 점심 식사를 하자고 제안한 날이 언제인지를 묻고 있다. 'Sabes que nos veremos el lunes, pero como ese día vamos a estar en la reunión de padres, podemos vernos al día siguiente para almorzar juntas y hacer más planes para la fiesta del viernes 너는 우리가 월요일에 보는 거 알지. 그런데 그날은 우리가 학부모 모임에 있을 테니까 그 다음날 함께 점심을 먹으며 금요일의 파티를 위한 계획을 더 세우자.'라는 문장에서 정답을 찾을 수 있다. A인 월요일은 학부모 모임을 하는 날인데 더 자세히 대화를 나누기 위해서 'al día siguiente 그 다음날'에 보자고 하였으므로 정답은 **B**이며, C의 'viernes 금요일'은 파티 당일이므로 오답이다. 함정에 빠지지 않도록 주의하자.

1 해석

지시 사항

당신은 8개의 안내문을 읽게 될 것입니다. 이어서 6번부터 13번까지의 질문에 답하세요. (A, B 혹은 C) 정답을 선택하세요.

선택한 보기를 **답안지**에 표기하세요.

예:

텍스트 0

GFD 학원

학원에서 듣는 향후 개설되는 과정은 다음 분야의 대면 수업들입니다.
- 인적 자원
- 기업 경영

온라인 수업
- 재무

마드리드, 우편번호 28010, 살로메길 3번지에 있습니다.
기타 문의는 저희 웹 사이트 www.GFD.es
또는 cursos@GFD.es로 하세요.

0. 당신이 재무에 대해 배우길 원한다면 …

A) 우선 인적 자원에 대해 배워야 한다.

B) 학원에서 수업을 듣는다.

C) 인터넷으로 수업을 듣는다.

정답은 C입니다.

0. A☐ B☐ C■

피마스코타

반려동물에게 할애하는 주말

- 날짜: 2020년 2월 27일과 28일
- 시간: 오전 9시부터 오후 6시까지
- 하루 입장권: 5유로
- 이틀 입장권: 8유로
- 12세까지의 아이들: 무료 입장
- 대회에 참가 접수를 하지 않은 반려견들의 박람회 입장은 3유로의 추가 비용이 있습니다.
- 회: 제9회
- 주기: 연 1회
- 장소: 바야돌리드 전시회장

이 분야의 모든 전문가들과 애호가들을 초대합니다!

6. 광고에 따르면, 이 박람회는 …
   - **A)** 이틀간 지속된다.
   - **B)** 동물들의 입장료를 받지 않는다.
   - **C)** 처음으로 실행된다.

텍스트 2

옥타비오 파스 시립 공공 도서관

대출 서비스
도서관 회원증으로 다음 자료들을 대출할 수 있습니다.
- 잡지: 21일
- 도서 혹은 비디오: 7일
- 음악 CD: 7일

일부 자료는 오직 시설 내에서만 열람 가능합니다.
해당되는 대출 기간이 지난 경우는 해당 자료의 반납 지연 일수 만큼 도서관 회원증을 사용할 수 없는 징계를 받게 될 것입니다.

7. 이 도서관이 갖고 있는 모든 자료들은 …
   - **A)** 회원증으로 대출할 수 있다.
   - **B)** 집으로 빌려 갈 수 있다.
   - **C)** 도서관에서 열람할 수 있다.

텍스트 3

판매합니다
고급 별장

2,355m²의 토지, 관리 상태 매우 양호함. 북쪽 연안의 승마 센터를 가진 가장 호화로운 주택 단지 내 위치. 테니스장, 식당이 있는 바닷가가 있으며, 골프장 건설이 계획 중입니다. 거주민 전용.

노르테 부동산 회사에 가격을 문의하세요.
로스 피노스길 6번지. 라 코루냐.
전화번호 981 26813

8. 별장이 위치한 주택 단지에서 당신은 …
   - **A)** 말을 탈 수 있다.
   - **B)** 골프를 칠 수 있다.
   - **C)** 수영장에서 수영을 할 수 있다.

텍스트 4

카탈루냐 **7일 여행**

A1 옵션

(버스 대여 + 목적지에서의 7일 + 활동 + 카다케스의 달리 박물관 견학): 350유로

B1 옵션

(정기 노선 버스를 통한 카탈루냐 왕복 여행 + 바르셀로나 활동을 위한 버스 대절 + 카다케스의 달리 박물관 견학): 230유로

C1 옵션

(카탈루냐 왕복 항공편 + 바르셀로나 내 활동을 위한 버스 대절): 290유로

9. 300유로 이상을 내지 않고 달리 박물관에 가기 위해서는 옵션 …을 선택해야 할 것이다.

A) A1
B) B1
C) C1

텍스트 5

'아르테엑스프레시온 2020' 경연 대회 코차밤바 볼리비아

작품 제출 마감: 2020년 7월

2020년 라틴 아메리카 예술인들의 단체 전시회. 전시회 방문객들이 선택하게 될 대회 우승자는 10월에 통보됩니다. 관객들은 전시회의 입구에서 제공되는 용지에 가장 우수한 작품의 이름을 적을 것입니다. 최우수상은 볼리비아의 가장 유명한 전시장에서 모든 작품들을 전시할 수 있는 기회를 갖게 됩니다.

10. 이 경연 대회에서는, 우승자를 선택하는 것은 …이다.

A) 전시회의 방문객들
B) 코차밤바의 시민들
C) 전문가들

텍스트 6

'다니엘라' 의류 매장 양복, 원피스, 바지 그리고 셔츠

- 교환 및 환불을 위해서는 한 달 내에 가격표를 떼지 않은 상태로 구매 영수증을 지참하여야 합니다.
- 7월에 바지를 구매하시면 셔츠 한 장을 선물로 드립니다.
- 파티복은 구매일로부터 일주일이 지나면 교환할 수 없습니다.
- 카드 가능합니다.

11. 이 공지에 따르면, 당신이 '다니엘라' 의류 매장에서 파티복을 구매하면 …

A) 선물을 제공한다.
B) 7일 전에 교환 가능하다.
C) 현금으로 지불해야 한다.

텍스트 7

11월 8일과 9일 / 토요일과 일요일
그라나다 여행

성인: 57유로
어린이: 50유로(12세까지)

포함합니다.
- 왕복 버스
- 4성급 호텔에서의 1박 숙박 및 조식

신청 마감 및 비용
- 10월 15일 수요일
- 버스 왕복 티켓만 구매 시 35유로

12. 만약 …, 50유로 미만을 지불한다.

  A) 호텔에서 하루 숙박한다면

  B) 나이가 12세 미만이라면

  C) 교통 티켓만 구매한다면

텍스트 8

리마 공공 수영장
이용 규칙

- 수영 구역에 들어가기 위하여는 고무 신발을 사용하세요.
- 물에 들어가기 전에는 샤워를 하십시오.
- 허용된 구역에서만 음식을 드십시오.
- 구조 대원의 지시 사항을 따르십시오.

협조해 주셔서 감사합니다.

13. 이 수영장에서는 …

  A) 맨발로 다니는 것은 허용되지 않는다.

  B) 음식을 먹는 것을 금지한다.

  C) 구조 대원이 없다.

iniciar	시작하다, 개시하다	prestar	빌려주다, 기여하다, 편리하다
próximamente	곧, 머지않아	villa	ⓕ 별장, 마을
presencial	현존하는, 어떤 장소에 있는	lujo	ⓜ 사치, 호화
área	ⓕ 구역, 분야, 영역	terreno	ⓜ 땅, 토지, 분야
recurso	ⓜ 수단, 방법, 자원, 자금	estado	ⓜ 상태, 지위, 주
humano	사람의, 인간의, 인간적인	conservación	ⓕ 보존, 보관, 유지
dirección	ⓕ 주소, 방향, 경영, 지도	situado	위치한, 있는
centro	ⓜ 중심, 도심지, 기관	lujoso	호화로운, 사치스러운
dedicado	바치는, 헌정된	equitación	ⓕ 승마
acceso	ⓜ 접근, 통행	pista	ⓕ 트랙, 경기장, 플로어, 도로, 단서, 발자국
feria	ⓕ 장, 축제	en proyecto	계획이 있는, 미설립된, 미설치된
inscrito	등록된	uso	ⓜ 사용, 이용
extra	ⓜⓕ 엑스트라 / 특별의, 특별한	inmobiliaria	ⓕ 부동산 회사
edición	ⓕ 출판, (행사, 경기 등의) 회	montar	타다, 오르다, 조립하다, 설립하다
noveno	아홉 번째의	caballo	ⓜ 말, 수말
periodicidad	ⓕ 정기성, 주기성	opción	ⓕ 선택, 옵션
cobrar	받다, 수취하다, 징수하다	autobús	ⓜ 버스
municipal	ⓜ 경찰관 / 시의, 자치 도시의	ida	ⓕ 가기, 가는 일, 출발
préstamo	ⓜ 대여, 대부, 대여금	vuelta	ⓕ 회전, 선회, 귀환
revista	ⓕ 잡지	ida y vuelta	ⓕ 왕복
vídeo	ⓜ 비디오, 비디오테이프(= ⓜ video)	línea regular	ⓕ 정기 노선
CD	ⓜ disco compacto(시디)의 약어	contratación	ⓕ 도급 계약, 상거래
fondo	ⓜ 바닥, 깊이, 제일 깊숙한 곳, 자금, 자본, 인쇄물, 배경	límite	ⓜ 경계, 제한, 범위
consultado	참조되는, 조사받는, 상담되는	entrega	ⓕ 인계, 수여, 제출
período	ⓜ 기간, 시기, 월경 기간	exposición	ⓕ 전시회, 전시, 노출
correspondiente	상응하는, 해당하는, 각자의	colectivo	ⓜ 집단, 소형 버스 / 집단의, 공동의
sancionar	벌하다, 징계하다	latino	ⓜⓕ 라틴계 사람, 스페인어 이용자
sin	~없이, ~없는, ~하지 않고	comunicar	전하다, 전달하다, 통보하다
utilizar	이용하다, 활용하다	elegido	선출된, 뽑힌
demora	ⓕ 지연, 지체	visitante	ⓜⓕ 방문자 / 방문하는

hoja	ⓕ 잎, 나뭇잎, 종이, 날	desayuno	ⓜ 아침밥, 조식
facilitar	용이하게 하다, 공급하다	Lima	ⓕ 리마(페루의 수도)
premio	ⓜ 상, 상금, 수상자	goma	ⓕ 고무, 고무줄, 껌, 타이어, 지우개
ciudadano	ⓜⓕ 도시 사람, 시민 / 도시의	baño	ⓜ 목욕, 화장실
vestido	ⓜ 의류, 드레스, 원피스	ducha	ⓕ 샤워, 샤워하기, 샤워기
cambio	ⓜ 변화, 교환, 거스름돈, 잔돈, 환전	introducirse	안에 들어가다, 도입되다
ticket de compra	ⓜ 구매표, 구매증	habilitado	자격이 있는, 능력이 있는
etiqueta	ⓕ 예의 범절, 에티켓, 가격표, 라벨	socorrista	ⓜⓕ 인명 구조 대원
admitir	시인하다, 들어가다, 넣다, 허락하다	andar	걷다, 거닐다, 쏘다니다
en metálico	현금으로	descalzo	맨발의, 신발을 신지 않은
Granada	ⓕ 그라나다(스페인 안달루시아 주 및 주도)		

0.	여러 수업 중 'Finanzas 재무' 수업의 조건에 대한 문제이다. 지문에서는 우선 'Recursos Humanos 인적 자원' 수업과 'Dirección de Empresas 기업 경영' 수업에 대해 고지한다. 이 2개의 수업은 'clase presencial 대면 수업'의 형태이며, 이어지는 재무 수업만이 'online 온라인' 수업이므로 답은 **C**가 된다. A는 인적 자원 수업을 먼저 들어야만 재무 수업을 들을 수 있다는 것이므로 오답이다.
6.	박람회에 대한 구체적인 정보를 묻고 있다. 첫 문장에 날짜가 이틀로 언급되어 있으므로 정답은 **A**. 동사 'durar 지속되다'의 의미를 알고 있어야 한다. 입장료에 대한 정보에서, 반려동물이 대회에 등록하지 않았으면 입장료를 내야 한다고 했으므로 B는 오답이다. 해당 문장 'edición: Novena'의 명사 'edición'은 출판, 편집뿐 아니라 주기적으로 열리는 이벤트의 '회'를 뜻하기도 하는 중요한 어휘이므로 기억하도록 하자. 서수 novena로 표기되어 박람회가 '9회째' 개최됨을 뜻하므로 C도 오답이다.
7.	공공 도서관의 자료 대출에 대한 안내글이다. 도서관 내 모든 자료들에 대한 설명으로 옳은 것을 묻고 있는데, con el carné de la biblioteca를 통해 도서관 회원증을 지참하면 자료를 대출할 수 있음을 알 수 있다. 하지만 이어지는 algunos fondos solo podrán ser consultados en la sala에서 일부 자료는 열람실 내에서만 열람할 수 있음을 알 수 있다. 즉, 모든 자료는 도서관에서 볼 수 있고 일부 불가능한 자료를 제외하고는 대출도 가능하다는 뜻이다. 따라서 정답은 **C**. 모든 자료들이 공통으로 갖는 조건은 '도서관 내 열람'이다.
8.	'villa 별장'의 매매 공지이다. 질문에서는 별장이 위치한 'urbanización 주택 단지'에서 어떤 활동이 가능한지 묻고 있다. con centro de equitación, pistas de tenis, playa con restaurante y campo de golf en proyecto를 통해 단지 내에 승마 센터, 테니스장, 식당이 있는 바닷가가 있으며, 골프장 건설이 계획 중이라는 것을 알 수 있다. 명사 'equitación 승마'를 꼭 알고 넘어가도록 하자. 정답은 **A**이며, B의 'campo de golf 골프장'은 'en proyecto 계획 중'이기 때문에 지금 즐길 수 있는 활동으로는 적절하지 않다. 또한 해수욕이라면 C가 답이 될 수 있겠지만 'piscina 수영장'은 주택 단지에 포함되는 시설이 아니므로 오답이다.
9.	달리 박물관을 견학하되 300유로 이상을 지불하지 않는다는 조건을 모두 충족시키는 옵션을 고르는 문제이다. 우선 달리 박물관 일정이 없는 C를 제거한다. 나머지 보기에 해당하는 2가지 옵션을 살펴봤을 때, 300유로를 넘지 않고 230유로를 지불하는 보기가 B1임을 알 수 있다. 따라서 정답은 **B**이다.
10.	한 경연 대회에 관한 공지이며, 이 대회에서 누가 우승자를 선택하는지 묻고 있다. 정답은 'En octubre se comunicará el ganador, que será elegido por los visitantes de la exposición 전시회 방문객들이 선택하게 될 대회 우승자는 10월에 통보됩니다.'에서 확인할 수 있다. 문제를 푸는 데 핵심적인 역할을 하는 동사 'elegir 선택하다'를 알면 답을 수월하게 찾을 수 있다. 해당 문장에서 'los visitantes 방문객들'이 우승자를 선택한다고 했으므로 정답은 **A**.
11.	옷 가게에서 'traje de fiesta 파티복' 구매와 관련된 설명이 옳은 것을 묻고 있다. 두 번째 내용을 보면, 7월에 'pantalones 바지'를 구입하면 'camisa 셔츠'를 선물로 준다고 했으므로 A는 오답. 세 번째 문장 Los trajes de fiesta no se cambian si ha pasado una semana desde su compra에서 답을 찾을 수 있는데, 구매일로부터 일주일이 지나면 교환할 수 없는 것이 trajes de fiesta이므로 정답은 **B**가 된다. 마지막 문장에서 카드로 결제할 수 있다고 했으므로 C '현금으로 지불해야 한다'는 오답이다.

12.	여행 상품을 이용하는 데 50유로 미만의 금액을 내는 경우는 어떤 경우인지 묻고 있다. menos de를 '50유로 미만(50유로는 포함되지 않음)'으로 제대로 해석하는 것이 가장 중요하다. 즉, 여행 상품의 첫 번째 공지인 '성인은 57유로를 내고, 12세까지의 어린이들은 50유로를 낸다'는 모두 50유로 이상을 내는 것이므로 답이 될 수 없다. 마지막 문장 SOLO BUS IDA Y VUELTA 35 EUROS에서 답의 근거를 찾을 수 있는데, 왕복 버스만 이용할 때 35유로를 낸다고 했으므로 정답은 **C**. 문제 속 명사 'traslado 이동'의 의미를 꼭 알아 두자.
13.	수영장의 이용 규칙에 대한 질문이다. 첫 번째 이용 규칙에서는 'calzado de goma 고무 신발'을 신을 것을 지시한다. 정답 **A**의 경우, 'andar descalzo 맨발로 다니는 것'이 허용되지 않는다고 하였으므로 내용이 일치한다. B는 '음식을 먹는 것을 금지한다'지만, 세 번째 규칙에서 음식 섭취가 허용되는 장소가 있음을 알 수 있으므로 오답. C에서는 구조 대원이 없다고 했지만 네 번째 규칙을 통해 구조 대원이 있음을 알 수 있으므로 오답.

1 해석

지시 사항

당신은 한 요리사가 추천하는 쉬운 요리법 세 개에 관한 세 개의 텍스트를 읽을 것입니다. (14번부터 19번까지의) 문제를 텍스트 (A, B, C)와 연결하세요.

선택한 보기를 **답안지**에 표기하세요.

문제

		A.	B.	C.
14.	냉장고에 재료가 많지 않다면 어떤 요리를 해야 하는가?			
15.	해산물을 좋아하는 사람을 위한 것은 어떤 요리인가?			
16.	나중을 위해 보관할 수 있는 것은 어떤 요리인가?			
17.	만일 아이들이 있다면 어떤 요리가 유용할 것인가?			
18.	어느 요리법에서 물에 채소를 익혀야 한다고 지시하는가?			
19.	완전히 생으로 먹을 수 있는 요리법은 어떤 것인가?			

A. 새우를 곁들인 애호박 스파게티

쉬운 요리법의 여왕이 있다면 새우를 곁들인 애호박 스파게티 요리법이 그 왕좌를 차지할 것이 분명하다. 당신은 애호박 하나를 채소 제면기, 감자 껍질 벗기는 칼 혹은 보통의 칼을 사용해 스파게티로 만들면 되는 것이다. 이후에 그 면을 기름 한 줄기에 볶으면 된다. 생으로 먹을 수도 있지만 기름에 볶으면 더욱 맛있다. 그리고 더욱 풍성한 저녁 식사가 되도록 껍질을 깐 볶은 냉동 새우나 익힌 가재와 함께 곁들인다. 또한 파스타 요리에 쓰는 것과 같이 기름에 볶은 토마토와 다진 고기를 베이스로 한 볼로냐 소스를 뿌리는 것도 좋다.

B. 토마토 밥과 계란 프라이

가볍고 쉬운 저녁 식사 중 하나는 바로 토마토 밥과 계란 프라이이다. 또한, 적은 재료로 할 요리법을 찾는다면 아주 이상적인 저녁 식사다. 만드는 법도 아주 쉽고, 영양소가 골고루 있으며 아이들을 포함해 모든 사람들이 좋아하는 메뉴이다. 흰 쌀밥을 하고 위에 토마토 소스와 계란 프라이만 얹으면 된다. 만일 더욱 맛있길 원한다면 쌀밥을 채수, 월계수 잎 한 장, 껍질 벗긴 마늘 한 개와 함께 익혀라. 그리고 직접 토마토 소스를 만들어라. 먼저 양파와 붉은 고추를 기름에 살짝 볶고, 빻은 토마토를 첨가하면 된다.

C. 애호박 크림수프

쉬운 요리법에서 빠질 수 없는 요리는 바로 채소 크림수프다. 그것은 만들기 쉬울 뿐더러 다른 활용도가 많다. 여분으로 더 만들어서 1인분씩 나누어 담거나 큐브 형태로 얼려서 나중에 필요할 때마다 사용할 수 있고 혹은 다른 요리를 더 맛있게 만들 수도 있다. 우선 냄비에 양파 한 개를 살짝 볶다가 노란빛을 띠면 감자 한 개와 애호박 두 개를 깍둑썰기해 넣는다. 모두 함께 약한 불에 조금 볶는다. 채소가 모두 잠기도록 뜨거운 물을 부어라. 물이 끓기 시작하면 불을 낮추고 감자가 익을 때까지 뚜껑을 닫고 익혀라. 이것을 갈아서 토스트 조각, 강판에 간 치즈, 견과류, 씨앗, 새순 등 당신이 가장 좋아하는 곁들임 재료와 함께 먹으면 된다.

receta	ⓕ 처방, 요리법	frito	기름에 튀긴, 프라이한
servir	섬기다, 시중을 들다, 돕다, 내오다	picado	잘게 썬, 잘게 다진
marisco	ⓜ 해산물	ligero	가벼운, 민첩한, 경쾌한
guardar	지키다, 보호하다, 보관하다	ideal	이상의, 이상적인, 이상주의의
nevera	ⓕ 냉장고	ingrediente	ⓜ 재료, 원료
indicar	가리키다, 지시하다	completo	완전한, 전부 있는
cocer	삶다, 찌다	peque	pequeño(어린, 작은)의 약어
crudo	날것의, 산 채로의, 아직 익지 않은	añadir	첨가하다, 보태다
calabacín	ⓜ 애호박, 주키니(서양 애호박)	por encima	~ 위에, ~을 넘어서
gamba	ⓕ 새우	súper	ⓜ 슈퍼마켓 / 최고의, 대단한
reina	ⓕ 여왕, 왕비	caldo	ⓜ 수프, 국물 요리
probable	있음직한, 있을 법한, 가능성이 있는	hoja	ⓕ 잎, 나뭇잎, 종이, 날
ocupar	(장소를) 차지하다, 점령하다	laurel	ⓜ 월계수, 월계관, 영예, 명예, 영광
trono	ⓜ 옥좌, 왕좌	pelar	껍질을 벗기다
espiralizador	ⓜ 채소 제면기	sofrito	ⓜ 볶음, 저냐(전) / 기름에 살짝 튀긴
pelapatatas	ⓜ 감자 껍질 벗기는 도구	pimiento	ⓜ 피망, 고추
saltear	센 불로 튀기다, 볶다	triturar	빻다, 찧다, 갈다
hilo	ⓜ 실, 액체의 줄기	dar mucho juego	편의를 제공하다, 유리하게 하다
aceite	ⓜ 기름, 석유	de más	여분으로
acompañar	함께 있다, 수반하다, 동행하다	ración	ⓕ 1인분, 한 접시, 배분되는 양
pelado	껍질을 벗긴	cubito	ⓜ 작은 얼음 조각, 각 얼음
congelado	얼린, 냉동된, 동결된	gastar	쓰다, 사용하다, 소비하다
langostino	ⓜ 가재	a medida que	~함과 동시에, ~함에 따라
salsa	ⓕ 소스, 살사 춤	enriquecer	넉넉하게 하다, 풍부하게 하다, 부유하게 하다
boloñesa	ⓕ 볼로냐 소스	sofreír	기름에 살짝 튀기다
a base de	~을 주로 해서, ~을 근거로 하여	cazuela	ⓕ 냄비

dorado	금색의	tapado	뚜껑을 닫은, 막은
cortados en dado	주사위 모양으로 썬	tropezones	ⓜ pl. 곁들여 먹는 작은 음식 조각
rehogar	약한 불에 볶다	picatoste	ⓜ 토스트 조각
verter	붓다, 따르다, 쏟다, 비우다	queso rallado	ⓜ 강판에 간 치즈
cubrir	덮다, 씌우다, 메우다, (필요를) 채우다	fruto seco	ⓜ 견과
romper a hervir	끓기 시작하다	semilla	ⓕ 씨, 씨앗, 종자
fuego	ⓜ 화재, 불, 사격, 열정	germinado	ⓜ 발아된 새순

3 해설

14.	냉장고에 재료가 많지 않을 때 할 수 있는 요리를 묻고 있다. 즉, 요리를 하는 데 필요한 재료의 가짓수가 적은 요리법을 찾아야 한다. 정답은 **B**. 두 번째 문장 'Además, es una cena ideal si buscas recetas con pocos ingredientes. 또한, 적은 재료로 할 요리법을 찾는다면 아주 이상적인 저녁 식사다.'에서 정답을 찾을 수 있는데, 명사 'ingrediente 재료, 원료'는 요리에 필요한 식재료를 의미한다.
15.	'marisco 해산물'을 좋아하는 사람에게 적절한 요리가 무엇인지 묻고 있다. 해산물이 포함된 요리를 찾아야 한다. 정답은 **A**. 제목에 이미 'gambas 새우'가 등장하고, 'Y los acompañas con unas gambitas peladas congeladas salteadas o unos langostinos cocidos para que sea una cena más completa.'에서 더 풍성한 저녁 식사가 되도록 볶은 새우 혹은 익힌 가재를 함께 곁들이라고 했다. gambitas는 gambas에 축소사 -ita가 붙은 형태이다. 스페인어에서는 어휘의 크기나 의미를 축소하거나 상대에게 친근함과 애정을 표현할 때 어휘에 축소사 -ito/-ita를 붙인다는 것에 주의하자. B와 C의 요리법에서는 해산물과 관련된 언급이 없다.
16.	나중을 위해 보관할 수 있는 요리는 어떤 것인지 묻고 있다. 정답은 **C**. 첫 번째 문장에서 'Tampoco pueden faltar en las recetas de cocina fáciles una crema de verduras, que además de ser fácil de hacer, da mucho juego: puedes hacer de más, congelarla en raciones, o hasta en cubitos, e irla gastando a medida que la necesitas o para enriquecer otros platos. 쉬운 요리법에서 빠질 수 없는 요리는 바로 채소 크림수프다. 그것은 만들기 쉬울 뿐더러 다른 활용도가 많다. 여분으로 더 만들어서 1인분씩 나누어 담거나 큐브 형태로 얼려서 나중에 필요할 때마다 사용할 수 있고 혹은 다른 요리를 더 맛있게 만들 수도 있다.'라고 했는데, 이때 dar mucho juego는 '무언가를 하기에 유리하다'라는 뜻이다. 즉, 활용도가 높다는 것이다. 또한 문장에 쓰인 hacer de más에서 de más는 '여분으로, 남게'라고 해석해야 한다. 여분으로 더 만들어서 나누어 담거나 냉동해서 나중에 필요할 때마다 쓸 수 있다고 안내하고 있다.
17.	아이들을 위한 요리가 있는지 확인해야 한다. 정답은 **B**. 텍스트에서 이 요리는 아주 쉽고 간편한 요리라고 설명하면서 'Y es que es más que fácil, muy completa y gusta a todo el mundo, incluidos los más peques. 만드는 법도 아주 쉽고, 영양소가 골고루 있으며, 아이들을 포함해 모든 사람들이 좋아하는 메뉴이다.'라고 했다. peque는 pequeño를 줄인 말이며, 많이 쓰이는 표현이므로 반드시 암기하도록 하자.
18.	동사 cocer는 '익히다, 찌다, 삶다'라는 의미로, 요리법에 대한 어휘 중 가장 중요하다. '채소를 물에 익히는' 과정을 포함한 요리법을 찾아야 한다. 정답은 **C**. 이 요리법에서는 'sofreír 기름에 살짝 볶다, añadir 넣다, 첨가하다, rehogar 약한 불에 볶다, verter 따르다, 붓다, romper a hervir 끓기 시작하다' 등 채소 조리에 사용되는 다양한 동사들이 등장한다. 모두 중요한 표현이므로 반드시 외워 두자. 'Vierte agua caliente hasta que las verduras queden cubiertas.'를 보면, 채소들이 잠길 때까지 뜨거운 물을 붓고 끓이는 과정이 있다는 것을 알 수 있다.
19.	생으로 먹을 수 있는 요리가 무엇인지 묻고 있다. 질문의 형용사 'crudo 날것의, 생으로'가 핵심 키워드이다. 전혀 가열하지 않고 먹을 수 있는 요리 방식을 찾아야 하므로 정답은 **A**. 'Se pueden comer incluso crudos, pero salteados quedan más sabrosos. 생으로 먹을 수도 있고 기름에 볶으면 더욱 맛있다'고 말하고 있다.

1 해석

지시 사항

당신은 건강한 식사를 위한 몇 가지 조언에 대한 하나의 글을 읽게 될 것입니다. 이어서 20번부터 25번까지의 질문에 답하세요. (A, B 혹은 C) 정답을 선택하세요.

선택한 보기를 **답안지**에 표기하세요.

건강한 식사

몇 가지의 특정 식품을 먹는 것은 더 건강한 식단 관리를 하게 하며 살찌지 않는 데 도움이 됩니다. 그리고 건강하게 식사하는 것은 즐거운 삶을 누리고 병에 걸리는 위험으로부터 멀어지기 위해 필수적입니다.

첫 번째로 아침 식사는 하루의 가장 중요한 식사입니다. 나머지 하루 일과 동안 몸이 기능하고, 배고픔이 너무 심하여 통제력을 잃은 채로 식사하지 않도록 필요한 에너지를 공급해야 합니다. 지적 능력을 향상시키기 위해서는 비타민 B와 C를 가진 식품이 포함되어야 합니다. 또한 아침 식사는 건강을 유지하기 위해 반드시 필요한데 의학 연구들은 아침 식사를 하지 않는 것이 병에 걸릴 위험을 증가시킬 수 있다고 지적하기 때문입니다.

두 번째로 점심 식사는 아침 식사와 균형을 유지하는 영양소를 제공해야 합니다. 소화 불량과 졸음을 피하기 위해서는 지나치게 풍부하거나 너무 부담스러운 점심 식사가 되어서는 안 됩니다. 이러한 식품들을 포함할 수 있습니다. 통밀 빵과 신선한 치즈 또는 칠면조 햄으로 만든 샌드위치. 하지만 가공 육류를 너무 많이 먹지 않아야 한다는 것을 기억하세요. 세계보건기구는 하루에 50g 이상의 가공 육류를 먹는 것은 암에 걸릴 위험을 증가시킬 수 있다고 경고했기 때문입니다.

- 견과류: 고열량이지만 우리의 몸에 아주 유익합니다.
- 과일: 우리가 섭취할 수 있는 과일은 매우 다양합니다. 가장 당분이 많으며 당신이 당뇨 환자라면 피해야 할 과일은 바나나, 코코넛, 포도, 망고입니다.
- 유제품: 오전에 우유를 마셨다면 요구르트 또는 신선한 치즈를 선택해도 좋습니다.

마지막으로, 저녁 식사는 가벼워야 합니다. 저녁 식사는 과체중이나 비만 같은 문제에 있어서 중대한 책임을 갖는 끼니입니다. 많은 사람들이 저녁 식사에서 자제력을 잃고 고열량과 고지방 메뉴를 선택하게 되는데 그 열량을 소모하기 위한 운동은 전혀 하지 않기 때문입니다.

더욱이, 과체중의 문제를 겪는 사람들은 파스타, 쌀, 콩, 빵과 같은 탄수화물이 많은 음식을 피하거나 줄여야 합니다. 인체는 그 열량을 태울 수 없어 결국엔 우리 몸 안에 축적되는 지방으로 변해 버리기 때문입니다.

문제

20. 이 글의 주된 의도는 …는 것이다.

   A) 건강한 식단 관리를 하는 것이 필요하다

   B) 살이 찌지 않기 위해 식단 관리를 해야 한다

   C) 인생을 많이 즐겨야 한다

21. 아침 식사는 …

   A) 거르면 안 된다.

   B) 지적 능력 향상에 도움을 준다.

   C) 질병의 위험을 높인다.

22. 세계보건기구는 …(을)를 먹으면 암에 걸릴 위험이 더 높아진다고 경고한다.

   A) 다량의 치즈

   B) 다량의 칠면조 고기

   C) 다량의 소시지나 햄

23. 당신이 당뇨 환자라면 … 과일을 선택하는 것이 더 좋다.

   A) 많은 당분을 지닌

   B) 당분이 많이 없는

   C) 포도나 망고와 같은

24. 과체중이나 비만을 야기시킬 수 있는 것은 …이다.

   A) 가벼운 저녁 식사

   B) 지방이 풍부한 메뉴

   C) 운동하는 것

25. 과체중의 문제를 갖는 사람들은 … 한다.

   A) 고열량의 메뉴를 저녁 식사로 먹어야

   B) 저녁을 먹지 않도록 노력해야

   C) 파스타나 빵을 덜 섭취해야

consejo	ⓜ 의견, 충고, 이사회	seco	마른, 건조된
sano	건강한, 안전한, 건강에 좋은	calórico	열량의, 칼로리의
determinado	정해진, 특정한, 대담한	beneficioso	유익한, 득이 되는
alimento	ⓜ 음식, 식품, 양식	organismo	ⓜ 유기체, 생물, 인체, 생체
dieta	ⓕ 식이 요법, 다이어트	amplio	넓은, 헐거운, 관대한
saludable	건강에 좋은, 건강한	contener	포함하다, 들어 있다
engordar	살찌다, 비둔해지다	diabético	ⓜⓕ 당뇨병 환자 / 당뇨병의
alejar	멀리 하다, 물리치다	plátano	ⓜ 바나나, 바나나 나무(= ⓕ banana)
riesgo	ⓜ 위험, 재해	coco	ⓜ 야자나무, 코코넛
aportar	기여하다, 내주다, 불입하다	lácteo	ⓜ 유제품 / 유제품의
funcionar	기능을 하다, 작용하다, 작동하다	optar	고르다, 뽑다, 선택하다
demasiado	너무 많은 / 지나치게	yogur	ⓜ 요구르트
hambre	ⓕ 공복, 배고픔, 기아, 갈망	ligero	가벼운, 민첩한, 경쾌한
descontrolado	무법한, 통제력을 잃은	responsabilidad	ⓕ 책임
rendimiento	ⓜ 수익, 효율, 생산성	sobrepeso	ⓜ 중량 초과, 과체중
intelectual	지적인, 지능의, 마음의	obesidad	ⓕ 비만, 비대
señalar	표시하다, 지적하다, 가리키다, 신호를 하다	hiper-	정상보다 높은 단계, 과한
nutriente	ⓜ 영양소 / 영양을 주는	rico en	~이 풍부한
equilibrar	균형을 잡다, 어울리게 하다	grasa	ⓕ 지방, 기름기
copioso	다량의, 풍부한	quemar	타다, 그을리다
pesado	무거운, 묵직한, 힘든, 따분한	sufrir	당하다, 겪다, 괴로워하다
digestión	ⓕ 소화	reducir	축소하다, 줄이다
adormecimiento	ⓜ 선잠, 졸음	carbohidrato	ⓜ 탄수화물
integral	완전한, 전체의, 적분의	legumbre	ⓕ 콩류, 채소
pavo	ⓜ 칠면조	convertirse en	~이 되다
recordar	기억하다, 생각해 내다, 회상하다	almacenado	저장된, 보관된
exceder	넘다, 초과하다	faltar	부족하다, 없다, 결근하다
procesado	처리된, 고소된	salchicha	ⓕ 소시지, 순대
puesto que	~ 때문에	jamón	ⓜ 햄
Organización Mundial de la Salud	ⓕ 세계보건기구, WHO(= OMS)	mejor	제일 좋은, 더 좋은
advertir	알아차리다, 주의하다, 경고하다	causar	야기하다, 원인이 되다
gramo	ⓜ 그램	tratar de + INF	시도하다, 애쓰다
cáncer	ⓜ 암, 게자리	consumir	소비하다, 먹다, 이용하다
fruto	ⓜ 열매, 과실, 결실		

20.	텍스트의 전반적인 의도에 대해 묻고 있다. 첫 번째 문장에서 특정 식품을 먹으면 더 건강하게 식단을 관리할 수 있으며 살이 찌지 않는 데에 도움을 준다고 했지만 이 내용은 살이 찌지 않게 하기 위해 식단 관리를 해야 한다는 것은 아니므로 B는 오답. '건강한' 식단 관리가 중요한 맥락이므로 정답은 **A**이다. 두 번째 문장에서 'comer sano 건강하게 식사하는 것'은 즐거운 삶을 누리는 데 반드시 필요한 것이라고 했으므로 'disfrutar mucho de la vida 인생을 즐겨야 한다'고 한 C 역시 오답이 된다.
21.	아침 식사에 대한 질문이다. 두 번째 문단에서 아침 식사의 중요성에 대해 설명하는데, 그중 세 번째 문장 Debe incluir alimentos con vitaminas B y C para mejorar el rendimiento intelectual에서 비타민 'B와 C가 있는 식품'으로 아침 식사를 하는 경우에 '지적 능력'에 도움이 된다고 했다. 따라서 B는 오답. 이어지는 마지막 문장에서 의학적 연구를 인용하여 아침을 먹지 않는 것이 질병에 걸릴 위험을 증가시킨다고 하였으므로 C도 오답이다. 두 번째 문단을 보면, 아침 식사를 거르는 것이 몸에 해롭다고 했으므로 아침은 꼭 필요한 끼니라는 사실을 알 수 있다. 정답은 **A**.
22.	세계보건기구가 경고하는 암 발병률의 증가 원인에 대해 묻고 있다. 세 번째 문단 'La Organización Mundial de la Salud (OMS) ha advertido de que comer más de 50 gramos de carne procesada al día puede aumentar el riesgo de cáncer'에서 정답을 찾을 수 있는데, 하루 50g 이상의 '가공 육류'를 먹는 것이 암에 걸릴 위험을 증가시킨다고 했으므로 정답은 '가공 육류'인 소시지와 햄, 즉 **C**이다.
23.	당뇨 환자의 경우 어떤 과일을 선택해야 하는지 묻고 있다. 세 번째 문단의 과일에 대한 내용 중 'Las que más azúcar contienen y deberías evitar si eres diabético son las bananas o el plátano, el coco, las uvas y el mango'에서 동사 'evitar 피하다'를 사용해 바나나 또는 망고 같은 당분이 많은 과일을 피하라고 했으므로 A와 C는 오답이 된다. 당분이 별로 없는 과일을 선택해야 한다고 했으므로 정답은 **B**.
24.	과체중이나 비만의 원인에 대해 묻고 있다. 네 번째 문단 첫 문장에서 저녁 식사는 'ligero 가벼워야' 한다고 했으므로 A의 '가벼운 식단'은 비만을 야기하는 원인이 아니다. 저녁 식사에서 비만으로 이어질 수 있는 경우에 대한 경고 또한 네 번째 문단에 등장하는데, 'muchas personas se descontrolan en la cena, eligen menús hipercalóricos, ricos en grasa y no hacen nada de ejercicio para quemarla'에 따르면 저녁 식사에서 고열량의 메뉴, 지방 함량이 풍부한 식품을 먹고 운동하지 않는 것이 비만의 원인이라고 했으므로 정답은 **B**. '(음식의 어떠한 성분이) 풍부한'이라는 뜻의 'rico en ~' 표현에 주의해야 한다.
25.	과체중인 사람들은 어떠한 식습관을 가져야 하는지 묻고 있다. 마지막 문단의 'las personas que sufren problemas de sobrepeso deben evitar o reducir alimentos ricos en carbohidratos 과체중의 문제를 겪는 사람들은 탄수화물이 많은 음식을 피하거나 줄여야 합니다.'에서 정답을 찾을 수 있다. 동사 'reducir 줄이다'와 명사 'carbohidrato 탄수화물'의 해석에 주의하자. 정답은 **C**로, 'menos 덜'이라는 뜻을 잘 파악해야 한다.

PRUEBA DE COMPRENSIÓN AUDITIVA

1 스크립트

CONVERSACIÓN 0	NARRADOR	Va a escuchar a una pareja.
	MUJER	¡Por fin vamos a Buenos Aires este fin de semana! Tengo ya ganas de salir de la ciudad.
	HOMBRE	Te propongo ir en tren. Es que, yo en coche me mareo.
	MUJER	Pero, ¡es un viaje muy pesado! A mí me gusta más el avión.
	HOMBRE	No exageres. Son unas cuatro horas.
	NARRADOR	Conteste a la pregunta: ¿En qué medio de transporte no puede viajar el chico?
		La opción correcta es la letra B.
		Ahora va a escuchar las seis conversaciones.
CONVERSACIÓN 1	NARRADOR	Va a escuchar a una mujer que habla con un policía.
	HOMBRE	Entonces, lo que usted me dice es que se había perdido el bolso, pero que lo encontró al día siguiente.
	MUJER	Así es. En la misma parada de autobús donde lo había perdido.
	HOMBRE	¿Ha perdido algún objeto?
	MUJER	Sí. Las llaves y la cartera estaban dentro del bolso, pero no encontré el móvil. He estado marcando, pero está apagado.
	5초	
	반복 재생	
	3초	
	NARRADOR	Conteste a la pregunta número uno: ¿Qué ha perdido la mujer?
	10초	
CONVERSACIÓN 2	NARRADOR	Va a escuchar a un hombre y una mujer.
	MUJER	¡Buenos días! ¿En qué puedo ayudarle?
	HOMBRE	Hola. Vengo a dejar mi tostadora que se ha estropeado. La compré hace...
	MUJER	¡Señor! Lo siento mucho, pero creo que se ha equivocado. Nosotros solo reparamos cafeteras y licuadoras.
	HOMBRE	¡No me diga! Bueno, en ese caso, necesito también comprarme una licuadora que me hace falta.
	MUJER	Lo siento. Es que solo reparamos.
	5초	
	반복 재생	
	3초	
	NARRADOR	Conteste a la pregunta número dos: ¿Qué ha llevado a arreglar el hombre?
	10초	
CONVERSACIÓN 3	NARRADOR	Va a escuchar una conversación entre dos camareros.
	MUJER	Manuel, por favor, ve con los de la mesa cinco que tengo que salir rápidamente para una cita con mi doctor.
	HOMBRE	¡Vale! ¿Qué han pedido?
	MUJER	Quieren de postre pastelitos y un zumo de naranja.
	HOMBRE	Pues pasteles ya no quedan.
	MUJER	Pues ofréceles un helado, porque hay dos niños.
	5초	

NARRADOR   Conteste a la pregunta número tres: ¿Qué producto está agotado?

CONVERSACIÓN 4	NARRADOR	Va a escuchar a un hombre hablando con una mujer.
	HOMBRE	¿Es aquí la oficina de los objetos perdidos?
	MUJER	Sí. ¿Qué le ha pasado?
	HOMBRE	Mire, he perdido una maleta de las duras, no muy grande, de color azul.
	MUJER	Déjeme ver... Aquí solo nos ha llegado una mochila y un bolso de viaje. ¿Está seguro de que la ha perdido aquí?
	HOMBRE	Sí. La he perdido en la sala de espera de esta estación.

NARRADOR   Conteste a la pregunta número cuatro: ¿Por qué objeto pregunta el hombre?

CONVERSACIÓN 5	NARRADOR	Va a escuchar a una mujer que habla con su padre.
	MUJER	Papá, entonces, ¿qué hago? ¿Voy por la autopista o no?
	HOMBRE	Pues, hija... Por ahí tardarías menos, pero tendrías que pasar por el túnel.
	MUJER	¡Ay, no! Sabes que no me gustan los túneles. Me ponen nerviosa. No, no quiero.
	HOMBRE	Claro. Yo que tú iría por la carretera de la costa. Además, es más bonita.
	MUJER	¡Vale!

NARRADOR   Conteste a la pregunta número cinco: ¿Por dónde le aconseja el hombre ir a su hija?

CONVERSACIÓN 6	NARRADOR	Va a escuchar a unos jóvenes.
	MUJER	¡Hola! ¿Eres Fernando? Yo soy Marta. Beto me habló de vuestro grupo musical. Es que tengo muchísimas ganas de pertenecer a un grupo ya.
	HOMBRE	¡Hola Marta! Y, ¿qué tocas?
	MUJER	Ahora prefiero el teclado pero hasta hace unos años tocaba la batería.
	HOMBRE	Ya, pero lo que estamos buscando para el grupo es un guitarrista. Lo siento, de verdad.

NARRADOR   Conteste a la pregunta número seis: ¿Para qué instrumento necesitan un músico?

Complete ahora la Hoja de respuestas.

지시 사항

당신은 여섯 개의 대화를 들을 것입니다. 각 대화는 두 번 듣게 됩니다. 이어서, 1번부터 6번까지의 질문에 답해야 합니다. (A, B 혹은 C) 정답을 선택하세요.

선택한 보기를 **답안지**에 표기하세요.

이어서 하나의 예시를 듣게 될 것입니다.

0. 남자는 어떤 교통수단을 탈 수 없는가?

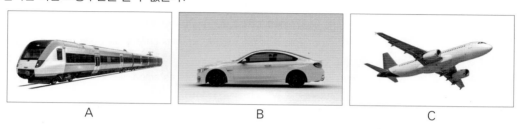

정답은 B입니다.

0. A☐ B■ C☐

대화 1

1. 여자는 무엇을 잃어버렸는가?

대화 2

2. 남자는 무엇을 수리하러 가져갔는가?

대화 3

3. 어떤 상품이 모두 팔렸는가?

A

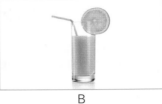

B

C

대화 4

4. 남자는 어떤 물건에 대해 문의하는가?

A

B

C

대화 5

5. 남자는 딸에게 어느 곳을 통해 갈 것을 조언하는가?

A

B

C

대화 6

6. 어떤 악기를 연주할 음악가를 필요로 하는가?

A

B

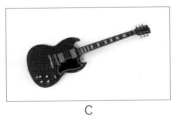

C

스크립트 해석

대화 0	내레이터	당신은 한 연인의 대화를 듣게 될 것입니다.
	여자	이번 주말에 우리는 드디어 부에노스아이레스로 가는구나! 나는 이 도시를 떠나고 싶은 마음이 이미 너무나 간절해.
	남자	나는 기차로 가는 것을 제안해. 그게 말이지, 나는 차를 타면 멀미가 나.
	여자	그렇지만 너무 힘든 여행이 되어 버리잖아! 나는 비행기로 가는 것이 더 좋아.
	남자	과장하지 마. 불과 네 시간 정도밖에 안 되는 걸.
	내레이터	질문에 답하세요. 남자는 어떤 교통수단을 탈 수 없는가?
		정답은 B입니다.
		이제 당신은 여섯 개의 대화를 듣게 될 것입니다.
대화 1	내레이터	당신은 한 경찰관과 여자의 대화 내용을 듣게 될 것입니다.
	남자	그렇다면 당신이 제게 말하는 것은 가방을 분실했었지만 다음날 다시 찾았다는 것이군요.
	여자	그렇습니다. 가방을 분실했던 바로 그 버스 정거장에서 말이죠.
	남자	어떤 물건을 잃어버리셨나요?
	여자	네. 가방 안에는 열쇠와 지갑은 있었지만 휴대폰을 못 찾았어요. 계속해서 전화를 걸어 보았지만 휴대폰은 꺼져 있습니다.
	5초	
	반복 재생	
	3초	
	내레이터	1번 질문에 답하세요. 여자는 무엇을 잃어버렸는가?
	10초	
대화 2	내레이터	당신은 한 남자와 여자의 대화를 들을 것입니다.
	여자	좋은 아침입니다! 무엇을 도와드릴까요?
	남자	안녕하세요. 저는 고장 난 제 토스터를 맡기러 왔습니다. 그것을 산 지는 …
	여자	아저씨! 정말 죄송합니다. 하지만 당신은 착각하신 것 같군요. 저희는 커피포트와 믹서만을 수리합니다.
	남자	정말인가요? 좋아요, 그렇다면 저도 제게 필요한 믹서를 하나 구입해야겠습니다.
	여자	죄송합니다. 저희는 수리만 합니다.
	5초	
	반복 재생	
	3초	
	내레이터	2번 질문에 답하세요. 남자는 무엇을 수리하러 가져갔는가?
	10초	
대화 3	내레이터	당신은 두 웨이터가 나누는 대화를 듣게 될 것입니다.
	여자	마누엘, 5번 테이블 손님들에게 좀 가 봐 주세요. 저는 병원 진료 예약 때문에 급히 나가 봐야 하거든요.
	남자	좋아요! 그들은 무엇을 주문했나요?
	여자	그들은 후식으로 케이크와 오렌지 주스를 원하고 있어요.
	남자	그렇지만 케이크는 더 이상 없는 걸요.
	여자	그렇다면 그들에게 아이스크림을 갖다 주세요. 아이가 두 명 있거든요.
	5초	
	반복 재생	
	3초	
	내레이터	3번 질문에 답하세요. 어떤 식품이 모두 팔렸는가?
	10초	

대화 4	내레이터	당신은 한 남자와 여자의 대화를 듣게 될 것입니다.
	남자	이곳이 분실물 보관소인가요?
	여자	맞습니다. 무슨 일이 있었죠?
	남자	저는 파란색의 그렇게 크지는 않은 하드 케이스 트렁크를 분실했습니다.
	여자	어디 봅시다… 이곳에는 책가방과 여행 가방만 도착했어요. 이곳에서 그것을 분실한 것이 확실하신가요?
	남자	네. 이 역의 대기실에서 분실했습니다.
	5초	
	반복 재생	
	3초	
	내레이터	4번 질문에 답하세요. 남자는 어떤 물건에 대해 문의하는가?
	10초	

대화 5	내레이터	당신은 한 여자가 자신의 아버지와 나누는 대화를 듣게 될 것입니다.
	여자	아빠, 그럼 저는 어떻게 할까요? 고속도로로 갈까요 말까요?
	남자	딸아… 그곳으로 가면 시간은 덜 걸릴 거야. 하지만 터널을 통과해야 한단다.
	여자	싫어요! 아빠도 알다시피 저는 터널을 좋아하지 않아요. 그곳에 가면 신경이 곤두선다니까요. 싫어요.
	남자	그렇지. 내가 너라면 해안 도로로 가겠어. 더욱이 그것은 아주 아름답지.
	여자	좋아요!
	5초	
	반복 재생	
	3초	
	내레이터	5번 질문에 답하세요. 남자는 딸에게 어느 곳을 통해 갈 것을 조언하는가?
	10초	

대화 6	내레이터	당신은 두 젊은이들 사이의 대화를 듣게 될 것입니다.
	여자	안녕! 네가 페르난도니? 나는 마르타야. 베토가 내게 너희 음악 밴드에 대해 이야기해 주었단다. 나는 밴드에 속하고 싶은 마음이 무척 크거든.
	남자	마르타 안녕! 너는 어떤 악기를 연주하니?
	여자	지금은 건반 연주를 더 좋아하지만 몇 해 전까지는 드럼을 연주했었어.
	남자	그렇구나. 하지만 우리 밴드에서 찾고 있는 것은 기타리스트야. 정말 미안해.
	5초	
	반복 재생	
	3초	
	내레이터	6번 질문에 답하세요. 어떤 악기를 연주할 음악가를 필요로 하는가?
	10초	

답안지를 작성하세요.

30초

medio de transporte	ⓜ 교통 기관, 교통수단	postre	ⓜ 후식, 디저트
arreglar	정리하다, 정돈하다, 수리하다	pastel	ⓜ 케이크
instrumento	ⓜ 도구, 기구, 수단	ofrecer	주다, 제공하다
proponer	제안하다, 추천하다, 제기하다	agotado	바닥난, 절판된, 지친, 기진맥진한
marearse	멀미하다, 울렁거리다	objeto perdido	ⓜ 분실물, 유류품
pesado	무거운, 묵직한, 힘든, 따분한	maleta	ⓕ 여행 가방, 트렁크
exagerar	과장하다, 도를 넘다, 허풍 떨다	duro	단단한, 엄격한, 냉혹한
bolso	ⓜ 가방, 핸드백	mochila	ⓕ 배낭, 책가방, 백팩
objeto	ⓜ 사물, 목적	bolso de viaje	ⓜ 여행 가방
llave	ⓕ 열쇠	sala de espera	ⓕ 대기소, 대합실
marcar	흔적을 남기다, 표(기호)를 붙이다, 전화번호를 누르다	autopista	ⓕ 고속도로
apagado	꺼진, 정지된	túnel	ⓜ 터널, 굴
tostadora	ⓕ 토스터	nervioso	초조한, 신경질적인
estropearse	파손되다, 고장 나다, 부패하다	carretera	ⓕ 차도, 도로
equivocarse	잘못하다, 실수하다, 틀리다	costa	ⓕ 해안, 연안
reparar	수리하다, 수선하다, 정비하다	pertenecer	소유이다, 소속이다, 관계가 있다
cafetera	ⓕ 커피포트, 커피 끓이는 기구	tocar	만지다, 연주하다, 두드리다, 순번이 되다
licuadora	ⓕ 믹서	teclado	ⓜ 건반, 키보드
hacer falta	부족하다, 필요로 하다	batería	ⓕ 대포, 타악기, 드럼, 건전지 ⓜⓕ 타악기 연주자, 드러머
cita	ⓕ 약속, 데이트, 예약	guitarrista	ⓜⓕ 기타리스트, 기타 연주자

4 해설

0.	남자가 탈 수 없는 교통수단에 대해 묻고 있다. 남자가 첫 번째로 말한 문장 Te propongo ir en tren. Es que, yo en coche me mareo에서 정답을 알 수 있는데, 그는 기차로 여행할 것을 제안하며 자동차에서는 멀미를 한다고 말한다. 이때 동사 'marearse 멀미하다'를 반드시 알고 있어야 문제를 풀 수 있다. 따라서 정답은 **B**. 기차와 비행기 중 어떤 교통수단을 이용하게 되는지 묻는 문제가 아니므로 함정이다.
1.	여자가 잃어버린 물건이 무엇인지 묻는 문제이다. 경찰의 말 Entonces, lo que usted me dice es que se había perdido el bolso, pero que lo encontró al día siguiente에서 그녀는 가방을 분실했었지만 다음날 다시 찾았다는 사실을 알 수 있다. 과거 완료형인 había perdido와 단순 과거 encontró를 정확히 듣고 내용을 파악해야 함정을 피할 수 있다. 이어서 경찰관은 없어진 물건이 있는지 묻고, 이에 여자는 Las llaves y la cartera estaban dentro del bolso, pero no encontré el móvil이라 답한다. 가방 안에는 열쇠와 지갑이 들어 있었지만 휴대폰만 없었으므로 정답은 **C**. 가방은 이미 찾았으므로 A는 오답이다.
2.	남자가 수리하고자 하는 것이 무엇인지 묻는 문제이다. 남자는 'Hola. Vengo a dejar mi tostadora que se ha estropeado 안녕하세요. 저는 고장 난 제 토스터를 맡기러 왔습니다.'라고 한다. 명사 'tostadora 토스터'는 동사 'tostar 굽다, 볶다'와 연관하여 암기해야 한다. 고장 난 토스터를 맡기러 왔다고 말하는 남자에게 여자는 'cafetera 커피포트'와 'licuadora 믹서'만을 수리한다고 답한다. 문제에서는 남자가 'ha llevado a arreglar 수리하러 가져간' 것이 무엇인지 묻고 있으며 동사 'arreglar 정리하다, 고치다, 단장하다'와 'reparar 수리하다, 수선하다'의 의미가 유사하게 쓰이고 있음을 이해해야 한다. 정답은 **A**.
3.	다 팔린 음식이 무엇인지 묻는 문제이다. 여자 종업원은 빨리 퇴근해야 한다며 'los de la mesa cinco 5번 테이블 손님'을 남자 종업원에게 부탁하고 있다. 그 손님들에 대해 여자는 'Quieren de postre pastelitos y un zumo de naranja 그들은 후식으로 케이크와 오렌지 주스를 원하고 있어요.'라고 하는데, 이때 명사 pastelito는 'pastel 케이크'에 축소사 -ito가 붙은 형태로, 작은 케이크나 컵케이크 등을 뜻한다. 스페인어에서는 어휘의 크기나 의미를 축소하거나 상대에게 친근함과 애정을 표현할 때 어휘에 축소사 -ito/-ita를 붙인다. 이에 남자는 'Pues pasteles ya no quedan 그렇지만 케이크는 더 이상 없는 걸요.'라고 답한다. 따라서 정답은 **A**. 'Ya no quedar 더 이상 없다'라는 표현을 들어야 답을 맞힐 수 있다. 질문의 'estar agotado 동이 나다, 바닥나다'라는 숙어도 꼭 외워 두자.
4.	남자가 문의하는 물건이 무엇인지 묻는 문제로 대화가 이루어지는 곳은 'oficina de los objetos perdidos 분실물 보관소'이다. 남자의 'Mire, he perdido una maleta de las duras, no muy grande, de color azul 파란색의 그렇게 크지는 않은 하드 케이스 트렁크를 분실했습니다.'를 주의 깊게 들어야 한다. maleta는 '큰 트렁크'를 의미하며 de las duras에서는 '겉이 딱딱한 하드 케이스 트렁크'를 연상해야 한다. 남자가 문의하는 물건은 **A**의 '파란색 캐리어'이다. 이어서 여자가 말한 문장 속 명사 'mochila 책가방'과 'bolso de viaje 여행 가방'을 maleta와 구분하여 들어야 한다. bolso는 '겉이 반드시 딱딱한 것은 아닌, 조금 더 작은 사이즈의 가방'이다.
5.	남자가 딸에게 어느 곳을 통해 갈 것을 조언했는지 묻는 문제이다. 먼저 딸이 ¿Voy por la autopista o no?라 하며 'autopista 고속도로'로 가는 것에 대해 아빠에게 묻자, 아빠는 'Por ahí tardarías menos, pero tendrías que pasar por el túnel 그곳으로 가면 시간은 덜 걸릴 거야. 하지만 터널을 통과해야 한단다.'라고 답한다. 그러자 딸은 'túnel 터널'이 너무 싫다고 한다. 이에 남자는 'Yo que tú iría por la carretera de la costa 내가 너라면 해안 도로로 가겠어.'라고 한다. yo que tú 혹은 yo en tu lugar는 '내가 너라면 ~하겠다'라는 표현으로, 동사는 가능법 변형을 한다. 따라서 정답은 **C**. 명사 'costa 해안'을 정확히 듣는 것이 중요하다.
6.	밴드가 필요로 하는 음악가를 묻는 문제이다. 남자의 'grupo musical 음악 밴드'에 들어가기를 원하는 여자에게 남자는 'Y, ¿qué tocas? 너는 어떤 악기를 연주하니?'라고 묻는다. 동사 tocar는 '두드리다, 만지다'뿐만 아니라 '악기를 연주하다'라는 뜻도 지니고 있음을 기억하자. 여자는 Ahora prefiero el teclado pero hasta hace unos años tocaba la batería 라고 하며 현재 'teclado 건반'을 연주하지만 예전에는 'batería 드럼'을 연주했었다고 한다. 이에 남자는 'Ya, pero lo que estamos buscando para el grupo es un guitarrista 그렇구나. 하지만 우리 밴드에서 찾고 있는 것은 기타리스트야.'라고 대답한다. 이를 통해 그들이 원하는 것은 **C** 'guitarrista 기타 연주자'임을 알 수 있다.

1 스크립트

Audio 0	¡Apúntate a clases de guitarra! Profesor cualificado con experiencia de seis años en el Conservatorio de Música imparte clases de guitarra española. Si te interesa, llama al número 934 32 12 y consulta horarios y precios. Las clases son todos los días de la semana, excepto domingos y festivos. NARRADOR: Conteste a la pregunta número 0. La opción correcta es la A. 5초
Audio 1	Ahora tiene 10 segundos para leer la pregunta 7. 10초 La tarjeta BBN te regala una noche gratis en el hotel que tú quieras sin concursos ni sorteos. Solo tienes que solicitar tu tarjeta y utilizarla por un importe mínimo de 500 pesos durante los dos meses siguientes. Solicítala hoy mismo en el teléfono gratuito 429 388 900. 15초 반복 재생 3초 NARRADOR: Conteste a la pregunta número 7. 5초
Audio 2	Ahora tiene 10 segundos para leer la pregunta 8. 10초 Hotel La Antigua Guatemala busca animador o animadora sociocultural. Indispensable fluidez en español e inglés, buena forma física y capacidad comunicativa. Interesados enviar currículum vitae a recursoshumanos@hotellaantigua.com.gt ¡No pierdas la oportunidad de formar parte del mejor hotel de la ciudad! 15초 반복 재생 3초 NARRADOR: Conteste a la pregunta número 8. 5초
Audio 3	Ahora tiene 10 segundos para leer la pregunta 9. 10초 ¡No lo piense más, viaje con Aeroméxico y no se arrepentirá! Comida incluida en todos los trayectos. Puntualidad asegurada. Ofertas todas las semanas. Para más información, entre en Internet y consulte nuestra página web: www.aeromexicoboletos.com.mx 15초 반복 재생 3초 NARRADOR: Conteste a la pregunta número 9. 5초

Audio 4	Ahora tiene 10 segundos para leer la pregunta 10.
	10초
	¡Bienvenido al club de jóvenes lectores! Al hacerte socio, todo esto es para ti y tus amigos: felicitación por tu cumpleaños, revista mensual llena de novedades, concursos, actividades especiales y carné del club lleno de ventajas. ¿A qué esperas? ¡Coge el lápiz o el ordenador y apúntate!
	15초
	반복 재생
	3초
	NARRADOR: Conteste a la pregunta número 10.
	5초
Audio 5	Ahora tiene 10 segundos para leer la pregunta 11.
	10초
	Se necesita persona para pasear perros. Imprescindible experiencia. Solo mayores de edad y con seguro médico. Interesados llamar a partir de las 16 horas al teléfono 472 83 90.
	15초
	반복 재생
	3초
	NARRADOR: Conteste a la pregunta número 11.
	5초
Audio 6	Ahora tiene 10 segundos para leer la pregunta 12.
	10초
	Bogotá en tren. El tren de la Sabana opera en recorridos turísticos los sábados, domingos y festivos. De lunes a viernes, funciona únicamente con viajes contratados para grupos. Comuníquese con los teléfonos 342 54 60 o 342 54 63 para conocer itinerarios turísticos y tarifas.
	15초
	반복 재생
	3초
	NARRADOR: Conteste a la pregunta número 12.
	5초

Complete ahora la Hoja de respuestas.

30초

2 해석

지시 사항

당신은 6개의 라디오 광고를 듣고 6개의 질문에 답해야 합니다. 각 광고는 두 번 재생됩니다. 7번부터 12번까지의 질문을 읽고 (A, B 혹은 C) 정답을 선택하세요.

선택한 보기를 **답안지**에 표기하세요.

이어서 하나의 예시를 듣게 될 것입니다.

0. 이 광고는 …를 원하는 누군가를 위한 것이다.

   A) 악기 연주 배우기

   B) 음악 학교에서 공부하기

   C) 음악 경연에 참가하기

정답은 A입니다.

0. A ■ B ☐ C ☐

문제

오디오 1

7. 상품을 획득하기 위해서 당신은 …를 해야 한다.

A) 추첨에 참여하기

B) 카드로 500페소 이상 쓰기

C) 전화로 카드를 신청하기

오디오 2

8. 만일 당신이 … 이 호텔에서 일할 수 없다.

A) 영어를 잘 구사하지 못한다면

B) 여성이라면

C) 경력이 없다면

오디오 3

9. 이 항공사는 …

A) 안전하다.

B) 저렴하다.

C) 시간을 엄수한다.

오디오 4

10. 이 클럽의 회원이 되면 …

A) 생일 파티를 열어 준다.

B) 매월 잡지를 보내 준다.

C) 선물을 받는다.

오디오 5

11. 이 일은 …을 위한 일이다.

A) 강아지를 산책시킬 사람

B) 모든 연령의 사람

C) 의사들

오디오 6

12. 당신이 만일 혼자 여행하기를 원한다면, …에 여행할 수 있다.

A) 주말

B) 월요일

C) 금요일

오디오 0	기타 수업에 등록하세요! 음악 학교에서의 6년 경력을 가진 숙련된 선생님이 스페인 기타 수업을 합니다. 관심이 있다면 934 32 12로 전화해서 시간대와 금액을 문의하세요. 수업들은 일요일과 공휴일을 제외한 나머지 요일에 매일 진행됩니다. 내레이터: 0번 질문에 답하세요. 정답은 A입니다. 5초
오디오 1	당신은 이제 7번 질문을 읽기 위한 10초의 시간이 있습니다. 10초 BBN 카드사가 당신에게 경연도 추첨도 없이, 당신이 원하는 호텔에서의 하룻밤을 선물합니다. 당신은 카드를 신청하고 그것을 다음 두 달 동안 최소 500페소의 내역을 사용하면 됩니다. 오늘 바로 무료 전화 429 388 900으로 카드를 신청하세요. 15초 반복 재생 3초 내레이터: 7번 질문에 답하세요. 5초
오디오 2	당신은 이제 8번 질문을 읽기 위한 10초의 시간이 있습니다. 10초 라 안티구아 과테말라 호텔은 사회 문화 프로그램의 남성 또는 여성 진행자를 찾습니다. 유창한 스페인어와 영어 실력과 건강한 신체(좋은 체력), 의사소통 능력이 필수 자격 요건입니다. 관심 있는 분들은 recursoshumanos@hotellaantigua.com.gt로 이력서를 보내세요. 우리 도시에서 가장 훌륭한 호텔의 직원이 되는 기회를 놓치지 마세요! 15초 반복 재생 3초 내레이터: 8번 질문에 답하세요. 5초
오디오 3	당신은 이제 9번 질문을 읽기 위한 10초의 시간이 있습니다. 10초 더 이상 고민하지 말고 아에로멕시코와 여행하세요. 후회하지 않을 겁니다! 모든 일정에 기내식이 포함됩니다. 확실한 시간 엄수. 매주 운항 일정이 있습니다. 더 많은 정보를 원하면 인터넷에 접속해서 우리의 웹 사이트인 www.aeromexicoboletos.com.mx에서 문의하세요. 15초 반복 재생 3초 내레이터: 9번 질문에 답하세요. 5초

오디오 4	당신은 이제 10번 질문을 읽기 위한 10초의 시간이 있습니다.
	10초
	어린 독자의 클럽에 오신 걸 환영합니다! 우리의 회원이 되시면 다음 모든 것이 당신과 당신의 친구들을 위해 제공됩니다: 생일 축하, 새로운 소식이 가득한 월간 잡지, 경연 대회, 특별 활동들, 이점이 아주 많은 클럽 회원증. 무엇을 기다리십니까? 연필이나 컴퓨터를 사용해 등록하세요!
	15초
	반복 재생
	3초
	내레이터: 10번 질문에 답하세요.
	5초
오디오 5	당신은 이제 11번 질문을 읽기 위한 10초의 시간이 있습니다.
	10초
	강아지를 산책시킬 분이 필요합니다. 경험 필수. 의료보험이 있는 법적 성인만 가능함. 관심 있는 분들은 472 83 90으로 오후 4시 이후 전화해 주세요.
	15초
	반복 재생
	3초
	내레이터: 11번 질문에 답하세요.
	5초
오디오 6	당신은 이제 12번 질문을 읽기 위한 10초의 시간이 있습니다.
	10초
	열차에서 보는 보고타. 라 사바나 열차는 토요일, 일요일 및 공휴일에는 관광 투어를 진행합니다. 월요월부터 금요일은 오직 그룹을 위한 예약 여행만을 진행합니다. 342 54 60 또는 342 54 63으로 전화해서 관광 일정과 금액을 문의하세요.
	15초
	반복 재생
	3초
	내레이터: 12번 질문에 답하세요.
	5초

답안지를 작성하세요.

30초

conservatorio	ⓜ 음악 학교 / 보유하고 있는	capacidad	ⓕ 능력, 수용력
solicitar	신청하다, 지원하다	comunicativo	전달되는, 통신의, 붙임성이 있는
experiencia	ⓕ 경험	currículum vitae	ⓜ 이력서
aerolínea	ⓕ 항공 회사, 항공로	recursos humanos	ⓜ pl. 인적 자원
seguro	ⓜ 보험, 안전 / 안전한, 확실한	formar parte de	~의 일부를 이루다
puntual	시간을 엄수하는, 정확한	arrepentirse	후회하다
socio	ⓜ 회원, 공동 경영자	trayecto	ⓜ 여정, 구간
revista	ⓕ 잡지	puntualidad	ⓕ 시간 엄수, 면밀함
obtener	얻다, 획득하다, 소유하다	asegurado	확실한, 보험에 든
pasear	산책하다, 산보하다	oferta	ⓕ 제안, 특매품, 공급
apuntarse	등록되다, 회원이 되다	bienvenido	환영받은 / 환영합니다!
cualificado	숙련된, 양질의	club	ⓜ 클럽, 모임
impartir	나누어 주다, 가르치다	felicitación	ⓕ 축하, 축의
excepto	제외하고	mensual	매월의, 1개월의
festivo	휴일의, 축제의	lleno	가득 찬, 충만한, 살찐, 포식한
regalar	선물하다	novedad	ⓕ 새로움, 변화, 최근 사건, 신작, 신간
gratis	무료의, 무료로	ventaja	ⓕ 유리한 점, 장점
sin	~없이, ~없는, ~하지 않고	coger	붙잡다, 쥐다, 빼앗다
ni	~조차도 아니다, ~도 ~도 아니다	imprescindible	묵과할 수 없는, 필요한
mínimo	ⓜ 최소, 최저 / 최소의, 미세한	mayor de edad	법적 성년에 이른
siguiente	다음의, 뒤의, 후의	Bogotá	ⓕ 콜롬비아의 수도
animador	ⓜⓕ 사회자 / 분위기를 돋우는	operar	수술하다, 작업하다
sociocultural	사회 문화적인	recorrido	ⓜ 돌아다니기, 경로, 구간
indispensable	필요 불가결한, 없어서는 안 되는	turístico	관광의, 관광 사업의
fluidez	ⓕ 유동성, 유창함	contratado	고용된, 계약된
forma física	ⓕ 신체 상태	itinerario	ⓜ 여정, 여행 스케줄 / 길의

0.	광고 대상을 묻는 문제이다. 메시지의 첫 번째 문장 '¡Apúntate a clases de guitarra!'만 잘 들어도 수업 인원을 모집하기 위한 것임을 알 수 있으므로 C '음악 경연에 참가하기'는 오답. 동사 'apuntarse 등록하다'는 동사 inscribirse, matricularse와 함께 자주 쓰이므로 꼭 기억하자. 두 번째 문장 Profesor cualificado con experiencia de seis años en el Conservatorio de Música imparte clases de guitarra española에서 수업을 하는 선생님이 '음악 학교에서 6년 경력을 가진 사람'이라고 하지만, 이는 모집 대상이 음악 학교에서 공부한 사람들임을 의미하지는 않는다. 따라서 B 역시 오답. 정답은 **A** '악기 연주 배우기'로, instrumento musical은 종류 구별 없이 모든 악기를 가리킨다는 것을 숙지하자.
7.	상품을 얻기 위해서 어떻게 해야 하는지 묻고 있다. 첫 번째 문장 La tarjeta BBN te regala una noche gratis en el hotel que tú quieras sin concursos ni sorteos에서 경연이나 추첨 등의 절차 없이 상품을 준다고 했으므로 A는 오답. 이어지는 두 번째 문장 'Solo tienes que solicitar tu tarjeta y utilizarla por un importe mínimo de 500 pesos durante los dos meses siguientes 당신은 카드를 신청하고 그것을 다음 두 달 동안 최소 500페소의 내역을 사용하면 됩니다.'를 통해 정답이 **B**임을 알 수 있다.
8.	호텔에서 근무할 수 있는 자격 조건을 묻는 문제이다. 중요한 것은 '~하다면 근무할 수 없다' 식의 부정문을 알아야 한다는 것이다. 두 번째 문장 Indispensable fluidez en español e inglés, buena forma física y capacidad comunicativa에서 자격 조건에 대해 언급하고 있는데, 스페인어와 영어를 유창하게 구사하는 것은 필수적이라고 했으므로 **A** '영어를 잘 구사하지 못하면 일할 수 없다'가 정답. 'animador o animadora 남성 또는 여성 진행자'를 구한다고 했으므로 B는 오답이며, C는 관련 경력에 대해 언급하지 않았기 때문에 오답이다.
9.	항공사의 특성을 묻고 있다. 세 번째 문장 'Puntualidad asegurada 확실한 시간 엄수'에서 정답을 찾을 수 있다. 그러므로 정답은 **C**. 해당 문장에서 동사 asegurar의 과거 분사 형태인 asegurado를 형용사 seguro로 잘못 들을 수 있으므로 주의해야 한다. 그러므로 A는 함정이다. 비행기 표 값에 대한 언급은 없으므로 B도 오답이다.
10.	독서 클럽의 회원이 되면 어떠한 혜택이 있는지를 묻고 있다. 두 번째 문장 'Al hacerte socio, todo esto es para ti y tus amigos: felicitación por tu cumpleaños, revista mensual llena de novedades, concursos, actividades especiales y carné del club lleno de ventajas 우리의 회원이 되시면 다음 모든 것이 당신과 당신의 친구들을 위해 제공됩니다: 생일 축하, 새로운 소식이 가득한 월간 잡지, 경연 대회, 특별 활동들, 이점이 아주 많은 클럽 회원증'에서 혜택 중 하나는 'revista mensual 월간 잡지'를 받는 것임을 알 수 있다. 따라서 정답은 **B**. 생일에는 felicitación 즉, 축하를 해 준다고 했으므로 'fiesta 파티'를 언급한 A는 오답이며, 선물을 준다는 언급도 하지 않았으므로 C도 오답이다.
11.	광고 대상을 묻는 문제이다. 첫 번째 문장 Se necesita persona para pasear perros에서 정답을 찾을 수 있다. 동사 pasear는 '산책하다'라는 뜻으로, 해당 문장은 '산책시키러 개들을 (집 밖으로) 꺼내다'는 의미이므로 **A**의 sacar a pasear와 뜻이 상통한다. 두 번째 문장 Solo mayores de edad에서 법적 성인만 가능하다고 했으므로 B는 오답. 일하려는 사람이 'seguro médico 의료보험'이 있어야 한다는 것은 일할 수 있는 사람이 의사여야 한다는 뜻은 아니므로 C는 함정이다.
12.	혼자서 여행하는 것이 가능한 요일을 묻고 있다. 첫 번째 문장에서 토요일, 일요일 그리고 공휴일에 운행하는 '관광 투어'를 언급하지만 중요한 것은 두 번째 문장 De lunes a viernes, funciona únicamente con viajes contratados para grupos이다. 월요일부터 금요일은 오직 그룹을 위한 예약 여행만 진행한다고 했으므로 정답은 **A** '주말'이 된다.

1 스크립트

DAVID	Yo salí el viernes pasado. Habíamos quedado en salir a dar una vuelta por el centro, pero a mis amigos no les apetecía y al final fuimos al cine.
SILVIA	¿Qué visteis? Te lo digo porque quiero ir esta semana y, si ponen algo bueno, a lo mejor voy mañana.
DAVID	Bueno, no sabíamos cuál elegir, pero al final fuimos a ver 'Piratas del Caribe'. Es una película buenísima, con mucha acción, efectos especiales y no te aburres ni un momento. Salimos del cine encantados.
SILVIA	No me gusta mucho ese tipo de películas; me parece que las películas de piratas siempre se parecen y son un poco todas iguales. Prefiero las de misterio.
DAVID	¿Sí?, pues esta tiene mucho más misterio que las películas antiguas y además te ríes un montón. Te la recomiendo. Ya verás, te lo vas a pasar muy bien. Oye, ¿y tú qué hiciste el viernes?
SILVIA	Yo, nada. Salí con mis amigas del colegio. Como hacía mucho calor nos tomamos un helado, hablamos un rato y nos fuimos a casa pronto. No hicimos nada especial, pero ¿a que no sabes a quién me encontré en la plaza?
DAVID	Ni idea, ¿a quién?
SILVIA	A Luis, que ya ha venido de Colombia. Me alegré mucho de verlo y estuvo con nosotras hablando.
DAVID	¿De verdad? Tengo muchas ganas de hablar con él. Lo llamaré mañana.
SILVIA	Mañana no, porque me ha dicho que tiene clase de baile hasta las ocho, llámale mejor el fin de semana. Podéis salir juntos.
DAVID	Vale, bueno me voy. No te olvides de ir a ver la película y luego me cuentas si te ha gustado o no.
SILVIA	Muy bien. Hasta mañana.
DAVID	Adiós.

Complete ahora la Hoja de respuestas.

2 해석

지시 사항

당신은 다비드와 실비아, 두 친구 사이의 대화를 들을 것입니다. (13번부터 18번까지) 문장들이 (A) 다비드, (B) 실비아에 대한 내용인지 또는 (C) 둘 다 해당되지 않는지 선택하세요. 대화는 두 번 듣게 됩니다.

선택한 보기를 **답안지**에 표기하세요.

이제 문장들을 읽을 수 있는 30초의 시간이 주어집니다.

		A 다비드	B 실비아	C 둘 다 아님
0.	영화를 한 편 보기 위해 극장에 갔다.	✓	☐	☐
13.	어쩌면 다음날 극장에 갈 수도 있다.	☐	☐	☐
14.	해적 영화를 별로 좋아하지 않는다.	☐	☐	☐
15.	누군가와 우연히 만났다.	☐	☐	☐
16.	외국에서 막 도착했다.	☐	☐	☐
17.	한 친구와 이야기 나누기를 원한다.	☐	☐	☐
18.	다음날 춤을 추러 갈 것이다.	☐	☐	☐

스크립트 해석

다비드	나는 지난 금요일에 외출했어. 원래는 시내 중심가 쪽으로 한 바퀴 돌려고 했는데, 내 친구들이 별로 내켜 하지 않아서 결국 우리는 극장에 갔어.
실비아	너희 무슨 영화 봤어? 이번 주에 극장에 가고 싶거든. 뭔가 괜찮은 것이 있으면 어쩌면 내일 갈 수도 있어.
다비드	우린 어떤 영화를 고를지 몰랐는데 결국은 '캐리비안의 해적'을 보러 갔어. 그것은 아주 훌륭한 영화야. 많은 액션과 특수 효과들이 있고, 한 순간도 지루하지 않아. 우리는 아주 유쾌하게 극장에서 나왔어.
실비아	나는 그런 유의 영화를 별로 좋아하지 않아. 해적 영화들은 늘 비슷하고 모든 영화들이 다 똑같아. 나는 미스터리 영화가 더 좋아.
다비드	그래? 이 영화는 고전 영화보다 더 많은 미스터리를 담고 있고 또 아주 많이 웃게 돼. 너에게 그 영화를 추천해. 두고 봐. 넌 분명히 아주 즐거운 시간을 보내게 될 거야. 얘, 넌 금요일에 뭐 했어?
실비아	나는 아무것도 없었어. 학교 친구들이랑 외출했어. 날씨가 너무 더웠기 때문에 우리는 아이스크림을 먹고, 얼마간 대화하고 일찍 집에 갔어. 우린 아무런 특별한 일을 하지 않았어. 그런데 말이야, 광장에서 내가 누구를 만났는지 너 모르지?
다비드	전혀 모르겠어. 누군데?
실비아	콜롬비아에서 온 루이스야. 나는 그를 본 것이 너무 기뻤어. 그는 우리와 대화를 나누었어.
다비드	정말? 나 걔랑 이야기 나누고픈 마음이 간절해. 내일 걔한테 전화해야겠다.
실비아	내일은 안 돼. 왜냐하면 8시까지 춤 수업이 있다고 했어. 차라리 주말에 전화해. 너희는 함께 외출할 수 있을 거야.
다비드	그래, 그럼 나는 갈게. 그 영화 보러 가는 거 잊지 마. 그리고 나중에 마음에 들었는지 안 들었는지 내게 이야기 해 줘.
실비아	알겠어. 내일 봐.
다비드	안녕.

5초
반복 재생
3초

답안지를 작성하세요.

30초

3 어휘

quizás	아마(= tal vez, a lo mejor)	dar una vuelta	일주하다, 산책하다
pirata	ⓜⓕ 해적	apetecer	내키다, 탐나게 하다
por casualidad	우연히, 혹여	elegir	고르다, 선택하다
extranjero	ⓜ 외국, ⓜⓕ 외국인 / 외국의	acción	ⓕ 활동, 행동, 실행, 액션

efecto	ⓜ 효과, 효능, 결론	encantdo	황홀경에 빠진, 넋을 잃은, 기쁜
parecerse	닮다, 비슷하다	plaza	ⓕ 광장, 좌석
misterio	ⓜ 신비, 수수께끼, 비밀	ni idea	완전히 모르다
reírse	웃다	baile	ⓜ 춤, 무용
montón	ⓜ 더미, 산적, 대량	contar	이야기하다, 계산하다
rato	ⓜ 잠깐, 짧은 시간		

4 해설

0.	극장에 간 사람을 묻는 문제로 정답은 **A**이다. 그는 지난 금요일에 외출을 했다고 이야기를 시작하며, 원래는 'dar una vuelta' 한 바퀴 돌려고 했으나 친구들이 별로 내켜 하지 않아서 그들은 함께 극장으로 갔다고 말하고 있다.
13.	다음날 극장에 갈 수도 있는 사람을 묻는 문제이다. 주의해야 할 것은 극장에 이미 간 사람은 다비드이고 어쩌면 극장에 갈 수 있는 사람이 **B** 실비아라는 것이다. Te lo digo porque quiero ir esta semana y, si ponen algo bueno, a lo mejor voy mañana에서 그녀는 이번 주에 영화를 보러 가고 싶은데 어쩌면 내일 갈 수도 있다는 것을 파악할 수 있다. 해당 문장에서는 a lo mejor를 사용했지만 문제에서는 동일한 뜻의 quizás라는 표현을 사용했음에 주의하자. quizás는 접속법, 직설법 동사 변형, a lo mejor는 직설법 동사 변형만 이어서 써야 한다는 것도 기억해 두면 좋다.
14.	해적 영화를 좋아하지 않는 사람을 고르는 문제이다. 다비드가 '해적 영화'를 봤고 무척 즐거웠다고 하자 실비아는 'No me gusta mucho ese tipo de películas; me parece que las películas de piratas siempre se parecen y son un poco todas iguales. Prefiero las de misterio 나는 그런 유의 영화를 별로 좋아하지 않아. 해적 영화들은 늘 비슷하고 모든 영화들이 다 똑같아. 나는 미스터리 영화가 더 좋아.'라고 답한다. Ese tipo de películas는 películas de piratas를 의미한다. 그러한 장르의 영화는 늘 비슷하다고 생각하며, 그보다는 미스터리 영화를 더 선호한다고 했으므로 정답은 **B**.
15.	누군가를 우연히 만난 사람을 고르는 문제이다. 실비아는 친구들과 함께 시간을 보냈다는 이야기를 하며 ¿a que no sabes a quién me encontré en la plaza?라고 묻는다. '¿A que no sabes...? ~인지 모를 것이다'는 상대방이 상상도 할 수 없을 거라는 표현이다. 즉, 실비아가 광장에서 루이스를 만난 것은 다비드가 전혀 예상할 수 없을 만큼 뜻밖의 상황이라는 것이다. 질문의 por casualidad을 '우연히'라고 해석해야 한다. 정답은 **B**.
16.	외국에서 막 도착한 사람이 누구인지 묻는 문제이다. 실비아는 광장에서 뜻밖에 만난 친구인 루이스에 대해 얘기한다. 대화의 맥락으로 보아 루이스는 다비드와 실비아가 함께 아는 친구라고 짐작할 수 있다. 실비아의 A Luis, que ya ha venido de Colombia라는 말에서 루이스가 콜롬비아에서 왔다는 것을 알 수 있다. 따라서 정답은 **C**.
17.	친구와 이야기를 나누고 싶어 하는 사람을 고르는 문제이다. 실비아가 루이스와 함께 잠시 대화를 나누었다고 하자 다비드는 Tengo muchas ganas de hablar con él이라 말하는데, tener ganas de는 무언가를 하고 싶은 마음이 많이 있다는 뜻이다. 즉, 다비드 역시 루이스와 이야기를 나누고 싶다는 의미이므로 정답은 **A**가 된다.
18.	Al día siguiente는 '다음날'을 뜻하므로 대화를 나눈 다음날 춤을 추게 될 사람이 누구인지 묻는 질문이다. 다비드가 실비아에게 루이스와 이야기를 나누고 싶으며 내일 전화를 걸 것이라 했다. 그러자 실비아는 'Mañana no, porque me ha dicho que tiene clase de baile hasta las ocho... 내일은 안 돼. 왜냐하면 8시까지 춤 수업이 있다고 했어.'라고 하는데 이 문장을 통해 루이스가 다음날 'clase de baile 춤 수업'에 참석할 것이라는 사실을 알 수 있다. 따라서 정답은 **C**.

1 스크립트

MENSAJE 0	Señor Longoria. Lo llamo para avisarle de la celebración de la reunión de padres, el próximo día 28 del mes, a las 16 horas en el salón de actos del colegio. Le ruego puntualidad, gracias. 5초 La opción correcta es la letra F. Ahora tiene 45 segundos para leer los enunciados. 45초
MENSAJE 1	¡En vacaciones, diviértete leyendo! Escribe diciéndonos cuál es tu libro preferido y por qué. Además, si tu carta es una de las primeras cien recibidas, te regalamos un paquete de diez libros. 15초 반복 재생 3초 NARRADOR: Elija la opción correcta. 10초
MENSAJE 2	Atención por favor. Les avisamos a todos los visitantes del parque zoológico. Como actividad especial de hoy tenemos una demostración de aves tropicales en el recinto B a las 7 de la tarde. Muchas gracias. 15초 반복 재생 3초 NARRADOR: Elija la opción correcta. 10초
MENSAJE 3	¡Hola Guillermo! Te llamaba para decirte que si quieres, puedes venir a aprender a nadar en una piscina nueva que hay en mi barrio. Hay muchos cursos diferentes. Bueno, si te animas, avísame. ¡Adiós! 15초 반복 재생 3초 NARRADOR: Elija la opción correcta. 10초
MENSAJE 4	Hola, buenos días. Le llamo del colegio de sus hijos para informarle acerca del viaje de fin de curso. Serán quince días en Asturias, del 15 al 30 de junio. Si desean ir, deben apuntarse en la secretaría. Un saludo. 15초 반복 재생 3초 NARRADOR: Elija la opción correcta. 10초

MENSAJE 5	Hola María. Soy Felipe. Te llamo para decirte que no puedo ir con vosotros al parque de atracciones el domingo. La entrada ya no me hace falta, así que si alguien la necesita, me lo dices. Bueno, espero tu llamada.
	15초
	반복 재생
	3초
	NARRADOR: Elija la opción correcta.
	10초
MENSAJE 6	¡Atención! La jornada deportiva escolar de hoy ha finalizado. Por favor, recoged todas las mochilas, la ropa y las zapatillas que tengáis en las instalaciones y dirigíos a los vestuarios.
	15초
	반복 재생
	3초
	NARRADOR: Elija la opción correcta.
	10초
MENSAJE 7	Señores clientes, les informamos de que, el día 15 del mes, coincidiendo con nuestro décimo aniversario, podrán encontrar muchos productos al mismo precio que tenían cuando abrimos. Vengan y comprobarán que nuestros precios no han variado mucho.
	15초
	반복 재생
	3초
	NARRADOR: Elija la opción correcta.
	10초

Complete ahora la Hoja de respuestas.

45초

지시 사항

당신은 예시를 포함해 8개의 메시지를 들을 것입니다. 각 메시지는 두 번 재생됩니다. (19번부터 25번까지) 각 메시지에 해당하는 (A부터 K까지) 연결 문장을 선택하세요. 예시를 포함해 11개의 연결 문장이 있습니다. 7개를 선택하세요.

선택한 보기를 **답안지**에 표기하세요.

이어서 하나의 예시를 듣게 될 것입니다.

0. A☐ B☐ C☐ D☐ E☐ F■ G☐ H☐ I☐ J☐ K☐

정답 문장은 F입니다.

이제 연결 문장을 읽기 위한 45초의 시간이 있습니다.

연결 문장

A.	가장 재빠른 사람들이 상품을 얻을 수 있다.
B.	입장권을 얻기를 원한다.
C.	주말 나들이를 취소하고 있다.
D.	여행을 하기 위한 메시지이다.
E.	그 영업을 시작한 지 10년째이다.
F.	정시에 도착하는 것이 요구된다.
G.	하나의 가족 이벤트이다.
H.	새로 오픈한 슈퍼마켓의 개점에 대한 알림이다.
I.	폐쇄를 알린다.
J.	체육 활동에 참여하기를 제안하는 것이다.
K.	당신은 새를 보게 될 것이다.

	메시지	연결 문장
0.	메시지 0	F
19.	메시지 1	
20.	메시지 2	
21.	메시지 3	
22.	메시지 4	
23.	메시지 5	
24.	메시지 6	
25.	메시지 7	

스크립트 해석

메시지 0	롱고리아 씨. 이번 달 28일, 학교 강당에서 오후 4시에 진행되는 학부모 모임의 개최를 알리려 전화 드렸습니다. 시간을 엄수해 주시기 바랍니다. 감사합니다. 5초 정답은 F입니다. 이제 연결 문장을 읽기 위한 45초의 시간이 있습니다. 45초
메시지 1	방학 동안 즐겁게 독서하세요! 당신의 가장 선호하는 책이 어떤 것인지, 그리고 왜 그런지를 써 주세요. 또한 당신의 편지가 선착순 100통 중에 하나인 경우, 10권의 책 묶음을 선물로 드립니다. 15초 반복 재생 3초 내레이터: 정답을 고르세요. 10초
메시지 2	주목하여 주십시오. 저희의 동물원의 모든 방문객들께 알려 드립니다. 오늘의 특별한 행사로 오후 7시에, B 구역에서 열대 조류의 관람 일정이 있습니다. 감사합니다. 15초 반복 재생 3초 내레이터: 정답을 고르세요. 10초
메시지 3	기예르모 안녕! 만약에 네가 우리 동네에 새로 연 수영장에서 수영을 배우기를 원한다면, 함께 가자고 이야기하려고 전화했어. 다양한 수업들이 있단다. 그럼, 네가 갈 마음이 들면 나에게 알려 줘. 안녕! 15초 반복 재생 3초 내레이터: 정답을 고르세요. 10초
메시지 4	안녕하세요. 좋은 아침입니다. 자녀분들의 학교에서 수학여행에 대해 알려 드리고자 전화 드립니다. 6월 15일부터 30일까지 아스투리아스에서 15일간 여행하게 됩니다. 여행 가기를 원한다면, 학교 사무처에서 등록해야 합니다. 안녕히 계십시오. 15초 반복 재생 3초 내레이터: 정답을 고르세요. 10초
메시지 5	마리아 안녕. 나 펠리페야. 내가 전화한 이유는 일요일에 너희와 함께 놀이공원에 갈 수 없다고 말하기 위해서야. 입장권은 이제 더 이상 필요하지 않아. 그러니 혹시 누군가가 그것을 필요로 하면, 내게 말해 줘. 그럼, 전화 기다릴게. 15초 반복 재생 3초 내레이터: 정답을 고르세요. 10초

메시지 6	알려 드립니다! 오늘의 학교 체육 시간이 끝났습니다. 시설 내 소지한 모든 책가방, 옷, 운동화를 챙겨서 탈의실로 가시기 바랍니다.
	15초
	반복 재생
	3초
	내레이터: 정답을 고르세요.
	10초
메시지 7	손님 여러분, 이번 달 15일은 저희의 개점 10주년이 되는 날이기에 많은 상품들이 개점했을 때와 동일한 금액이라는 것을 보실 수 있게 된다는 것을 알려 드립니다. 오셔서 저희 상품의 금액이 많이 변하지 않았다는 것을 확인하세요.
	15초
	반복 재생
	3초
	내레이터: 정답을 고르세요.
	10초

답안지를 작성하세요.

45초

3 어휘

premio	ⓜ 상, 상금, 수상자	cien	100의
entrada	ⓕ 입장, 출입구, 입장권, 입장료	parque zoológico	ⓜ 동물원
paseo	ⓜ 산책, 산보, 나들이, 여행	demostración	ⓕ 논증, 표명, 실연, 시위 운동, 전시, 연출
negocio	ⓜ 사업, 거래, 지점	ave	ⓕ 큰 새, 조류
a tiempo	제때에, 제시간에	tropical	열대의, 열대성의
apertura	ⓕ 개시, 개방	recinto	ⓜ 구내, 경내
anunciar	알리다, 광고하다, 예견하다	nadar	수영하다
cierre	ⓜ 폐쇄, 종결, 마감	piscina	ⓕ 수영장, 풀장
sugerencia	ⓕ 제안, 조언	barrio	ⓜ 구, 지구, 거주 지역
actividad física	ⓕ 체육 활동	animarse	힘을 내다, 기운을 내다, 용기를 내다
pájaro	ⓜ 새, 작은 새	colegio	ⓜ 초등학교, 초중등학교
salón de actos	ⓜ 강당	acerca de	~에 대하여
rogar	간청하다, 빌다	fin	ⓜ 끝, 종료
preferido	마음에 드는	secretaría	ⓕ 비서과, 사무실

parque de atracciones	ⓜ 놀이공원, 유원지	dirigirse a	향하다
atracción	ⓕ 유인, 매력, 끌어당기는 것, 오락	vestuario	ⓜ 의상, 의류, 탈의실, 분장실
hacer falta	부족하다, 필요로 하다	coincidir con	일치하다, 부합하다
llamada	ⓕ 호출, 통화, 소집, 유혹	aniversario	ⓜ 기념일, 기념제
jornada	ⓕ 하루, 1일, 노동 시간	producto	ⓜ 제품, 수익, 산물, 성과
escolar	ⓜⓕ 학생 / 학교의, 학생의	comprobar	확인하다, 증명하다
recoger	찾으러 가다, 채집하다, 주워 모으다	variar	바꾸다, 변화를 주다

4 해설

0.	메시지 0	학교에서 학부모에게 전화하여 'la reunión de padres 학부모 모임'의 날짜와 시간, 장소를 알리고 있다. 핵심 표현은 le ruego puntualidad 즉, 시작 시간이 정해져 있으므로 시간 엄수를 당부하는 마지막 문장이다. 정답은 F이다. G에서 말하는 'evento familiar 가족 이벤트'는 모든 가족 구성원들이 함께 어울리는 것을 의미하므로 오답이다.
19.	메시지 1	독서 및 도서와 관련된 단체나 회사에서 사람들이 가장 선호하는 책을 조사한다는 내용이며 중요한 것은 una de las primeras cien recibidas, 선착순 100명 안에 들어야 선물을 받을 수 있다는 것이다. 따라서 정답은 A. los más rápidos라는 표현을 '가장 재빠른 사람들'이라고 해석하는 것이 중요하다. 요구되는 내용을 빨리 보내야 선물을 받을 수 있는 것이다.
20.	메시지 2	한 동물원의 전체 공지이다. 오늘의 특별 행사를 소개하고 있는데 반드시 들어야 하는 핵심 표현은 'demostración de aves tropicales 열대 조류의 관람'이다. 'demostración 전시, 연출, ave 조류, pájaro 새'를 잘 알아 두자. 정답은 K이다.
21.	메시지 3	친구 사이의 전화 메시지이다. 새로 문을 연 수영장에서 함께 수영을 배우자는 제안이므로 정답은 J. 'sugerencia 제안, 권유'와 'actividad física 운동, 체육 활동'의 의미를 정확하게 이해해야 한다.
22.	메시지 4	학부모에게 학교 측에서 전하는 전화 메시지이다. 자녀들이 'viaje de fin de curso 수학여행'에 가기를 원한다면 신청을 해야 한다는 내용이며, 정답은 D로 비교적 쉽게 답을 찾을 수 있다.
23.	메시지 5	친구 사이의 전화 메시지이다. 자신은 놀이공원에 함께 갈 수 없음을 알리고 있다. 정답은 C이며, 'paseo 나들이'는 유원지에 함께 가기로 했던 계획을 뜻한다. 동사 'cancelar 취소하다'를 정확하게 해석하여 정답을 연결시켜야 한다. '입장권을 얻기를 원한다'는 B는 함정이다. 전화를 건 사람은 이제는 갈 수 없게 되었으므로 본인이 갖고 있던 'entrada 입장권'을 다른 사람에게 준다고 언급한다. 따라서 연관성이 없다.
24.	메시지 6	체육 시간이 끝나고 있음을 알리는 메시지이다. 명사 'jornada 하루의 일정, 시간'과 동사 'finalizar 끝나다'를 정확하게 해석하여 정답 문장 I에 등장하는 명사 'cierre 폐쇄'와 연결시켜야 한다.
25.	메시지 7	슈퍼마켓을 이용하는 고객에게 전하는 알림 메시지이다. 'décimo aniversario 10주년'을 정확히 듣는 것이 핵심이며, 본 영업장이 영업을 시작한 지 10년째라는 E가 정답이다. 주의해야 하는 함정은 H인데, 이는 새로운 슈퍼마켓이 문을 연다는 내용이므로 답이 될 수 없다.

PRUEBA DE EXPRESIÓN E INTERACCIÓN ESCRITAS

1 해석

지시 사항

당신의 남자 형제는 당신에게 나쁜 소식을 전하기 위한 글을 썼습니다.

> 안녕! 어떻게 지내니?
> 내가 캐나다에 있는 일자리에 지원하기 위해 오랜 시간 동안 준비해 온 것을 알고 있지? 그런데 오늘 나는 합격하지 않았다는 사실을 알게 되었단다. 해외 취업 자리에 계속 지원해야 할지 모르겠어. 너의 생각은 어떠니?
> 에두아르도

당신의 남자 형제에게 답장을 쓰세요. 이메일에서 당신은 다음을 해야 합니다.

- 인사하기
- 당신의 형제에게 일어난 일에 대해 어떤 감정인지 말하기
- 응원하기
- 조언하기
- 작별 인사하기

권장 단어 수: 60~70 사이.

2 작문 구성 예시

글의 유형	이메일
보내는 이	나
받는 이	나의 남자 형제인 Eduardo
핵심 내용	응원과 조언의 말을 하기
독해 자료 내용	일자리 지원 과정에서 탈락했음
요구 조건 1	인사하기
요구 조건 2	당신의 형제에게 일어난 일에 대해 어떤 감정인지 말하기
요구 조건 3	응원하기
요구 조건 4	조언하기
요구 조건 5	작별 인사하기
주의 사항	그의 상황에 맞는 내용의 조언을 전하기

3 필수 어휘

noticia	ⓕ 뉴스, 소식	consejo	ⓜ 의견, 충고, 이사회
ser seleccionado	발탁되다, 뽑히다	perfectamente	완벽하게, 훌륭하게
seguir	뒤를 따라가다, 따르다, 계속하다	perder	분실하다, 놓치다, 패하다, 지다
postularse	입후보로 나가다, (일자리에) 지원하다	esperanza	ⓕ 희망, 기대
oferta de trabajo	ⓕ 노동 공급, 구인 광고	camino	ⓜ 길, 일정, 여행
extranjero	ⓜ 외국, ⓜⓕ 외국인 / 외국의	ánimo	ⓜ 영혼, 기분, 마음, 활력, 힘
sentirse	느끼다	aconsejar	충고하다, 조언하다
pasar	옮기다, 건너다, 지내다	experiencia	ⓕ 경험
animar	생기를 불어넣다, 응원하다, 분위기를 돋우다	desanimarse	기력을 잃다, 실망하다, 낙담하다

4 필수 표현

주제	문형	활용 예
유감 표명	- Sentir 유감으로 느끼다 - Lamentar 슬퍼하다, 비탄하다	- Lo siento mucho. 무척 유감이다. - Lo lamento mucho. 무척 유감이다.
	- Sentir que 접속법 - Sentirse + triste/mal/apenado... 　　부사/형용사	- Siento mucho que te haya pasado eso. 네게 그 일이 일어난 것은 무척 유감이다. - Me siento apenado por eso. 그 일에 대해 무척 슬프다.
응원하기	- 긍정 명령 　Animarse 힘을 내다	- ¡Anímate! 기운 내!
	- 부정 명령 　Desanimarse 실망하다, 낙담하다	- ¡No te desanimes! 낙담하지 마!
	- 명사 'Ánimo 활력, 힘'의 사용	- ¡(Mucho) Ánimo! 힘내! 파이팅!

모범 답안

¡Hola, Edu!

Siento mucho lo que te ha pasado y espero que no pierdas la esperanza de que algún día estarás en un nuevo camino. Como tú dices, lo de postularse para trabajar en el extranjero no es algo muy fácil. Quiero aconsejarte que primero empieces por algún trabajo aquí, en España, y cuando ya tengas más experiencia, podrás seguir buscando algo diferente. No te desanimes.

¡Nos vemos pronto!

Juan

해석

안녕 에두.

네게 있었던 일에 대해 무척이나 유감이구나. 네가 언젠가 새로운 진로를 맞게 될 것이라는 희망을 잃지 않기를 바라. 네가 말하는 것처럼 외국에서 일하기 위해 지원하는 것은 쉬운 일은 아니야. 나는 네게 이곳 스페인에서 먼저 일자리를 찾아보기 시작하고 경험이 더 많이 쌓이면 또 다른 무언가를 계속해서 찾아볼 수 있을 거라고 조언하고 싶어. 낙담하지 마.

우리 곧 만나자!

후안

1 해석

지시 사항

두 개의 옵션 중 하나를 선택하세요. 각각의 옵션에서는 모든 점을 다뤄야 합니다.

옵션 1

당신이 보낸 특별한 방학 혹은 휴가에 대한 글을 쓰세요. 다음에 대해 말해야 합니다.

- 언제였는지
- 어디에 있었으며 방학 혹은 휴가 동안 무엇을 했는지
- 누구와 함께 있었는지
- 왜 특별했는지
- 당신의 방학 혹은 휴가에는 보통 무엇을 하는지

옵션 2

올가는 최근 20년간 일을 했습니다. 여기에 그녀의 예전과 지금의 삶에 대한 사진이 있습니다.

| 2005년부터 2010년 | 2011년부터 2019년 | 2020년 이후 |

당신은 다음 내용을 포함하여 올가에 대한 글을 써야 합니다.

- 예전에는 어떤 일을 했는지
- 지금은 어떤 일을 하는지
- 그녀의 삶이 어떻게 변했으며 왜 그렇게 생각하는지

권장 단어 수: 70~80 사이.

옵션 1

주제	기억에 남는 휴가
핵심 내용	휴가를 어떻게 보냈는지 설명하기
요구 조건 1	언제였는지
요구 조건 2	어디에 있었으며 방학 혹은 휴가 동안 무엇을 했는지
요구 조건 3	누구와 함께 있었는지
요구 조건 4	왜 특별했는지
요구 조건 5	당신의 방학 혹은 휴가에는 보통 무엇을 하는지
주의 사항	viaje(여행)이 아닌 vacaciones(휴가)라는 사실을 잊지 않도록 한다.

옵션 1 필수 어휘

aprovechar	유익하게 사용하다	desde	~부터, ~로부터
decidir	결정하다, 정하다	practicar	행하다, 실천하다, 연습하다, 훈련하다
pasar	옮기다, 건너다, 지내다	útil	유용한, 쓸모 있는
extranjero	ⓜ 외국, ⓜⓕ 외국인 / 외국의	quedarse	머물다, 잔류하다, 계속하다
como	~처럼 / ~ 때문에		

옵션 1 필수 표현

주제	문형	활용 예
과거 사건 발생 시점	- Fue en 연도 - Fue hace 특정 시점 - Las vacaciones de ... fueron especiales. ~의 휴가는 특별했다	- Fue en 2020. 그것은 2020년이었다. - Fue hace dos años. 그것은 2년 전이었다. - Las vacaciones del año pasado fueron especiales. 작년 휴가는 특별했다.
반복적/습관적 행동	- Normalmente - Generalmente - Regularmente - Por lo normal/general/regular 보통은, 일반적으로는 - Soler + 동사 원형 ~를 하는 편이다	- En las vacaciones, normalmente me quedo en casa. 방학 때 보통 나는 집에 있는다. - Por lo general, durante las vacaciones aprovecho para aprender algo. 일반적으로 나는 휴가를 무언가를 배우는 데 활용한다. - En las vacaciones suelo pasar tiempo con mi familia. 나는 휴가 때에는 가족과 시간을 보내는 편이다.

주제	한 인물의 직업의 변화 과정
핵심 내용	사진 속 인물이 과거에 종사했던 일과 현재 직업의 시간적 나열
요구 조건 1	예전에는 어떤 일을 했는지
요구 조건 2	지금은 어떤 일을 하는지
요구 조건 3	그녀의 삶이 어떻게 변했으며 왜 그렇게 생각하는지
주의 사항	직업을 표현하는 세 장의 사진에 대해 정확히 이해하고 표현해야 한다.

옵션 2 필수 어휘

dependienta	ⓕ 여자 점원	cocinero	ⓜⓕ 요리사 / 요리하는
farmacia	ⓕ 약국, 약학	cansarse de	~에 피곤하다, 피로하다, 물리다, 싫증 나다
dedicarse a	종사하다, 헌신하다	buscar	찾다, 구하다
enseñanza	ⓕ 교육, 가르침	cocina	ⓕ 주방, 요리
camarero	ⓜⓕ 종업원(= ⓜⓕ mesero, ⓜⓕ mozo)	floristería	ⓕ 꽃 가게(= ⓕ florería)
gastronomía	ⓕ 요리법, 미식	estilo	ⓜ 방식, 스타일

옵션 2 필수 표현

주제	문형	활용 예
직업 묘사	- Ser + 직업 명사 * 직업 명사는 무관사로 써야 합니다. - Trabajar como/de 직업 명사 - Trabajar en 직장 - Dedicarse a 직종 혹은 동사 원형	- Antes era maestra. 예전에 그녀는 선생님이었다. - Trabajaba de dependienta. 그녀는 점원으로 일했다. - Ahora trabaja en una farmacia. (그는/그녀는/당신은) 현재 한 약국에서 일한다. - Se dedica a la enseñanza. (그는/그녀는/당신은) 교육업에 종사한다.

모범 답안

Las vacaciones de verano del año pasado fueron muy especiales para mí. Mi familia y yo decidimos pasar las vacaciones en el extranjero, y como a mí me interesaba mucho el español, decidimos irnos todos a España. Visitamos Barcelona, Madrid y Sevilla. Desde esas vacaciones, he practicado mucho el español. Además, fue muy útil haberme quedado un tiempo en España. En mis vacaciones normalmente paso mucho tiempo con mi familia.

해석

작년 여름 휴가는 나에게는 아주 특별했다. 나의 가족과 나는 해외에서 휴가를 보내기로 결정했으며 나는 스페인어에 관심이 많았으므로 우리는 모두 함께 스페인으로 가기로 했다. 우리는 바르셀로나, 마드리드, 세비야를 방문했다. 그 휴가 때부터 나는 스페인어를 많이 훈련했다. 또한 스페인에서 시간을 보낸 것은 내게는 매우 유용했다. 나는 보통 휴가 동안에 가족과 함께 많은 시간을 보낸다.

모범 답안

Primero, Olga trabajó como camarera. Trabajó durante casi cinco años y, como le gustaba mucho la gastronomía, decidió trabajar de cocinera desde 2011. Trabajó allí durante casi diez años, pero se cansó de trabajar en restaurantes y ahora ella ha buscado otro trabajo. Es que a Olga, además de la cocina, también le gustan las flores. Así que ha abierto una floristería. Ahora ella tiene un estilo de vida diferente porque ahora ya no trabaja por las noches ni tampoco los fines de semana.

해석

올가는 처음에 종업원으로서 일했다. 거의 5년 동안 일을 했으며 요식업이 무척 좋았기 때문에 그녀는 2011년부터 요리사로서 일하기로 결심했다. 그녀는 거기에서 거의 10년간 일했지만, 레스토랑에서 일하는 것에 지친 그녀는 현재는 다른 직업을 찾게 되었다. 사실 그녀는 요리 외에도 꽃을 좋아한다. 그래서 그녀는 꽃 가게를 하나 열었다. 현재 그녀는 달라진 라이프 스타일을 가지고 있다. 왜냐하면 이제는 더 이상 야간과 주말에 일하지 않기 때문이다.

PRUEBA DE EXPRESIÓN E INTERACCIÓN ORALES

1 해석

지시 사항

당신이 운동을 한 경험에 대해 말하세요. 다음에 대해 이야기해야 합니다.

- 당신이 가장 최근 운동을 한 것은 언제였는지 어떤 운동이었는지
- 어디에서 누구와 함께 했는지
- 어떻게 느꼈는지
- 무엇을 위해 운동을 하는지
- 얼마나 자주 운동을 하는지

2 필수 어휘

práctica	ⓕ 실행, 훈련, 연습	raqueta	ⓕ (배드민턴, 테니스 같은 경기의) 라켓
campo	ⓜ 시골, 경기장, 분야	volante	ⓜ 핸들, 셔틀콕 / 운전대, 이동하는, 나는
correr	뛰다, 흐르다, (위험 등에) 직면하다	pesar	계량하다, 무게가 나가다
cansarse	피곤하다, 싫증나다	pasear	산책하다, 산보하다
sano	건강한, 안전한, 건강에 좋은	pista	ⓕ 트랙, 경기장, 플로어, 도로, 단서, 발자국
perder	분실하다, 놓치다, 패하다, 지다	par	ⓜ 한 쌍, 한 짝 / 동등한, 짝수의
peso	ⓜ 무게	anterior	앞의
salud	ⓕ 건강, 복지 / 건배!	bajar de peso	체중을 줄이다
por lo menos	적어도(= a lo menos, al menos)	manera	ⓕ 방식, 방법
bádminton	ⓜ 배드민턴		

①	나는 일주일 전 축구를 했다.
②	내가 마지막으로 운동을 한 것은 일주일 전이었다.
③	나는 축구 경기장에 내 친구들과 축구를 하러 갔다.
④	내 여자 친구와 나는 집 근처 공원에서 달리기를 하고 있었다.
⑤	나는 조금은 피곤함을 느꼈다.
⑥	나는 조금 피곤했지만 매우 좋은 느낌이었다.
⑦	나는 건강과 체중을 감소시키기 위해 운동을 한다.
⑧	나는 건강을 위해 운동을 해야 한다.
⑨	나는 최소한 일주일에 한 번은 운동을 한다.
⑩	나는 매 주말마다 운동을 하는 편이다.

①	Hace una semana practiqué al fútbol.
②	La última vez que practiqué deporte fue hace una semana.
③	Fui a jugar al fútbol con mis amigos a un campo de fútbol.
④	Mi novia y yo estuvimos corriendo en un parque cerca de mi casa.
⑤	Me sentí un poco cansado.
⑥	Me cansé un poco, pero me sentía bastante bien.
⑦	Hago deporte para estar sano y perder peso.
⑧	Tengo que hacer deporte para mi salud.
⑨	Hago deporte por lo menos una vez a la semana.
⑩	Suelo hacer deporte cada fin de semana.

모범 답안

La última vez que practiqué deporte fue hace una semana, cuando jugué al bádminton con mi hermano. Me gusta jugar al bádminton porque es un deporte muy fácil. Además, las raquetas y el volante no pesan casi nada, así que siempre los llevo en mi coche. Mi familia y yo solemos ir a pasear o practicar algún deporte juntos todos los viernes. El viernes pasado por la tarde, mi hermano y yo fuimos a las pistas de bádminton que hay cerca de mi casa. Estuvimos jugando un par de horas y, cuando terminamos, me sentí bastante bien. De todos modos, también me sentí un poco cansado porque había trabajado mucho el día anterior. Suelo hacer deporte para hacer ejercicio y bajar un poco de peso. Hago deporte una vez a la semana, pero no puedo hacerlo cuando tengo mucho trabajo. Me gustaría seguir practicando deporte porque es una buena manera de pasar tiempo con mi familia.

해석

내가 가장 최근 운동을 한 것은 일주일 전 나의 남자 형제와 배드민턴을 쳤을 때였다. 나는 배드민턴을 치는 것을 좋아한다. 그것은 매우 쉬운 운동이기 때문이다. 또한, 라켓과 공이 무게가 거의 나가지 않기 때문에 항상 차에 가지고 다닌다. 나의 가족과 나는 매주 금요일마다 함께 산책을 나가거나 운동을 하는 편이다. 지난 금요일 오후에 나의 형제와 나는 집 근처에 있는 배드민턴 경기장에 갔다. 우리는 두 시간 정도 게임을 하고 있었으며 끝난 후에는 기분이 무척 좋았다. 그렇긴 하지만 동시에 나는 조금 피곤했다. 그 전날 일을 너무 많이 했기 때문이다. 나는 체력 훈련을 하며 체중을 조금 감소시키기 위해 운동을 하는 편이다. 일주일에 한 번 운동을 하지만 일이 많을 때에는 운동을 할 수 없다. 앞으로도 계속 운동을 했으면 좋겠다. 왜냐하면 그것은 나의 가족과 함께 시간을 보낼 수 있는 좋은 방법이기 때문이다.

1 해석

사진에 대해 2분에서 3분간 말하세요. 당신은 다음에 대해 말해야 합니다.

- 사진 속 사람들은 어떠한가?(겉모습, 당신이 생각하는 그들의 성격 등) 어떤 옷을 입고 있는가?
- 그 사람들은 어디에 있는가? 어떤 물건들이 있는가? 장소를 묘사하시오.
- 사진 속 사람들은 무엇을 하고 있는가?
- 그들은 어떤 관계라고 생각하는가?
- 그 사람들은 어떤 생각을 하고 또 어떤 감정을 느낀다고 생각하는가? 왜 그러한가?
- 그들이 전에는 무엇을 했다고 생각하는가? 다음으로는 무엇을 할 것인가?

2 필수 어휘

consultorio	ⓜ 상담소, 의원, 진료소	teclear	키를 누르다, 컴퓨터 키보드를 치다
médico	ⓜⓕ 의사 / 의학의, 의료의	dolor	ⓜ 고통, 아픔
paciente	ⓜ 환자 / 끈기 있는	síntoma	ⓜ 증상, 증세, 징조
cana	ⓕ 백발	recetar	(약을) 처방하다
grave	무거운, 중요한, 심각한, (병이) 중태의	pastilla	ⓕ 알약, 매우 작은 덩이
cara	ⓕ 얼굴, 표정, 안색	calmar	가라앉히다, 완화시키다
serio	진지한, 성실한	medicamento	ⓜ 약, 약제
bata	ⓕ 가운	rizado	곱슬곱슬한
estetoscopio	ⓜ 청진기	ordenador portátil	ⓜ 노트북 컴퓨터
atentamente	주의 깊게, 정중히, 열심히	curar	치료하다, 고치다, 낫다

①	사진의 장소는 한 진료소이다.
②	이곳에는 한 남자와 한 여자 의사가 있다.
③	그 환자는 중년의 남성이다. 흰머리가 있다.
④	그 남자는 셔츠를 입고 있다.
⑤	어쩌면 그의 상태는 매우 중태이다. 얼굴 표정이 심각하다.
⑥	그 의사는 의사 가운을 입고 있고, 청진기를 지니고 있다.
⑦	그녀는 남자의 말을 주의 깊게 듣고 있으며 동시에 노트북에 타이핑을 하고 있다.
⑧	그 남자는 의사에게 두통이 심하다고 말하고 있는 것 같다.
⑨	그들은 그 환자의 증상에 대해 말하고 있는 것 같다.
⑩	나는 그 의사가 그에게 통증을 완화시킬 약을 처방해 줄 것이라고 생각한다.

①	El lugar de la fotografía es un consultorio médico.
②	Aquí hay un señor y una doctora.
③	El paciente es un señor mayor. Tiene canas.
④	El señor lleva una camisa.
⑤	Tal vez él está muy grave. Tiene cara seria.
⑥	La doctora lleva bata de doctor y tiene un estetoscopio.
⑦	Ella está escuchando al señor atentamente y al mismo tiempo está tecleando algo en el ordenador.
⑧	Creo que el señor le dice a la doctora que tiene mucho dolor de cabeza.
⑨	Me parece que ellos están hablando sobre los síntomas del paciente.
⑩	Imagino que la doctora le recetará algunas pastillas para calmar el dolor.

모범 답안

En la fotografía, veo a una doctora y un paciente. Pienso que es un consultorio médico. El paciente es un señor mayor. Él lleva una camisa. Creo que tiene dolor de cabeza porque tiene una mano en la cabeza y tiene cara muy seria. La doctora lo está mirando y lo está escuchando muy atentamente. Ella es más joven y tiene el pelo corto y rizado. Lleva bata de doctor y un estetoscopio. Ella está atendiendo al paciente y al mismo tiempo, está tecleando algo en su ordenador portátil. Creo que el señor le está comentando los síntomas a la doctora. La doctora le va a recetar medicamentos para curarlo.

해석

사진에서 나는 여자 의사 한 명과 남성 환자 한 명이 보인다. 이곳은 한 진료실이라고 생각한다. 환자는 한 중년 남성이다. 그는 셔츠를 입고 있다. 내 생각에 그는 두통이 있는 것 같다. 왜냐하면 한 손을 머리에 두고 있으며 표정은 매우 심각하기 때문이다. 여자 의사는 그를 바라보고 있으며 그의 말을 주의 깊게 듣고 있다. 그녀는 더 젊으며 짧은 곱슬머리이다. 의사 가운을 입고 있고 청진기를 지니고 있다. 그녀는 환자를 응대하면서 동시에 자신의 노트북에 무언가를 타이핑하고 있다. 내 생각에 그 남자는 의사에게 증상을 말하고 있는 것 같다. 의사는 그를 치유할 약을 처방할 것이다.

1 해석

당신이 한 병원의 진료소에 있다고 생각하세요. 감독관이 의사입니다. 다음 지시 사항을 따르며 그와 대화를 나누세요.

당신은 대화를 나누며 다음을 말해야 합니다.

- 진료소 방문의 이유가 무엇인지 말하기
- 당신의 신체 상태와 증상에 대해 말하기
- 의사의 질문에 답하기
- 감사하기

2 필수 어휘

consultorio	ⓜ 상담소, 의원, 진료소	recetar	(약을) 처방하다
médico	ⓜⓕ 의사 / 의학의, 의료의	pastilla	ⓕ 알약, 매우 작은 덩이
condición	ⓕ 조건, 상태, 성질	molestia	ⓕ 괴로움, 불편함
físico	물리학의, 신체의, 물질적인	fiebre	ⓕ 열, 열광
síntoma	ⓜ 증상, 증세, 징조	últimamente	최후에, 최근에
responder	답하다, 대답하다, 응하다	mareado	어지러운, 멀미하는
asiento	ⓜ 의자, 좌석, 자리	pesadilla	ⓕ 악몽
regularmente	규칙적으로, 정기적으로		

3 필수 표현

[대화 시작]

•	안녕하세요. 좋은 아침입니다.	Hola. Buenos días.
•	저는 몸이 조금 안 좋습니다.	Me siento un poco mal.
•	저는 문제가 조금 있습니다.	Tengo algunos problemas.
•	불편함이 있어 왔습니다.	He venido porque tengo algunas molestias.
•	몸이 아주 안 좋습니다.	Me siento muy mal.

[주제의 전개]

• 머리가 많이 아프고 열이 있습니다.	Me duele mucho la cabeza y tengo fiebre.
• 머리도 아프고 심지어 열도 있습니다.	Tengo dolor de cabeza, incluso tengo fiebre.
• 3일 전부터 두통이 아주 심합니다.	Tengo mucho dolor de cabeza desde hace tres días.
• 몸이 좋지 않은 지 3일째입니다.	Hace tres días que me siento mal.
• 요즘에 잠을 못 잤습니다.	Estos días no he podido dormir.
• 최근에 일을 너무 많이 했습니다.	Últimamente he trabajado demasiado.
• 최근에 스트레스를 많이 받았습니다.	Recientemente he tenido mucho estrés.
• 보통은 술을 많이 마시지 않습니다.	Normalmente no bebo mucho.
• 규칙적으로 운동합니다.	Hago ejercicios regularmente.
• 거의 운동하지 않습니다.	Casi nunca hago ejercicios.
• 두통약을 주세요.	Deme algunas pastillas para el dolor de cabeza.

[작별 인사 및 대화 종결]

• 대단히 감사합니다. 친절하시군요!	Muchas gracias. ¡Qué amable!
• 도움 주셔서 감사합니다.	Gracias por la ayuda.
• 도움에 감사드립니다.	Le agradezco la ayuda.
• 안녕히 계세요.	Hasta luego. / ¡Adiós!
• 좋은 하루 되세요!	¡Que tenga un buen día!

[대화 시작]

> Buenos días, doctora. He venido porque me siento un poco mal.
> 좋은 아침입니다, 선생님. 제가 몸이 조금 좋지 않아서 왔습니다.
>
> 응시자

감독관

> Hola. Tome asiento por favor. Dígame, ¿cómo se encuentra?
> 안녕하세요. 자리에 앉으세요. 말씀해 보세요. 지금 상태가 어떤가요?

> Me siento mareado y tengo mucha fiebre.
> 어지럽고 열이 많이 납니다.
>
> 응시자

감독관

> Y... ¿algún otro síntoma?   또 다른 증상이 있나요?

[주제의 전개]

> Sí, por las noches no puedo dormir. Incluso, tengo pesadillas.
> 네. 밤에 잠을 잘 수 없어요. 심지어 악몽을 꾸기도 합니다.
>
> 응시자

감독관

> ¿Desde cuándo tiene estos síntomas?
> 이런 증상들은 언제부터 겪었나요?

> Desde hace una semana, más o menos.
> 대략 일주일 전부터입니다.
>
> 응시자

감독관

> ¿Trabaja mucho y tiene mucho estrés?
> 일을 많이 하거나 스트레스를 많이 받나요?

> La verdad sí. Es que recientemente he estado muy ocupado.
> 사실 그렇습니다. 최근에 제가 많이 바빴습니다.
>
> 응시자

감독관

> ¿Usted bebe o fuma?
> 음주나 흡연을 하나요?

> Bebo un poco pero no fumo.
> 음주는 조금 하지만 흡연은 하지 않습니다.
>
> 응시자

감독관

Le voy a recetar algunas pastillas para calmar los nervios. Vuelva el lunes a las 2.
신경을 진정시킬 알약을 처방해 드리겠습니다. 월요일 두 시에 다시 오세요.

응시자

Sí, tomaré las pastillas y volveré el lunes.
네. 약을 먹고 월요일에 다시 오겠습니다.

[작별 인사 및 대화 종결]

응시자

Muchas gracias, doctora. Es usted muy amable.
정말 감사합니다, 선생님. 당신은 매우 친절하군요.

감독관

De nada, hasta luego.   천만에요. 안녕히 가세요.

응시자

Hasta luego.   안녕히 계세요.

PRUEBA DE COMPRENSIÓN DE LECTURA

Esta prueba tiene **cuatro tareas**.
Usted debe responder a 25 preguntas.
La duración es de 60 minutos.
Marque las opciones elegidas en la **Hoja de respuestas**.

INSTRUCCIONES

Usted va a leer la carta que Elena ha escrito a su amigo Rodolfo. A continuación, conteste a las preguntas (de la 1 a la 5). Seleccione la opción correcta (A, B, o C).

Marque las opciones elegidas en la **Hoja de respuestas**.

Querido Rodolfo:

Acabo de volver a casa después de haber pasado las mejores vacaciones de mi vida... Sí, ya sé que todas las vacaciones son las mejores, pero estas, de verdad, han sido especiales. Sabes que Cancún era como un sueño para mí.

Los primeros días estuve en la famosa Playa del Carmen. Me alojé en un hotel de categoría media, pero lo interesante es que casi todos los hoteles de Cancún tienen un sistema llamado 'Todo incluido' y tú puedes consumir todo tipo de bebidas gratis tanto en el hotel como en la playa. De día me quedaba en la playa tomando el sol, bañándome en el agua y siempre con mis cócteles favoritos. De noche salía a caminar por la famosa Quinta Avenida, donde están los mejores bares y discotecas de Cancún. Me encantó el ambiente porque siempre encontraba a gente de todo el mundo, de buen humor, muy alegre por estar en Cancún igual que yo.

Después fui a la isla Mujeres por una recomendación de una chica mexicana y... ¡fue una maravilla! Al llegar a la isla, pude ver el agua cristalina y la arena tan fina y blanca... la verdad es que es tan hermosa la isla que me quedé con la boca abierta. Las playas que tiene esta isla son las mejores playas que he visto en toda mi vida. Jamás podré olvidar esos momentos relajantes que pasé en las playas de esta isla.

¿A que no exagero cuando te digo que han sido fantásticas? Seguro que ahora te estás muriendo de envidia.

De verdad, me encantaría volver a verte pronto.
Escríbeme, que hace mucho tiempo que no tengo noticias tuyas.

Un abrazo,
Elena

PREGUNTAS

1. Elena ha estado en Cancún...

   A) alguna vez.

   B) en varias ocasiones.

   C) por primera vez.

2. El sistema 'Todo incluido' en Cancún es...

   A) solo en los hoteles de categoría media.

   B) habitual entre los hoteles de Cancún.

   C) consumir comidas y bebidas gratuitamente dentro del hotel.

3. En Cancún, Elena por las noches...

   A) tomaba el sol.

   B) se bañaba en el mar.

   C) salía a pasear.

4. A Elena la isla Mujeres, le pareció...

   A) impresionante.

   B) pésima.

   C) relajante.

5. Según la carta, Rodolfo...

   A) vive en Cancún.

   B) no conoce a Elena.

   C) hace mucho que no le escribe a Elena.

INSTRUCCIONES

Usted va a leer ocho anuncios. A continuación, responda a las preguntas (de la 6 a la 13). Seleccione la opción correcta (A, B o C).

Marque las opciones elegidas en la **Hoja de respuestas**.

Ejemplo:

TEXTO 0

Distinguido cliente:

Nos complace invitarle a la inauguración de nuestro nuevo gimnasio situado en la C/ Ancha, 3. Le esperamos el sábado 30 de septiembre a las 14.00 h. para mostrarle nuestras nuevas instalaciones y compartir con usted un aperitivo.

Atentamente,

Fernando Ruiz.

Director comercial.

* Rogamos confirmen asistencia.

0. Si usted desea asistir a esta inauguración debe...

A) acudir a las cuatro.

B) llevar su propia comida.

C) comunicar previamente que va a ir.

La opción correcta es la letra C.

0. A☐ B☐ C■

TEXTO 1

TALLERES DE LECTURA PARA ADULTOS

Actividades gratuitas dirigidas a personas mayores de 65 años.

Inscripciones del 4 al 30 de septiembre en La Casa de Cultura o llamando por las mañanas (de 9.00 a 14.00 h.) al teléfono 837 61 52.

Las actividades se realizarán durante los meses de octubre, noviembre y diciembre los martes y los jueves en La Casa de Cultura de 18.00 a 20.00 h.

6. Las personas inscritas podrán asistir a los cursos de lectura...

A) sin pagar.

B) en septiembre.

C) por las mañanas.

TEXTO 2

El Festival de Cine Latino de Bogotá

Se complace en presentar la serie anual Cine en tu Idioma 2020, exhibiendo nuevo cine latinoamericano y español. La presentación de septiembre será la película EL BRINDIS, del 17 al 23, con los siguientes horarios: 11.30, 16.00, 20.30 y 22.45.

La presentación de las 22.45 solo se realizará los viernes y sábados. El precio de la entrada es de 27.000 pesos colombianos para el público en general y de 20.000 para estudiantes, personas de la tercera edad y miembros del Centro de Arte de Bogotá.

Las entradas individuales se deberán comprar previamente a la exhibición en la taquilla.

7. Las personas mayores que asistan de manera individual podrán comprar la entrada...

A) solo los viernes.

B) más barata.

C) en el Centro de Arte de Bogotá.

TEXTO 3

COMPAÑÍA DE TANGO ESTAMPAS PORTEÑAS

Sentimos informarles de que la función del sábado 27 de junio ha sido aplazada al día 30 del mismo mes debido a la huelga de transporte que ha impedido trasladar hasta aquí nuestro escenario, vestuario e instrumentos. El director, los bailarines y toda la organización piden disculpas por las molestias. Para la devolución de entradas diríjanse a las taquillas del teatro antes del día de la función.

8. El espectáculo ha sido pospuesto porque...

A) los transportistas han tenido mucho trabajo.

B) el material no ha llegado.

C) las entradas se han agotado.

TEXTO 4

AVISO

El próximo día 28 de noviembre se celebrará una reunión de padres a las 16,00 h. en el salón de actos del colegio.

Puntos del día:

- Informe de las actividades extraescolares realizadas.
- Organización del viaje de fin de curso.
- Ampliación del gimnasio.

Imprescindible asistencia.

Se ruega puntualidad.

9. Se ha convocado una reunión para informar sobre...

A) nuevas actividades extraescolares.

B) el viaje de fin de curso.

C) normas de uso del gimnasio.

TEXTO 5

SE TRASPASA RESTAURANTE VENEZOLANO

Por falta de tiempo y por tener que atender otro negocio, traspaso restaurante de comida venezolana en Sarasota.
Buen precio y buena ubicación.
La renta es muy barata y todas las instalaciones están nuevas.
Para más información pueden llamar al 941-2561797

10. El local del restaurante venezolano es...

A) céntrico.

B) alquilado.

C) nuevo.

TEXTO 6

'LUPE'
LA COCINA DE TUS SUEÑOS

Las soluciones técnicas, la calidad de los materiales empleados, la búsqueda del diseño y la posibilidad de satisfacer cada exigencia personal, son características que desde hace 40 años reflejan la filosofía de 'Lupe'.

Proyecto personalizado y gratuito de su cocina, asegurándole un ahorro mínimo del 20% y financiación de hasta 60 meses.

C/ Ecuador, 54 - Tel. 465 29 29 65

Usted elige Lupe... nosotros creamos su cocina.

11. El texto dice que esta fábrica de muebles de cocina...

A) es una empresa joven en el mercado.

B) ofrece una financiación de sus productos.

C) hace un proyecto a medida por un módico precio.

TEXTO 7

¡Este verano... hacerte de nuestro club tiene premio!

¿Te gustaría recordar los momentos más divertidos de tus vacaciones?

Porque, por ser socio del club, te puedes llevar esta cámara sumergible.

Envíanos tu foto favorita de estas vacaciones y, si el jurado la selecciona de entre las cien mejores, recibirás tu premio antes de 15 días en tu casa.

Mándanosla por correo electrónico a nuestra página www.club15.com

12. Para conseguir el regalo hay que enviar una foto...

A) en quince días.

B) a los otros socios.

C) por correo electrónico.

TEXTO 8

Playa Margarita inaugura internet inalámbrico desde la arena.

Margarita se ha convertido en una de las primeras playas donde los bañistas y turistas disponen de una conexión inalámbrica a internet. Esta conexión permite a todas aquellas personas que lo deseen conectarse a la red de forma gratuita desde el paseo marítimo, la arena o incluso desde embarcaciones próximas a la orilla, pero no desde las viviendas más cercanas, para evitar conflictos con las operadoras.

13. Según el texto, el servicio de conexión inalámbrica a internet tiene cobertura en...

A) la orilla.

B) alta mar.

C) las casas próximas.

INSTRUCCIONES

Usted va a leer tres textos de tres películas. Relacione las preguntas (de la 14 a la 19) con los textos (A, B o C).

Marque las opciones elegidas en la **Hoja de respuestas**.

PREGUNTAS

		A.	B.	C.
14.	¿En qué película es adoptado el personaje?			
15.	¿Qué película es de miedo?			
16.	¿En qué película el personaje tiene problemas de salud?			
17.	¿En qué película el personaje viaja en busca de su familia?			
18.	¿En qué película hay un encuentro inesperado de dos personas?			
19.	¿Qué película está ambientada en una guerra?			

A. LA CANCIÓN DE LOS NOMBRES OLVIDADOS

En pleno estallido de la Segunda Guerra Mundial, el pequeño Dovidl acaba de llegar a Londres como refugiado judío desde su Polonia natal. Con tan solo 9 años, es un prodigio del violín, lo que propicia su acogida en una destacada familia británica, que lo integra como un hijo más y promociona sus estudios musicales. Dovidl se convierte en el mejor amigo de su nuevo hermano Martin y en la gran promesa familiar. Años después, Dovidl está a punto de ofrecer su primer y esperado concierto, pero horas antes desaparece sin dejar rastro provocando la vergüenza y la ruina de la familia y dejando a Martin sumido en la tristeza y la incertidumbre.

B. ¡DÉJATE LLEVAR!

El Dr. Elia Venezia es un rígido psicoanalista con una vida tranquila y predecible. Elia vive una vida confortable centrada en la autocomplacencia, hasta que un día es alertado por su médico y se ve obligado a cambiar de dieta y a practicar ejercicio diario. Es entonces cuando el rumbo de Elia cambia drásticamente, tras conocer a Claudia, una jovial entrenadora personal más preocupada por el culto al cuerpo que de la mente. La energía y la espontaneidad de Claudia conducen a Elia a experimentar una sucesión de contratiempos disparatados a lo largo y ancho de la ciudad de Roma. Este soplo de vitalidad hace que Elia se replantee su existencia y vea la vida de un modo diferente y algo más despreocupado.

C. EL CUADERNO DE SARA

Desde hace años, Laura busca a su hermana Sara, desaparecida en medio de la selva del Congo. Ni en la ONG para la que trabaja, ni en la embajada tienen noticias de su paradero, hasta que aparece una foto de Sara en un poblado minero del este del país africano. Laura decide viajar a Kampala para, desde allí, iniciar un peligroso viaje al corazón de África, un territorio dominado por los señores de la guerra. Una aventura que la lleva hasta la más sucia, violenta y oculta trastienda de los poderes occidentales.

INSTRUCCIONES

Usted va a leer un texto sobre un experto en chocolate. A continuación, conteste a las preguntas (de la 20 a la 25). Seleccione la opción correcta (A, B o C).

Marque las opciones elegidas en la **Hoja de respuestas**.

EL CHOCOLATE MEXICANO

Los mexicanos prefieren el chocolate nacional mucho más que cualquier otro, aunque antes no era así y preferían el extranjero, porque desconocían la calidad del producto mexicano, aseguró el chef José Ramón Castillo.

'Decían que si el chocolate era belga o francés querían probar algunos, y que si era mexicano, no. Hoy en día, los consumidores preguntan si el chocolate es de Chiapas, Veracruz o de Tabasco y si les dices que sí, lo compran no sin antes preguntar qué porcentaje de cacao posee, lo que significa que tienen un conocimiento real del producto', destacó.

El experto chocolatero platicó que antes era como luchar contra un titán. No obstante, ahora se muestra una cara mucho más amigable en el campo mexicano. 'Todo esto se debe a la gran cantidad de información que se ha difundido acerca de nuestro chocolate. Los medios han contribuido para promover su importancia, por lo que actualmente tiene su reconocimiento internacional', dijo Castillo, quien suma 10 años en esta especialidad.

José Ramón Castillo asistirá, por tercera ocasión, como invitado al Salón del Chocolate en París, Francia, en noviembre próximo y por primera vez estará en otro evento en Tokio, Japón, a finales de año. 'Me interesa mucho promocionar los beneficios nutrimentales que el chocolate tiene para la salud, sobre todo en el uso de la pastelería. Lo que quiero es disminuir los niveles de azúcar e incrementar los porcentajes de pasta de cacao y la utilización del producto interno. El nivel de consumo de chocolate en México es fuerte y sobresale mucho en bebidas como el pozol y la horchata con cacao', destacó.

José Ramón Castillo es un experto chocolatero mexicano, propietario de una chocolatería evolutiva. Una universidad de París le otorgó el título de Maestro Chocolatero de las Américas. Además, ganó el Premio Absoluto en el Campeonato de Cocina de Barcelona, y el título de joven cocinero de Cataluña.

PREGUNTAS

20. Antes, los mexicanos preferían chocolate...

- **A)** nacional.
- **B)** extranjero.
- **C)** de calidad.

21. Ahora, la gente mexicana...

- **A)** no prueba el chocolate.
- **B)** siempre se interesa por saber el porcentaje de cacao.
- **C)** tiene poco conocimiento del chocolate.

22. Para Castillo, promocionar el chocolate mexicano era bastante...

- **A)** difícil.
- **B)** fácil.
- **C)** divertido.

23. Ahora el chocolate mexicano tiene reconocimiento internacional porque...

- **A)** la gente es más amigable.
- **B)** el campo mexicano se ha desarrollado.
- **C)** ha habido mucha promoción informativa.

24. Lo que quiere Castillo es...

- **A)** utilizar menos azúcar.
- **B)** utilizar menos pasta de cacao.
- **C)** vender más bebidas con chocolate.

25. Según el texto, Castillo...

- **A)** es profesor de una universidad de París.
- **B)** es muy reconocido en Europa.
- **C)** es un joven de Cataluña.

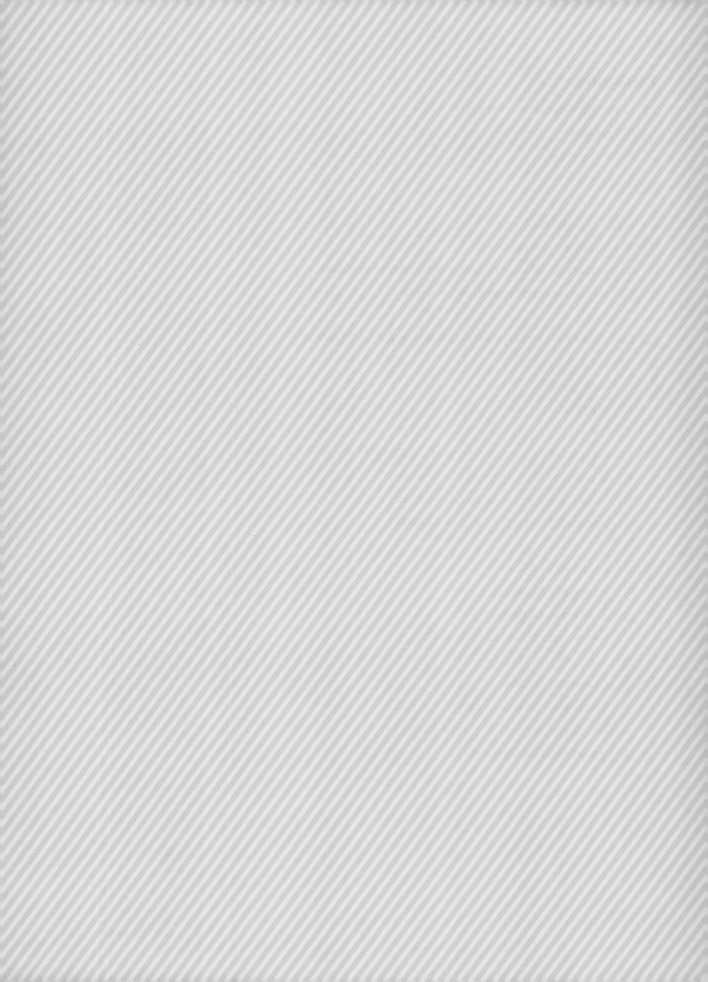

PRUEBA DE COMPRENSIÓN AUDITIVA

Esta prueba contiene **cuatro tareas.**
Usted debe responder a 25 preguntas.
La duración es de 40 minutos.
Marque las opciones elegidas en la **Hoja de respuestas**.

🎧 Track 7-1

INSTRUCCIONES

Usted va a escuchar seis conversaciones. Escuchará cada conversación dos veces. Después, tiene que contestar a las preguntas (de la 1 a la 6). Seleccione la opción correcta (A, B o C).

Marque las opciones elegidas en la **Hoja de respuestas**.

A continuación va a oír un ejemplo:

0. ¿Qué deporte le gusta a la madre de Gemma?

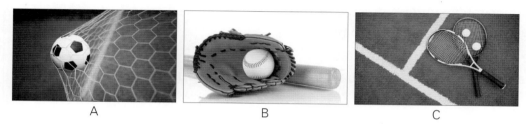

A   B   C

La opción correcta es la A.

0. A ▦ B ☐ C ☐

CONVERSACIÓN UNO

1. ¿Qué le prestó la mujer a Sebastián?

A   B   C

CONVERSACIÓN DOS

2. ¿Por dónde pasea la perra durante la semana?

A   B   C

CONVERSACIÓN TRES

3. ¿Qué va a hacer el hombre?

A

B

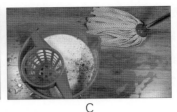
C

CONVERSACIÓN CUATRO

4. ¿Dónde piensa el hombre que estaba la mujer a las cinco?

A

B

C

CONVERSACIÓN CINCO

5. ¿Qué modelo de sofá van a comprar?

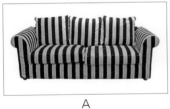
A

B

C

CONVERSACIÓN SEIS

6. ¿Qué tiene que comprar el hombre para recibir un regalo?

A

B

C

INSTRUCCIONES

Usted va a escuchar seis anuncios o fragmentos de un programa de radio y tiene que responder a seis preguntas. Cada audición se repite dos veces. Lea las preguntas (de la 7 a la 12) y seleccione la opción correcta (A, B o C).

Marque las opciones elegidas en la **Hoja de respuestas**.

A continuación va a oír un ejemplo.

0. Según el anuncio...

A) son más baratos los abrigos y las chaquetas.

B) es una fiesta sorpresa.

C) toda la ropa tiene descuento.

La opción correcta es la A.

0. A ■ B ☐ C ☐

PREGUNTAS

AUDIO 1

7. Si compras un dormitorio juvenil...

   A) pagas a plazos con un interés descontado.

   B) pagas a plazos sin interés.

   C) te hacen descuento para comprar una alfombra.

AUDIO 2

8. En esta escuela...

   A) se puede elegir el horario.

   B) los fines de semana hay clases.

   C) se paga la matrícula.

AUDIO 3

9. Este servicio de voluntariado convoca a...

   A) extranjeros.

   B) universitarios.

   C) mayores de edad.

AUDIO 4

10. Esta película es...

   A) una comedia.

   B) una historia de un hospital.

   C) para los niños.

AUDIO 5

11. En el anuncio se informa de que...

   A) hay más animales que el año pasado.

   B) hay un teléfono especial de información para grupos organizados.

   C) en verano podremos visitar el parque.

AUDIO 6

12. Según el anuncio, ellos...

   A) envían flores a otro país sin costo adicional.

   B) envían comidas a domicilio sin costo adicional.

   C) envían regalos sin costo adicional.

INSTRUCCIONES

Usted va a escuchar una conversación entre dos amigos, José y Carla. Indique si los enunciados (del 13 al 18) se refieren a José (A), a Carla (B) o a ninguno de los dos (C). Escuchará la conversación dos veces.

Marque las opciones elegidas en la **Hoja de respuestas**.

Ahora tiene 30 segundos para leer los enunciados.

		A JOSÉ	B CARLA	C NINGUNO DE LOS DOS
0.	No tiene coche.	✓		
13.	Los fines de semana va a comprar algunas cosas.			
14.	Tendrá una reunión familiar.			
15.	Hizo amigos en Australia.			
16.	Se interesa mucho por la cultura española.			
17.	Repara coches.			
18.	Quiere tomar precauciones.			

INSTRUCCIONES

Usted va a escuchar ocho mensajes, incluido el ejemplo. Cada mensaje se repite dos veces. Seleccione el enunciado (de la A a la K) que corresponde a cada mensaje (del 19 al 25). Hay once opciones, incluido el ejemplo. Seleccione siete.

Marque las opciones elegidas en la **Hoja de respuestas**.

A continuación va a oír un ejemplo.

0. A☐ B☐ C☐ D☐ E☐ F▮ G☐ H☐ I☐ J☐ K☐

La opción correcta es la letra F.

Ahora tiene 45 segundos para leer los enunciados.

ENUNCIADOS

A.	Es una promoción en un supermercado.
B.	Tienen que llamar rápidamente.
C.	Debe mover el coche.
D.	No hará sol.
E.	Seis personas van a ir a cenar.
F.	Saldrá un cuarto de hora más tarde de lo previsto.
G.	Sugiere un paseo.
H.	Es una reservación para cenar en un restaurante.
I.	Están ausentes.
J.	No quiere ir a su clase.
K.	Venden comida y bebida.

	MENSAJES	ENUNCIADOS
0.	Mensaje 0	F
19.	Mensaje 1	
20.	Mensaje 2	
21.	Mensaje 3	
22.	Mensaje 4	
23.	Mensaje 5	
24.	Mensaje 6	
25.	Mensaje 7	

PRUEBA DE EXPRESIÓN E INTERACCIÓN ESCRITAS

Número de tareas: 2
Duración: 45 minutos

INSTRUCCIONES

Su abuela le escribe para pedirle ayuda.

¡Hola! ¿Cómo estás?

¿Sabes? Tu abuelo me ha regalado un teléfono inteligente de los últimos modelos y he estado tratando de descubrir sus funciones, pero no lo logro. ¿Me podrías echar una mano? Visítame en mi casa y te preparo algo de comer.

Un beso muy grande

Natalia

Conteste a su abuela. En el correo tiene que:

- saludar;
- contarle sobre lo que ha hecho últimamente;
- decirle si puede ayudarla;
- decirle cuándo podrá visitarla;
- hacerle dos preguntas y despedirse.

Número de palabras recomendadas: entre 60 y 70.

내용 구상란

소요 시간: _____

단 어 수: _____

INSTRUCCIONES

Elija solo una de las dos opciones. En cada opción tiene que tratar todos los puntos.

OPCIÓN 1

Escriba un texto sobre una fiesta especial. Hable de:

- cuándo y dónde fue;
- quiénes fueron invitados;
- qué hicieron en la fiesta;
- por qué le gustó esa fiesta;
- cuándo hace usted fiestas y con quién.

OPCIÓN 2

Lucía y Jorge son un matrimonio que tiene una hija pequeña y se acaban de mudar de casa. Aquí tiene dos fotos del lugar donde vivían antes y donde viven ahora.

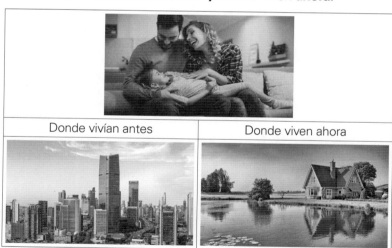

| Donde vivían antes | Donde viven ahora |

Usted tiene que escribir un texto sobre la vida de la familia de Lucía y Jorge, y decir:

- dónde vivían antes;
- dónde viven ahora;
- qué cambios habrá en su vida y por qué.

Número de palabras recomendadas: entre 70 y 80.

OPCIÓN: _____

PRUEBA DE EXPRESIÓN E INTERACCIÓN ORALES

INSTRUCCIONES

La prueba de Expresión e interacción orales tiene tres tareas:

- TAREA 1: Monólogo.
  Usted tiene que hablar ante el entrevistador sobre un tema durante 2-3 minutos.
- TAREA 2: Descripción de una fotografía.
  Usted tiene que describir una fotografía durante 2-3 minutos.
- TAREA 3: Diálogo en una situación imaginaria.
  Usted tiene que hablar con el entrevistador en una situación imaginaria, relacionada con la fotografía que ha descrito en la Tarea 2, durante 3-4 minutos.

Tiene 12 minutos para preparar las tareas 1, 2 y 3. Puede tomar notas y escribir un esquema de sus respuestas. Durante la prueba, puede consultar sus notas, pero no leerlas detenidamente.

INSTRUCCIONES

Hable de un viaje especial que usted ha hecho. Hable de:

- adónde fue, cuándo y por qué;
- si fue solo/-a o con alguien más;
- dónde se alojó;
- por qué fue especial para usted ese viaje;
- qué es lo más importante para usted en un viaje y por qué.

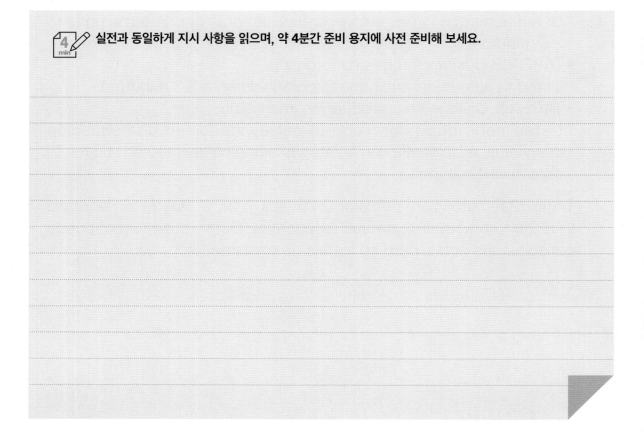

실전과 동일하게 지시 사항을 읽으며, 약 **4분**간 준비 용지에 사전 준비해 보세요.

이제 준비한 내용을 발표해 봅시다. 녹음하여 모범 답안과 비교해 보며, 문제점을 진단해 보세요.
능숙해질 때까지 반복하여 연습하세요.
"El tema que he elegido para la TAREA uno es…"

Hable de la fotografía durante dos o tres minutos. Usted debe hablar de:

- ¿Cómo son las personas de la foto? (aspecto físico, personalidad que cree que tienen...) ¿Qué ropa llevan?
- ¿Dónde están esas personas? ¿Qué objetos hay? Describa el lugar.
- ¿Qué están haciendo las personas de la foto?
- ¿Qué relación cree que hay entre ellas?
- ¿Qué cree que piensan, o cómo cree que se sienten, esas personas? ¿Por qué?
- ¿Qué cree que han hecho antes? ¿Y qué van a hacer después?

학습에 앞서 실전처럼 지시 사항과 예상 질문을 읽으며, 약 **4분간** 준비 용지에 사전 준비를 해 보세요.

이제 준비한 내용을 발표해 봅시다. 녹음하여 모범 답안과 비교해 보며, 문제점을 진단해 보세요.
능숙해질 때까지 반복하여 연습하세요.

2-3min

"La fotografía que he elegido para la TAREA dos es..."

Imagine que usted está en un restaurante. El examinador es el camarero. Hable con él siguiendo estas indicaciones.

Durante la conversación, tiene que:

- pedir la carta;
- pedir el menú que le gusta;
- pedir algo para beber;
- decirle si le ha gustado o no la comida.

학습에 앞서 실전처럼 지시 사항과 예상 질문을 읽으며, 약 **4분간** 준비 용지에 사전 준비를 해 보세요.

이제 준비한 내용을 발표해 봅니다. 말하는 내용을 녹음하며 모범 답안과 비교하고, 문제점을 진단할 수 있도록 합니다. 실제 시험까지 반복적으로 훈련하세요.

이어지는 훈련용 대본에 맞춰, '응시자' 역할의 대화를 발표해 보세요.

[대화 시작]

응시자

감독관   Hola. ¿En qué puedo ayudarlo/la?

응시자

감독관   Claro que sí. Aquí está la carta.

[주제의 전개]

응시자

감독관   ¿Qué le gustaría tomar, de primero? Tenemos sopa de zanahoria y crema de champiñones.

응시자

감독관   De segundo, tenemos filete de pavo y filete de ternera.

응시자

감독관   Sí, tenemos vino, cerveza y también sangría.

응시자

감독관   ¿Algo más?

응시자

[작별 인사 및 대화 종결]

	응시자
감독관	De nada, hasta luego.
	응시자

PRUEBA DE COMPRENSIÓN DE LECTURA

1 해석

지시 사항

당신은 엘레나가 자신의 친구인 로돌포에게 쓴 편지를 읽을 것입니다. 이어서 1번부터 5번까지의 질문에 답하세요. (A, B 혹은 C) 정답을 선택하세요.

선택한 보기를 **답안지**에 표기하세요.

사랑하는 로돌포:

나는 내 인생에서의 최고의 휴가를 보내고 지금 막 집으로 돌아왔어. 그래, 모든 휴가들이 항상 최고의 휴가겠지. 그런데 이번 휴가는 정말로 특별했었어. 넌 알잖아. 칸쿤은 나에겐 마치 하나의 꿈과도 같은 것이었다는 사실을.

처음 며칠은 그 유명한 카르멘 해변에 있었어. 나는 중급 호텔에 묵었는데 흥미로운 사실은, 칸쿤의 거의 모든 호텔에서는 '토도 인클루이도'라고 불리는 시스템을 갖추고 있다는 거야. 그 시스템으로 너는 해변뿐 아니라 호텔에서도 모든 종류의 음료를 무료로 이용할 수 있단다. 낮에는 바닷가에서 일광욕을 하고, 해수욕을 하고, 내가 가장 좋아하는 칵테일도 계속 마셨지. 밤에는 칸쿤의 최고의 술집과 디스코텍이 있는 그 유명한 5번 대로를 걸었어. 나는 그 분위기가 너무도 마음에 들었어. 왜냐하면 나는 항상 세계 각지에서 온 사람들을 만났는데 그들은 나처럼 칸쿤에 있다는 것이 너무도 즐거워서 기분이 아주 좋았던 사람들이었거든.

그 후에 나는 어떤 멕시코 여자의 추천으로 무헤레스 섬으로 갔어. 그리고 그곳은 정말 놀라웠어! 섬에 도착했을 때 나는 유리처럼 투명한 바닷물과 너무나도 곱고 하얀 모래를 볼 수 있었단다. 사실 그 섬이 너무나도 아름다워서 나는 입이 쩍 벌어졌지. 이 섬이 갖고 있는 해변은 내가 살면서 본 해변들 중에 가장 최고였어. 나는 이 섬의 해변가에서 보낸 그 마음 편했던 순간들을 결코 잊지 못할 거야.

환상적이었다는 내 말이 과장이 아니라는 걸 알겠지? 분명 너는 지금쯤 나를 엄청 부러워하고 있을 거야.

너를 곧 다시 본다면 정말 좋을 것 같아.

답장 써 주렴. 너의 소식을 못 들은 지 너무 오래되었어.

포옹을 전하며

엘레나

문제

1. 엘레나는 칸쿤에 … 가 봤다.

    A) 언젠가

    B) 여러 번

    C) 처음으로

2. 칸쿤의 '토도 인클루이도' 시스템은 …이다.

    A) 오직 중급 호텔에만 있는 것

    B) 칸쿤의 호텔들 사이에서는 일반적

    C) 호텔 내에서 식사 및 음료를 무료로 이용하는 것

3. 칸쿤에서 엘레나는 밤에 …

    A) 일광욕을 했었다.

    B) 해수욕을 했었다.

    C) 산책을 나갔었다.

4. 무헤레스 섬은 엘레나에게 … 여겨졌다.

    A) 인상적으로

    B) 최악으로

    C) 마음이 편안하게

5. 편지에 따르면, 로돌포는 …

    A) 칸쿤에 살고 있다.

    B) 엘레나를 알지 못한다.

    C) 엘레나에게 편지를 안 쓴 지 오래되었다.

acabar de	막 ~을 끝내다, 방금 ~하다	arena	ⓕ 모래, 모래사장
volver	돌아가다, 돌아오다	fino	가는, 엷은, 고운, 순수한
categoría	ⓕ 범주, 카테고리, 등급	boca	ⓕ 입, 입구
casi	거의, 하마터면 ~할 뻔하다	jamás	결코, 한 번도 아니다
sistema	ⓜ 체계, 시스템, 조직	olvidar	잊다, 망각하다
incluido	포함된	relajante	ⓜ 이완제 / 긴장을 풀게 하는, 이완시키는
sol	ⓜ 태양, 해, 햇빛	exagerar	과장하다, 도를 넘다, 허풍 떨다
bañarse	목욕하다, 몍을 감다	seguro que	분명히 ~이다, 틀림없다
mar	ⓜⓕ 바다, 대양	morirse	죽다, 죽어 버리다, 몹시 ~해 죽을 지경이다
cóctel	ⓜ 칵테일, 칵테일 파티	envidia	ⓕ 시샘, 질투
favorito	마음에 드는, 아주 좋아하는	de verdad	진심으로, 정말로
bar	ⓜ 바, 주점	abrazo	ⓜ 꺼안음, 포옹
discoteca	ⓕ 디스코텍	alguna vez	언젠가
gente	ⓕ 사람들	habitual	습관적인, 버릇된, 평소의
igual	같은, 대등한	gratuitamente	무료로
isla	ⓕ 섬, 구역	dentro de	~ 안에, ~ 이내에, ~ 안에서
recomendación	ⓕ 추천, 의뢰, 권고	pésimo	가장 나쁜, 최악의
cristalino	ⓜ 수정체 / 유리의, 투명한		

1.	편지를 쓴 사람이 칸쿤에 얼마나 갔는지 묻는 문제이다. 정답은 첫 번째 문단 마지막 문장 Sabes que Cancún era como un sueño para mí에서 찾을 수 있다. 명사 'sueño 꿈'이라는 단어를 사용해서 칸쿤은 꿈처럼 가 보고 싶었던 곳이었다고 했으므로 정답은 **C**의 '처음으로'가 된다. A의 alguna vez는 이번이 아닌, 예전 '언젠가' 이미 가 본 적이 있다는 표현이므로 답이 될 수 없다.
2.	'Todo incluido 모든 것 포함'이 무엇을 의미하는지 묻고 있다. 두 번째 문단에서 먼저 확인할 문장은 'tú puedes consumir todo tipo de bebidas gratis tanto en el hotel como en la playa'이다. tanto A como B는 'A만큼이나 B도 역시'라는 뜻을 지닌다. 결국 해변과 호텔 내에서 음료를 모두 무료로 이용할 수 있다는 내용이므로 C는 오답. 'dentro del hotel 호텔 내에서'의 경우만을 표현하기 때문이다. 'casi todos los hoteles de Cancún tienen un sistema llamado 'Todo incluido' 칸쿤의 거의 모든 호텔에서는 '토도 인클루이도'라고 불리는 시스템을 갖추고 있다는 거야.'라는 문장에서 '칸쿤의 거의 모든 호텔'이라고 했으므로 해당 시스템은 여러 호텔에 모두 동일하게 존재한다는 것을 알 수 있다. 따라서 정답은 **B**. 보기에 등장한 형용사 habitual은 '일반적, 통상의, 관행의'라는 뜻임을 알아 두자.
3.	엘레나가 칸쿤에서 밤에 주로 무엇을 했는지 묻고 있다. 두 번째 문단의 'De noche salía a caminar por la famosa Quinta Avenida, donde están los mejores bares y discotecas de Cancún. 밤에는 칸쿤의 최고의 술집과 디스코텍이 있는 그 유명한 5번 대로를 걸었어.'에서 정답을 찾을 수 있는데, 동사 caminar 역시 pasear와 더불어 '걷다, 거닐다, 산책하다'라는 의미를 지닌다. 따라서 정답은 **C**. 같은 문단에 de día로 시작하는 문장이 있지만 이는 '낮에' 했던 일을 묘사하는 것이므로 A와 B는 오답이다.
4.	무헤레스 섬에 대해 엘레나가 어떤 인상을 받았는지 묻고 있다. 세 번째 문단에서 엘레나는 이 섬을 'una maravilla 경이, hermosa 아름다운'이라고 표현한다. 하지만 결정적인 단서는 me quedé con la boca abierta라는 구절이다. '입이 쩍 벌어졌다'라는 표현은 그 섬이 너무나도 '인상적이었다'는 의미이다. 따라서 정답은 **A**. C의 형용사 'relajante 마음이 편한'은 마지막 문장에 나오지만 해변가에서 보낸 'momentos 그 순간들'을 묘사하는 데 쓰인 것이므로 함정이다.
5.	수신자인 로돌포에 대한 질문이다. 편지 마지막에서 엘레나는 'Seguro que ahora te estás muriendo de envidia 분명 너는 지금쯤 나를 엄청 부러워하고 있을 거야.'라고 한다. 로돌포가 칸쿤에 살고 있다면 부러워할 이유가 없으므로 A는 오답. 이어서 엘레나는 me encantaría volver a verte pronto라고 하는데, 이때 다시 보기를 원한다고 했으므로 B 역시 오답이 된다. 마지막 문장인 'hace mucho tiempo que no tengo noticias tuyas 너의 소식을 못 들은 지 너무 오래되었어.'를 통해서 정답은 **C**임을 알 수 있다.

1 해석

지시 사항

당신은 8개의 안내문을 읽게 될 것입니다. 이어서 6번부터 13번까지의 질문에 답하세요. (A, B 혹은 C) 정답을 선택하세요.

선택한 보기를 **답안지**에 표기하세요.

예:

텍스트 0

친애하는 고객님:

저희는 기쁜 마음으로 당신을 안차길 3번지에 위치한 저희의 새 체육관 개관식에 초대합니다. 우리의 새로운 시설을 보여드리고 다과를 함께 나누기 위해 9월 30일 토요일 오후 두 시에 당신을 기다리고 있겠습니다.

정중히,
페르난도 루이스.
영업부장.

*참석 여부 확인 부탁드립니다.

0. 당신이 이 개관식에 참석하길 원한다면 …

   A) 오후 네 시에 가야 한다.

   B) 자신의 음식을 가져가야 한다.

   C) 갈 것이라고 사전에 미리 알려야 한다.

정답은 C입니다.

0. A☐ B☐ C▨

텍스트 1

어른들을 위한 독서 수업

65세 이상 어른들을 위한 무료 활동.

9월 4일부터 30일까지 문화의 집에 방문하거나 혹은 (오전 9시부터 오후 2시까지) 837 61 52번으로 전화를 걸어 등록 가능함.

이 활동들은 10월, 11월, 12월 화요일과 목요일에 문화의 집에서 오후 6시부터 8시까지 실행됩니다.

6. 등록된 사람들은 … 독서 강의에 참석할 수 있을 것이다.

A) 무료로

B) 9월에

C) 오전에

텍스트 2

보고타 라틴 영화제

라틴 아메리카와 스페인의 새로운 영화를 선보이며, 연간 시리즈인 시네 엔 투 이디오마 2020을 소개하여 기쁩니다.

9월의 상영은 17일부터 23일까지, 영화 엘 브린디스이며, 상영 시간은 오전 11시 30분, 오후 4시, 오후 8시 30분과 오후 10시 45분입니다. 오후 10시 45분의 상영은 금요일과 토요일만 진행됩니다. 입장료는 일반 대중은 27,000 콜롬비아 페소, 학생, 고령자, 센트로 데 아르테 데 보고타의 회원들은 20,000 콜롬비아 페소입니다.

개별 입장권은 상영 전에 미리 매표소에서 구입해야 합니다.

7. 개별적으로 참석하는 고령자들은 … 입장권을 살 수 있을 것이다.

A) 금요일에만

B) 더 저렴하게

C) 센트로 데 아르테 데 보고타에서

텍스트 3

에스탐파스 포르테냐스 탱고 극단

유감스럽게도 6월 27일 토요일의 공연이 같은 달 30일로 지연되었음을 알립니다. 운송업체의 파업으로 인해 이곳까지 저희의 무대, 의상 및 도구를 옮기는 것의 지장이 있기 때문입니다. 감독, 무용수 그리고 단체 모두가 불편을 일으킨 점에 대해 사과드립니다. 입장권의 환불을 위해서는, 공연 당일 전까지 극장의 매표소로 가십시오.

8. 그 쇼는 … 연기되었다.

A) 운송업자들이 일을 너무 많이 했기 때문에

B) 자재가 도착하지 않았기 때문에

C) 입장권이 매진되었기 때문에

텍스트 4

알림

다음 11월 28일 오후 4시, 학교 강당에서 학부모 모임이 개최될 것입니다.

모임의 논점:
- 실행된 교외 활동 보고.
- 수학여행 편성.
- 체육관 확장.

참가 필수.
시간 엄수 바랍니다.

9. …에 대해 알리기 위한 모임이 소집 되었다.

   A) 새로운 교외 활동

   B) 수학여행

   C) 체육관 이용 규칙

텍스트 5

베네수엘라 식당 양도합니다

시간의 부족과, 다른 사업을 해야 하는 이유로
사라소타에 있는 베네수엘라 음식점을 양도합니다.
좋은 비용과 위치.
임대료가 매우 저렴하며 모든 시설은 새것입니다.
더 많은 정보를 위하여 941-2561797로 전화 주십시오.

10. 베네수엘라 식당은 … 점포이다.

   A) 중심가에 있는

   B) 임대되는

   C) 새로운

텍스트 6

'루페'
당신의 꿈의 주방

기술적 솔루션, 사용하는 자재의 품질, 디자인의 탐색과 고객마다의 욕구를 만족시켜드리는 가능성이 40년 전부터 '루페'의 철학을 나타내는 특징입니다.
당신의 주방에 개인 맞춤의 무료 프로젝트를 진행해 드리며 최소 20퍼센트의 금액 절약과 60개월까지의 융자를 보장해 드립니다.
에콰도르길 54번 전화번호 465 29 29 65
당신은 루페를 선택하세요… 저희는 당신의 주방을 제작해 드립니다.

11. 텍스트는 이 주방 가구 공장이 …(라) 고 말한다.

   A) 시장에서 신규 기업이다

   B) 상품의 융자를 제공한다

   C) 저렴한 금액으로 맞춤형 프로젝 트를 실행한다

텍스트 7

올 여름에 우리 클럽의 회원이 되면 상품이 있습니다!

당신의 휴가의 가장 즐거웠던 순간을 회상하고 싶나요?
왜냐하면 우리 클럽의 회원이 되면 이 방수 카메라를 가져가실 수 있기 때문입니다.
이번 휴가의 사진 중 가장 마음에 드는 사진을 보내고, 만약 심사 위원이 최고의 사진 100장 중 당신의 사진을 선택한다면, 15일 내로 당신의 집에서 상품을 받아 볼 수 있을 것입니다.
이메일을 통해 우리의 웹 사이트 www.club15.com으로
사진을 보내 주세요.

12. 경품을 받기 위해서는 … 사진을 보내야 한다.

   A) 15일 내로

   B) 다른 회원들에게

   C) 이메일을 통해

텍스트 8

마르가리타 해변에서는 모래사장에서도 이용할 수 있는 무선 인터넷 서비스가 개시됩니다.

이제 마르가리타는 해수욕객과 관광객이 무선 인터넷 연결을 할 수 있는 최초의 해변 중 하나가 되었습니다. 이 연결망은 해안 산책로와 모래사장, 혹은 연안에 근접한 선박에서 무료로 인터넷에 접속하고자 하는 모든 분들을 위한 것입니다. 하지만 주변 주거지에서는 통신 회사와의 분쟁을 막기 위해 연결할 수 없습니다.

13. 텍스트에 따르면 무선 인터넷 연결 서비스는 …에서 연결된다.

   A) 바닷가

   B) 대양(먼 바다)

   C) 근처 주거지

distinguido	고귀한, 고상한, 저명한	extraescolar	교외의
complacer	기쁨을 주다, 기쁘게 생각하다	realizado	실현된, 달성된
inauguración	ⓕ 개회식, 개시	puntualidad	ⓕ 시간 엄수, 면밀함
aperitivo	ⓜ 간단한 요기 음식(= ⓜ antojito, ⓕ tapa)	falta	ⓕ 부족, 결여, 결석, 실수, 반칙
atentamente	주의 깊게, 정중히, 열심히	ubicación	ⓕ 위치
director	ⓜⓕ 장, 교장, 사장, 감독, 지휘자	renta	ⓕ 수입, 소득, 임대(= ⓜ alquiler)
rogar	간청하다, 빌다	barato	싼, 저렴한
acudir	가다, 쫓아가다, 참가하다	alquilado	임대된, 빌린
festival	ⓜ 축제, 페스티벌	sueño	ⓜ 꿈, 수면, 졸음, 이상
exhibir	공개하다, 전시하다, 진열하다	técnico	기술의, 전문의
colombiano	ⓜⓕ 콜롬비아 사람 / 콜롬비아의	calidad	ⓕ 품질, 성능
en general	보통은, 일반적으로, 전반적으로	material	ⓜ 재료, 자료 / 물질적인
tercera edad	ⓕ 노년기, 노인	empleado	ⓜⓕ 종업원, 직원 / 사용된, 쓰인
exhibición	ⓕ 전시, 과시, 전시회	búsqueda	ⓕ 수색, 탐구, 추구
estampa	ⓕ 삽화, 인쇄, 모습, 전형	diseño	ⓜ 디자인, 설계, 도안, 계획
porteño	항구 도시의, 부에노스아이레스 시의	satisfacer	만족시키다, 충족시키다
sentir	느끼다, 의식하다, 슬프다, 유감이다	exigencia	ⓕ 요구, 욕구
función	ⓕ 기능, 직무, 상연	reflejar	반사하다, 반영하다, 나타내다
huelga	ⓕ 파업	filosofía	ⓕ 철학, 인생관, 의도
impedir	막다, 방해하다	personalizado	개인화된, 개인에게 맞춘
vestuario	ⓜ 의상, 의류, 탈의실, 분장실	asegurar	확언하다, 보증하다
instrumento	ⓜ 도구, 기구, 수단	ahorro	ⓜ 저축, 절약
bailarín	ⓜⓕ 무용가, 댄서 / 춤추는	financiación	ⓕ 융자, 자금 조달, 금융
espectáculo	ⓜ 쇼, 구경거리, 흥행물	crear	창조하다, 창작하다
pospuesto	뒤에 둔, 연기된	a medida	맞춘, 치수에 맞춘
agotarse	고갈되다, 바닥이 나다	módico	저렴한, 싼, 그저 그런
padres	부모	premio	ⓜ 상, 상금, 수상자
salón de actos	ⓜ 강당	recordar	기억하다, 생각해 내다, 회상하다
punto	ⓜ 점, 지점, 점수, 정각, 상태	socio	ⓜ 회원, 파트너, 멤버, 동업자
informe	ⓜ 보고, 보고서, 알림	sumergible	ⓜ 잠수함 / 잠수할 수 있는, 방수의

jurado	ⓜ 배심원단, 심사원	embarcación	ⓕ 배, 선박, 승선
inaugurar	개업하다, 시작하다, 개관하다	orilla	ⓕ 끝, 가장자리, 강가, 바닷가
inalámbrico	무선의	vivienda	ⓕ 주거, 집
arena	ⓕ 모래	evitar	회피하다, 막다
bañista	ⓜⓕ 욕객, 해수욕객	conflicto	ⓜ 싸움, 분쟁, 투쟁, 갈등
disponer de	소유하다, 자유롭게 사용하다	operadora	ⓕ 통신사
paseo	ⓜ 산책, 산보, 단거리	cobertura	ⓕ 덮개, 커버, 전파가 퍼지는 범위
marítimo	바다의, 해상의	alta mar	ⓕ 대양, 먼 바다

3 해설

0.
체육관 개관식 시간을 'a las 14.00 h. 오후 두 시'라고 공지하고 있으므로 A는 오답. 이때 동사 acudir는 동사 ir와 비슷한 의미로 사용된다. 또한, 개관식에 참가하면 새로운 시설을 볼 수 있고, 'aperitivo 다과'를 함께 나눈다고 했으므로 B 역시 답이 될 수 없다. 따라서 정답은 **C**. 마지막 문장 'Rogamos confirmen asistencia.'에서 참석 여부 확인을 당부하고 있다.

6.
독서 수업에 대한 설명이 바른 것을 묻고 있다. 첫 번째 문장의 'Actividades gratuitas 무료 활동'에서 정답을 추론할 수 있다. '무료' 즉, 등록만 하면 돈을 내지 않고 수업을 들을 수 있으므로 정답은 **A**. 마지막 문장 'Las actividades se realizarán durante los meses de octubre, noviembre y diciembre los martes y los jueves en La Casa de Cultura de 18.00 a 20.00 h.'에서 '10월, 11월, 12월'에 진행되는 수업이라고 했으므로 B는 오답임을 알 수 있다. 수업 시간은 오후 6시부터 8시까지이므로 C도 오답이다.

7.
고령자들의 입장권 구입에 대해 묻고 있다. 이러한 유형의 문제는 문제 전체를 꼼꼼하게 해석해야 한다. 입장권을 언제, 어떻게, 어디에서 살 수 있는지를 묻는 질문처럼 보이지만 앞의 주어가 'Las personas mayores que asistan de manera individual 개별적으로 참석하는 고령자들'이라는 조건을 달고 있다. 이때 주의해야 할 것은, persona mayor가 '어른, 성인, 중년' 등을 지칭하는 것이 아니라 문맥상 'público en general 일반 대중'과 구분되는 연령 즉, '고령의 사람들'을 지칭한다는 것이다. 입장료에 대한 언급에서 정답 표현은 'personas de la tercera edad 고령자'이며, 이들은 학생 또는 특정 기관의 회원들처럼 입장료가 더 저렴하다는 것을 알 수 있다. 따라서 정답은 **B**.

8.
쇼가 연기된 이유를 묻고 있다. 첫 번째 문장에서 공연이 'aplazado' 지연되었음을 알 수 있다. 문제에서 동의어인 pospuesto를 사용하며 쇼가 연기된 이유를 묻고 있는데, 'debido a la huelga de transportes que ha impedido trasladar hasta aquí nuestro escenario, vestuario e instrumentos 운송업체의 파업으로 인해 이곳까지 저희의 무대, 의상 및 도구를 옮기는 것의 지장이 있기 때문입니다.'라는 문장에서 정답을 찾을 수 있다. 운송업체의 파업으로 무대, 의상 그리고 (공연에 필요한) 기기를 공연 장소까지 가지고 올 수 없었다는 것이 중요한 정보이므로 정답은 **B**가 되며, 'material 재료, 자재'로 앞서 언급한 것들을 칭하고 있음을 기억하자. 운송업체 측의 'huelga 파업'이 원인이므로 A의 '운송업자들이 일을 너무 많이 했기 때문에' 공연이 연기되었다는 말은 성립하지 않는다.

9.	해당 모임이 무엇을 알리기 위한 것인지를 묻고 있다. 텍스트에서 나열하고 있는 'Puntos del día 모임의 논점'을 확인해서 답을 골라야 하는데, '수학여행' 편성에 대한 것이 모임의 논점이라고 했기 때문에 정답은 **B**이다. A로 답을 혼동하기 쉬운데, 첫 번째 안건인 'Informe de las actividades extraescolares realizadas 실행된 교외 활동 보고'는 'nuevas actividades escolares 새로운 교외 활동'이라고 할 수 없으므로 오답. C는 'gimnasio 체육관'이라는 내용은 공통되지만, 'normas de uso 이용 규칙'에 대해 언급하고 있으므로 답이 될 수 없다.
10.	식당의 특징을 묻고 있다. 'la renta es muy barata 임대료가 저렴하다'를 통해 정답을 찾을 수 있는데, 명사 '임대'는 스페인에서는 alquiler를 쓰지만 일부 남미 지역에서는 renta를 쓴다는 점에 유의해야 한다. 정답은 **B**이며, A의 'céntrico 중심가에 있는'은 텍스트에 언급되지 않았으므로 오답이다. C의 'nuevo 새로운, 신식의'는 'todas las instalaciones están nuevas 모든 시설은 새것입니다'라는 문장 때문에 혼동할 수 있지만, 문제에서는 시설이 아닌 식당 점포 자체를 묻고 있기 때문에 C는 답이 될 수 없다.
11.	주방 가구 공장에 대한 설명이 바른 것을 묻고 있다. 3개의 보기 중 텍스트 내용과 다른 2개를 고르는 방식으로 문제를 풀면 정답을 찾기가 훨씬 수월하다. 우선 A는 'empresa joven 신규 기업'이라고 하지만 텍스트에서는 desde hace 40 años라고 했으므로 답이 될 수 없다. C는 맞춤 프로젝트를 저렴한 금액으로 제공한다는 내용이다. 이때 형용사 'módico 저렴한, 싼, 낮은'은 반드시 암기하도록 하자. 텍스트에서는 'Proyecto personalizado y gratuito 개인 맞춤의 무료 프로젝트'를 진행해 준다고 했으므로 C 역시 오답. 따라서 정답은 **B**. 'asegurándole un ahorro mínimo del 20% y financiación de hasta 60 meses'에서 이 서비스를 이용하면 가구를 더 저렴한 가격으로 살 수 있으며 지불은 최대 60개월까지 융자를 받을 수 있다는 것을 알 수 있다.
12.	경품을 받을 수 있는 방법을 묻고 있다. 경품을 받으려면 잘 나온 사진 한 장을 보내야 하는데, 텍스트 마지막 문장 Mándanosla por correo electrónico...를 보면 사진은 이메일을 통해 접수가 가능하다는 것을 확인할 수 있다. 따라서 정답은 **C**. 'recibirás tu premio antes de 15 días en tu casa 15일 내로 당신의 집에서 상품을 받아 볼 수 있을 것입니다.'는 15일 내로 선물을 받아 볼 수 있다는 것이지 15일 내로 사진을 보내야 한다는 것이 아니므로 A는 오답이다.
13.	무선 인터넷 연결이 가능한 곳을 묻고 있다. 문제의 tener cobertura는 '전파가 잡힌다'라는 뜻으로 휴대전화와 관련해서 자주 쓰이는 표현이다. 어떤 장소에서 무선 인터넷 연결이 가능한지 꼼꼼히 확인해야 한다. 정답은 **A**. 해수욕장을 이용하는 사람들이 무선 인터넷을 사용할 수 있다. 마지막 문장의 'viviendas más cercanas 주변 주거지'에서는 연결이 불가능하다고 했으므로 C도 오답. B의 alta mar는 '바닷가'와는 거리가 먼, '대양, 먼 바다'를 의미한다.

1 해석

지시 사항

당신은 3편의 영화에 대한 3개의 텍스트를 읽을 것입니다. (14번부터 19번까지의) 문제를 텍스트 (A, B, C)와 연결하세요.

선택한 보기를 **답안지**에 표기하세요.

문제

		A.	B.	C.
14.	어떤 영화에서 등장인물이 입양되는가?			
15.	어떤 영화가 공포 영화인가?			
16.	어떤 영화에서 등장인물이 건강상의 문제를 겪는가?			
17.	어떤 영화에서 등장인물이 가족을 찾아 떠나는가?			
18.	어떤 영화에서 두 사람의 우연한 만남이 있는가?			
19.	어떤 영화가 전쟁을 배경으로 하는가?			

A. 잊힌 이름들로 만든 노래

제2차 세계 대전이 발발하던 당시 어린 도비들은 태어난 곳인 폴란드를 떠나 런던으로 온 유대인 난민이다. 9살밖에 안 되는 나이지만 그는 바이올린 신동이며 그것은 영국의 한 부유한 가족이 그를 맡아 아들로 입양하고 음악적 교육을 지원하게 한다. 도비들은 그의 새 형제인 마틴의 가장 친한 친구이자 가족의 희망이 된다. 몇 년 후 도비들은 그의 첫 번째이자 기대해 온 연주회를 치르려 하는 순간 불과 몇 시간 전에 그는 자취를 감춘 채 사라져 버린다. 이는 그의 가족에 수치심과 몰락을 일으키고, 마틴 역시 큰 슬픔과 불안에 빠진다.

B. 자유로워지세요!

엘리아 베네치아 박사는 평온하고 틀에 박힌 삶을 사는 매우 융통성 없는 정신 분석 학자이다. 엘리아는 자기 만족을 중요시하는 편안한 삶을 살고 있다. 하지만 어느 날 그는 그의 주치의로부터 심각한 경고를 받고 식단을 바꿀 것과 매일 운동을 할 것이 강요된다. 그때 엘리아는 정신보다는 몸을 더 신경 쓰는 아주 유쾌한 성격의 개인 트레이너, 클라우디아를 만나게 되고, 이후 그의 삶은 급격히 변화한다. 클라우디아의 에너지와 즉흥적인 성격은 엘리아가 온 로마 시를 종횡하며 터무니없는 사건들의 연속에 놓이게끔 한다. 이러한 활력의 입김은 엘리아가 그의 존재를 다시 생각하고 인생을 다른 방식으로 보며 근심을 내려놓게 만든다.

C. 사라의 노트북

몇 해 전부터 라우라는 콩고의 밀림 속에서 사라진 그녀의 자매인 사라를 찾고 있다. 그녀가 일하는 비정부 기구에서도, 대사관에서도 그녀의 거처에 대한 소식이 없다. 그러던 중 콩고의 동쪽 한 광산 마을에서 사라의 사진이 발견된다. 라우라는 캄팔라로 가서 반군 세력이 지배한 지역인 아프리카의 중심부까지 매우 위험한 여정을 시작하기로 마음먹는다. 서양 세력들의 가장 지저분하고, 폭력적이고 감추어진 경계를 향하는 그녀의 모험.

2 어휘

adoptar	입양하다, 채용하다, 채택하다, 결정하다	judío	ⓜⓕ 유대인 / 히브리의
personaje	ⓜ 인물, 배역	natal	출생의, 탄생의, 태어난 곳의
en busca de	~을 찾아, ~을 얻으려고	prodigio	ⓜ 기적, 불가사의, 신동, 천재
inesperado	예상 밖의, 돌연의, 우연의	propiciar	유리하게 하다, 얻다
ambientado	설정된, 분위기가 만들어진	acogida	ⓕ 환대, 환영, 수용, 유치
guerra	ⓕ 전쟁	destacado	걸출한, 뛰어난, 튀어나온
pleno	완전한, 가득한, 한창 때의, 중앙의	británico	ⓜⓕ 영국 사람 / 영국의
estallido	ⓜ 파열, 폭발, 발발	integrar	포함시키다, 통합하다, 하나로 합치다
refugiado	ⓜⓕ 피난자, 망명자, 난민 / 피난한, 망명한	promocionar	촉진하다, 승진시키다

promesa	ⓕ 약속, 기약, 유망, 희망	experimentar	실험하다, 시험해 보다, 체험하다, 몸소 경험하다
ofrecer	주다, 제공하다	sucesión	ⓕ 연속, 후임, 상속
desaparecer	없어지다, 사라지다	contratiempo	ⓜ 뜻밖의 사고, 봉변, 재난
dejar	놓다, 남기다, 맡기다	disparatado	엉터리의, 아무렇게 하는
rastro	ⓜ 흔적, 자국, 자취	a lo largo y ancho de	종횡으로
provocar	선동하다, 자극하다, 초래하다, 일으키게 하다, 생기게 하다	soplo	ⓜ 바람이 붊, 순간, 일순간
vergüenza	ⓕ 부끄러움, 창피, 수치감	vitalidad	ⓕ 생기, 활력, 생명력
ruina	ⓕ 붕괴, 멸망, 파멸, 파산, 유적	replantear	재설계하다, 재설정하다
sumido	가라앉은, 넣은, 빠진	existencia	ⓕ 존재, 실재, 실존
incertidumbre	ⓕ 불확실성, 의문	despreocupado	무관심한, 걱정이 없는, 근심이 없는
dejarse llevar	끌려가다, 따르다	cuaderno	ⓜ 공책, 수첩, 장부
rígido	경질의, 엄격한, 완고한	en medio de	한가운데에서
psicoanalista	ⓜⓕ 정신 분석 학자	selva	ⓕ 밀림, 정글, 열대 우림
predecible	예언할 수 있는, 예지할 수 있는, 너무 뻔한	ONG	ⓕ Organización No Gubernamental (비정부 기구)의 약어
confortable	쾌적한, 편안한	embajada	ⓕ 대사관
centrado en	~에 중심을 둔	paradero	ⓜ 머문 곳, 행선지, 행방, 주소
autocomplacencia	ⓕ 자기 만족	aparecer	나타나다, 발견되다, 출현하다
alertar	~에 대해 경고하다	poblado	ⓜ 도시, 마을 / (사람이나 동물이) 살고 있는
verse obligado a	어쩔 수 없이 하다, 강요되다	minero	ⓜ 광부, 광맥 / 광산의, 광업의
rumbo	ⓜ 방향, 진로	corazón	ⓜ 심장, 마음, 중심부, 중앙
drásticamente	과감하게, 철저하게	dominado	지배당하는, 점거된
tras	~의 뒤에, 후에	señores de la guerra	ⓜ pl. 반군
jovial	명랑한, 유쾌한, 밝은, 가벼운	violento	폭력적인, 격렬한
entrenador	ⓜⓕ 트레이너, 코치	oculto	숨겨진
culto	ⓜ 종교, 신앙, 숭배, 예찬, 찬미	trastienda	ⓕ 신중, 주의, 경계
espontaneidad	ⓕ 자발성, 우발성, 즉흥적	poder	ⓜ 힘, 능력, 영향력, 권한, ~권, 세력

14.	등장인물이 입양된 영화를 찾는 문제이다. 문제에 등장한 동사 adoptar는 '채택하다, 입양하다'라는 뜻이므로 영화의 등장인물이 입양되는지 확인해야 한다. 정답은 **A**. 이 영화의 주인공은 9살의 어린아이인데, 아이를 입양하는 가족과 얽힌 스토리를 볼 수 있다. 'Con tan solo 9 años, es un prodigio del violín, lo que propicia su acogida en una destacada familia británica, que le integra como un hijo más y promociona sus estudios musicales. 9살밖에 안 되는 나이지만 그는 바이올린 신동이며 그것은 영국의 한 부유한 가족이 그를 맡아 아들로 입양하고 음악적 교육을 지원하게 한다.'라는 문장에서 정답을 찾을 수 있다.
15.	공포 영화를 찾는 문제이다. Película de miedo는 '공포 영화'라는 뜻이며 de terror, suspense, thriller로도 표현된다. 3편의 작품 중 공포 영화는 C이다. 영화의 줄거리를 알아야 문제를 풀 수 있는데, 마지막 문장에서 영화의 줄거리를 한 줄로 요약하고 있다. 'Una aventura que la lleva hasta la más sucia, violenta y oculta trastienda de los poderes occidentales. 서양 세력들의 가장 지저분하고 폭력적이고 감추어진 경계를 향하는 그녀의 모험'이라는 문장을 통해 C가 답임을 알 수 있다. 이에 반해 A와 B의 영화 줄거리는 공포물과는 전혀 관련이 없으므로 오답이다.
16.	등장인물이 건강상의 문제를 겪는 영화를 찾아야 한다. A와 C에서는 주인공의 건강에 대한 직접적인 언급은 등장하지 않으므로 정답은 **B**. 'Elia vive una vida confortable centrada en la autocomplacencia, hasta que un día es alertado por su médico y se ve obligado a cambiar de dieta y a practicar ejercicio diario. 엘리아는 자기 만족을 중요시하는 편안한 삶을 살고 있다. 하지만 어느 날 그는 그의 주치의로부터 심각한 경고를 받고 식단을 바꿀 것과 매일 운동을 할 것이 강요된다.'에서 정답을 찾을 수 있다. 동사 alertar는 '경고하다'라는 의미지만, 텍스트에서는 ser alertado por의 수동태로 표현된다는 점에 주의하자.
17.	등장인물이 가족을 찾아 떠나는 영화를 찾는 문제로, 가족을 찾아 떠나는 인물이 등장하는 영화는 C이다. 주인공 Laura의 자매인 Sara는 아프리카에서 실종되었으며 Laura는 그녀를 찾아 아프리카로 직접 찾아간다고 한다. 주의해야 할 함정은 A인데, 이 영화에서는 주인공이 사라지지만 가족들이 그를 찾아 떠나는 것이 아니라 큰 슬픔과 혼란에 빠지므로 A는 오답이다.
18.	두 사람의 우연한 만남이 있는 영화를 찾는 문제이다. 중요한 것은 형용사 'inesperado 급작스러운, 우연의'이다. 예상치 못한, 우연한 만남이 일어나는 영화는 B이다. 'Es entonces cuando el rumbo de Elia cambia drásticamente, tras conocer a Claudia, una jovial entrenadora personal más preocupada por el culto al cuerpo que de la mente.'에서 정답을 찾을 수 있다. 주인공이 운동을 해야 하는 상황에 놓이면서 개인 트레이너로 인연을 맺은 클라우디아라는 인물과의 만남이 문제의 '우연한 만남'과 일치한다. A는 주인공과 그 주인공을 입양한 가족의 이야기로 이를 '우연한 만남'이라고 하기에는 어색하다.
19.	전쟁을 배경으로 하는 영화를 묻고 있다. Estar ambientado는 '~를 배경으로 하다'라는 뜻이며 영화나 작품 등의 배경을 표현하는 방식이다. 'guerra 전쟁'이 배경으로 등장하는 영화를 찾아야 한다. 따라서 정답은 **A**. 첫 번째 문장 'En pleno estallido de la Segunda Guerra Mundial... 제2차 세계 대전이 발발하던 당시'를 통해 제2차 세계 대전이 일어난 도중에 벌어진 사건을 묘사하고 있음을 알 수 있다. 주의해야 할 것은 C 후반부의 '반군 세력이 지배한 지역인 아프리카'라는 내용인데, '반군'을 의미하는 los señores de la guerra가 등장하지만 이는 영화의 배경이 전쟁임을 의미하지는 않으므로 C는 오답. 텍스트를 끝까지 잘 파악하고 풀어야 하는 문제이다.

1 해석

지시 사항

당신은 한 초콜릿 전문가에 대한 하나의 글을 읽게 될 것입니다. 이어서 20번부터 25번까지의 질문에 답하세요. (A, B 혹은 C) 정답을 선택하세요.

선택한 보기를 **답안지**에 표기하세요.

멕시코 초콜릿

멕시코 사람들은 다른 어느 나라의 것보다 멕시코산 초콜릿을 더 선호한다. 비록 예전에는 그렇지 않았는데 그것은 그들이 멕시코 초콜릿의 품질을 잘 몰랐기 때문에 외국산 제품을 더 선호했던 것이라고 요리사인 호세 라몬 카스티요가 말했다.

'사람들은 초콜릿이 벨기에나 프랑스산이면 먹어 보고 싶다고 했는데, 멕시코산이라면 먹지 않겠다고 했었어요. 요즘 소비자들은 멕시코 치아파스나, 베라크루스 또는 타바스코 것인지를 물어보고, 맞다고 말하면, 카카오 함유량이 어떻게 되는지 물어보고 나서 구입합니다. 그것은 바로 상품의 진정한 지식을 갖고 있다는 것을 의미하는 것입니다.'라고 그는 강조했다.

초콜릿 전문가인 그는 예전에는 그것이 마치 거인과 싸움하는 것과 같았다고 말했다. 그렇지만 지금은 멕시코 초콜릿 생산 지역에서 훨씬 더 우호적인 면이 보인다고 말했다. '이 모든 것은 우리의 초콜릿에 대해 널리 퍼진 다량의 정보 덕분입니다. 언론 매체들은 우리 초콜릿의 중요성을 홍보하는 것에 기여했습니다. 그렇기에 현재 국제적인 인정을 받고 있는 것입니다.' 이 분야에서 10년의 경력을 쌓은 카스티요가 말했다.

호세 라몬 카스티요는 다음 11월에 프랑스 파리에서 열리는 초콜릿 전시회에 초대되어 참석하는데 이번이 세 번째이며, 또한 연말에는 일본 도쿄에서 열리는 다른 행사에도 처음으로 참석할 것이다. '우리의 건강에 있어서, 특히 케이크 제작에서 초콜릿이 가지는 영양적인 유익함을 알리는 데 관심을 갖고 있습니다. 제가 원하는 것은 설탕의 양을 감소시키고 카카오 페이스트 함유량과 국내 상품의 사용을 증가시키는 것입니다. 멕시코에서의 초콜릿 소비 수준은 매우 강력하며 특히 포솔이나 카카오 오르차타와 같은 음료에서 더 부각됩니다.'라고 그는 강조했다.

호세 라몬 카스티요는 멕시코 출신의 초콜릿 전문가이며 성장하고 있는 한 초콜릿 공장의 소유자이기도 하다. 파리의 한 대학교에서는 그에게 아메리카의 초콜릿 거장 타이틀을 수여했으며, 더욱이 그는 바르셀로나 요리 경연 대회의 최종상과 카탈루냐의 젊은 요리사 타이틀을 획득했다.

20. 예전 멕시코인들은 ··· 초콜릿을 더 선호했었다.

  A) 국산

  B) 외국산

  C) 질 좋은

21. 지금은, 멕시코 사람들은 ···

  A) 초콜릿을 맛보지 않는다.

  B) 카카오 함유량을 아는 것에 늘 관심을 갖는다.

  C) 초콜릿에 대한 적은 지식을 가지고 있다.

22. 카스티요에게 있어서, 멕시코산 초콜릿을 홍보하는 일은 매우 ··· 것이었다.

  A) 어려운

  B) 쉬운

  C) 즐거운

23. 지금 멕시코 초콜릿은 ··· 때문에 국제적인 인정을 받는다.

  A) 사람들이 더 우호적이라는 것

  B) 멕시코 초콜릿 생산 지역이 발달했다는 것

  C) 많은 정보의 홍보가 있었다는 것

24. 카스티요가 원하는 것은 ··· 것이다.

  A) 더 적은 설탕을 사용하는

  B) 더 적은 카카오 페이스트를 사용하는

  C) 더 많은 초콜릿 음료를 판매하는

25. 텍스트에 따르면, 카스티요는 ···이다.

  A) 파리의 한 대학교의 교수

  B) 유럽에서 매우 인정받는 인물

  C) 카탈루냐 출신의 젊은이

experto	ⓜⓕ 전문가, 명인 / 노련한	reconocimiento	ⓜ 식별, 인식, 인지
nacional	국가의, 국내의, 자국의	sumar	더하다, 합계하다
desconocer	기억 못하다, 모르다	especialidad	ⓕ 전문, 전공, 특기
calidad	ⓕ 품질, 성능	asistir	출석하다, 참가하다
asegurar	확언하다, 보증하다	a finales de	하순에, 말경에
chef	ⓜ 주방장, 셰프	promocionar	촉진하다, 승진시키다
belga	벨기에(ⓕ Bélgica)의	beneficio	ⓜ 은혜, 유용성, 이익
hoy en día	오늘날	nutrimental	영양의
consumidor	ⓜⓕ 소비자 / 소비하는	sobre todo	특히
no sin antes	반드시 ~하다	pastelería	ⓕ 케이크 제조, 다과, 제과점
porcentaje	ⓜ 백분율, 퍼센티지	disminuir	줄이다
poseer	소유하다	incrementar	증가시키다
chocolatero	ⓜⓕ 초콜릿 만드는 사람 / 초콜릿을 좋아하는	pasta	ⓕ 파스타, 반죽, 덩어리
platicar	이야기하다	utilización	ⓕ 이용, 활용
luchar	전투하다, 싸우다	interno	ⓜⓕ 기숙생, 레지던트 / 내부의
contra	반대하여, 반하여	sobresalir	두드러지다, 빼어나다
titán	ⓜ 천하장사, 거인	pozol	ⓜ 포솔(옥수수, 우유, 설탕 등으로 만든 음료)
no obstante	그렇지만	horchata	ⓕ 오르차타(과실로 만든 음료)
mostrar	보여 주다, 제시하다, 증명하다	propietario	ⓜⓕ 소유자, 주인 / 소유하는
amigable	우정 있는, 정다운, 우호적인	chocolatería	ⓕ 초콜릿 가게, 초콜릿 공장
deber	~해야 한다, 빚을 지다, 은혜를 입다	evolutivo	진행하는, 발전적인
cantidad	ⓕ 양, 수량	otorgar	승낙하다, 주다, 수여하다
difundir	유포시키다, 방송하다	título	ⓜ 제목, 타이틀, 자격
acerca de	~에 대하여	absoluto	절대의, 완전한
medio	ⓜ 중앙, 수단, 기관, 분야, 환경 / 절반의, 중간의	campeonato	ⓜ 선수권 대회
contribuir	기여하다, 공헌하다	difícil	어려운
promover	촉진하다, 조장하다	reconocido	인정받는, 승인된
actualmente	현재, 실제로		

20.	예전의 멕시코인들이 선호했던 초콜릿은 무엇인지 묻고 있다. 우선, 질문의 antes를 보고 예전 상황에 대한 질문임을 파악해야 한다. 동사 preferir 역시 불완료 과거 시제로 등장한다. 첫 번째 문장 Los mexicanos prefieren el chocolate nacional mucho más que cualquier otro, aunque antes no era así y preferían el extranjero에서 현재는 'nacional 국내산'을 다른 무엇보다도 선호하지만 예전에는 그렇지 않았고 'extranjero 외국산' 초콜릿을 더 선호했었다고 했으므로 정답은 **B**이다.
21.	현재 멕시코 사람들의 초콜릿에 대한 습성과 행동에 대해 묻고 있다. 두 번째 문단에 정답과 오답이 모두 등장하므로 주의해야 한다. A는 초콜릿을 살 때 미리 맛보지 않는다는 내용이다. 동사 probar는 '무언가를 테스트해 보다'라는 뜻으로, 여기에서는 '먹어 보다'라고 해석해야 한다. 두 번째 문단에 probar가 등장하지만 이는 '예전에 멕시코 사람들은 초콜릿이 외국산일 때는 반드시 맛보고 싶어 했다'라는 문장에 쓰인 것이므로 '지금 그들은 ~하다'는 A와 연관시켜서는 안 된다. 정답은 'lo compran no sin antes preguntar qué porcentaje de cacao posee 카카오 함유량이 어떻게 되는지 물어보고 나서 구입합니다.'에서 찾을 수 있다. 그러므로 정답은 **B**이다. No sin antes preguntar는 '사전에 물어보지 않고는 ~ 않는다'라는 뜻으로, '물어보고 구입한다'와 같은 의미를 지닌다. 초콜릿을 사는 데 그치는 것이 아니라 초콜릿의 정확한 품질과 특징을 알고 산다는 것이다. 이어지는 문장 lo que significa que tienen un conocimiento real del producto을 통해 그들이 그 상품(초콜릿)에 대한 진정한 지식을 가지고 있음을 알 수 있다. 따라서 C는 오답이다.
22.	카스티요에게 있어서 멕시코 초콜릿을 알리는 일이 어떠했는지를 묻고 있다. 정답은 antes era como luchar contra un titán에서 찾을 수 있다. 예전에는 마치 거인과 싸움하는 것과 같았다고 했는데 그것은 그만큼 '어려운 일'이었다는 의미이므로 정답은 **A**가 된다.
23.	현재 멕시코 초콜릿이 국제적인 인정을 받는 이유를 묻고 있다. 텍스트 세 번째 문단 Los medios han contribuido para promover su importancia, por lo que actualmente tiene su reconocimiento internacional에서 정답을 알 수 있는데, los medios는 '언론 매체'를 뜻하며, '우리 초콜릿의 중요성을 홍보하는 것에 기여했습니다.'라고 했으므로 정답은 **C**가 된다. Ahora se muestra una cara mucho más amigable en el campo mexicano 때문에 A와 B가 정답이라고 헷갈릴 수 있는데, 멕시코 본국의 초콜릿 생산 지역을 campo mexicano로 표현한 것이며 mostrar una cara amigable는 '우호적인 면을 보인다' 즉, 멕시코 초콜릿에 대한 사람들의 '관심'을 '우호적인 면'이라고 표현한 것이기 때문에 사람들 자체가 우호적이라는 말은 오답이다.
24.	카스티요가 원하는 것을 묻고 있다. 네 번째 문단에서 Lo que quiero es disminuir los niveles de azúcar를 해석할 때 동사 'disminuir 감소시키다'의 뜻을 정확하게 파악해야 한다. 정답은 **A**. B 'pasta de cacao 카카오 페이스트'의 경우, 함유량을 더 'incrementar 증가시키기'를 원한다고 했으므로 오답이다. Las bebidas con chocolate는 멕시코에서 음료에 초콜릿을 사용하는 것을 일례로 설명한 부분이므로 더 많은 판매를 원한다는 C도 오답이다.
25.	카스티요가 어떤 사람인지 묻고 있다. 관련 내용은 마지막 문단 Una universidad de París le otorgó el título de Maestro Chocolatero de las Américas. Además ganó el Premio Absoluto en el Campeonato de Cocina de Barcelona, y el título de joven cocinero de Cataluña.에 등장하는데, 여기에서 그가 스페인과 프랑스 등 유럽 여러 지역에서 'título 타이틀'과 'premio 상'을 받았다는 사실을 알 수 있다. '상을 수여하다'라는 뜻의 동사 otorgar를 함께 알아 두자. 국제적으로 많은 상을 받았다는 것은 매우 인정받는 인물이라는 뜻이므로 정답은 **B**. 파리 대학교에서 그에게 타이틀을 수여했을 뿐, 그가 파리의 대학 교수인 것은 사실이 아니며, 'un experto chocolatero mexicano 멕시코 출신의 초콜릿 전문가'라고 했으므로 A와 C는 오답이다. 'Cataluña 카탈루냐'는 스페인의 지역명이라는 것도 알아 두자.

PRUEBA DE COMPRENSIÓN AUDITIVA

1 스크립트

CONVERSACIÓN 0	NARRADOR	Va a escuchar una conversación entre una chica y su abuelo.
	MUJER	¡Abuelo! ¿Qué te parece si vamos a hacer algún deporte juntos los fines de semana? El médico dijo que tenías que hacer más ejercicio.
	HOMBRE	¡Vale! Gemma, ¿a ti también te gusta tanto el fútbol como a tu madre?
	MUJER	Antes era lo que más me gustaba, pero ahora prefiero jugar al béisbol y al tenis.
	HOMBRE	A mí me encanta el tenis, también.
	NARRADOR	Conteste a la pregunta: ¿Qué deporte le gusta a la madre de Gemma?
		La opción correcta es la letra A.
		Ahora va a escuchar las seis conversaciones.
CONVERSACIÓN 1	NARRADOR	Va a escuchar una conversación entre dos amigos.
	MUJER	¿Sabes? Me llamó Sebastián. Dijo que se iría a esquiar y que le prestara los esquís.
	HOMBRE	¿Sí? Pues, yo que tú no lo haría porque la última vez que le presté las botas, me las devolvió rotas.
	MUJER	Pues a mí me pidió, no hace mucho, la mochila y me la ha devuelto perfectamente. Incluso estaba más limpia.
	HOMBRE	Pues, allá tú.
	5초	
	반복 재생	
	3초	
	NARRADOR	Conteste a la pregunta número uno: ¿Qué le prestó la mujer a Sebastián?
	10초	
CONVERSACIÓN 2	NARRADOR	Va a escuchar una conversación entre unos amigos.
	MUJER	¡Hola! No sabía que tenías un perro. ¡Qué bonito es!
	HOMBRE	Es perra y se llama Luna.
	MUJER	Y, ¿todos los días vienes a la playa con la perra?
	HOMBRE	¡Ya quisiera yo! Solo la puedo traer los domingos. Los demás días nos tenemos que conformar con ir al parque que está justo enfrente de mi casa.
	5초	
	반복 재생	
	3초	
	NARRADOR	Conteste a la pregunta número dos: ¿Por dónde pasea la perra durante la semana?
	10초	
CONVERSACIÓN 3	NARRADOR	Va a escuchar una conversación entre unos compañeros de piso.
	MUJER	Ya he sacado toda la basura. ¿Tú? ¿Qué has hecho?
	HOMBRE	He ordenado mi armario, que estaba hecho un desastre.
	MUJER	Pues, vamos con el suelo ahora.
	HOMBRE	Sí. Mira, Marina, es mejor que primero pases la aspiradora y después, friego yo el piso. ¿Vale?
	MUJER	De acuerdo.

	5초		
	반복 재생		
	3초		
	NARRADOR	Conteste a la pregunta número tres: ¿Qué va a hacer el hombre?
	10초		
CONVERSACIÓN 4	NARRADOR	Va a escuchar una conversación entre dos amigos.
	MUJER	¡Hola! ¿Cómo has estado? Hace mucho que no te veía.
	HOMBRE	Jaja... pues no tanto. Ayer por la tarde, a las cinco más o menos, te vi en la biblioteca. Pero no te pude saludar porque estaba con un profesor.
	MUJER	¡Imposible! A las cinco todavía estaba en clase y después tuve que ir a Correos a mandar un paquete a mis padres.
	5초	
	반복 재생	
	3초	
	NARRADOR	Conteste a la pregunta número cuatro: ¿Dónde piensa el hombre que estaba la mujer a las cinco?
	10초	
CONVERSACIÓN 5	NARRADOR	Va a escuchar una conversación entre un matrimonio.
	MUJER	¿Qué te parece este de rayas? A mí no me parece tan mal.
	HOMBRE	Mmm... El de rayas... Pienso que no queda bien con los otros muebles que hemos comprado.
	MUJER	Entonces, ¿qué tal este?
	HOMBRE	Ese tampoco me gusta porque no tiene brazos.
	MUJER	Entonces no le demos más vueltas y nos llevamos el primero que vimos. El de piel.
	5초	
	반복 재생	
	3초	
	NARRADOR	Conteste a la pregunta número cinco: ¿Qué modelo de sofá van a comprar?
	10초	
CONVERSACIÓN 6	NARRADOR	Va a escuchar una conversación en una tienda de ropa.
	MUJER	¡Pase, señor! ¡Tenemos buenos precios y promociones especiales!
	HOMBRE	¿Cuál es la promoción especial?
	MUJER	Le regalamos una camiseta por la compra de unos pantalones.
	HOMBRE	¿Y si en vez de los pantalones me llevo una camisa?
	MUJER	Las camisas tienen un 20 por ciento de descuento.
	5초	
	반복 재생	
	3초	
	NARRADOR	Conteste a la pregunta número seis: ¿Qué tiene que comprar el hombre para recibir un regalo?
	10초	

Complete ahora la Hoja de respuestas.

30초

지시 사항

당신은 여섯 개의 대화를 들을 것입니다. 각 대화는 두 번 듣게 됩니다. 이어서, 1번부터 6번까지의 질문에 답해야 합니다. (A, B 혹은 C) 정답을 선택하세요.

선택한 보기를 **답안지**에 표기하세요.

이어서 하나의 예시를 듣게 될 것입니다.

0. 헴마의 어머니는 어떤 운동을 좋아하는가?

  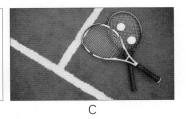

A   B   C

정답은 A입니다.

0. A ■ B ☐ C ☐

대화 1

1. 여자는 세바스티안에게 무엇을 빌려주었는가?

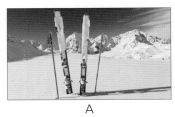  

A   B   C

대화 2

2. 강아지는 주중에 어느 장소를 산책하는가?

A   B   C

대화 3

3. 남자는 무엇을 할 것인가?

A   B   C

대화 4

4. 남자는 다섯 시에 여자가 어디에 있었다고 생각하는가?

A   B   C

대화 5

5. 그들은 어떤 모델의 소파를 살 것인가?

A   B   C

대화 6

6. 남자는 증정품을 받기 위해 어떤 것을 구입해야 하는가?

A   B   C

대화 0	내레이터	당신은 한 여자아이와 그녀의 할아버지 사이의 대화를 듣게 될 것입니다.
	여자	할아버지! 주말마다 함께 운동을 하면 어떨까요? 의사 선생님은 할아버지가 운동을 더 해야 한다고 말했어요.
	남자	좋아! 헴마야, 너도 너희 엄마만큼 축구를 많이 좋아하는 거니?
	여자	예전에 제가 가장 좋아하던 운동이에요. 하지만 지금은 야구와 테니스를 더 좋아해요.
	남자	나 역시 테니스를 아주 좋아한단다.
	내레이터	질문에 답하세요. 헴마의 어머니는 어떤 운동을 좋아하는가?
		정답은 A입니다.
		이제 당신은 여섯 개의 대화를 듣게 될 것입니다.
대화 1	내레이터	당신은 두 명의 친구 사이의 대화 내용을 듣게 될 것입니다.
	여자	그거 알아? 세바스티안이 내게 전화했어. 그는 스키를 타러 갈 건데 그에게 스키를 빌려 달라고 했어.
	남자	정말? 그런데 만일 내가 너라면 그렇게 하지 않을 거야. 왜냐하면 마지막에 내가 그에게 부츠를 빌려줬을 때 그는 나에게 그 부츠를 찢어진 채로 돌려주었기 때문이야.
	여자	하지만 나에게는 얼마 전 가방을 빌려 갔는데 나한테 그걸 완벽한 상태로 돌려주었어. 심지어 더 깨끗한 상태였어.
	남자	그렇다면 네 뜻대로 해.
	5초	
	반복 재생	
	3초	
	내레이터	1번 질문에 답하세요. 여자는 세바스티안에게 무엇을 빌려주었는가?
	10초	
대화 2	내레이터	당신은 두 명의 친구 사이의 대화 내용을 듣게 될 것입니다.
	여자	안녕! 네가 강아지가 있는지 몰랐어! 너무 잘생긴 수컷 강아지구나!
	남자	암컷이고 이름은 루나야.
	여자	바닷가에는 강아지와 매일 오니?
	남자	그렇다면 얼마나 좋겠어! 나는 강아지를 일요일에만 데려올 수 있어. 그 밖의 요일에는 집 바로 앞에 있는 공원에 가는 것으로 만족해야 해.
	5초	
	반복 재생	
	3초	
	내레이터	2번 질문에 답하세요. 강아지는 주중에 어느 장소를 산책하는가?
	10초	
대화 3	내레이터	당신은 두 명의 하우스 메이트들이 나누는 대화를 듣게 될 것입니다.
	여자	나는 쓰레기를 모두 버렸어. 너는? 무엇을 했니?
	남자	나는 옷장 정리를 했어. 정말 엉망이었거든.
	여자	그러면 우리 이제 바닥을 치우자.
	남자	그래. 마리나야, 네가 먼저 청소기를 돌리면 그다음에 내가 바닥을 물걸레질할게. 알겠지?
	여자	그렇게 하자.
	5초	
	반복 재생	
	3초	
	내레이터	3번 질문에 답하세요. 남자는 무엇을 할 것인가?
	10초	

대화 4	내레이터	당신은 두 친구 사이의 대화를 듣게 될 것입니다.
	여자	안녕! 어떻게 지냈니? 널 못 본 지 너무 오래되었구나.
	남자	하하… 그리 오래되지는 않았어. 어제 오후 다섯 시쯤에 너를 도서관에서 봤어. 하지만 난 교수님과 함께 있었기 때문에 네게 인사를 할 수 없었어.
	여자	그럴 리가! 다섯 시에 나는 아직 수업 중이었어. 그리고 다음에는 부모님께 소포를 하나 보내기 위해 우체국에 가야만 했어.
	5초	
	반복 재생	
	3초	
	내레이터	4번 질문에 답하세요. 남자는 다섯 시에 여자가 어디에 있었다고 생각하는가?
	10초	
대화 5	내레이터	당신은 한 부부 사이의 대화를 듣게 될 것입니다.
	여자	이 줄무늬의 것은 어떤 것 같아? 나는 괜찮은 것 같은데.
	남자	음… 줄무늬는… 내 생각에는 우리가 이미 산 다른 가구들과 그다지 잘 어울리지 않는 것 같아.
	여자	그러면 이건 어때?
	남자	그것도 마음에 들지는 않아. 왜냐하면 팔걸이가 없기 때문이야.
	여자	그렇다면 더 이상 둘러보지 말고 처음에 봤던 것으로 하자. 가죽으로 만든 것 말이야.
	5초	
	반복 재생	
	3초	
	내레이터	5번 질문에 답하세요. 그들은 어떤 모델의 소파를 살 것인가?
	10초	
대화 6	내레이터	당신은 한 옷 가게에서의 대화를 듣게 될 것입니다.
	여자	어서 오세요! 저희는 아주 좋은 가격과 특별 행사가 있습니다.
	남자	특별 행사는 무엇인가요?
	여자	바지를 구입하시면 티셔츠 한 장을 증정해 드립니다.
	남자	그렇다면 만일 제가 바지 대신에 와이셔츠를 사면요?
	여자	와이셔츠는 20% 할인가로 드립니다.
	5초	
	반복 재생	
	3초	
	내레이터	6번 질문에 답하세요. 남자는 증정품을 받기 위해 어떤 것을 구입해야 하는가?
	10초	

답안지를 작성하세요.

30초

esquiar	스키를 타다	suelo	ⓜ 땅바닥, 지면
prestar	빌려주다, 기여하다, 편리하다	pasar	옮기다, 건너다, 지내다
esquí	ⓜ 스키	aspiradora	ⓕ 진공청소기
bota	ⓕ 장화, 부츠	fregar	문질러 씻다, 닦다
devolver	돌려주다, 반환하다	piso	ⓜ 바닥, 아파트, 층
incluso	게다가, ~까지도, ~조차	saludar	인사하다
allá tú	마음대로 해라	mandar	보내다(= enviar), 명령하다
ya quisiera	그렇다면 좋았겠지	paquete	ⓜ 소포, 수화물, 꾸러미, 다발
demás	다른, 그 밖의	raya	ⓕ 선, 줄, 금
conformar	적합하게 하다, 만족시키다, 형성하다, 순응하다	quedar bien	잘 맞다, 어울리다
justo	올바른, 공평한, 정확한, 꼭 들어맞는, 마침	mueble	ⓜ 가구, 세간
pasear	산책하다, 산보하다	brazo	ⓜ 팔, 팔걸이
compañero de piso	ⓜⓕ 아파트를 함께 공유하는 하우스 메이트	dar vueltas	빙빙 돌다, 주변을 걷다
sacar	꺼내다, 빼다, 추출하다	piel	ⓕ 피부, 가죽, 껍질
basura	ⓕ 쓰레기, 오물, 폐기물	promoción	ⓕ 판매 촉진, 승진, 프로모션
ordenar	정리하다, 차례로 늘어놓다, 명령하다	camiseta	ⓕ 셔츠, 티셔츠
armario	ⓜ 옷장, 책장	en vez de	~ 대신에
estar hecho un desastre	상태가 엉망이다	camisa	ⓕ 와이셔츠, 남방
desastre	ⓜ 재해, 재앙, 재난, 실패, 엉망, 난리	regalo	ⓜ 선물, 경품

0.	헴마의 어머니가 좋아하는 스포츠는 무엇인지 묻고 있다. 할아버지는 헴마에게 Gemma, ¿a ti también te gusta tanto el fútbol como a tu madre?라고 묻는다. 이는 'tanto~ como… …처럼 ~한'의 비교급 구조가 쓰인 문장으로, 헴마의 어머니가 축구를 무척 좋아하는데, 헴마 역시 그러한지 묻는 내용이다. 따라서 정답은 **A**.
1.	여자가 세바스티안에게 무엇을 빌려주었는지 묻고 있다. 남자와 여자 모두 Sebtastián에게 물건을 빌려주었던 경험에 대해 이야기하고 있으므로 주의해야 한다. 여자는 얼마 전 빌려주었던 'mochila 가방'에 대해 말하며 매우 깨끗한 상태로 돌려받았다고 말한다. 1번 질문을 주의해서 보면 '¿Qué le prestó…? 무엇을 빌려주었는가?'이므로 여자가 과거에 빌려준 적이 있는지를 묻고 있다. 따라서 앞으로 빌려줄 수도 있는 '스키'나 남자가 빌려주었던 '부츠'가 아닌 여자가 이미 빌려주었던 **C** mochila가 정답이다.
2.	강아지가 주중에 산책하는 장소를 묻고 있다. 여자의 '매일 바닷가에 산책을 오는지' 묻는 질문에 남자는 ¡Ya quisiera yo! Solo la puedo traer los domingos. Los demás días nos tenemos que conformar con ir al parque que está justo enfrente de mi casa라고 답한다. ¡Ya quiera yo!는 ¡Cómo me gustaría!의 표현과 뉘앙스가 비슷한데 '그럴 수만 있다면! 정말 좋을 텐데…' 즉, 현재 사실과 반대되는 것에 대한 희망을 나타내는 표현이다. 매일 오면 좋겠지만 실제로는 그렇지 못하다는 것이다. 이윽고 그는 los demás días 즉, 일요일을 제외한 그 밖의 요일에는 집 앞 공원을 산책한다고 한다. conformar con은 '~로 만족하다'라는 뜻이며 justo enfrente는 '바로 앞'을 의미한다. 질문에서는 'durante la seman 주중'을 묻고 있으므로 정답은 **B**.
3.	남자가 무엇을 할 것인지 묻고 있다. 맨 처음에 내레이터가 'compañeros de piso 하우스 메이트'의 대화를 듣게 된다고 하므로 이를 잘 듣고 상황을 연상해야 한다. 쓰레기를 버렸다고 말하는 여자는 남자에게 무엇을 했는지 묻자, 남자는 He ordenado mi armario…라고 답한다. 질문에서는 남자가 앞으로 하게 될 것이 무엇인지 묻고 있으므로 이미 지난 일인 A는 답이 될 수 없다. 이어 여자는 'Pues, vamos con el suelo ahora 그러면 우리 이제 바닥을 치우자.'라고 한다. ir con 표현은 '단계로 넘어가다, 착수하다'로 해석해야 하며, '바닥'을 의미하는 명사 'suelo'도 알고 있어야 한다. 남자는 Marina, es mejor que primero pases la aspiradora y después, friego yo el piso라고 제안하는데, 청소와 관련된 어휘 'pasar la aspiradora 청소기를 돌리다'와 'fregar 물로 닦다'를 듣고 이해할 수 있어야 한다. 정답은 **C**.
4.	남자는 여자가 다섯 시에 어디에 있었다고 생각하는지 묻는 문제이다. 질문 ¿Dónde piensa el hombre…?는 5시에 여자가 실제로 있었던 장소를 묻는 것이 아니라 '남자가 생각한 여자의 위치'를 묻고 있으므로 이에 주의하여 문제를 풀어야 한다. Ayer por la tarde, a las cinco más o menos, te vi en la biblioteca를 통해 5시에 'biblioteca 도서관'에서 여자를 보았다는 말을 들어야 한다. 하지만 여자는 그것이 남자의 착각임을 말한다. 그녀는 수업 중이었고, 그 후에 우체국에 갔기 때문이다. 따라서 정답은 **A**이다.
5.	그들이 사게 될 소파를 고르는 문제이다. 대화를 듣기 전 질문의 modelo de sofá를 미리 파악해 두어야 한다. 대화에서는 명사 sofá에 대한 언급 없이 'El de rayas 줄무늬의 것'과 같이 표현하기 때문이다. 줄무늬 소파와 팔걸이가 없는 소파는 마음에 들지 않는다고 말하는 남자에게 여자는 'Entonces no le demos más vueltas y nos llevamos el primero que vimos. El de piel 그렇다면 더 이상 둘러보지 말고 처음에 봤던 것으로 하자. 가죽으로 만든 것 말이야.'라고 한다. 첫 번째로 본 것이면서 'piel 가죽'으로 된 소파를 사자고 했으므로 보기 중 줄무늬 소파와 팔걸이가 없는 소파를 제외한 나머지가 정답이다. 따라서 정답은 **C**.
6.	증정품을 받기 위해 남자가 구입해야 할 것을 묻는 문제이다. 특별 행사에 대한 설명으로 여자는 'Le regalamos una camiseta por la compra de unos pantalones 바지를 구입하시면 티셔츠 한 장을 증정해 드립니다.'라고 한다. A por la compra de B는 'B 구입 시 A를 준다'라는 뜻이므로 기억해 두도록 하자. 질문에서는 'regalo 증정품, 선물'을 받기 위해 구입해야 하는 것이 무엇인지 묻고 있으므로 정답은 **B**. 남자가 묻는 'camisa 와이셔츠'는 증정품과는 상관없이 할인 가격으로 판매된다는 사실에 주의해야 한다.

1 스크립트

Audio 0	Modas Anas. ¡Gran liquidación de temporada! Descuentos de hasta un 60% en abrigos y chaquetas. No se pierda nuestras rebajas. Avenida Gran Vía, número 43. Venga y se sorprenderá. NARRADOR: Conteste a la pregunta número 0. La opción correcta es la A. 5초
Audio 1	Ahora tiene 10 segundos para leer la pregunta 7. 10초 Belén, tu tienda de muebles. ¡No te lo vas a creer! Fantástico dormitorio juvenil por solo 1.299 euros. Doce meses con un interés del 0%. 108,25 euros al mes. Por la compra de cualquier dormitorio te regalamos una alfombra. En el número 9 de la Avenida Insurgentes. 15초 반복 재생 3초 NARRADOR: Conteste a la pregunta número 7. 5초
Audio 2	Ahora tiene 10 segundos para leer la pregunta 8. 10초 ¡Escuela de danza 'Mundo del baile'! Profesores cualificados con gran experiencia imparten clases de: Salsa, Rumba, Chachachá, Tango y Flamenco. Horarios flexibles de 10.00 h. a 21.00 h., excepto fines de semana y festivos. Grupos reducidos. Matrícula gratuita. 15초 반복 재생 3초 NARRADOR: Conteste a la pregunta número 8. 5초
Audio 3	Ahora tiene 10 segundos para leer la pregunta 9. 10초 Voluntarios sin fronteras. Servicio de voluntariado de la Universidad de Santiago de Chile. Si eres mayor de edad y resides en nuestra ciudad, te necesitamos. Servicio de acompañamiento para ancianos. Consulta nuestra página www.voluntariossinfronteras.com 15초 반복 재생 3초 NARRADOR: Conteste a la pregunta número 9. 5초

Audio 4	Ahora tiene 10 segundos para leer la pregunta 10. 10초 ¡Doctor, doctor! Si querés risa y diversión, esta es tu película. Situaciones cómicas en un pequeño pueblo que recibe a un médico un poco extraño. El actor inglés Tom Smith está increíble. En los Cines Gran Rex. Para mayores de 13 años. 15초 반복 재생 3초 NARRADOR: Conteste a la pregunta número 10. 5초
Audio 5	Ahora tiene 10 segundos para leer la pregunta 11. 10초 Valwo, el parque natural con más de 500 animales de los cinco continentes, abre sus puertas el próximo verano. Precios especiales para grupos. Para más información, llame hoy mismo al teléfono de atención al cliente, 936 11 83. 15초 반복 재생 3초 NARRADOR: Conteste a la pregunta número 11. 5초
Audio 6	Ahora tiene 10 segundos para leer la pregunta 12. 10초 Para este día de los enamorados, 14 de febrero, ¡dígaselo con flores! Podemos mandar el ramo que usted desee a cualquier punto del mundo sin ningún gasto adicional. Se admiten tarjetas. ¡Qué regalo! Calle la Pasión, número 2, Madrid. Teléfono 92 74 21 30. 15초 반복 재생 3초 NARRADOR: Conteste a la pregunta número 12. 5초

Complete ahora la Hoja de respuestas.

30초

2 해석

지시 사항

당신은 6개의 라디오 광고를 듣고 6개의 질문에 답해야 합니다. 각 광고는 두 번 재생됩니다. 7번부터 12번까지의 질문을 읽고 (A, B 혹은 C) 정답을 선택하세요.

선택한 보기를 **답안지**에 표기하세요.

이어서 하나의 예시를 듣게 될 것입니다.

0. 광고에 따르면 …

   A) 외투와 재킷이 더 저렴하다.

   B) 이것은 하나의 깜짝 파티이다.

   C) 모든 옷이 할인가에 판매된다.

정답은 A입니다.

0. A ■   B □   C □

문제

오디오 1

7. 당신이 만약에 청소년용 침구를 구입하면 …

    A) 할인된 이자로 할부 납입을 한다.

    B) 이자 없이 할부로 납입한다.

    C) 카펫 구매에 대해 할인을 해 준다.

오디오 2

8. 이 학교에서는 …

    A) 시간대를 선택할 수 있다.

    B) 주말에는 수업이 있다.

    C) 등록비를 지불하게 된다.

오디오 3

9. 이 봉사 활동은 …들을 모집한다.

    A) 외국인

    B) 대학생

    C) 성인

오디오 4

10. 이 영화는 …이다.

    A) 코미디 영화

    B) 병원 이야기

    C) 어린이 관람가

오디오 5

11. 오디오에서는 …에 대해 알린다.

    A) 작년보다 더 많은 동물이 있다는 것

    B) 그룹 투어를 위한 정보를 안내 받는 특별 전화번호가 있다는 것

    C) 우리가 여름에 그 공원을 방문할 수 있다는 것

오디오 6

12. 오디오에 따르면 그들은 …

    A) 추가 비용 없이 해외로 꽃을 배달해 준다.

    B) 추가 비용 없이 집으로 음식을 배달해 준다.

    C) 추가 비용 없이 선물을 배달해 준다.

스크립트 해석

오디오 0	아나스 옷 가게. 시즌 바겐세일! 외투와 재킷의 최대 60% 할인가. 저희의 할인을 놓치지 마세요. 그란비아 대로 43번지. 오시면 깜짝 놀라실 겁니다.
	내레이터: 0번 질문에 답하세요.
	정답은 A입니다.
	5초
오디오 1	당신은 이제 7번 질문을 읽기 위한 10초의 시간이 있습니다.
	10초
	벨렌, 당신의 가구점. 믿을 수 없을 것입니다! 환상적인 청소년용 침구가 단 1,299유로입니다. 0%의 이자율로 12개월 할부. 월 108.25유로입니다. 어떤 침구를 구입하든 카펫 하나를 선물로 드립니다. 인수르헨테스 대로 9번지에 있습니다.
	15초
	반복 재생
	3초
	내레이터: 7번 질문에 답하세요.
	5초
오디오 2	당신은 이제 8번 질문을 읽기 위한 10초의 시간이 있습니다.
	10초
	댄스 학교 '문도 델 바일레'! 풍부한 경험의 자질 있는 선생님들이 살사, 룸바, 차차차, 탱고, 플라멩코 수업을 합니다. 주말과 공휴일을 제외한 날의 오전 10시부터 오후 9시까지 수업 시간 자유 선택. 소수 그룹. 무료 등록.
	15초
	반복 재생
	3초
	내레이터: 8번 질문에 답하세요.
	5초
오디오 3	당신은 이제 9번 질문을 읽기 위한 10초의 시간이 있습니다.
	10초
	국경 없는 자원봉사자. 칠레 산티아고 대학의 자원봉사 서비스입니다. 만일 당신이 성인이고 우리 도시에 거주한다면 우리는 당신이 필요합니다. 노인 동행 서비스. 우리의 웹 사이트 www.voluntariossinfronteras.com를 참고하세요.
	15초
	반복 재생
	3초
	내레이터: 9번 질문에 답하세요.
	5초

오디오 4	당신은 이제 10번 질문을 읽기 위한 10초의 시간이 있습니다.
	10초
	의사 선생님 의사 선생님! 만약 당신이 웃음과 즐거움을 원한다면 이 영화가 바로 당신의 영화입니다. 한 작은 마을에서 조금 이상한 의사 선생님을 맞이하면서 벌어지는 코믹한 상황들. 영국 배우 톰 스미스가 근사한 연기를 펼칩니다. 그란 렉스 극장. 13세 이상 관람가.
	15초
	반복 재생
	3초
	내레이터: 10번 질문에 답하세요.
	5초
오디오 5	당신은 이제 11번 질문을 읽기 위한 10초의 시간이 있습니다.
	10초
	5개 대륙의 500종 이상의 동물이 있는 자연보호 공원 발워가 올 여름에 그 문을 엽니다. 그룹 특별 할인. 더 많은 정보를 위해 오늘 바로 고객 서비스 번호 936 11 83으로 전화하세요.
	15초
	반복 재생
	3초
	내레이터: 11번 질문에 답하세요.
	5초
오디오 6	당신은 이제 12번 질문을 읽기 위한 10초의 시간이 있습니다.
	10초
	이번 연인들의 날, 2월 14일에는 꽃을 가지고 고백하세요! 당신이 원하는 꽃다발을 추가 비용 없이 세계의 어느 지점이든 상관없이 보내 드릴 수 있습니다. 카드 가능합니다. 이런 선물이! 마드리드 라 파시온가 2번지. 전화번호 92 74 21 30.
	15초
	반복 재생
	3초
	내레이터: 12번 질문에 답하세요.
	5초

답안지를 작성하세요.

30초

sorpresa	ⓕ 놀람, 서프라이즈	chachachá	ⓕ 차차차 음악과 춤
juvenil	청춘의, 젊은, 청소년의	flamenco	ⓜ 홍학, 플라멩코 노래와 춤
a plazos	분할불로, 나누어서	reducido	좁은, 작은, 제한된
alfombra	ⓕ 카펫, 양탄자	voluntario	ⓜⓕ 지원자, 자원봉사자 / 자발적인
matrícula	ⓕ 등록, 입학 수속, 번호판, 등록부	frontera	ⓕ 국경, 국경선
voluntariado	ⓜ 자원봉사, 지원 병역	residir	거주하다, 설치되어 있다
convocar	소집하다, 공고하다	necesitar	필요하다
comedia	ⓕ 코미디, 희극, 연극	acompañamiento	ⓜ 동반, 동행
organizado	조직화된, 정련한	anciano	ⓜⓕ 노인 / 연로한, 늙은
costo	ⓜ 비용, 원가, 경비	risa	ⓕ 웃음, 웃음소리
adicional	부가의, 추가적인	cómico	ⓜⓕ 희극 배우, 코미디언 / 희극의, 웃기는
televisivo	텔레비전의	pueblo	ⓜ 도시, 마을, 국민
liquidación	ⓕ (부채의) 청산, 덤핑, 바겐세일	recibir	받다, 수취하다, 수락하다
temporada	ⓕ 시즌, 철	extraño	이상한, 기묘한
rebaja	ⓕ 할인, 가격 인하	inglés	ⓜⓕ 영국 사람 / 영국의, 영어의
sorprenderse	놀라다	parque natural	ⓜ 자연보호 구역, 공원
mueble	ⓜ 가구, 세간	continente	ⓜ 대륙 / 억제하는, 금욕적인
fantástico	공상적인, 환상적인	atención al cliente	ⓕ 고객 서비스
danza	ⓕ 춤, 댄스, 무용(= ⓜ baile)	enamorado	ⓜⓕ 연인, 애호가 / 사랑하는
mundo	ⓜ 세계, 세상 사람들	ramo	ⓜ (나무의) 가지, 꽃다발, 분야
salsa	ⓕ 소스, 살사 춤	punto	ⓜ 점, 지점, 점수, 정각, 상태
rumba	ⓕ 룸바 춤		

<table>
<tr><td>**4** 해설</td></tr>
</table>

0.	옷 가게에 대한 광고에 대해 묻고 있다. 명사 moda는 '유행, 패션'이라는 뜻과 더불어 여기에서는 '옷 가게'를 의미한다. 세 번째 문장 Descuentos de hasta un 60% en abrigos y chaquetas에서 외투와 재킷에 한해 최대 60% 할인을 한다고 했으므로 정답은 **A**. C는 'toda la ropa 모든 옷'이라는 표현 때문에 오답이다. 마지막 문장 'Venga y se sorprenderá 오시면 깜짝 놀라실 겁니다'는 방문을 유도하는 광고 문구로, B의 '깜짝 파티'와는 무관하다.
7.	청소년용 침구를 구입하면 어떤 혜택을 받을 수 있는지 묻고 있다. Fantástico dormitorio juvenil por solo 1.299 euros. Doce meses con un interés del 0%에서 1,299유로의 금액을 0%의 이자율에 12개월 할부로 낸다는 것은 '무이자 할부 12개월'이라는 의미이므로 정답은 **B**. A의 con un interés descontado는 기존보다 절감된 이자율을 적용한 할부 납부를 의미하므로 오답이다. 마지막 문장 Por la compra de cualquier dormitorio te regalamos una alfombra는 어떤 침구를 구입하든 카펫을 선물로 받는다는 뜻이므로 C 역시 답이 될 수 없다.
8.	댄스 학교에 대한 정보를 묻고 있다. 'Horarios flexibles de 10.00 h. a 21.00h., excepto fines de semana y festivos 주말과 공휴일을 제외한 날의 오전 10시부터 오후 9시까지 수업 시간 자유 선택.'에서 정답을 찾을 수 있다. 형용사 flexible는 '탄력성이 있는, 융통성이 있는'이라는 뜻으로, 시간대를 자유롭게 선택할 수 있는 경우에 자주 쓰인다. 따라서 정답은 **A**. 이어지는 excepto fines de semana y festivos에서 excepto를 통해 주말과 공휴일에는 수업이 진행되지 않는다는 것을 알 수 있으므로 B는 오답. 마지막 문장에서 Matrícula gratuita라는 정보를 알 수 있다. 'matrícula 등록'이 무료이므로 C 역시 오답이다.
9.	봉사 활동 광고가 모집하는 대상을 묻고 있다. 두 번째 문장 Servicio de voluntariado de la Universidad de Santiago de Chile에서 봉사 단체는 칠레 산티아고 대학 소속임을 알 수 있지만, 꼭 대학생만 모집하는 것은 아니므로 B는 오답. 이어지는 문장 Si eres mayor de edad y resides en nuestra ciudad에서는 2가지 조건을 알 수 있는데, 우선 법적으로 성인이고 산티아고 시에 거주하는 시민들이 대상이라고 했다. 따라서 정답은 **C**.
10.	광고하는 영화에 대해 묻는 문제이다. 두 번째 문장 Si querés risa y diversión, esta es tu película에서 'risa 웃음'과 'diversión 즐거움'의 영화라고 했으므로 정답은 **A**. Querés는 Querer 동사의 VOS 변형이다. 두 번째 문장 Situaciones cómicas en un pequeño pueblo que recibe a un médico un poco extraño에서는 '한 작은 마을에서 조금 이상한 의사 선생님을 맞이하면서 벌어지는 코믹한 상황들'이 주된 내용이라고 했지만 배경이 '병원'은 아니므로 B는 오답이다. 마지막 문장의 Para mayores de 13 años는 '13세 이상 관람가'를 뜻하므로 '아이들'이 보는 영화가 아니기 때문에 C 역시 오답.
11.	'발워'라는 자연보호 구역 동물원에 대해 묻고 있다. 첫 번째 문장 Valwo, el parque natural con más de 500 animales de los cinco continentes, abre sus puertas el próximo verano에서 정답을 바로 찾을 수 있다. 올 여름에 개장한다고 했으므로 정답은 **C**. 보유 동물의 수는 500종 이상이라고 했지만, 그 수가 작년 대비 더 많거나 적음에 대해서는 언급하지 않았으므로 A는 오답이다. Precios especiales para grupos에서 '그룹 특별 할인'으로 입장 가능하다는 정보를 얻을 수 있는데, 이와는 별도로 마지막 문장 Para más información, llame hoy mismo al teléfono de atención al cliente에서 더 많은 정보에 대해서는 고객 센터에 전화를 하라고 언급했다. 이는 '그룹 방문객'만을 위한 특별한 번호가 아니므로 B도 오답이다.
12.	꽃 배달 서비스에 대해 묻고 있다. 두 번째 문장 Podemos mandar el ramo que usted desee a cualquier punto del mundo sin ningún gasto adicional에서 정답을 찾을 수 있는데, 꽃 '다발'을 의미하는 명사 ramo를 알아야 하며, cualquier punto del mundo는 세계 각 지점 어느 곳이든 배달이 가능하다는 의미이므로 정답은 **A**임을 알 수 있다. B는 'comidas 음식'을 배달하는 것, C는 'regalos 선물'을 배달하는 것이므로 모두 오답이다.

1 스크립트

30초

JOSÉ	Hola, Carla. ¿Cómo estás? Hace mucho que no te veía.
CARLA	Hola José. Sí, es verdad. La última vez que nos vimos fue en el concierto. Que nos encontramos por casualidad.
JOSÉ	Así es. Oye, te quería preguntar si puedes prestarme tu coche para este fin de semana. Vienen unos amigos y me gustaría llevarlos a visitar los alrededores.
CARLA	A ver... Déjamelo pensar... Sí, creo que no lo necesito. Bueno, el sábado por la mañana suelo usarlo para hacer la compra.
JOSÉ	No me importa. El sábado por la mañana vamos a visitar el Museo Gugghenheim y por la tarde haremos la excursión.
CARLA	¡Ah, muy buena idea! Entonces, puedes venir a buscarlo antes de comer.
JOSÉ	¡Vale! Después de terminar la visita, te llamamos y si quieres, puedes venir con nosotros a comer.
CARLA	¡Muchas gracias! Pero ese día tengo que ir a mi casa porque es el cumpleaños de mi abuela y haremos una fiesta allí. ¿Y quiénes son estos amigos?
JOSÉ	Son Inés y Antonio. Nos conocimos en Australia, cuando practicábamos surf. Son encantadores.
CARLA	¿Y qué tal hablan español?
JOSÉ	Antonio perfectamente. Sin embargo, Inés tiene más dificultades para hablar, aunque entiende todo sin problemas. Además, es una gran conocedora de la cultura española.
CARLA	Oye, José, ¿me harías un favor?
JOSÉ	Pues claro, ¿qué quieres?
CARLA	Llama, por favor, a ese amigo mecánico del que me has hablado varias veces. Quiero ir a verlo.
JOSÉ	Vale. Pero, ¿qué pasa?
CARLA	Pues que he notado que el coche hace un ruido extraño.
JOSÉ	Bueno, pero ¿no será peligroso?
CARLA	No creo, pero es mejor prevenir antes los problemas.
JOSÉ	¡Desde luego! El lunes lo llamo sin falta.
CARLA	¡Estupendo!
JOSÉ	Entonces, el sábado te llamo. Adiós.
CARLA	De acuerdo, en eso quedamos. ¡Hasta el sábado!

5초
반복 재생
3초

Complete ahora la Hoja de respuestas.

30초

지시 사항

당신은 호세와 카를라, 두 친구 사이의 대화를 들을 것입니다. (13번부터 18번까지) 문장들이 (A) 호세, (B) 카를라에 대한 내용인지 또는 (C) 둘 다 해당되지 않는지 선택하세요. 대화는 두 번 듣게 됩니다.

선택한 보기를 **답안지**에 표기하세요.

이제 문장들을 읽을 수 있는 30초의 시간이 주어집니다.

		A 호세	B 카를라	C 둘 다 아님
0.	차가 없다.	✓	☐	☐
13.	주말에는 물건들을 구입할 것이다.	☐	☐	☐
14.	가족 모임을 가질 것이다.	☐	☐	☐
15.	호주에서 친구를 사귀었다.	☐	☐	☐
16.	스페인 문화에 관심이 많다.	☐	☐	☐
17.	차를 수리한다.	☐	☐	☐
18.	예방 조치 취하기를 원한다.	☐	☐	☐

30초

호세	카를라 안녕. 어떻게 지내? 오랜만에 보는구나.
카를라	호세 안녕. 그래 맞아. 우리가 마지막으로 본 곳은 콘서트장이었지. 우리 우연히 만났었지.
호세	그랬지. 얘, 이번 주말에 네 차를 나에게 빌려줄 수 있는지 물어보고 싶었어. 친구들이 몇 명 오는데, 그들을 주변 지역에 데리고 가고 싶거든.
카를라	어디 보자… 생각 좀 해 보고… 그래, 난 차가 필요 없을 것 같아. 아, 토요일 오전에는 장 보는 데에 차를 쓰는 편이야.
호세	상관없어. 토요일 오전에는 우린 구겐하임 박물관에 가고, 오후에는 하이킹을 할 거야.
카를라	아, 좋은 생각이구나! 그럼 점심을 먹기 전에 그것을 찾으러 와도 좋아.
호세	그래! 방문을 마친 후에 우리가 네게 전화할게. 혹시 네가 원하면 우리와 함께 점심 먹으러 가도 좋아.
카를라	고마워! 하지만 그날 나는 집에 가야 해. 왜냐하면 그날이 할머니 생신이신데 우리 집에서 파티를 하거든. 그 친구들은 누구니?
호세	이네스와 안토니오야. 우리는 호주에서 서핑을 연습하며 처음 만났어. 그들은 정말 멋진 친구들이야.
카를라	스페인어는 어느 정도 하니?
호세	안토니오는 완벽하게 해. 하지만 이네스는 말하는 것에는 좀 어려움이 있어. 비록 모든 것을 전혀 문제없이 이해하지만 말이야. 더욱이, 그녀는 스페인어 문화권에 정통한 사람이야.
카를라	얘, 호세야, 부탁 하나만 좀 들어 주겠니?
호세	당연하지, 뭘 원해?
카를라	네가 나에게 몇 번 이야기했었던 그 정비공 친구에게 전화를 좀 걸어 줘. 나는 그를 보러 가고 싶어.
호세	알겠어. 그런데 무슨 일이야?
카를라	그게 말이지, 차가 조금 이상한 소음을 내는 것을 깨달았어.
호세	좋아, 하지만 위험한 것은 아닐까?
카를라	아닐 거야. 그렇지만 문제는 미리 예방하는 것이 더 좋으니까.
호세	당연하지! 월요일에 틀림없이 그에게 전화할게.
카를라	훌륭해!
호세	그럼 토요일에 전화할게. 안녕.
카를라	알겠어. 그렇게 하는 걸로 하자. 토요일에 봐!

5초

반복 재생

3초

답안지를 작성하세요.

30초

3 어휘

reunión	ⓕ 집회, 미팅, 모임	reparar	수리하다, 수선하다, 정비하다
hacer amigos	친구를 사귀다	precaución	ⓕ 조심, 주의, 경계
interesarse por	관심을 가지다	concierto	ⓜ 콘서트

alrededor	ⓜ 주위, 근교 / 주위에, 주위를	conocedor	ⓜⓕ 정통한 사람 / 알고 있는
importar	수입하다, 중요하다, 관계가 있다, 총계가 ~가 되다	favor	ⓜ 호의, 부탁, 지지
excursión	ⓕ 여행, 투어, 하이킹	mecánico	ⓜ 수리공, 정비공 / 기계의, 역학의, 물리적인
visita	ⓕ 방문, 방문객, 견학, 면회	notar	알아차리다, 인식하다
practicar	행하다, 실천하다, 연습하다, 훈련하다	ruido	ⓜ 소음, 잡음
surf	ⓜ 서핑, 파도타기	peligroso	위험한
encantador	매혹적인, 멋진	prevenir	준비하다, 예방하다, 방지하다
dificultad	ⓕ 어려움, 방해, 곤란	estupendo	훌륭한, 멋진

4 해설

0.	차가 없는 사람이 누구인지 묻는 문제이다. 대화 시작 부분에서 호세는 카를라에게 Oye, te quería preguntar si puedes prestarme tu coche para este fin de semana라고 한다. 동사 prestar는 '빌려주다'라는 뜻으로, 호세는 주말에 카를라가 차를 빌려줄 수 있는지 묻고 있다. 따라서 정답은 **A**.
13.	주말에 물건을 구입할 사람이 누구인지 묻고 있다. 문제에서 los fines de semana는 복수로 표기되었으므로 '주말에는, 매 주말마다'로 해석해야 한다. 차를 빌려달라고 이야기하는 호세에게 카를라는 'Bueno, el sábado por la mañana suelo usarlo para hacer la compra 토요일 오전에는 장 보는 데에 차를 쓰는 편이야.'라고 대답했다. 그러므로 정답은 **B**. 동사 soler는 '~하곤 하다'라는 뜻으로 반복적이거나 일반적으로 행하는 일을 의미한다. 또한 hacer la compra는 '장을 보다'라는 뜻임을 알아야 한다.
14.	가족 모임을 가질 예정인 사람이 누구인지 묻고 있다. reunión familiar는 '가족 모임'을 뜻한다. 호세가 카를라에게 함께 식사를 하자고 제안한다. 이에 카를라는 Pero ese día tengo que ir a mi casa porque es el cumpleaños de mi abuela y haremos una fiesta allí라고 답한다. 할머니의 생신이기 때문에 집에서 파티를 할 예정이라는 것이다. 그러므로 정답은 **B**.
15.	호주에서 친구를 사귄 사람을 묻고 있다. 카를라가 호세에게 만날 친구들에 대해 묻자 호세는 'Nos conocimos en Australia, cuando practicábamos surf 우리는 호주에서 서핑을 연습하며 처음 만났어.'라고 대답하는데, 이 문장의 주어 nosotros는 두 명의 친구와 호세 본인을 지칭한다. 이를 통해 세 사람은 호주에서 함께 서핑을 하며 알게 되었음을 알 수 있다. hacer amigos는 '친구를 사귀다, 만들다'라는 뜻으로, 문제를 푸는 데 핵심이 되는 표현이다. 정답은 **A**.
16.	스페인 문화에 관심이 많은 사람을 묻고 있다. 호세는 이네스에 대해 Inés tiene más dificultades para hablar, aunque entiende todo sin problemas. Además, es una gran conocedora de la cultura española라고 한다. 이를 통해 이네스는 스페인어를 구사하는 것이 조금은 어려우나 이해하는 데에는 문제가 없다는 것과 스페인 문화를 매우 잘 알고 있다는 사실을 알 수 있다. 동사 'conocer 알다'와 연관된 명사 conocedor/a를 정확히 들어야 한다. 이는 대화를 나누는 두 사람이 아닌 제3의 인물에 대한 정보이므로 정답은 **C**가 된다.
17.	차를 수리하는 사람이 누구인지 묻고 있다. 동사 reparar는 '수리하다, 고치다, 정비하다'라는 뜻이다. 카를라는 호세에게 한 가지 부탁을 하고 있는데 'Llama, por favor, a ese amigo mecánico del que me has hablado varias veces 네가 나에게 몇 번 이야기했던 그 정비공 친구에게 전화를 좀 걸어 줘.'를 정확히 들어야 한다. 이 문장의 ese amigo는 '호세의 친구'이며, 그 친구의 직업이 'mecánico 정비공'인 것이다. 정비공은 대화를 나누는 두 사람이 아니므로 정답은 **C**.
18.	예방 조치를 취하기를 원하는 사람이 누구인지 묻고 있다. 카를라가 정비공에게 전화를 하려고 하는 이유는 차에서 이상한 소음이 들리기 때문이다. 호세는 이것이 위험한 상황은 아닌지 묻는데, 카를라는 이에 대해 No creo, pero es mejor prevenir antes los problemas라 대답한다. 위험하다고 생각지는 않지만 문제가 될 수 있는 것은 'antes 전에' 예방해야 한다는 뜻이다. 동사 prevenir와 문제의 tomar precaución이 '예방 조치를 취하다'라는 의미임을 정확하게 알아야 한다. 정답은 **B**.

1 스크립트

MENSAJE 0	Señores pasajeros del vuelo 2121 de Interjet, les informamos de que el vuelo cuenta con 15 minutos de retraso hasta el despegue por una congestión en el Aeropuerto de México. Disculpen las molestias. 5초 La opción correcta es la letra F. Ahora tiene 45 segundos para leer los enunciados. 45초
MENSAJE 1	Favor de retirar el automóvil, matrícula 970 ZXO. Repetimos, el propietario del automóvil, matrícula 970 ZXO, favor de presentarse en el estacionamiento central. Muchas gracias. 15초 반복 재생 3초 NARRADOR: Elija la opción correcta. 10초
MENSAJE 2	Buenas tardes. Llamo para reservar una mesa para cinco personas. Mi nombre es Raúl Castillo Romero. Tenemos previsto llegar a las siete de la tarde. Para confirmar la reserva, pueden llamarme al 483 72 43. Gracias. 15초 반복 재생 3초 NARRADOR: Elija la opción correcta. 10초
MENSAJE 3	Señores clientes, nuestra sección de frutería cuenta hoy con un 50% de descuento en todos sus productos. Ya saben, pueden comprar el doble de fruta por su precio habitual. 15초 반복 재생 3초 NARRADOR: Elija la opción correcta. 10초
MENSAJE 4	Lo sentimos, en estos momentos no podemos atenderlo. El horario de atención telefónica es de 8 de la mañana a 4 de la tarde, de lunes a viernes. Vuelva a llamar. 15초 반복 재생 3초 NARRADOR: Elija la opción correcta. 10초

MENSAJE 5	Este martes amaneceremos con algunas nieblas matinales en el noroeste y suroeste peninsular. Además, en el norte de Galicia tendremos algunas nubes con posibilidad de alguna lluvia débil. 15초 반복 재생 3초 NARRADOR: Elija la opción correcta. 10초
MENSAJE 6	¡Mario! Te llamo para ver si salimos a dar una vuelta esta tarde. Es que después de clase no tengo planes y me gustaría salir contigo y con tu hermana Eva, si ella puede. ¡Llámame, si queréis salir! 15초 반복 재생 3초 NARRADOR: Elija la opción correcta. 10초
MENSAJE 7	Aviso para todos los viajeros. Este tren cuenta con dos restaurantes y una cafetería. La cafetería abre desde las siete de la mañana hasta las once de la noche. Pueden ver el menú en las hojas informativas que hay en sus asientos. Gracias. 15초 반복 재생 3초 NARRADOR: Elija la opción correcta. 10초

Complete ahora la Hoja de respuestas.

45초

지시 사항

당신은 예시를 포함해 8개의 메시지를 들을 것입니다. 각 메시지는 두 번 재생됩니다. (19번부터 25번까지) 각 메시지에 해당하는 (A부터 K까지) 연결 문장을 선택하세요. 예시를 포함해 11개의 연결 문장이 있습니다. 7개를 선택하세요.

선택한 보기를 **답안지**에 표기하세요.

이어서 하나의 예시를 듣게 될 것입니다.

0. A☐ B☐ C☐ D☐ E☐ F■ G☐ H☐ I☐ J☐ K☐

정답 문장은 F입니다.

이제 연결 문장을 읽기 위한 45초의 시간이 있습니다.

연결 문장

A.	한 슈퍼마켓의 행사이다.
B.	신속히 전화를 걸어야 한다.
C.	차를 이동시켜야 한다.
D.	해가 나지 않을 것이다.
E.	여섯 명이 저녁을 먹으러 갈 것이다.
F.	예정보다 15분 더 늦게 출발할 것이다.
G.	나들이를 제안한다.
H.	식당에서 저녁을 먹기 위한 예약이다.
I.	부재중이다.
J.	수업에 가고 싶어 하지 않는다.
K.	음식과 음료를 판매한다.

	메시지	연결 문장
0.	메시지 0	F
19.	메시지 1	
20.	메시지 2	
21.	메시지 3	
22.	메시지 4	
23.	메시지 5	
24.	메시지 6	
25.	메시지 7	

스크립트 해석

메시지 0	인터젯 2121편을 이용하시는 승객 여러분. 멕시코 공항의 비행기 체증으로 인해 본 항공편의 이륙까지 15분 지연됨을 알려드립니다. 불편을 끼쳐드려 죄송합니다. 5초 정답은 F입니다. 이제 연결 문장을 읽기 위한 45초의 시간이 있습니다. 45초
메시지 1	차량 번호 970 ZXO를 이동해 주시기 바랍니다. 다시 한번 말씀드립니다. 970 ZXO 차량의 차주는 중앙 주차장으로 오시기 바랍니다. 감사합니다. 15초 반복 재생 3초 내레이터: 정답을 고르세요. 10초
메시지 2	안녕하세요. 다섯 명을 위한 테이블을 예약하기 위해 전화 드립니다. 제 이름은 라울 카스티요 로메로입니다. 오후 7시에 도착할 예정입니다. 예약 확인을 위해서는 483 72 43으로 전화해 주시기 바랍니다. 감사합니다. 15초 반복 재생 3초 내레이터: 정답을 고르세요. 10초
메시지 3	고객 여러분, 저희의 과일 코너는 오늘 모든 상품이 50% 할인을 합니다. 아시다시피, 원래의 가격으로 두 배의 과일을 구매하실 수 있습니다. 15초 반복 재생 3초 내레이터: 정답을 고르세요. 10초
메시지 4	죄송합니다. 지금은 저희가 응대할 수 없습니다. 전화 응대 시간은 월요일부터 금요일까지, 오전 8시부터 오후 4시까지입니다. 다시 전화 주십시오. 15초 반복 재생 3초 내레이터: 정답을 고르세요. 10초
메시지 5	이번 주 화요일에는 오전부터 스페인 북서쪽과 남서쪽에 아침 안개가 끼겠습니다. 또한, 갈리시아 북쪽에서는 약한 비의 가능성을 동반한 구름이 끼겠습니다. 15초 반복 재생 3초 내레이터: 정답을 고르세요. 10초

메시지 6	마리오! 오늘 오후에 함께 산책을 할 수 있을까 해서 전화했어. 오늘 수업이 끝나면 계획이 없어서, 너와 그리고 너의 누이 에바가 가능하다면 그녀와 함께 만나고 싶단다. 너희가 외출하고 싶다면 전화해 줘! 15초 반복 재생 3초 내레이터: 정답을 고르세요. 10초		
메시지 7	모든 여행객들께 알립니다. 이 열차에는 두 개의 식당과 한 개의 카페테리아가 있습니다. 카페테리아는 오전 일곱 시부터 오후 열한 시까지 영업합니다. 좌석에 있는 안내 용지에서 메뉴를 보실 수 있습니다. 감사합니다. 15초 반복 재생 3초 내레이터: 정답을 고르세요. 10초		

답안지를 작성하세요.

45초

3 어휘

promoción	ⓕ 판매 촉진, 승진	sección	ⓕ 과, 부, 매장, 판매대, 부문, 코너
un cuarto de	1/4	frutería	ⓕ 과일 가게, 과일 파는 곳
previsto	예상된, 예지된	habitual	습관적인, 버릇된, 평소의
ausente	ⓜⓕ 부재자, 실종자, 결근자 / 부재의, 실종된	atender	대접하다, 돌보다
contar con	~을 갖다	atención	ⓕ 주의, 주목, 예의, 접대, 응대
retraso	ⓜ 늦음, 지연	amanecer	동이 트다, 아침을 맞이하다
despegue	ⓜ 이륙, 활동 개시	niebla	ⓕ 안개
congestión	ⓕ 교통 체증, 정체, 울혈	matinal	아침의, 오전의
retirar	철수시키다, 제거하다, 치우다	débil	약한, 심약한, 미약한
matrícula	ⓕ 등록, 입학 수속, 번호판, 등록부	dar una vuelta	일주하다, 산보하다, 한 바퀴 돌다
propietario	ⓜⓕ 소유자, 주인 / 소유하는	informativo	ⓜ 뉴스 프로그램 / 정보를 주는
estacionamiento	ⓜ 주차장	asiento	ⓜ 의자, 좌석, 자리
tener previsto	~할 예정이다		

0.	메시지 0	특정 비행편의 승객들에게 알리는 메시지로, 공항의 비행기 체증으로 인해 이륙 시간이 15분 지연됨을 알리고 있다. 정답은 **F**. 메시지에서 언급하는 명사 'restraso 지연'과 15 minutos이 정답 문장의 'un cuarto de hora 15분, tarde 늦게'와 연결된다.
19.	메시지 1	주차장에 주차된 차량 번호를 알리며 차주를 찾는 메시지이다. 명사 'automóvil 자동차'는 coche와 동의어이고, 동사 'retirar 치우다'를 통해 차를 '이동시키다'의 동사인 mover가 언급되는 **C**를 정답으로 찾아야 한다.
20.	메시지 2	식당에 예약을 문의하는 전화 메시지이다. 전화한 사람이 '다섯 명을 위한 테이블을 예약하고 싶다'고 했으므로 인원 수가 다른 E는 함정이다. 따라서 정답은 **H**. 동사 'reservar 예약하다'와 명사 'reserva, reservación 예약'을 기억해 두자.
21.	메시지 3	메시지의 첫 번째 문장에서 'clientes 고객들'에게 'sección de frutería 과일 코너'에서 할인 행사를 한다고 알린다. 이 핵심 표현들을 정확히 듣는다면 정답이 **A**임을 비교적 쉽게 알 수 있다. 과일 코너가 있는 장소는 supermercado이며, 'descuento 할인'은 하나의 'promoción 행사'인 것이다.
22.	메시지 4	첫 번째 문장에서 en estos momentos no podemos atenderlo라며 지금은 응대를 할 수 없음을 알리고 있다. 그리고 이어지는 문장에서 'El horario de atención telefónica 전화 응대 시간'을 언급하며 전화 응대가 가능한 시간을 안내하고 있다. 따라서 정답은 **I**. 연결 문장 내 동사 estar의 복수형은 불특정의 '그들'을 의미하며, 형용사 'ausente 결석의, 부재중인'을 주의해서 해석하자.
23.	메시지 5	TV나 라디오에서 흔히 들을 수 있는 기상 예보이다. 예보에 따르면 'nieblas 안개, nubes 구름, lluvia débil 약한 비'가 예상되는데, 다시 말하면 'sol 해'는 뜨지 않을 것이라는 내용이 된다. 따라서 정답은 **D**.
24.	메시지 6	친구들 사이의 음성 메시지이다. 오후 일정을 제안하는 내용인데, 메시지를 받는 마리오와 그의 누이 에바와 함께 'dar una vuelta 산책하기'를 원하고 있다. 정답은 **G**. 연결 문장 내 동사 'sugerir 제안하다'와 명사 'paseo 산책'을 정확하게 해석하는 것이 중요하다. 또한 '방과 후에 계획이 없다'라는 언급은 있지만, J에서 말하듯 수업에 가고 싶어 하지 않는 것은 아니므로 함정에 빠지지 않도록 주의하자.
25.	메시지 7	메시지는 기차 내 안내 방송이며, 특히 기차의 'restaurante 식당'과 'cafetería 카페테리아'에 대한 안내를 하고 있다. 기차를 이용하는 사람들은 식음료를 살 수 있다는 정보를 제공하고 있으므로 정답은 **K**.

PRUEBA DE EXPRESIÓN E INTERACCIÓN ESCRITAS

1 해석

지시 사항

당신의 할머니는 당신에게 도움을 요청하기 위한 글을 썼습니다.

> 안녕! 어떻게 지내니?
> 알고 있니? 너의 할아버지가 나에게 최신 모델인 스마트폰을 선물했단다. 그래서 나는 기능을 알기 위해 노력했는데 잘 할 수가 없구나. 나에게 도움을 줄 수 있겠니? 집으로 나를 만나러 오렴. 그러면 내가 너에게 식사를 준비해 줄게.
> 키스를 전하며
> 나탈리아

할머니에게 답장을 쓰세요. 이메일에서 당신은 다음을 해야 합니다.

- 인사하기
- 최근에 한 일에 대해 이야기하기
- 그녀를 도울 수 있는지 말하기
- 언제 그녀를 방문할 수 있을지 말하기
- 두 가지의 질문을 하고 작별 인사하기

권장 단어 수: 60~70 사이.

2 작문 구성 예시

글의 유형	이메일
보내는 이	나
받는 이	Natalia 할머니
핵심 내용	도움을 줄 수 있는지와 언제 방문 가능한지 말하기
독해 자료 내용	새로 구입한 스마트폰의 사용법에 대해 도움 요청
요구 조건 1	인사하기
요구 조건 2	최근에 한 일에 대해 이야기하기
요구 조건 3	그녀를 도울 수 있는지 말하기
요구 조건 4	언제 그녀를 방문할 수 있을지 말하기
요구 조건 5	두 가지의 질문을 하고 작별 인사하기
주의 사항	도움을 줄 수 있는지 분명히 답할 것

3 필수 어휘

ayuda	ⓕ 도움, 원조	echar una mano	돕다, 도와주다
inteligente	지적인, 이성적인, 영리한	final	ⓜ 끝, 결말 / 최후의, 최종의, 궁극의
último	마지막의, 최종의, 최신의	explicar	설명하다
tratar de	시도하다, 애쓰다	utilizar	이용하다, 활용하다
descubrir	밝혀내다, 벗기다, 열다, 찾아내다, 발견하다	prestar	빌려주다, 기여하다, 편리하다
función	ⓕ 기능, 직무, 상연	recoger	찾으러 가다, 채집하다, 주워 모으다
lograr	달성하다, 성취하다	aeropuerto	ⓜ 공항

4 필수 표현

주제	문형	활용 예
도움	- Ayudar 도와주다	- Te ayudaré. 내가 널 도와줄게.
	- Ofrecer ayuda 도움을 주다	- Te ofrezco mi ayuda. 네게 도움을 줄게.
	- Dejar ayudar 돕도록 하다	- Déjame ayudarte. 내게 널 돕도록 해 줘.
제안	- Poder visitar 방문할 수 있다	- Podré visitarte el sábado. 토요일에 너를 방문할 수 있을 것이다.
	- ¿Qué tal si...? ⌐ -¿Qué te parece si...? ├─~하면 어떨까? -¿Te va bien si...? ⌐	- ¿Qué tal si te visito el sábado? 토요일에 너를 방문하면 어때? - ¿Qué te parece si te visito el sábado? 토요일에 너를 방문하면 어때? - ¿Te va bien si te visito el sábado? 토요일에 너를 방문하는 것이 괜찮겠니?

모범 답안

Abuela, ¿cómo estás?

He estado ocupado preparando mis exámenes finales. ¡Qué bien que tengas un nuevo teléfono! El que tenías ya era muy viejo. ¡Claro que puedo ayudarte! Te explicaré sobre las funciones que más vas a utilizar. ¿Qué tal este sábado a las doce? Abuela, ¿tienes planes para el domingo? ¿Crees que me puedes prestar tu coche para ir a recoger a mi hermana al aeropuerto?

Bueno, ya me dirás.

Gabriel

해석

할머니. 어떻게 지내세요?

저는 기말고사를 준비하느라 바빴어요. 새 핸드폰이 있으시다니 너무 좋군요! 예전에 할머니가 가지고 계셨던 것은 너무 오래된 것이었어요. 물론 할머니를 도와드릴 수 있죠! 할머니가 가장 많이 사용할 기능에 대해 설명 드리도록 할게요. 이번 주 토요일 12시 어때요? 할머니, 일요일에 계획이 있으신가요? 나의 누이를 공항으로 마중 나가기 위해 할머니의 차를 빌려주실 수 있을까요?

그럼 나중에 답변 주세요.

가브리엘

1 해석

지시 사항

두 개의 옵션 중 하나를 선택하세요. 각각의 옵션에서는 모든 점을 다뤄야 합니다.

옵션 1

당신이 참석했던 특별한 파티에 대한 글을 쓰세요. 다음에 대해 말해야 합니다.

- 언제, 어디서 열렸는지
- 초대된 사람들은 누구였는지
- 파티에서 무엇을 했는지
- 왜 그 파티가 좋았는지
- 당신은 언제 파티를 하며 누구와 함께하는지

옵션 2

루시아와 호르헤는 어린 딸이 있는 부부이며 얼마 전 이사를 했습니다. 여기, 그들이 예전에 살던 곳과 현재 사는 곳에 대한 사진 2개가 있습니다.

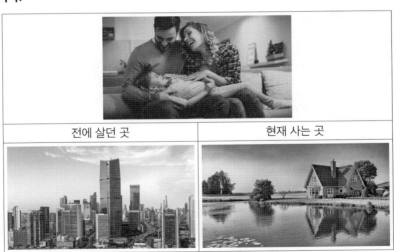

| 전에 살던 곳 | 현재 사는 곳 |

당신은 다음 내용을 포함해서 루시아와 호르헤의 가족의 삶에 대한 글을 써야 합니다.

- 그들이 전에 어디에 살았었는지
- 그들이 현재 어디에 사는지
- 그들의 인생에서는 어떤 변화가 있을 것이며 왜 그럴 것이라 생각하는지

권장 단어 수: 70~80 사이.

옵션 1

주제	내가 참석했던 파티
핵심 내용	기억에 남는 파티에서 누구와 무엇을 했으며 왜 특별했는지에 대해 쓰기
요구 조건 1	언제, 어디서였는지
요구 조건 2	초대된 사람들은 누구였는지
요구 조건 3	파티에서 무엇을 했는지
요구 조건 4	왜 그 파티가 좋았는지
요구 조건 5	당신은 언제 파티를 하며 누구와 함께하는지
주의 사항	특정 사건에 대한 전개를 하며 왜 특별했는지에 대한 구체적 이유 밝히기

옵션 1 필수 어휘

fiesta	ⓕ 파티, 연회, 축제, 휴일	divertirse	즐거워하다
invitado	ⓜⓕ 초대 손님 / 초대된	caer bien	기호가 맞다, 잘 어울리다, 잘 맞다
compañero de trabajo	ⓜⓕ 직장 동료	entonces	그렇다면 / 그 당시
infancia	ⓕ 유년기, 아동, 어린이	festejar	축제를 열어 축하하다, 환대하다
charlar	담소하다, 이야기하다	cercano	가까운, 근처의

옵션 1 필수 표현

주제	문형	활용 예
참석한 사람	- Ir a 가다	- Fueron a la fiesta todos los compañeros de trabajo. 직장 동료 모두가 파티에 갔다.
	- Asistir a 참석하다	- Todos los compañeros de trabajo asistieron a la fiesta. 직장 동료 모두가 파티에 참석했다.
	- Ser invitado a 초대되다 * 'Venir 오다'를 사용하지 않도록 주의	- Todos los compañeros de trabajo fueron invitados a la fiesta. 직장 동료 모두가 파티에 초대되었다.
원인과 결과	- Como 원인, 결과	- Como pude ver a todos mis amigos de la infancia, aquella fiesta fue una fiesta muy especial. 어린 시절의 모든 친구들을 만날 수 있었기 때문에 그 파티는 매우 특별했다.
	- 결과 porque/ya que/debido a que 원인 - 원인, así que/por eso 결과	- Aquella fiesta fue una fiesta muy especial ya que pude conocer a mi novio de ahora. 그 파티는 매우 특별했다. 왜냐하면 지금의 남자 친구를 만날 수 있었기 때문이다.

옵션 2

주제	이사 전과 후 달라진 주거 환경
핵심 내용	한 가족이 예전에 살던 곳과 현재 사는 곳의 특성을 말하며 비교하기
요구 조건 1	그들이 전에 어디에 살았었는지
요구 조건 2	그들이 현재 어디에 사는지
요구 조건 3	그들의 인생에서는 어떤 변화가 있을 것이며 왜 그럴 것이라 생각하는지
주의 사항	두 개의 다른 주거 환경에 대한 분석 및 삶의 방식에 대한 설명

옵션 2) 필수 어휘

matrimonio	ⓜ 결혼, 결혼식, 부부	costero	연안의, 해안의, 측면의, 옆의
mudarse	이사하다, 이전하다	lleno	가득 찬, 충만한, 살찐, 포식한
capital	ⓕ 수도, 대문자 ⓜ 자본, 자산 / 주요한, 머리의, 기본적인	edificio	ⓜ 건물, 빌딩
provincia	ⓕ 주, 도, 지방, 시골	vehículo	ⓜ 차량, 탈것
tráfico	ⓜ 교통, 교통량, 거래	mente	ⓕ 마음, 정신, 두뇌, 생각
rural	시골의, 전원의	relajado	이완된, 한가로운, 느슨해진
junto a	바로 옆에	estrés	ⓜ 스트레스, 긴장
lago	ⓜ 호수		

옵션 2) 필수 표현

주제	문형	활용 예
~에 살다	- Vivir en ~에 살다	- Ellos vivían en la capital. 그들은 수도에 살았었다.
	- Residir en ~에 거주하다	- Decidieron residir en la provincia. 그들은 지방에 살기로 결정하였다.
	- Mudarse a ~로 이사하다 * 영어식 표현 mover를 쓰지 않도록 주의!	- Ahora se han mudado a una ciudad costera. 현재 그들은 한 해안 도시로 이사했다.

옵션 1

모범 답안

Hace cinco años, más o menos, estuve en una fiesta muy especial que hizo un compañero de trabajo. Él invitó a todos sus amigos y durante la fiesta cenamos, charlamos y nos divertimos mucho. Allí conocí a Sara y Anabel y me cayeron muy bien. Desde entonces, somos las mejores amigas. Así que aquella fiesta fue muy especial para mí. Yo suelo hacer fiestas en mi casa para festejar el cumpleaños de mis familiares e invito a todos mis amigos cercanos.

해석

5년 전쯤 나는 직장 동료가 했던 아주 특별한 파티에 참석했다. 그는 그의 모든 친구들을 파티에 초대했고 그 파티 동안 우리는 저녁 식사를 하고, 담소를 나누며 무척 즐겁게 보냈다. 그곳에서 나는 사라와 아나벨을 알게 되었고 그들은 나에게 아주 잘 맞았다. 그때부터 우리는 가장 친한 친구 사이이다. 그렇기 때문에 그 파티는 내게는 매우 특별한 파티였다. 나는 보통은 가족의 생일을 기념하기 위해 집에서 파티를 하는 편이며 가까운 친구들 모두를 초대한다.

옵션 2

모범 답안

Lucía y Jorge vivían en una ciudad muy grande. La ciudad estaba llena de edificios, vehículos, gente... y siempre había muchísimo tráfico. Ellos tienen una hija pequeña, y vivir en esa ciudad no era bueno tampoco para su hija. Así que ellos se han mudado a una casa rural que está junto a un lago muy grande. Pienso que los tres estarán más contentos porque vivir en el campo es mucho mejor que vivir en una ciudad grande para tener una mente relajada y sin estrés.

해석

루시아와 호르헤는 대도시에 살고 있었다. 그 도시는 빌딩, 교통 수단, 사람들로 가득한 곳이었으며 항상 교통 체증이 심했다. 그들은 어린 딸 하나가 있으며 그 도시에서 사는 것은 딸에게도 좋은 것이 아니었다. 그래서 그들은 아주 큰 호수 옆의 한 시골 집으로 이사를 했다. 내 생각에 그들은 더 행복하게 살 것 같다. 왜냐하면 시골에서 사는 것은 대도시에 사는 것에 비해 더 마음이 편하고 스트레스가 없이 살기에 훨씬 좋기 때문이다.

PRUEBA DE EXPRESIÓN E INTERACCIÓN ORALES

1 해석

지시 사항

당신이 했던 특별한 여행에 대해 말하세요. 다음에 대해 이야기해야 합니다.

- 어디에, 언제, 무엇 때문에 갔는지
- 혼자 갔는지 혹은 누군가와 함께 갔는지
- 어디에 묵었는지
- 그 여행이 당신에게 왜 특별했는지
- 여행에서 당신에게 가장 중요한 것은 무엇인지, 왜 그러한지

2 필수 어휘

alojarse	묵다, 숙박하다	graduarse	졸업하다, 학위를 취득하다
importante	중요한, 중대한	compañía	ⓕ 회사, 동반, 동반자
europeo	ⓜⓕ 유럽 사람 / 유럽의	planear	계획하다
mayor	ⓜ 어른, 연로한 사람 / 연상의, 더 많은	durar	지속하다, 계속하다, 시간이 걸리다
albergue	ⓜ 숙소, 호스텔	gastar	쓰다, 소비하다, 소모하다
sitio	ⓜ 장소, 곳, 지역, 공간, 위치	impresionar	크게 감동시키다, 강한 인상을 주다, 감동되다, 감명을 받다
importar	수입하다, 중요하다, 관계가 있다	hasta la fecha	현재까지, 오늘까지
alojamiento	ⓜ 숙박, 숙소	seguir en contacto	접촉하고 있다, 연락이 있다(= estar en contacto)

①	나는 한 달 전 할머니를 방문하기 위해 제주도에 갔다.
②	나는 1년 전 유럽을 여행했다. 유럽 국가들에 가 보고 싶었기 때문이다.
③	나는 누이와 아버지와 함께 갔다.
④	나는 친구 한 명과 함께 갔다. 그녀 역시 휴가였기 때문이다.
⑤	나는 할머니 집에 묵었다.
⑥	우리는 한 호스텔에서 묵었다. 가격이 저렴했기 때문이다.
⑦	그 여행은 매우 특별했다. 제주도의 유명한 장소들을 많이 가 볼 수 있었기 때문이다.
⑧	나에게 그 여행은 매우 특별했다. 유럽을 여행한 적이 없었기 때문이다.
⑨	여행에서 내게 가장 중요한 것은 음식이다.
⑩	여행에서 내가 가장 중요시하는 것은 숙박이다.

①	Fui a la isla Jeju hace un mes para visitar a mi abuela.
②	Hace un año hice un viaje a Europa porque quería conocer los países europeos.
③	Fui con mi hermana mayor y mi padre.
④	Fui con una amiga porque ella también estaba de vacaciones.
⑤	Me alojé en la casa de mi abuela.
⑥	Nos alojamos en un albergue porque era muy barato.
⑦	El viaje fue muy especial porque pude conocer muchos sitios famosos de la isla Jeju.
⑧	Para mí, el viaje fue especial porque nunca había viajado a Europa.
⑨	Para mí lo más importante en un viaje es la comida.
⑩	Lo que más me importa en un viaje es el alojamiento.

모범 답안

Me acuerdo de un viaje especial que hice hace un año a Europa. Es que, cuando me gradué de la universidad, tenía ganas de hacer un viaje solo antes de empezar a trabajar. Nunca había hecho un viaje sin compañía y tampoco había estado en Europa, así que planeé visitar las ciudades europeas más famosas como Londres, París, Barcelona, etc. El viaje duró, más o menos, un mes y me alojé en albergues baratos porque no quería gastar mucho dinero en alojamiento. Además, pude conocer a gente nueva que viajaba sola, como yo. Ese viaje fue muy especial porque fue el primer viaje que hice yo solo y también mi primera visita a Europa. Me impresionaron sus ciudades y la cultura de cada país que visité. A través de ese viaje, pude hacer muchos amigos de todo el mundo y, hasta la fecha, seguimos en contacto. Es que, para mí, lo más importante en un viaje es conocer a gente nueva porque en mi ciudad siempre salgo con mi familia o con mis amigos y no es nada fácil conocer a gente nueva.

해석

나는 1년 전 유럽으로 간 한 특별했던 여행이 기억난다. 대학을 졸업했을 때, 나는 취업을 하기 전 혼자 여행을 하고 싶은 마음이 있었다. 나는 동행 없이 혼자 여행한 적이 없었으며 또한 유럽에 가 본 적도 없었다. 그래서 나는 런던, 파리, 바르셀로나 등과 같은 유럽의 가장 유명한 도시들을 방문할 계획을 세웠다. 그 여행은 대략 한 달 정도 걸렸고 나는 숙박에 많은 돈을 지출하고 싶지 않았기 때문에 저렴한 호스텔에 묵었다. 또한, 나는 나처럼 혼자 여행하던 새로운 사람들을 만날 수 있었다. 그 여행은 매우 특별했는데, 내가 처음 혼자 한 여행이며 동시에 유럽을 처음 방문한 것이기 때문이다. 내가 방문했던 모든 나라의 도시와 문화는 나를 놀라게 했다. 그 여행을 통해 나는 세계 각지의 많은 친구들을 사귈 수 있었으며, 우리는 지금까지도 연락을 하며 지낸다. 나에게 있어서 여행에서 가장 중요한 것은 새로운 사람을 만나는 것이다. 내가 사는 도시에서는 늘 가족이나 친구들만 만나게 되고 새로운 사람을 알게 되는 것은 쉬운 일이 아니기 때문이다.

1 해석

사진에 대해 2분에서 3분간 말하세요. 당신은 다음에 대해 말해야 합니다.

- 사진 속 사람들은 어떠한가?(겉모습, 당신이 생각하는 그들의 성격 등) 어떤 옷을 입고 있는가?
- 그 사람들은 어디에 있는가? 어떤 물건들이 있는가? 장소를 묘사하시오.
- 사진 속 사람들은 무엇을 하고 있는가?
- 그들은 어떤 관계라고 생각하는가?
- 그 사람들은 어떤 생각을 하고 또 어떤 감정을 느낀다고 생각하는가? 왜 그러한가?
- 그들이 전에는 무엇을 했다고 생각하는가? 다음으로는 무엇을 할 것인가?

2 필수 어휘

pareja	ⓕ 한 쌍, 커플	marisco	ⓜ 해산물
orden	ⓜ 질서, 순번, 정리, 대열 ⓕ 명령, 지시, 주문	ordenar	정리하다, 명령하다
tomar la orden	주문을 받다	ambiente	ⓜ 공기, 대기, 환경, 자연 환경, 분위기
menú	ⓜ 메뉴, 식단	tranquilo	조용한, 고요한, 편안한
recomendar	추천하다, 권고하다	copa	ⓕ 글라스, 술잔, 우승컵
especialidad	ⓕ 전문, 전공, 특기		

3 발표문 구성 예시

①	나는 이곳이 한 식당이라고 생각한다.
②	사진에서는 한 식당을 볼 수 있다.
③	테이블에는 한 커플이 앉아 있다.
④	주문을 받고 있는 한 여자 종업원이 있다.
⑤	커플을 응대하고 있는 한 여자 종업원이 있다.
⑥	여자는 메뉴를 보고 있고, 여자 종업원에게 무언가를 묻고 있다.
⑦	여자는 저녁 식사를 위해 무엇을 추천하는지를 묻고 있다.
⑧	여자 종업원은 그 식당의 전문 요리가 해산물 파에야라고 말한다.
⑨	내 생각에 그 커플은 파에야를 주문할 것 같다.
⑩	내 생각에 그날은 그들에게 무언가 특별한 날이며 그들은 그것을 기념하길 원하는 것 같다.

①	Pienso que es un restaurante.
②	En la foto se puede ver un restaurante.
③	En la mesa está sentada una pareja.
④	Hay una camarera que está tomando la orden.
⑤	Hay una camarera que está atendiendo a la pareja.
⑥	La chica está mirando el menú y le está preguntando algo a la camarera.
⑦	La chica le está preguntado qué le recomienda para cenar.
⑧	La camarera le dice que la especialidad de la casa es la Paella de mariscos.
⑨	Pienso que la pareja va a ordenar la paella.
⑩	Creo que es un día especial para ellos y quieren celebrarlo.

모범 답안

En la fotografía, veo un restaurante. En la mesa hay una pareja y una camarera. Creo que es un día especial para la pareja y quiere celebrarlo en este restaurante. Me parece que es un restaurante famoso y el ambiente es muy tranquilo. Ellos ya tienen su copa de vino y están tomando la ensalada. La pareja está mirando el menú y la chica le está preguntando algo a la camarera. Creo que la chica quiere que la camarera le sugiera algo para cenar. La camarera está tomando la orden y dice que la especialidad de la casa es la Paella de mariscos. La camarera parece ser muy simpática y amable. Pienso que ellos van a cenar la paella.

해석

사진에는 한 식당이 보인다. 테이블에는 한 커플과 여자 종업원이 있다. 내 생각에 이 날은 그 연인에게는 무언가 특별한 날이며 이 식당에서 그것을 기념하고 싶어 하는 것 같다. 내가 보기에 이 식당은 유명한 식당이며 분위기는 매우 고요한 것 같다. 그들은 이미 와인 잔이 있고 샐러드를 먹고 있다. 그 커플은 메뉴를 보고 있고, 여자는 종업원에게 무언가 질문을 하고 있다. 내 생각에 그 여자는 종업원이 저녁 식사를 추천해 주길 원하는 것 같다. 종업원은 주문을 받고 있으며 이 식당의 전문 요리는 해산물 파에야라고 말한다. 그 여자 종업원은 매우 착하고 친절한 것 같다. 내 생각에 그들은 파에야를 저녁 식사로 먹을 것 같다.

1 해석

당신이 한 레스토랑에 있다고 상상하세요. 감독관이 남자 종업원입니다. 다음 지시 사항을 따르며 그와 대화를 나누세요.

당신은 대화를 나누며 다음을 말해야 합니다.

- 메뉴판 요청하기
- 당신이 좋아하는 메뉴 주문하기
- 마실 것 주문하기
- 음식이 마음에 들었는지 안 들었는지 말하기

2 필수 어휘

camarero	ⓜⓕ 종업원(= ⓜⓕ mesero, ⓜⓕ mozo)	recomendar	추천하다, 권고하다
carta	ⓕ 편지, 서류, 카드, 메뉴판	orden	ⓜ 질서, 순번, 정리, 대열 ⓕ 명령, 지시, 주문
menú	ⓜ 메뉴, 식단	plato	ⓜ 접시, 요리
zanahoria	ⓕ 당근	plato principal	ⓜ 메인 요리
champiñón	ⓜ 버섯	elegir	고르다, 선택하다
filete	ⓜ 스테이크(= ⓜ bistec)	gaseoso	기체의, 가스의
pavo	ⓜ 칠면조	postre	ⓜ 후식, 디저트
ternera	ⓕ 소고기, 송아지 고기	copa	ⓕ 글라스, 술잔, 우승컵
sangría	ⓕ 상그리아(적포도주에 설탕, 과일을 가미한 음료)	vaso	ⓜ 잔, 컵, 유리컵, 용기, 그릇

3 필수 표현

[대화 시작]

•	안녕하세요? 좋은 밤입니다.	Hola. Buenas noches.
•	저는 메뉴판을 보고 싶습니다.	Me gustaría ver el menú, por favor.
•	메뉴판을 주시겠어요?	¿Me podría traer la carta, por favor?
•	저녁 식사를 추천해 주시겠어요?	¿Me podría recomendar algo para cenar, por favor?
•	주문을 받아 주시겠어요?	¿Me podría tomar la orden, por favor?
•	저는 오늘의 메뉴로 하겠습니다.	Quiero el menú del día, por favor.

[주제의 전개]

•	저는 오늘의 메뉴를 먹겠습니다.	Voy a tomar el menú del día, por favor.
•	어떤 요리들이 있습니까?	¿Qué platos hay?
•	첫 번째 코스로는 당근 수프를 원합니다.	De primero, quiero la sopa de zanahoria, por favor.
•	메인 요리로는 어떤 요리가 선택 가능합니까?	De los platos principales, ¿qué platos se puede elegir?
•	좋습니다. 저는 칠면조 스테이크로 하겠습니다.	Vale. Para mí, el filete de pavo, por favor.
•	그게 말이죠, 저는 소고기를 좋아하지 않습니다.	Es que a mí no me gusta la ternera.
•	마실 것은 무엇이 있죠?	¿Qué hay para beber?
•	탄산수가 있습니까?	¿Tiene usted agua gaseosa?
•	디저트로는 무엇이 있습니까?	¿Qué postres hay?
•	그게 전부입니다. 감사합니다.	Eso es todo. Gracias.
•	더 이상 없습니다. 감사합니다.	Nada más. Gracias.

[작별 인사 및 대화 종결]

•	식사가 아주 맛있었습니다.	La cena estaba deliciosa.
•	저녁 식사가 아주 마음에 들었습니다.	Me encantó la cena.
•	도움에 감사드립니다.	Le agradezco la ayuda.
•	안녕히 계세요.	Hasta luego. / ¡Adiós!

[대화의 시작]

> ¡Hola! Buenas noches. 안녕하세요. 좋은 밤입니다.
>
> 응시자

감독관
> Hola. ¿En qué puedo ayudarlo/la? 안녕하세요. 무엇을 도와드릴까요?

> ¿Me podría traer la carta? 메뉴판을 가져다주실 수 있을까요?
>
> 응시자

감독관
> Claro que sí. Aquí está la carta. 물론입니다. 여기 있습니다.

[주제의 전개]

> Mire, me gustaría tomar el menú del día. ¿Qué se puede elegir?
> 저는 오늘의 메뉴로 하고 싶습니다. 어떤 것을 선택할 수 있나요?
>
> 응시자

감독관
> ¿Qué le gustaría tomar, de primero? Tenemos sopa de zanahoria y crema de champiñones.
> 첫 번째 코스로 어떤 요리를 드시겠어요? 당근 수프와 버섯 크림수프가 있습니다.

> Quiero la sopa de zanahoria, por favor. Es que no me gustan los champiñones. De los platos principales, ¿qué se puede elegir?
> 당근 수프로 하겠습니다. 저는 버섯을 싫어하거든요. 메인 요리로는 어떤 것을 선택할 수 있나요?
>
> 응시자

감독관
> De segundo, tenemos filete de pavo y filete de ternera.
> 두 번째 코스로는, 칠면조 스테이크와 소고기 스테이크가 있습니다.

> Ah, pues filete de pavo, por favor. Me encanta el pavo. ¿Qué tiene para beber?
> 칠면조 스테이크가 좋겠습니다. 저는 칠면조를 아주 좋아해요. 마실 것은 무엇이 있습니까?
>
> 응시자

감독관
> Tenemos vino, cerveza y también sangría.
> 와인, 맥주 그리고 상그리아도 있습니다.

> Una copa de vino blanco y un vaso de agua, por favor.
> 화이트 와인 한 잔과 물 한 잔 부탁드립니다.
>
> 응시자

감독관	¿Algo más? 더 필요하신 것이 있나요?

	Eso es todo. Muchas gracias. 그게 다입니다. 정말 감사합니다.	응시자

[작별 인사 및 대화 종결]

	Oiga, la cena estuvo riquísima. Me gustó mucho. Muchas gracias. 저녁 식사가 매우 맛있었습니다. 너무 마음에 들었습니다. 대단히 감사합니다.	응시자

감독관	De nada, hasta luego. 천만에요. 안녕히 가세요.

	Hasta luego. 안녕히 계세요.	응시자

한 권으로 끝내는
DELE A2

초판 1쇄 발행 2017년 2월 10일
개정 5쇄 발행 2024년 5월 2일

지은이 BONA(박선애) · 시원스쿨스페인어연구소
펴낸곳 (주)에스제이더블유인터내셔널
펴낸이 양홍걸 이시원

홈페이지 www.siwonschool.com
주소 서울시 영등포구 영신로 166 시원스쿨
교재 구입 문의 02)2014-8151
고객센터 02)6409-0878

ISBN 979-11-6150-593-0
Number 1-510202-25252500-04